Reise-Taschenbuch

Lucia Oiro
Susanne Völler

Senkrechtstarter

In Tulpenliebe vereint: Wenn im Frühjahr die kelchförmigen Blumen ihre Köpfchen in die Luft recken, befindet sich das Land im Ausnahmezustand. Doch nicht nur die Niederländer:innen reisen an, auch ihre deutschen Nachbar:innen machen sich auf den Weg, um ihrer Tulpenmanie zu frönen – die eigentlich eine ganz andere Bedeutung hat. Im 17. Jh. waren die Blumen, die aus Persien stammen, Statussymbole und ihre Zwiebeln z. T. so viel wert wie ein Amsterdamer Grachtenhaus. 1637 brach der Tulpenmarkt plötzlich zusammen: Diese ›Tulpenmanie‹ gilt als erster Börsencrash der Welt. Wie schön, dass wir uns heute alle Tulpen leisten können.

Überflieger

In den Betten der Hünen

Emmen

Unterschätzt

Grün, grüner, Twente!

Almelo

Groningen

Assen

Spooky, die Moorleiche von Assen!

Freilichtmuseum for free!

Die Kleinste!

Schiermonnikoog

Deventer

NP Lauwersmeer

Dark Sky Park

Wahrzeichen Wolke

Zwolle

Friesisch herb

Leeuwarden

9300 ha Wasser

Im Bibelgürtel

Flevoland

Auf dem Reißbrett entstanden!

Sneek

Urk

Beinhart diese Tour!

Friesische Seenplatte

IJsselmeer

Mini-Spielzeugwelten im Watt

Watteninseln

Harlingen

Erst süß, dann salzig

Elf Städte sollt ihr sein – und elf Brunnen!

Enkhuizen

Malerisch!

Ganz viele Schiffswracks

Sahara des Nordens

Vliehors

Amsterdam

Genialer Grachtengürtel

De Koog

Hang-out für Heuler

NP Zuid-Kennemerland

Das Röhren der Hirsche

Mega Badewanne

Die Niederlande — von der Nordsee umbrandet! Mal eben drüberfliegen, von Ost nach West und von Nord nach Süd. Viel Meer, viel Küste – und viel Kultur!

Querfeldein

Fundstücke — zwischen Küste & Hinterland, idyllischen Dörfern & modernen Städten. In den Niederlanden gibt es neben viel frischem Wind auch viel Raum für neue Erfahrungen.

Wir gehen ›borrelen‹

Wir gehen was? Dass die Niederländer:innen *gezelligheid* lieben, Gemütlichkeit, wissen inzwischen alle. Und daher lieben sie es auch zu *borrelen,* mit anderen zusammenzusitzen, zu trinken und eben *borrelhapjes* zu essen. Evergreens sind *bitterballen,* Bällchen, die schon längst nicht mehr nur mit Fleisch gefüllt sind, aber auch *kaasstengels* (Käse im Blütterteig), *loempias* (Frühlingsrollen), Käsewürfel u. v. m. Am besten direkt die *borrelgarnituur* bestellen!

Niederlande oder Holland

»Ich fahr' nach Holland« oder »Holländischer Käse ist lecker!« hört man in Deutschland allenthalben. Doch ist das auch richtig? Ganz klar: nein! Denn die offizielle Bezeichnung für unser Nachbarland im Westen lautet ›Königreich der Niederlande‹. Die alte Grafschaft Holland wurde bereits 1840 in die beiden Provinzen Noord- und Zuid-Holland aufgeteilt.

›Auswehen‹ ...

Uitwaaien, das machen Niederländer:innen gern am Strand, sich durchpusten lassen. Doch es ist auch ein Lebensgefühl und meint: Erhole dich!

Auf dem Eis sind alle gleich – egal, ob feine Damen und Herren, einfache Leute und Dienstpersonal. Das lehren uns schon die Gemälde des 17. Jh., etwa von Hendrick Avercamp, wo alle fröhlich durcheinandergleiten. Das hat sich bis heute erhalten, selbst König Willem-Alexander lief den spektakulären ›Elfstedentocht‹ in Friesland. Fazit: Das Schlittschuhlaufen scheint fest in der DNA der Niederländer:innen verankert.

Das Wasser lieben lernen

Ein Drittel der Landfläche unseres Nachbarlandes liegt unter dem Meeresspiegel, und da dieser beständig steigt, investier(t)en die Niederlande viel Geld in den Küstenschutz, in die Deltawerke vor der zeeländischen Küste, die bei Sturmfluten geschlossen werden können, in große Deichanlagen, Wasserpumpen, Sandvorspülungen. Aber auch in das Bauen auf dem Wasser. Denn wenn du deinen Feind nicht besiegen kannst, dann mache ihn dir zum Verbündeten. Schon vor zehn Jahren gab es erste Viertel auf dem Wasser, so in Maasbommel und Amsterdam, die sich den Veränderungen des Wasserspiegels anpassen. Immer mehr Architekt:innen spezialisieren sich auf Wasserarchitektur und sagen voraus, dass in 100 Jahren bis zu 4 Mio. Niederländer:innen auf dem Wasser leben werden.

›Plauderkassen‹
Nicht ›schnell, schnell‹ muss es hier gehen, niemand ist genervt, wenn es an der Kasse länger dauert. Unvorstellbar? Und doch hat eine niederländische Supermarktkette ein Pilotprojekt gestartet und *kletskassa's* für Menschen eingerichtet, denen sonst keiner zuhört. Mit großem Erfolg, 200 weitere werden folgen!

Ein Land mit 32 000 km Radwegen und doppelt so viel ›fietsen‹ wie Menschen kann einem nur sympathisch sein.

Grüner Rohstoff

Vor der niederländischen Nordseeküste liegt ein ganz besonderer Garten, ein Versuchsgarten, in dem die North Sea Farmers um Eef Brouwers *zeewier* züchten, Meeresalgen. Brouwers, Manager Farming & Technology der Dachorganisation für den noch recht jungen Seetangsektor, weiß wegen des hohen Proteingehalts und speziellen Zuckers um die besondere Bedeutung von Meeresalgen. Aus dem grünen Meeresrohstoff wird bereits seit Längerem Fleischersatz hergestellt, er kann u. a. zu gesundem Tierfutter und zu relativ klimaschonendem Düngemittel verarbeitet werden. Selbst Plastik lässt sich aus den Pflanzen gewinnen. Zu all diesen Themen wird noch geforscht, belastbare Studien gibt es nicht. Doch Brouwers ist zuversichtlich.

Inhalt

Vor Ort

Zuid-Holland 14

Farbklecks in maritimer Atmosphäre der Molen Het Noorden im texelschen Naturgebiet Drijver's Vogelweide De Bol

Amsterdam und Noord-Holland 60

Watteninseln 116

Der Norden 140

Der Osten 172

Die Mitte 208

Der Süden 230

Das Kleingedruckte

Das Magazin

Vor

Ort

Eine ungewöhnliche, aber schöne Art, Amsterdam zu entdecken: vom SUP-Board aus

Zuid-Holland

Da schwirrt einem ja der Kopf — bei all den vielfältigen und sehenswerten Städten und Regionen in Zuid-Holland. Rotterdam hat seinen Ruf als Weltstadt längst verdient, doch nur einen Steinwurf entfernt liegen viele weitere Highlights.

Seite 17

Rotterdam

Die pulsierende Großstadt macht es nicht allen leicht. Doch ist man auf den Geschmack gekommen, muss man einfach wiederkommen. Unser Liebling: das Crowdfunding-Projekt Luchtsingel.

Seite 46

Hollandse Duinen

Ruheoase in der Randstad – zwischen Hoek van Holland und Hillegom entsteht gerade ein 47 km langer und 8,5 km breiter Nationalpark mit vielfältiger Landschaft aus Dünen, Äckern, Wäldern. Viel Vogelgezwitscher und Pflanzenvielfalt garantiert.

Wie kommen wir zum Frieden? Den Haag sucht Antworten.

Eintauchen

Seite 30

Windmühlen von Kinderdijk

Die schmucken Riesen machen es den Bezwinger:innen leicht – mit dem Rad sind sie alle auf einen Streich erkundet.

Seite 32

Delfter Blau

In Delft versteht man endlich, warum Oma das blau gemusterte Porzellan so hegte und pflegte.

Seite 36

Den Haag

Die zweite Weltstadt der Region liegt direkt am Meer und steht für Frieden und Vielfalt.

Seite 50

Leiden

Amsterdam kann einpacken, denn Leiden hat Grachtenromantik und kreative Lädchen – und das Ganze, ohne von Tourist:innen überlaufen zu sein.

Seite 54

Gouda

Dass aus Gouda Käse kommt, ist klar. Doch wieso kommt auch die ›Stroopwafel‹, diese pappsüße niederländische Spezialität, aus diesem kleinen Ort?

Seite 56

›Flüstertour‹ im Nationalpark De Biesbosch

Die einzigartige Flora und Fauna des Nationalparks de Biesbosch stört am wenigsten, wer eine Tour im *fluisterboot* unternimmt. Dabei dann aber unbedingt Steuerbord und Backbord flüstern.

Seite 48

Keukenhof in Lisse

Lasst Tulpen blühen – 7 Mio. sind's, die in Themengärten, Blumenshows, Labyrinthen oder Mosaiken von Mitte März bis Mai inmitten des Bollenstreek (›Blumenzwiebelgebiet‹) zu bewundern sind. Gerne auf Instagram gepostet!

Biber sind niedlich und nützlich für die Natur im Nationalpark De Biesbosch.

»Alles bezwingt die Liebe, und kämpft doch ohne Mord und Blut«, diese weisen Worte sprach im 16. Jh. der Humanist, Theologe und Philosoph Erasmus von Rotterdam.

Manhattan an der Maas und die Powerprovinz

I

In dieser Provinz an der Nordsee geht es echt *druk* zu – Zuid-Holland ist das am stärksten industrialisierte und am dichtesten besiedelte Gebiet der Niederlande, eine echte Powerzelle der Wirtschaft, Politik und Kultur. Deren größte und bedeutungsvollste Vertreterinnen sind die beiden Städte Rotterdam und Den Haag. Die eine, eine der wichtigsten Hafenstädte der Welt, hat sich vom hässlichen Entlein zum stolzen Schwan emporgeschwungen. Im Zweiten Weltkrieg in Schutt und Asche gebombt, glänzt Rotterdam heute weniger durch historische Geschlossenheit denn durch moderne, wagemutige Bauten, Innovationsgeist, Sinn für Nachhaltigkeit und das Fehlen jeglicher Holland-Klischees. Den Haag ist einerseits Regierungsstadt und Sitz wichtiger Institutionen, die den Frieden der Welt sichern sollen, gleichzeitig sehr hip, jung und lässig mit einem Satelliten am Strand, Scheveningen. Hier lässt es sich leben! Wie Perlen auf der Kette reihen sich weitere städtische Schmuckstücke auf: Delft, das mitnichten nur ›blau‹ ist. Leiden, das mit seinen Grachten wie ein kleines Amsterdam ohne Menschenmassen daherkommt, Gouda, die Käse- und Stroopwafelstadt, und Dordrecht, das älteste holländische Gewächs. Dazwischen liegen, bei aller Dichtbesiedlung, landschaftliche Schönheiten wie der Naturpark De Biesbosch, weitläufige Dünengebiete, der Wald beim noblen Wassenaar und – Vorsicht: Klischee – Windmühlen, die, von der UNESCO geadelt, ihre Flügel drehen, sowie die Badeorte Katwijk und Noordwijk. Fehlen nur noch die Tulpen: Sie setzen im Bollenstreek bunte Tupfen und werden im Frühjahr im Keukenhof mit einer überbordenden Blumenshow und einem Blumencorso gefeiert!

ORIENTIERUNG O

Infos: VVV, Coolsingel 5, viele Tipps auch auf Engl. auf www.rotterdam.info. Bei allen anderen Orten siehe jeweils dort.
Parken: Ist überall in Rotterdam teuer. Mit dem P+R-System kostenlos oder sehr günstig am Stadtrand parken, dann mit der Metro oder Tram in die Innenstadt (www.rotterdam.nl/pr-terreinen).
ÖPNV: Rotterdam ist mit Metro, Tram, Bus, Waterbus gut erschlossen (www.ret.nl, Tageskarte 9 €), das restliche Zuid-Holland ist mit Bahn und Bus ebenfalls gut erreichbar – die Wege sind kurz.

Rotterdam

D7/8

Nördliches Zentrum

Die Ankunft ist spektakulär: Dieser **Hauptbahnhof** ❶, gestaltet vom Architekten Benthem Crouwel, ist ein Ausrufezeichen mit besonderem Licht und markanter Form. Davor liegt eine großzügige Piazza.

Schritt für Schritt

Diese im Nacken gibt es links auf dem Coolsingel den perfekten Kontrast zum nagelneuen Bahnhof: Das **Rathaus** ❷ im überbordenden Renaissance-Stil mit grünem Innenhof hat als eines der wenigen Gebäude den Luftangriff von 1940 komplett unbeschadet überstanden.

Noch weiter in die Zeit zurück geht es wenige Schritte weiter bei der **Laurenskerk** ❸. Die gotische Kirche ist der letzte Überrest des mittelalterlichen Rotterdams. 1940 brannte sie komplett aus, heute ist sie wieder ein Ort für Gebet und Musik. Jeden Freitag findet hier ein großes Friedensgebet statt. Auf dem grünen Kirchplatz grüßt der Sohn der Stadt, der Humanist Erasmus von Rotterdam, in Bronze. Ihm gegenüber liegt das **Stadspodium** ❹, eine Mischung aus Bühne und Park. Dort finden interessante öffentliche Veranstaltungen statt, und im Sommer wird Musik gespielt!

Stadt ohne Herz?

Am Ende des schnellen Coolsingel verbildlicht die Skulptur **»Zerstörte Stadt«** ❺ von Bildhauer Ossip Zadkine neben dem **Maritiem Museum** ㉓ den Zustand Rotterdams nach der Bombardierung. *Stads zonde Herz*, ›Stadt ohne Herz‹, wird die Statue auf dem Plein 1940 von der Rotterdamer Bevölkerung genannt.

Auf der Blaakstraat ist die gigantische **Markthal** ❼ (tgl.), die erste überdachte Markthalle der Niederlande (2014), nicht zu übersehen. Auch von innen kommt man aus dem Staunen nicht mehr heraus:

›Manhattan an der Maas‹: In den ehemaligen Hafengebieten ist eine Spielwiese für (internationale) Architekten entstanden.

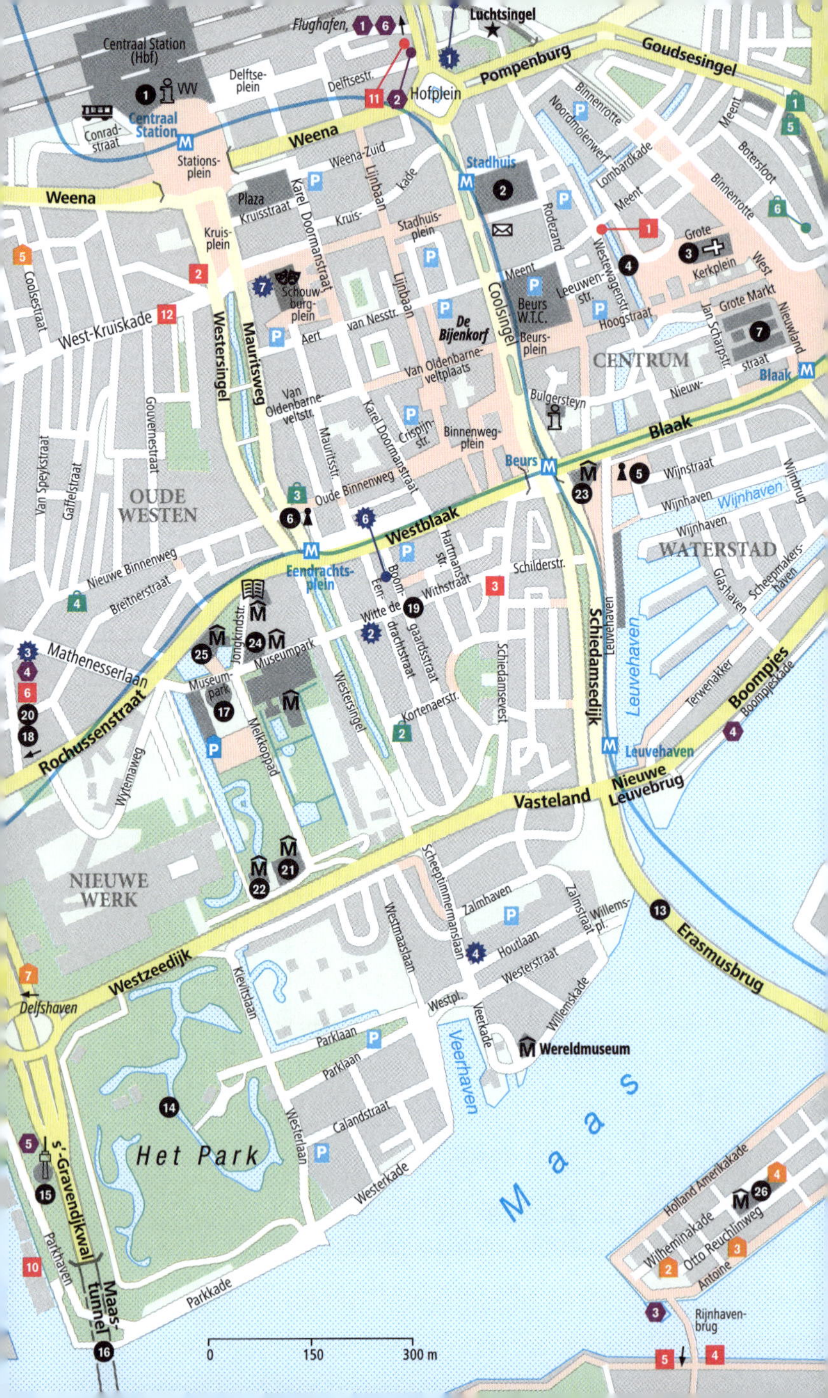

Centraal Station (Hbf)
VVV
Centraal Station
Conrad-straat
Stations-plein
Delftse-plein
Delftsestr.
Flughafen
Luchtsingel
Hofplein
Pompenburg
Goudsesingel
Weena
Weena-Zuid
Stadhuis
Binnenrotte
Noordmolenwerf
Lombardkade
Meent
Botersloot
Plaza
Kruisstraat
Kruis-plein
Karel Doormanstraat
Lijnbaan
Kruis-kade
Stadhuis-plein
Rodezand
Grote Kerkplein
West-Kruiskade
Coolsestraat
Westersingel
Mauritsweg
Schouw-burg-plein
Aert van Nesstr.
De Bijenkorf
Coolsingel
Meent
Beurs W.T.C.
Leeuwen-str.
Westewagenstr.
Hoogstraat
Beurs-plein
Grote Markt
Jan Scharpstr.
Nieuwland
CENTRUM
Nieuw-straat
Blaak
Van Oldenbarne-veltplaats
Van Oldenbarne-veltstr.
Crispijn-str.
Binnenweg-plein
Bulgersteyn
Gouvernestraat
Van Speykstraat
Gaffelstraat
OUDE WESTEN
Mauritsstr.
Oude Binnenweg
Beurs
Wijnstraat
Wijnhaven
Wijnbrug
Westblaak
Hartmanstr.
WATERSTAD
Eendrachts-plein
Nieuwe Binnenweg
Breitnerstraat
Boom-gaardsstraat
Eendrachtstraat
Witte de Withstraat
Schilderstr.
Glashaven
Scheepmakers-haven
Jongkindstr.
Museumpark
Mathenesserlaan
Schiedamsevest
Schiedamsedijk
Leuvehaven
Terwenakker
Boompjes
Boompjeskade
Museum-park
Westersingel
Kortenaerstr.
Rochussenstraat
Melkkoppad
Wytemaweg
Leuvehaven
Nieuwe Leuvebrug
Vasteland
NIEUWE WERK
Scheepstimmermanslaan
Zalmhaven
Zalmstraat
Willems-pl.
Westmaaslaan
Houtlaan
Westerstraat
Erasmusbrug
Westzeedijk
Kievitslaan
Westpl.
Veerkade
Willemskade
Delfshaven
Parklaan
Veerhaven
Wereldmuseum
Maas
Het Park
Westerlaan
Calandstraat
Westerkade
s'-Gravendijkwal
Parkhaven
Maas-tunnel
Parkkade
Holland Amerikakade
Wilheminakade
Otto Reuchlinweg
Antoine
Rijnhaven-brug
0
150
300 m

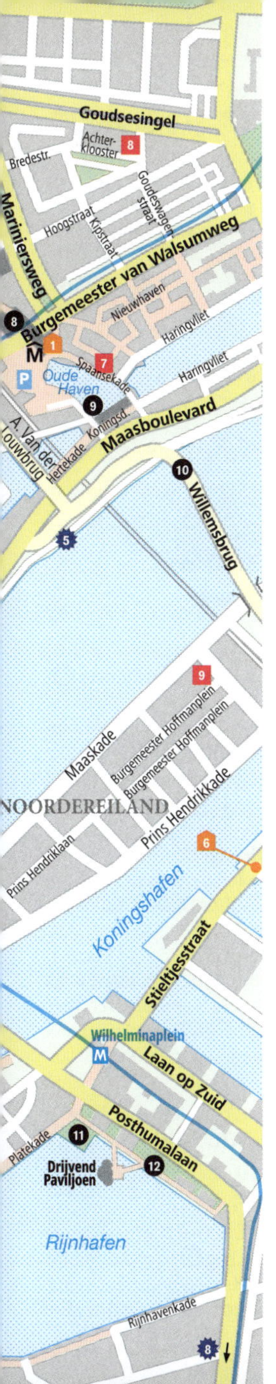

Rotterdam

Ansehen

1 Hauptbahnhof
2 Rathaus
3 Laurenskerk
4 Stadspodium
5 »Die zerstörte Stadt«
6 »Santa Claus«
7 Markthalle
8 Kubushäuser
9 Oudehaven
10 Willemsbrug
11 Bobbing Forest
12 Recycled Park
13 Erasmusbrug
14 Het Park
15 Euromast
16 Maastunnel
17 Boijman Depot
18 Pelgrimvaderskerk
19 Kunstinstituut Melly
20 Floating Farm
21 Kunsthal
22 Natuurhistorisch Mus.
23 Maritiem Museum
24 Chabot Museum
25 Het Nieuwe Instituut
26 Nederlands Fotomuseum

Schlafen

1 Stayokay
2 Hotel New York
3 Wikkelboat
4 Room Mate Bruno
5 Ani & Haakien
6 Pincoffs
7 Logeerboot Visithor

Essen

1 Dudok
2 Ayla
3 Supermercado
4 Fenix Food Factory
5 Kopi Soesoe
6 Shaami huis
7 Healthful
8 Old Scuola
9 Koozie
10 Pannenkoekenboot
11 DakAkker/Teds
12 West-Kruiskade

Einkaufen

1 De Groene Passage
2 DEARHUNTER
3 Swan Market
4 De Bonte Koe
5 The GoodPeople
6 Very Cherry

Bewegen

1 Contact Zone
2 UrbanGuides
3 Watertaxi
4 Streetgolf
5 Splashtours
6 Monte Cervino

Ausgehen

1 BIRD
2 Ballroom
3 Dizzy
4 Open Mic im ROOM
5 Club Haug
6 WORM
7 Theater Rotterdam Schouwburg
8 Now&Wow Club

Piet Blom schuf die kultigen Kubushäuser bereits in den 1980ern.

Quietschrote Himbeeren, gelbe Weizenähren und krabbelnde Insekten groß wie Einfamilienhäuser zieren das Gewölbe. Kleine Fenster schauen ins Innere und verraten, dass man in der Markthalle sogar wohnen kann. Natürlich auch einkaufen und essen … zu erhöhten Preisen.

Wald aus Stahl und Beton

Wo man gerade dabei ist, Rotterdams futuristisch anmutende Architektur zu entdecken: Direkt neben der Markthal stehen die gelben Würfel der **Kubushäuser** ❽, eine Idee Piet Bloms für neues Wohnen. Von der Natur inspiriert, dachte Blom bei seinem Entwurf 1978 an Bäume. Die Wohnungen sind die Baumkronen und stehen auf sechseckigen ›Stämmen‹, dadurch nutzen sie den Platz ideal. Innen sind alle Wände schief. Eine Idee, wie man in einem solchen Haus leben kann, bietet der **Kijk-Kubus** (kubuswoning.nl/en/visit.html).

Nach so vielen Farben und Formen kommt der gemütliche **Oudehaven** ❾ wie gerufen. Kaffee, Bier oder Deftiges? Bei **Healthful** 7 bleibt der Kopf klar dank der frischen biologischen Produkte.

G

GEHT DAS ZU WEIT?

Der US-amerikanische Bildhauer Paul McCarthy weiß zu provozieren – auf dem Eendrachtsplein tut er es mit **»Santa Claus«** ❻, einem riesigen Gartenzwerg, der statt eines Tannenbaums eine Art Dildo in der Hand hält. Seine Füße sind glatt gerubbelt, da hier viele gerne für ein Foto Platz nehmen.

Noordereiland und Katendrecht

San Francisco? Na ja, fast. Die rote Hängebrücke **Willemsbrug** ❿ trägt Autos und Fußgänger über die Maas und manch ein:e Rotterdamer:in nennt sie liebevoll ›unsere

Golden Gate Bridge‹. Auf der anderen Seite wartet das **Noordereiland.** Ein Viertel, in dem man sich gerne länger aufhält! Der fast dörfliche Charme wird hier nur durch die Aussicht auf die Stadtskyline gestört.

Alles schwimmt

Runter von der Insel, über weitere Brücken, an der Posthumalaan links – und plötzlich liegt dort ein ›schwimmender Wald‹ im großen Rijnhaven. Der **Bobbing Forest** ⓫ von Jorge Bakker besteht aus bunten kleinen Inseln, in denen Bäume stecken. Ein weiteres Projekt im Hafen beschäftigt sich mit der Beziehung zwischen Mensch und Natur. Der **Recycled Park** ⓬ wurde von einem Verein gegründet, der es sich zur Aufgabe gemacht hat, die Meere von Plastik zu befreien (s. S. 59). Das kostenlose Erkunden und Platznehmen in den schunkelnden Recycling-Sesseln ist über den Pavillon daneben möglich (am Wochenende und abends meist geschl.).

Ehemaliges Problemviertel

Die **Fenix Food Factory** 4, eine hippe Foodhalle, hat sieben Tage die Woche auf, und mit einem selbst gebrauten Bier in der Hand lümmeln Jung und Alt am Wasser des aufstrebenden Viertels **Katendrecht.** Nur ein paar Meter weiter befindet sich der Gebäudekomplex der alten Holland-Amerika Lijn, in dem das Hotel **New York** 2 und das spannende **Nederlands Fotomuseum** ㉖ zu Hause sind.

Dijkzigt

Kein Weg führt nun vorbei an einem weiteren Wahrzeichen Rotterdams: der **Erasmusbrug** ⓭. Ihren Spitznamen ›Schwan‹ hat sie wegen der Farbe und dem einzigen großen Pylon, von dem aus die Tragseile gespannt sind. Der Verkehr rast, Autos, die Straßenbahnlinie 20 und Fußgänger:innen benutzen die Brücke. Auf der anderen Seite brechen die berühmten Spido-Boote zu ihren Hafenrundfahrten auf. Auch der Waterbus legt ab und fährt von hier mehrere Häfen in der Stadt an. Weiter zu Fuß oder mit den Waterbus-Booten (Einstieg Haltestelle Erasmusbrug, Ausstieg Sint Jobshaven) bietet sich als Nächstes ein Abstecher in **Het Park** ⓮ an, eine Grünfläche mit Flüsschen, Grillplatz und vielen Bänken. Direkt daneben, etwas versteckt, liegt die kleine Oase **Tuin Schoonoord.** Seerosen und Vogelgezwitscher laden zur Pause.

Weit oben und tief unter

Als Luxushotel, Restaurant und Aussichtsplattform schraubt sich neben den grünen Plätzen der **Euromast** ⓯ in den Himmel (Parkhaven 20, www.euromast.nl). In 185 m Höhe kann man sich neben gucken, schlafen oder essen auch abseilen und hinuntergleiten lassen. Wer lieber auf dem Boden bleibt, versüßt sich unten das Leben bei einer Rundfahrt mit dem **Pannenkoekenboot** 10.

Vom Euromast bietet sich die Durchquerung des 1070 m langen denkmalgeschützten **Maastunnel** ⓰ an (www.maastunnel.nl). Über Rolltreppen geht es tief unter den Fluss. Bei seiner Eröffnung 1942 war er der erste Autotunnel der Niederlande. Doch auch Fahrräder und Fußgänger dürfen ihn kostenlos benutzen! Das Licht am Ende führt in den Süden Rotterdams. Hier befindet sich auch ein Besuchszentrum für den Tunnel.

B

BOIJMANS BOWL

Das erste öffentlich zugängliche Museumslager der Welt, das **Boijman Depot** ⓱, wird neben dem gleichnamigen Museum in einer riesigen verspiegelten Schüssel präsentiert.
boijmans.nl/en/depot, Tickets nur online

TOUR
In der Gemeinschaft liegt die Kraft

Über den Luchtsingel hinterm Hauptbahnhof

Infos

Cityplan: Rotterdam s. S. 19

Start: Straßenbahnstation Weena (oder Rotterdam Centraal 1)

Dauer: 60 bis 90 Min.

Hinweis: Der Luchtpark ist tgl. von 10 Uhr bis Sonnenuntergang geöffnet

Eine Stadt kann gemeinsam gestaltet werden. Das beweist eine 400 m lange Fußgängerbrücke, die erste Crowdfunding-Infrastruktur der Welt. Der Luchtsingel verbindet seit 2015 drei Stadtviertel miteinander – und damit einige der spannensten Orte Rotterdams. Besonders macht ihn vor allem, dass er die allererste städtische Infrastruktur ist, die komplett per Crowdfunding finanziert wurde. Heute geht es also mitten hinein in den Wandel. Denn auf dieser Strecke ändert sich garantiert alles, immer wieder. Doch keine Sorge: Entspannt geht es trotzdem zu! Smartphone oder Stadtplan können in der Hosentasche bleiben. Einfach der Nase nach der quietschgelben Brücke folgen.

So fing alles an

Betritt man die Brücke an der sechsspurigen Schnellstraße **Schiekade,** fallen direkt die vielen Namen auf, die auf dem Holz eingraviert sind. Das sind die Namen der großzügigen Finanzierer. Sie haben damals 25 Euro für ein Brett gezahlt. 2011 verkündete die Regierung, dass alle Sanierungspläne für den zentralen Rotterdamer Distrikt erst einmal auf Eis gelegt würden. Aus der Enttäuschung über diese Absage entstand die Idee, die Dinge selbst in die Hand zu nehmen. Elma van Boxel und Kristian Koreman sind die Helden der Geschichte. Sie gründeten das Architekturbüro ZUS (Zones Urbaines Sensibles) und einem verwaisten Gebiet wurde neues Leben eingehaucht.

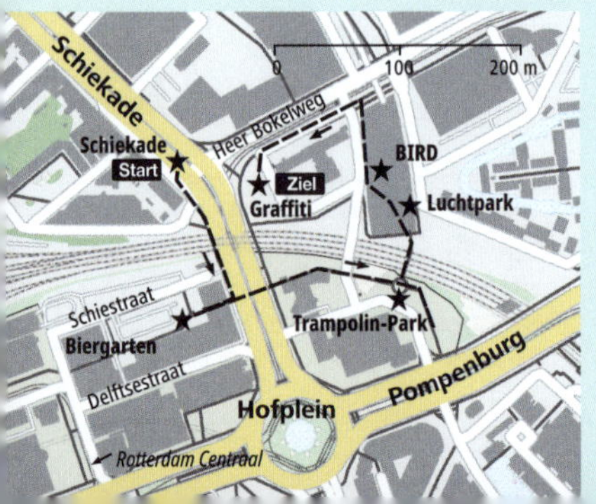

Dinge verbinden, die getrennt sind

Erst einmal nach links wenden und schauen, was an diesem Ende der gelben Brücke los ist. Hier ist der **Biergarten.** Graffiti, Bier und das Motto ›the sun marks the spot‹. Wer will, kann testen,

ob das Bier hier tatsächlich wie in deutschen Landen schmeckt (so jedenfalls die Werbung). Nach der Erfrischung weiter die Brücke erklimmen und diesmal über Straßen hinweg und an Hochhäusern vorbei bis kurz vor einen Kreisel spazieren, dort den nächsten Ausgang rechts nehmen und der Trampolin- und Pompenburg-Park liegt zu unserer Linken. Wer hätte das gedacht? Im **Trampolin-Park** kann man auf Trampolinen im Boden springen!

Bunt ist der Einstieg zum Luchtsingel, bunt geht es weiter!

Weitermachen

Zurück auf dem gelben Wegweiser, durch einen Kreisel spaziert, nach links abbiegen. Hier überquert man die Bahnschienen und der Lärmschutz formt ein gelbes Dreieck über den Köpfen. Nun die Brücke weiter geradeaus spaziert, steht man plötzlich auf einem alten Bahnsteig. Doch statt ratternder Züge grünt hier ein Garten! Es ist der **Luchtpark,** ein Park auf dem Dach der Station Hofbogen. Das Hofplein-Viadukt ist 1,9 km lang und damit das längste Dach der Niederlande. Früher fuhr hier die Hofplein-Linie bis nach Den Haag und Leidschendam. Als keine Züge mehr fuhren, war das Viadukt heruntergekommen, bis es 2006 von Wohnungsbaugesellschaften gekauft wurde. Nun wird es Stück für Stück neu genutzt. Oben entsteht der Park und unten gibt es viele neue Restaurants, Cafés und Kulturzentren, wie etwa **BIRD** (s. S. 29).

Noch mehr Farbe in der grauen Stadt

Um diese Orte zu erkunden, geht es zurück auf die Brücke und direkt die Treppe rechts hinunter und – tadaa! – der krönende Abschluss der Erkundung, einer der Instagram-Plätze Rotterdams, ist nicht zu übersehen! Ein riesiges **Graffito** vom Künstlerkollektiv Opperclaes. Es ändert sich ständig, kein Selfie wird dem anderen gleichen …

Opperclaes machen die Stadt mit ihrer Kunst übrigens an vielen Stellen bunter.

»Permanent Temporality führt der Luchtsingel ein. Das bedeutet, den evolutionären Charakter der Stadt und die bestehenden Formen als Ausgangspunkt zu nehmen. Deshalb haben wir neue Instrumente für Design, Finanzierung und Planung entwickelt«, sagt Elma van Boxel, Partnerin bei ZUS.

Delfshaven und südliches Zentrum

Überraschung: Hier, im gemütlichen Viertel **Delfshaven,** sieht es so aus, wie man sich ›Holland‹ normalerweise vorstellt: Den ehemaligen Hafen von Delft zieren ›typisch holländische‹ Häuser mit großen Fenstern, grüne Straßen und Plätze mit Pflastersteinen. Die Brücke Piet Heynsbrug markiert den historischen Hafen. Hier steht direkt am Wasser die **Pelgrimvaderskerk** 18, von der 1620 die Pilger nach Amerika aufbrachen.

Kulturschock

Genug von der Hafenidylle? Nördlich vom Euromastturm liegt der **Museumspark** – ein absolutes Festessen für Kunst- und Informationshungrige! Angefangen mit der renommierten **Kunsthal** 21, direkt daneben das **Natuurhistorische Museum** 22, vorbei an akkuraten Rasenflächen erreicht man in drei Minuten das Architekturmuseum, das **Chabot Museum** 24 und das **Museum Boijmans van Beuningen** (bis Anfang 2026 wegen Renovierungen geschl.). Kurz gesagt: Hier lassen sich locker mehrere Stunden bis Tage verbringen.

Schwindelig von so viel Kunst und Kultur auf nur einem Fleck, taumeln Sie weiter in die Witte de Withstraat, eine angesagte Straße mit vielen kleinen Bars, Hostels und Restaurants. Grüne Bäume und viele junge Menschen erfreuen das Auge. Und das **Kunstinstituut Melly** 19 zeigt wechselnde zeitgenössische Ausstellungen (Witte de Withstraat 50, kunstinstituutmelly.nl, Mi–So). Im Sommer lässt es sich hier super draußen auf den Bürgersteigen sitzen und sich im Nachtleben verlieren. Wie wär's: Exzellente Drinks bei **Ballroom** 2 schlürfen oder südamerikanisches Essen bei **Supermercado** 3 genießen? Machen Sie aus dem ›oder‹ einfach ein ›und‹!

K

KÜHE AUF DEM WASSER

Madame Curie hat schöne große Augen mit langen geschwungenen Wimpern. Die braun-weiß gefleckte Kuh lebt mit 37 Artgenossinnen in der Herde eines Pilotprojektes in Schiedam, auf der **Floating Farm** 20. Der Kuhstall ist ein technisch ausgetüfteltes Stahlmonstrum. Eine kleine grüne Wiese haben die Kühe auf dem Festland. Unter den strengen Augen von Tierschützern steht das Projekt der Unternehmerin Minke van Wingerden und ihrem Mann Peter allemal. Die Ziele: kürzere Transportwege, Stadtmenschen die Natur wieder nahebringen und neue Impulse für die Produktion von Nahrung.

Gustoweg 10, floatingfarm.nl

Schiedam

Schwuppdiwupp, mit der Metro, Tram, dem Bus oder Fahrrad gefahren und schon ist man in Schiedam. Die kleine Stadt grenzt direkt an Rotterdam. Hier brennen die Bewohner:innen seit Jahrhunderten den feinen Wacholderschnaps Genever. Das **Jenevermuseum** informiert über diese Tradition und probieren darf man selbstverständlich auch. Ein Hauch von Schokolade liegt in der Luft – vermutlich von der Chocolaterie **De bonte Koe** 4 gleich nebenan.

Bäume wiegen im Wind an der nächsten Gracht, hier kann man schön spazieren. Bei Regen lockt direkt hinter dem Jenevermuseum auch ein Besuch des **Stedelijkmuseum.** Der kleine Bruder des Amsterdamer Museums zeigt Geschichte und moderne Kunst. 2019 gewann es sogar den großen Museumspreis. Außerdem ist die Stadt stolz auf die größten **Windmühlen** der Welt! Mit bis zu 33 m Höhe sind sie nicht zu übersehen.

Jenevermuseum: Lange Haven 74, www.jenevermuseum.nl; Stedelijkmuseum: Hoogstraat 112, www.stedelijkmuseumschiedam.nl, beide Di–So

Museen

Ein Ort mit allen Möglichkeiten

㉑ **Kunsthal:** Groß, kreativ, größer und noch kreativer! Ebene um Ebene überrascht uns das bekannte Kunstmuseum im Museumpark. Mal mit kleinen und feinen Fotos, dann mit überlebensgroßen, skurrilen Skulpturen, in denen man klettern kann. Da das Museum über keine eigene Kollektion verfügt, ist hier alles möglich: Design, Architektur, Science-Fiction, zeitgenössische Kunst, altes Neues, neues Altes.

Museumpark, Westzeedijk 341, www.kunsthal.nl, Tickets am besten online kaufen, Di–So

Naturkunde entstaubt

㉒ **Natuurhistorisch Museum:** »Der erste Fall von homosexueller Nekrophilie bei der Stockente Anas platyrhynchos«, so nannte der Biologe und Museumsdirektor Moeliker seinen Aufsatz. Dies war die Startidee für eine neue Sammlung im Museum: ausgestopfte Tiere, die auf ungewöhnliche Art und Weise gestorben sind. Ihre Geschichten begrüßen den Besucher im Eingang, dann geht es mit eher klassischer Naturkunde weiter.

Museumpark, Westzeedijk 345, www.hetnatuurhistorisch.nl, Di–So

Auf Tuchfühlung

㉓ **Maritiem Museum:** Schon 1874 öffnete das maritime Museum zum ersten Mal seine Tore. Im Laufe der Jahre ist hier eine beachtliche Sammlung an Modellen, Zeichnungen, Gemälden und anderen Exponaten rund um die Schifffahrt entstanden – ein spannender Ausflug für die ganze Familie. Mit vielen interaktiven Elementen wird drinnen und draußen das Treiben an Land und an Bord vermittelt.

Leuvehaven 1, www.maritiemmuseum.nl, Di–So

Expressiv

㉔ **Chabot Museum:** Henk war sein Spitzname, Rotterdam seine Heimat. Dem Maler und Bildhauer Hendrikus Chabot ist in einer schicken weißen Villa im Park ein Museum gewidmet. Wild und kritisch schauen seine Gemälde von den Wänden. Daneben gibt es eine ethnologische Sammlung, einen Film über Henks Leben und Exponate von anderen Kreativen.

Museumpark 11, www.chabotmuseum.nl, Di–So

Innovation und Interpretation

㉕ **Het nieuwe Instituut:** Architektur, Design, Digitale Kultur – das sind die drei Schwerpunkte des Zentrums. Ein ungewöhnlich angelegter Garten und das **Sonneveld Huis,** eingerichtet im Nieuwe-Bouwen-Stil, können ebenfalls angeschaut werden. Jeden Do gibt es ab 17 Uhr Vorträge, Ausstellungen etc., bei denen man nebenbei auch das Museum besuchen kann (7,50 €).

Museumpark 25, www.hetnieuweinstituut.nl, www.huissonneveld.nl, Di–So

Reisen in Bildern

㉖ **Nederlands Fotomuseum:** In der ehemaligen Fertigungshalle der Holland-Amerika-Linie ist ein spannender Ort für visuelle Geschichten entstanden. Gezeigt werden Fotografien niederländischer Fotograf:innen – eine Mischung aus historischen und zeitgenössischen Bildern.

Statendam 1, www.nederlandsfotomuseum.nl, Di–So

Schlafen

Wohnen im Würfel

1 **Stayokay:** Die Hostelkette Stayokay hat sich in den gelben Würfeln breitge-

macht! In hellen Mehrbett- oder Doppelzimmern kann man dem schrägen Leben frönen. Familien und Gruppen sind hier ausdrücklich willkommen, mit Fahrradverleih. Foyer zum Frühstücken, Bar.
Overblaak 85–87, www.stayokay.com/de/hostel/rotterdam, DZ/F oder Mehrbettzimmer €

New York, New York

2 Hotel New York: »Das ist das schönste Hotel, in dem ich je war«, raunt eine Besucherin. Ob sie eines der Zimmer in den beiden Türmchen bewohnt hat? Das Hotel in dem denkmalgeschützten Gebäude der Holland-Amerika Lijn bietet 70 schicke Zimmer, ein eigenes Wassertaxi, zwei Restaurants und eine Terrasse am Wasser.
Koninginnenhoofd 1, www.hotelnewyork.nl, €€–€€€

Hausboot-Träume!

3 Wikkelboat: Der Tiny-Houseboat-Traum liegt mitten im Zentrum. Die winzigen Hausboote bestehen hauptsächlich aus Pappe, sodass sie sehr gut isoliert sind. Klimaanlage/Heizung und alle Arten von Annehmlichkeiten sind an Bord. Sogar ein Jacuzzi und einen Grill kann man auf der eigenen kleinen Terasse nutzen.
Wijnhaven 2, www.wikkelboat.nl, für 2 Pers., €

Brunos stylishe Butze

4 Room Mate Bruno: Die gläserne Schiebetür geht auf, und die Gäste werden von der Loungeatmosphäre empfangen. Farbkonzepte, großzügige Zimmer, Fitnesscenter, Business Center, Balkone mit Blick auf die Wolkenkratzer oder die Maas … Das Boutique-Hotel liegt nur ein paar Schritte vom Rijnhaven entfernt. Langschläfer lockt das Frühstück bis 12 Uhr.
Wilhelminakade 52, www.room-matehotels.com/de/bruno, €€€

Bei Freunden zu Hause

5 Ani & Haakien: Liebevolle Gastgeber, die es gemütlich und bunt mögen. Wer Lust auf echtes Backpackerfeeling hat, ist hier richtig. Ein günstiges Plätzchen im Zwölferraum mit eisernen Hochbetten? Doppelzimmer gibt es auch – mit Bad auf dem Flur.
Coolsestraat 47–49, www.anihaakien.nl, €

Bäume pflanzen im Schlaf

6 Pincoffs: In dem romantischen Boutique-Hotel wohnt man in wunderbaren Suiten und genießt einen ausgezeichneten Service (u. a. Experts' Choice Award). Nebenbei pflanzt das Hotel mit den Einnahmen Bäume, serviert faire Bio-Lebensmittel und setzt von Strom bis Wasser ganz auf Nachhaltigkeit.
Stieltjesstraat 34, www.hotelpincoffs.com, €–€€

Ahoi!

7 Logeerboot Visithor: Liegt doch nahe, in einer Hafenstadt auf einem Boot zu logieren. Mitten im Maritime Distrikt liegt die Visithor. An Deck gibt es eine kleine Terrasse und im Schiffsinneren zwei bunt eingerichtete Apartments. Der nette Inhaber Eric hat das Boot selbst restauriert. Er hat noch zwei weitere Boote in petto und ist sehr hilfsbereit bei der Reiseplanung.
Wijnhaven 107, www.logeerboot.nl, min. 2 Nächte, €

Essen

Im Apfelkuchen-Himmel

1 Dudok: Im Dudok setzt man aufs Miteinander, serviert, gekocht und gebacken wird von einem inklusiven, internationalen Team. Apropos gebacken, die Rotterdamer sind sich einig, dass es hier den besten Apfelkuchen der Stadt gibt. Auch zum Frühstück, Lunch, Abendessen ein guter Tipp!
Meent 88, www.dudok.nl, tgl., €

Was riecht denn da so gut?

2 Ayla: Eine verrückte Mischung aus mediterranen Speisen – marokkanisch, griechisch, italienisch. Sogar Austern schlürfen ist für 3,50 € möglich. Besonders lecker sind die vegetarischen Tapas.

Kruisplein 153, www.ayla.nl, tgl., €

Que rrrico

3 **Supermercado:** Von Mexiko über Peru, von Brasilien bis Argentinien! Ceviche, Empanadas, Tacos – alles geht. Auch für einen Cocktail oder eine Sangría ist der Supermercado eine gute Adresse. Den ›Desperado Bucket‹ mit 6 Flaschen Tequila-Bier gibt es für 21,50 €. Innen ist es meist sehr laut, im Sommer kann man aber hervorragend auf der Terasse sitzen.

Schiedamsevest 91, supermercadorotterdam.nl, tgl., €

Richtig guter Stand(ort)

4 **Fenix Food Factory:** Direkt am Rijnhaven liegt eine der besten Foodhallen Rotterdams, die in großzügigere Räumlichkeiten umgezogen ist. Es gibt eine zentrale Marktküche mit Frühstück, Mittag- und Abendessen sowie kleine Stände. Der Hit bleibt das gute lokal gebraute Bier.

Nico Koomanskade 1025, www.fenixfoodfactory.nl, Di–So, €€

Kaffee mit Musik

5 **Kopi Soesoe:** Frühstück mit Livemusik, das schmeckt gut. Und auch der Käsekuchen ist ein Gedicht! Dazu wählt man aus diversen feinen Kaffeesorten, zum Beispiel den hauseigenen Kopi Soesoe, ein indonesischer Kaffee mit Milch und Kardamom. Konzerte auf der Website.

Sumatraweg 15, www.kopisoesoe.nl, Mi–So, €

Bei neuen Nachbarn

6 **Shaami huis:** Die Initiative Shaami huis bietet syrischen Geflüchteten eine Möglichkeit, in Rotterdam anzukommen. Im Shaami huis wird gekocht, serviert, vernetzt – und die Stadt mit syrischen Rezepten bereichert. Täglich gibt es gut gewürzte Gerichte zu sehr günstigen Preisen!

Schiedamseweg 38B, www.shaamihuis-rotterdam.nl, Mi–Mo, €

Im Museumpark: Blick auf das Boijmans van Beuningen Museum, das größte Kunstmuseum der Stadt

Gesund und glücklich

7 **Healthful:** Vegane Pizza, glutenfreies Brot, Bio-Fischburger oder einfach ein frischer Ingwertee? Bei gutem Wetter schaut man leider neidisch auf die Sonnenterasse von dem großen Steakhaus nebenan …

Spaansepoort 77, www.healthfulrotterdam.nl, Mi–So, €

Alla Napoli

8 **Old Scuola:** Neapolitanische Pizzaöfen sorgen für knusprige Böden. Internationale Kellner nett für die Gäste. Für ein besonderes Geschmackserlebnis sorgen die Antipasti von geröstetem Gemüse (9,50 €).

Achterklooster 1, www.oldscuola.nl, Mo–Sa, €

Gemoedelijk

9 **Koozie:** *Gemoedelijk*, gemütlich – das beschreibt das kleine Café gut. Es gibt

Frühstück (bis 12 Uhr), selbst gebackenen Kuchen, Mittagessen, außerdem viele kulturelle Veranstaltungen. Und als besonderen Clou kann man sich bei schönem Wetter einen Picknickkorb packen lassen, eine Sonnenliege mieten und damit raus an die Maas gehen.

Van der Takstraat 51, www.koozierotterdam.nl, Mi–So, €

Pfannkuchen auf See

10 **Pannenkoekenboot:** Auf dem Pfannkuchenschiff durch den großen Hafen fahren und dabei so viele Pfannkuchen essen, wie man schafft, von süß über sahnig bis salzig. Doch Achtung: Ratsam wäre dabei ein gesundes Maß, auch wenn die Wellen zum Glück nicht hoch sind …

Parkhaven 13, rotterdam.pannenkoekenboot.nl, 75 Min. €€ (besser online vorbestellen, an Bord kostet der Eintritt 2 € mehr)

Dachgarten

11 **DakAkker/Teds:** Bienchen und Blümchen umgeben von Hochhäusern – DakAkker ist die größte Freiluft-Dachfarm der Niederlande und eine der größten in Europa. Auf einer Fläche von 1000 m² werden Gemüse, essbare Blüten und Obst angebaut. Wer möchte, kann das Ganze vom Restaurant Teds begutachten und direkt etwas aus dem Garten probieren.

Schiekade 189, teds-place.nl/rotterdam, tgl., dakakker.nl, €€

Einkaufen

Grün, grün, grün …

1 **De Groene Passage:** … sind alle Dinge, die ich hier kaufe. Die grüne Passage gibt es schon seit 20 Jahren. Sie vereint Café, Schlachter, Supermarkt, Schönheitssalon, Kantine, Sportstudio sowie Stoff- und Dekoladen unter einem einzigen Dach – und Motto: Fair und nachhaltig leben und einkaufen.

Mariniersweg 9, www.degroenepassage.nl, tgl.

EINMAL UM DIE WELT

Die internationalste Straße Rotterdams? Das ist wohl die **West-Kruiskade** 12. Hier reihen sich die exotischen Restaurants und Supermärkte aneinander. Für wenig Geld geht es einmal um die Welt!

Vintage Chic

2 **DEARHUNTER:** Die Rotterdamer lieben diesen Laden. Denn hier braucht man wirklich nicht wühlen, um fündig zu werden. Die Kleidung ist nach Farben sortiert und sehr sorgfälitg von Inhaberin Hanneke van Leeuwen ausgewählt.

Eendrachtsweg 55A, www.dearhunter.com, Di–Sa

Kollektiv-Konzept

3 **Swan Market:** Der Conceptstore verkauft die Kreationen von verschiedenen Künstler:innen in mehreren Fillialen in den Niederlanden. Jeder Laden ist dabei einzigartig, und die Designer:innen und Aussteller:innen wechseln ständig. Im oberen Stockwerk sehr schöne Secondhand-Kleidung zu günstigen Preisen!

Oude Binnenweg 137, www.swanmarket.nl, tgl.

Schokolade zum Frühstück

4 **De bonte Koe:** Und mittags und abends und überhaupt zu jeder Zeit! Die leckeren Kunstwerke werden im Laden und online verkauft. Wer noch mehr will, kann einen Schoko-Workshop buchen.

Nieuwe Binnenweg 112, www.debontekoe.nl, tgl., Filiale in Schiedam Lange Haven 54

Freiheit ist Entscheidung

5 **The GoodPeople:** »Wir stehen für die Freuden und Prüfungen der Männer«, heißt das Credo dieses Ladens. Online und im Shop gibt's nachhaltige, fair produzierte Kleidung.

Pannekoekstraat 52A, www.thegoodpeople.com, tgl.

Das bunte Kleine

6 **Very Cherry:** In der kleinen, feinen Boutique gibt es Mode, die auch Marilyn Monroe gerne getragen hätte. Besondere Liebe zum Detail und eine konsequente Fairtrade-Haltung zeichnen den Laden von Caroline Poiesz aus. Alles ist in Rotterdam designt und in Europa produziert.

Botersloot 52a, www.verycherryshop.com, tgl.

Bewegen

In (Körper-)Kontakt kommen

1 **Contact Zone:** Verschiedene Tanzangebote, die aus der Kontaktimprovisation kommen; sie sind offen für alle. Entweder einen ganzen Tag mitmachen oder nur zum Jam (mit Livemusik) und Essen kommen. Alle, die erst noch Berührungsängste haben, können auch nur zuschauen. Die Teilnahme ist auch ohne Anmeldung möglich.

Schoterbosstraat 17, www.contactzone.nl, Juli/Aug. Sommerpause, jeder 3. So im Monat ab 14 (Workshop 15 €) oder ab 16.30 Uhr (Jam 7 €)

Neu entdecken

2 **UrbanGuides:** Bei den UrbanGuides gibt es Touren per Fahrrad, zu Fuß oder mit dem Bötchen. Sie decken von Architektur über Bildung bis zu kulinarischen Entdeckungen viele verschiedene Themen ab und vermitteln eine bunte Mischung an Guides. Die Routen und Themen ändern sich ständig. Auch Fahrradverleih.

Schiekade 205, www.urbanguides.nl, Mo–Fr

Von A nach B nach Z

3 **Watertaxi:** Boot fahren macht einfach Spaß. Die kleinen Taxis vernetzen die gesamte Stadt auf dem Wasserweg. Sie können im Internet oder übers Telefon einfach vorbestellt werden und holen jeden zuverlässig ab.

Koninginnenhoofd 7, T 01 04 03 03 03, www.watertaxi.nl, ab 4,50 € p. P.

Golfen auf Pflastersteinen

4 **Rotterdam Streetgolf:** Das Café De Ooievaar hatte eine besondere Idee – Minigolf in den Straßen vom Delfshaven. So erkundet man das Viertel auf anderen Wegen. Es gibt eine Route, Ausrüstung und natürlich Löcher in den Straßen, die vorbereitet wurden. Einfach mal machen! Gespielt werden kann von mittags bis abends zu den Öffnungszeiten des Cafés.

Havenstraat 11, T 01 04 76 91 90, www.rotterdamstreetgolf.nl, Verleih im Café de Ooievaar, einfach hingehen, anrufen oder eine Mail schreiben an info@eetcafedooievaar.nl

Halb Bus, halb Boot

5 **Splashtour:** Eine etwas andere Stadtrundfahrt. In einem gelben Amphibienbus passieren Sie die Wahrzeichen Rotterdams, doch eigentlich warten alle nur auf eines, den Splash, also das Wasserspritzen, wenn der Bus in die Maas donnert und die Tour als Boot weiterfährt.

Abfahrt bei Parkhaven 9, rotterdam.splashtour.nl, tgl., 27,50 €, online billiger

Das Matterhorn bei Rotterdam

6 **Monte Cervino:** Die höchste Kletterwand der Niederlande ist benannt nach einem italienischen Berg. Auf fast 35 m Höhe kann man sich innen und außen hochhangeln. Hier kommen Anfänger:innen und Profis voll auf ihre Kosten, und die Höhenangst wird sicher bezwungen!

Hoeksekade 141, Bergschenhoek, www.montecervino.nl, tgl.

Ausgehen

Change is good

1 **BIRD:** Unter der geschwungenen Decke des Hofplein-Viadukts sind bunte Vögel zu Hause. BIRD ist ein Ort für gute Pizza, öffentliche Podiumsdiskussionen

TOUR
Riesen bezwingen

Vom Rad aus rund um Kinderdijk gegen Windmühlen kämpfen

Infos

E7

Hinkommen:
Mit Waterbus 21 von der Erasmusbrücke, Fahrrad-Mitnahme kostenlos

Start:
Kinderdijk, Molenkade

Länge:
19,5 km

Dauer:
1,5–2 Std.

Hinweise:
Öffnungszeiten und Eintrittspreise der Mühlenmuseen auf kinderdijk.com

Als Inspiration haben sie Miguel de Cervantes nicht gedient. Die Riesen von Kinderdijk entstanden erst, nachdem Don Quijote im Roman kämpfte. 19 Windmühlen aus dem 18. Jh. machen das UNESCO-Weltkulturerbe aus. Wer um sie herumradelt, findet neben den großen viele kleine Schätze.

Am besten starten Sie die Tour am frühen Abend oder sehr frühen Morgen an der **Molenkade,** denn ein Geheimtipp sind die Mühlen wirklich nicht mehr! Die gute Nachricht: Man kann sich hier jederzeit aufhalten, der Zugang zu den Wegen ist überall kostenlos. Nur wer die Mühlen **Nederwaard** und **Blokweer** von innen sehen möchte, ist an Öffnungszeiten gebunden.

Von der Molenstraat nach rechts radeln auf die Molenkade Nederwaard. Das Licht spiegelt sich malerisch im Wasser des Nieuwe Waterschap. Und da stehen sie schon – fein aufgereiht. Früher dienten sie als Säge- und Getreidemühlen. Hauptsächlich dienten sie jedoch dazu, das Land am Kinderdijk zu entwässern. Das Ergebnis ist hier gut sichtbar; überall ist die Landschaft von feinen Wasserwegen durchzogen. An der **Mühle Kortlandse** ist Kinderdijk schon längst verlassen und ein kurzer Stopp lohnt sich. Welch besondere Schönheit!

Weiter am Achterwatserschap bläst der Wind um die Nase. Das Schilf biegt sich, die Frösche unken. Kurz vor der Broekmolen nach links fahren, die Kindertagesstätte R. van Beijum wird passiert. Wer würde hier nicht gerne spielen? Zu einer Kaffeepause lädt das hübsche **Koffie Molen** ein. Dann schließt sich der Kreis. Am breiten Wasser der Lek entlang durchquert man Nieuw-Lekkerland (wer noch Zeit hat, findet hier bestimmt irgendwas Leckeres) und ist schließlich wieder am Ausgangspunkt, der Molenstraat.

und vor allem ausgefallene Konzerte vieler Musik-Genres und Partys. Der Name ist übrigens eine Hommage an den Jazz-Saxophonisten Charlie ›Bird‹ Parker. Jeden Tag ist was los; im Sommer mit schönem Garten.

Raampoortstraat 24, www.bird-rotterdam.nl

Gin liebt Tonic

2 **Ballroom:** Sind Sie eher Typ Dornröschen oder Mafioso? Über 160 Ginsorten werden es Ihnen verraten. Sie haben alle ihre Eigenheiten und können fast immer gut mit Tonicwater. Die Kreationen sind ausgefallen, und die Kellner kennen sich aus.

Witte de Withstraat 88b, www.ballroomrotterdam.nl, Di–So

Jazzy

3 **Dizzy:** Das kleine Jazz-Café macht schon am Mittag auf und bietet Musiker:innen und Zuhörer:innen eine entspannte Plattform. Einmal im Monat gibt es am Donnerstag auch einen Reggae-Jam.

's-Gravendijkwal 127, www.dizzy.nl

Ran ans Mikrofon

4 **Open Mic Night:** Jeden 3. Fr ab 21 Uhr ist im Hostel ROOM die Bühne zum musikalischen Selbstausprobieren eröffnet, Anmeldung über events@roomrotterdam.nl. Oder vorbeikommen und zuhören.

Van Vollenhovenstraat 62, auf Facebook

Bis der Arzt kommt

5 **Club Haug:** Stand-up-Comedy vom Feinsten in mehreren Sprachen. Engl. Shows finden sich auf der Website.

Boompjeskade 11, www.clubhaug.com, per WhatsApp 06 21 86 74 24, Mi–Sa

Auf zu anderen Ufern

6 **WORM:** Als ›Institut für avantgardistische Rekreation‹ ist das WORM in der Stadt bekannt und gefeiert. Egal, welchem sozialen Geschlecht eine Person sich zugehörig fühlt, bei Worm sind alle willkommen. Es gibt Konzerte, Filme, Performances, Festivals, Workshops und jedes Wochenende Party.

Boomgaardsstraat 71, www.worm.org

Viel Theater

7 **Theater Rotterdam Schouwburg:** Die Theaterlandschaft in Rotterdam ist riesig. In zwei Gebäuden der Stadt ist das Theater Rotterdam zu Hause, hier werden erstklassige Tanz- und Theateraufführungen gezeigt. Am besten anfragen über tickets@theaterrotterdam.nl.

TR Schouwburg: Schouwburgplein 25; ro Theater: William Boothlaan 8, Kartentelefon: 01 04 11 81 10, www.theaterrotterdam.nl

Dickes Ding

8 **Now&Wow Club:** Am Maashaven in einem ehemaligen Kornspeicher gibt es große Club- und Konzertevents im Maassilo. Der Now&Wow Club ist noch neu und liegt im 10. Stockwerk. Techno, Soca, Dancehall, Indie, auch Kabarett.

Maashaven Zuidzijde 1, www.nowandwowclub.com

Infos

- **Infos:** s. S. 16
- **www.rotterdamfestival.nl:** Übersicht über viele Festivals. Hier eine Auswahl:
- **International Film Festival:** Jan., www.iffr.com. Kurz- und Spielfilme an mehreren Orten in der Stadt.
- **Rotterdam Art Week:** Feb., www.rotterdamartweek.com.
- **North Sea Jazz Festival:** 2. Juliwochenende, www.northseajazz.com. Die ganz Großen des Jazz, Blues, Pop und Soul.
- **Rotterdam Unlimited:** Ende Juli, www.rotterdamunlimited.com. Gigantisches Straßenfest mit großem Karnevalsumzug.
- **Metropolis:** Ende Juli, www.metropolisfestival.nl. Kostenloses Musikfestival im Zuiderpark.
- **Reggae Rotterdam:** Sa, Ende Juli, www.reggaefestival.nl.

Delft

D7

Wie kann man bloß so schön sein? Pflastersteine, Keramik, Grachten, Kirchen, Bäume, Märkte … Besucher:innen kommen aus dem Schwärmen nicht heraus! Auch viele Delfter:innen gehen lächelnd durch die Straßen, auch wenn sie zunehmend über horrende Mieten klagen. Und trotz Omas berühmtem Porzellan in Delfter Blau ist Delft auch eine junge Universitätsstadt.

Alles blau

Eine kleine Brücke über einer kleinen Gracht – hier können Sie sich einstimmen auf Delft. Das **Wandgemälde** in der winzigen Straße Bonte Ossteeg vereint alle Ikonen der Stadt. Es lässt die Betrachter:innen eintauchen in eine blaue Welt. All diese Bilder tauchen später in der Stadt wieder auf. Dann, nur drei Schritte weiter, öffnet sich der große belebte **Marktplatz.** Am Donnerstag ist Markttag, doch auch an allen anderen Tagen ist hier immer etwas los. Der Platz ist eingerahmt vom **Rathaus** und der **Nieuwe Kerk,** die der Sage nach durch die Vision des Bettlers Symon erbaut und der Jungfrau Maria gewidmet wurde. Unter dem Kirchboden liegen die Königinnen und Könige der Niederlande begraben. Die Treppe des Kirchturms windet sich über 376 Stufen eng und endlos nach oben (bei Platzangst lieber lassen). Oben angekommen, genießen Sie den weiten Blick über Delft und die Umgebung. Die Beine ausruhen können Sie gleich um die Ecke im **Eetcafe de Ruif.** Hier sitzen Sie im Grünen an der Gracht.

Markt 80, www.oudeennieuwekerkdelft.nl, Oude und Nieuwe Kerk können mit einem Kombiticket besucht werden

Es werde Licht

Licht und Schatten, Bilder voller Poesie und Intimität – Jan Vermeer ist ein geheimnisvoller Maler. Sein Leben verbrachte er in Delft, doch warum, wo und wie er seine Malerei erschuf, dazu gibt es kaum Erkenntnisse. Dem Meister des Barock können Sie dennoch an vielen Orten Delfts folgen. Im **Vermeer Centre Delft** geben die hochkarätigen Reproduktionen, das nachgebaute Atelier und die Audiotour Einblicke in Werke und Bildsprache.

Voldersgracht 21, www.vermeerdelft.nl, tgl., So 10.30 Uhr Führung auf Engl., Audioguide und Führung im Eintritt enthalten

Rivalinnen oder Freundinnen?

An den schönen Grachten Hippolytusbuurt und Wijnhaven schlendern am Samstag Delfter:innen und Besucher:innen über den bunten **Kunst- und Antikmarkt.** Am Ende steht mit dem Rücken zur Gracht die Alte Kirche. Die mächtige, gotische **Oude Kerk** ist nicht so bekannt, dabei ist sie fast 300 Jahre älter und hat ein ganz besonderes Merkmal: Stellen Sie sich an den Kanal **Oude Delft.** Knick in der Optik? Nein, der Kirchturm ist tatsächlich schief. Der ›schiefe Jan‹ neigte sich durch den zu weichen Boden. Im Kircheninnern finden Sie das Grab von Jan Vermeer und zeitgenössische Kunstausstellungen.

Geestkerkhof 25, Website s. Nieuwe Kerk

Hier ist es passiert

Das Einschussloch ist noch zu sehen! Hier, im schönen Gebäude des **Museums Prinsenhof** starb Willem van Oranje. Er führte das Land in den Krieg, erhob sich gegen die Spanier, prangerte die Inquisition an und wurde schließlich im Prinsenhof hinterrücks erschossen. Die Delfter:innen trauerten lange um ihren kontroversen Nationalhelden. Erzählt wird das alles in einer interaktiven Ausstellung. Delfter Blau, die großen Meister des 17. und 20. Jh. und spannende Wechselausstellungen sind im Gebäude aus dem 15. Jh. ebenfalls zu sehen.

Sint Agathaplein 1, www.prinsenhof-delft.nl, tgl.

Lieblingsort

Gefangen im Traum

»Psst, willst du hier mal etwas wirklich Außergewöhnliches sehen?« Der Mann im schicken Anzug zeigt auf eine unscheinbare Gasse . Nur ein kleines goldenes Klingelschild verrät, was darin zu finden ist. Sein Nachbar hat sich etwas »völlig Verrücktes« einfallen lassen. Es ist das **Versteckte Haus von Madame de Berry** in **Delft.** Berry Visser heißt der Nachbar, Gründer der berühmten Mojo-Konzerte und ehemaliger Organisator des Kralingse Pop Festivals. In dieser Ausstellung öffnet er mit einer abgefahrenen audiovisuellen Tour die persönliche Traumwelt seiner Kunstfigur Madame de Berry. Skurril, kunstvoll und einmalig – sein Nachbar hat Recht! (Voorstraat 13A, www.madamede berry.com, unbedingt online reservieren, jeden Sonntagnachmittag, Erw. 12 €, ab 11 Jahre)

DER GROSSE KNALL

Am 12. Oktober 1654 wurde der Himmel schwarz. Ein Lager mit Schwarzpulver war explodiert und zerstörte die gesamte Innenstadt. Der **Delfter Donnerschlag** war bis nach Texel zu hören und forderte viele Leben. Die Überlebenden bauten die Stadt wieder auf. Das Ergebnis ist noch heute zu bewundern.

Von gestern für morgen

Nach so viel Geschichte ist ein Spaziergang zum **Wilhelminapark** eine gute Entspannungskur. Im Park wird es still, Trauerweiden wiegen sich sanft im Wind, und Reiher stolzieren durch das Wasser.

Zum Delfter Klassiker das elektrische Tuk-Tuk nehmen? Geräuschlos tuckert es zu **Royal Delft,** Manufaktur und Museum des Delfter Blau. Auch heute noch wird hier das berühmte Porzellan angefertigt, und Sie können sogar selbst eine Fliese bemalen (s. S. 35)! Trinken Sie unbedingt einen Kaffee im wunderschönen Garten!

Rotterdamseweg 196, www.royaldelft.com, tgl.

Schlafen

In Gemälden schlafen

Hotel de Plantaan: Am bunt beleuchteten Doelenplein setzt dieses Hotel auf Nachhaltigkeit und skurrile Raumgestaltung, z. B. mit einem runden Bett und Wandbemalung à la Garten Eden? Mit Parkplatz.

Doelenplein 10, www.hoteldeplataan.nl, €€ (bei Direktbuchung über die Website)

Blau im Bett

Bridges House Hotel: Die komfortablen Zimmer und Suiten sind ganz im Delfter blau-weißen Stil gestaltet. An der Gracht.

Oude Delft 74, www.bridgeshouse.nl, €/F

Vermeer im Zirkuswagen

Emauspoort: In dem Hotel direkt hinter der Nieuwe Kerk stehen zwei originale Zirkuswagen im Hinterhof. Sie sind urig und jeweils mit Doppelbetten ausgestattet. Verschiedene Themenzimmer im Haupthaus, eines davon ist Jan Vermeer gewidmet.

Vrouwenregt 9, www.emauspoort.nl, Wohnwagen oder DZ, €

Essen

Soziale Sandwiches

Happy Tosti: Die beliebten Sandwichläden arbeiten mit einem Konzept, das inklusive Arbeitsplätze schafft.

Voldersgracht 4, www.happytosti.nl, tgl., €

Auf dem Wasser

De Delf: Drinnen oder draußen auf dem Boot gibt es Frühstück, Lunch und Dinner für verschiedene Geschmäcker und in ungewöhnlichen Mischungen.

Oude Delft 113, www.dedelf.nl, Di–So, €€

Außen mooi, innen mooi

Eetcafé de Ruif: Grün bewachsen ist die Terrasse an der Gracht. Innen gibt's gemütliche Kneipenatmosphäre, ab und zu mit Livemusik. Spezialität des Hauses sind die günstigen Tapas, dazu gutes Bier.

Kerkstraat 22–24, www.ruif.nl/en, Di–Sa, €€

Lecker Frühstückchen

Van Maanen: Gutes Brot, leckeres Gebäck, super zum Frühstücken und Lunchen.

Hippolytusbuurt 3, www.bakkervanmaanen.nl, tgl., €

Ausgefallen

De Centrale: In der ehemaligen Fleischhalle gibt es sicher noch ein freies Plätzchen. Die Kreationen sind ausgefallen (nicht nur Fleisch), und der Wein ist fein! Auch zum Mitnehmen.

Voldersgracht 2, www.decentraledelft.nl, Mi–Mo, €€€

Einkaufen

Essend einkaufen

Sup-R: In diesem Conceptstore gibt es einen leckeren Lunch oder High Tea, daneben neue und alte Kleidung, Möbel, Schmuck und schönen Trödel.

Wijnhaven 9, www.sup-r.makro.rest, Di–So

Spielend Gutes tun

Poppedijn: Das Ehepaar Anca und Maarten verkauft schon seit über 30 Jahren Spielzeug aus Holz und anderen Naturmaterialien.

Buitenwatersloot 35, www.poppedijn.nl, Di–Sa

Bewegen

Hop-on-off-Tuk-Tuk

Delft City Shuttle: Die weißen Elektro-Tuk-Tuks verkehren alle 20 Min. an allen Sehenswürdigkeiten von Delft. Einfach ein- und aussteigen, so oft man will. Auch eine komplette Tour ist möglich. Umweltfreundlich und gar nicht teuer (5 €/Tag, 3 € Einzelfahrt).

Tickets beim VVV, Kerkstraat 3 u. an allen Stationen, www.delftcityshuttle.nl, April–Okt. tgl. 10–17, Nov.–März Do–Sa 12–17 Uhr

Selber (blau-)machen

Royal Delft: Eine selbst bemalte Delfter Fliese, das wär doch mal ein wirklich schönes Mitbringsel. Und das Malen selbst ist ein Erlebnis. Die Meistermaler des Delfter Blau zeigen, wie es geht!

Rotterdamseweg 196, tickets.royaldelft.com/en/workshop/tickets, Workshops tgl. 14.30 Uhr, 29 € p. P. (inkl. Fliese)

Hüa Tram!

Pferdebahn: Steht die Paardentram gerade vor dem Rathaus auf dem Markt, einfach einsteigen (12,50 €/Pers.). Tickets direkt an der Kutsche. Auch individuelle Touren möglich.

Vor dem Stadhuis, Markt 87, oder eigene Tour buchen auf www.stalhouderijdelftsehout.nl, T 01 52 06 11 42, nur bei gutem Wetter

Ausgehen

Was auf die Ohren

Jazzcafé Bebop: In dem historischen Gebäude von 1876 wippen die Füße fast jeden Abend zu guter Musik. Im Sommer ist hinten der Garten geöffnet. Diverse Blues-Festivals; Di Jam ab 20.30 Uhr.

Kromstraat 33, www.jazzcafébebop.nl, tgl.

Duitse Filme

Filmhuise Lumen: In dem Programmkino gibt es eine ganze Rubrik mit Filmen auf Deutsch und aus Deutschland.

Doelenplein 5, www.filmhuis-lumen.nl

Infos

- **VVV:** Kerkstraat 3, T 971 68 70 83, www.delft.com
- **Verkehr:** Das Zentrum von Delft ist verkehrsberuhigt! Wer mit dem Auto hineinfahren will, muss zuvor einen Tagespass beantragen (vergunningen.parkerendelft.com). Am besten in den Parkhäusern von parkerendelft.com/de parken.

MÜHLENERWECKUNG

Gaston Badoux lebt in Delft. Jeden Tag sah er von seinem Badezimmerfenster aus zur **Molen de Roos.** Da kam ihm die zündende Idee: Warum nicht die schöne alte Mühle wieder in Gang bringen? Das war der Start von **Ambacht.** Im Laden werden von der Mühle gemahlenes (Bio-)Mehl und frisch gebackene Brote verkauft.

Phoenixstraat 111–112, molenderoos.nl, Mi–Sa

Den Haag und Scheveningen

Ansehen

1 The Hague Tower
2 Haagse Markt
3 Chinatown
4 Nieuwe Kerk
5 Spinozahuis
6 Haagse Passage
7 Oude Stadhuis
8 Het Binnenhof
9 Allee Lange Voorhout
10 Hotel Des Indes
11 Paleis Noordeinde
12 Palastgarten
13 Japanse Tuin
14 Friedenspalast
15 Scheveningse Bosjes
16 Madurodam
17 Leuchtturm
18 Kurhaus Scheveningen
19 De Pier
20 Duindorp
21 Kijkduin
22 HOVM
23 Mauritshuis
24 Galerij Prins Willem V
25 Escher in Het Palais
26 Kunstmuseum Den Haag
27 Panorama Mesdag
28 Fotomuseum
29 Haags Historisch Museum
30 Muzee Scheveningen
31 Louwman Museum
32 Internationaler Strafgerichtshof

Schlafen

1 Paleis Hotel
2 Hotel Sebel
3 The Golden Stork
4 The Social Hub
5 De Salon van Fagel
6 Strandhotel
7 Grand Hotel Amrâth
8 Jorplace
9 Haagse Strandhuisjes

Essen

1 The Fat Mermaid
2 New Meyva
3 Encore by Simonis
4 Frites Atelier
5 Juni
6 Greens in the Park

Einkaufen

1 Het Appeltaartgevoel
2 WAUW
3 Proefhuys
4 JUST
5 Bookstor

Bewegen

1 Hart Beach
2 Bites and stories
3 Duinrell
4 Bínk Bikes

Ausgehen

1 ComedyCity
2 Theater De Vaillant
3 Muziekcafé De Paap
4 PIP
5 Zuiderstrandtheater
6 Royal Theater

Den Haag

D7

Die Stadt des Friedens ist ein Magnet für Student:innen, Fans des Surfens, der Kunst, des Müßiggangs und des Genusses. Den Haag (auch 's-Gravenhage) verfügt nicht nur als Sitz der Regierung, des Internationalen Strafgerichtshofs und Residenz des Königshauses über schlagende Argumente, auch der pompöse Friedenspalast beeindruckt die Reisenden. In der Innenstadt reihen sich Conceptstores an Cafés, und nach einigen Tramstationen wartet der Strand …

Stationsbuurt und Schildersbuurt

Nach Amsterdam und Rotterdam ist Den Haag die drittbeliebteste Stadt der

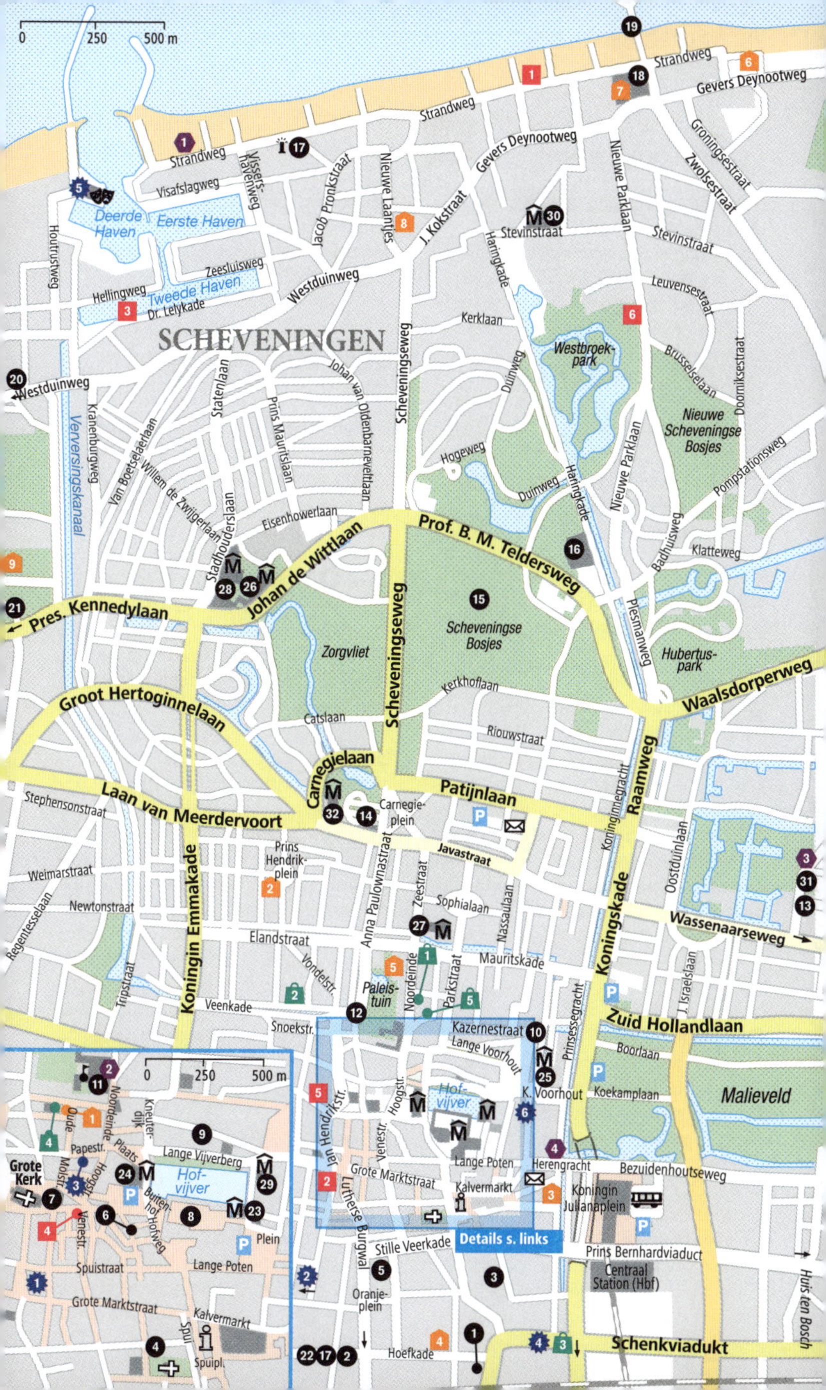

0
250
500 m
Strandweg
Gevers Deynootweg
Visafslagweg
Vissershavenweg
Deerde Haven
Eerste Haven
Houtrustweg
Jacob Pronkstraat
Nieuwe Laantjes
J. Kokstraat
Stevinstraat
Nieuwe Parklaan
Groningsestraat
Zwolsestraat
Zeesluisweg
Tweede Haven
Hellingweg
Dr. Lelykade
Westduinweg
Haringkade
Leuvensestraat
Kerklaan
SCHEVENINGEN
Johan van Oldenbarneveltlaan
Scheveningseweg
Westbroekpark
Brusselselaan
Doorniksestraat
Duinweg
Nieuwe Scheveningse Bosjes
Statenlaan
Prins Mauritslaan
Kranenburgweg
Verversingskanaal
Van Boetselaerlaan
Willem de Zwijgerlaan
Hogeweg
Pompstationsweg
Stadhouderslaan
Eisenhowerlaan
Prof. B. M. Teldersweg
Badhuisweg
Klatteweg
Johan de Wittlaan
Scheveningse Bosjes
Pres. Kennedylaan
Zorgvliet
Plesmanweg
Hubertuspark
Waalsdorperweg
Kerkhoflaan
Groot Hertoginnelaan
Catslaan
Riouwstraat
Carnegielaan
Patijnlaan
Stephensonstraat
Laan van Meerdervoort
Carnegieplein
Javastraat
Koninginnegracht
Raamweg
Oostduinlaan
Weimarstraat
Prins Hendrikplein
Anna Paulownastraat
Zeestraat
Sophialaan
Nassaulaan
Newtonstraat
Regentesselaan
Koningin Emmakade
Elandstraat
Wassenaarseweg
Vondelstr.
Mauritskade
Koningskade
Paleistuin
Noordeinde
Parkstraat
J. Israelslaan
Tripstraat
Veenkade
Snoekstr.
Kazernestraat
Zuid Hollandlaan
Lange Voorhout
Prinsessegracht
Boorlaan
Jan Hendrikstr.
Hoogstr.
Hofvijver
K. Voorhout
Koekamplaan
Malieveld
Venestr.
Lange Poten
Herengracht
Bezuidenhoutseweg
Grote Marktstraat
Kalvermarkt
Koningin Julianaplein
Lutherse Burgwal
Details s. links
Stille Veerkade
Prins Bernhardviaduct
Centraal Station (Hbf)
Oranjeplein
Huis ten Bosch
Hoefkade
Schenkviadukt
Noordeinde
Oude Molstr.
Papestr.
Kneuterdijk
Plaats
Lange Vijverberg
Grote Kerk
Buitenhof
Hofweg
Plein
Spuistraat
Grote Marktstraat
Spui
Spuipl.

S

SUMPF ODER SAND?

Den Haag ist heute eine Symbolstadt für den Frieden, dabei war die Haager Bevölkerung lange Zeit gespalten. Ein Teil der Stadt wurde auf Sand, ein anderer Teil auf Sumpf gebaut. Haagenare sind die ›Vornehmen‹, sie leben auf dem Sandboden, die ›bodenständigen‹ Hagenezen hingegen auf dem Sumpfboden im Inland. West gegen Ost, Ost gegen West – die Zusammentreffen waren teilweise blutig. Übrig geblieben sind von diesem Streit Witze, Dialekte und Denkmäler.

Niederlande. Viele Menschen besuchen die (gefühlt kleine) Großstadt jährlich. Und viele bleiben für immer. Um den steigenden Einwohner:innenzahlen gerecht zu werden, wird gebaut – und zwar vor allem nach oben. 2020 begann der Bau von neuem Wohnraum; mächtige Wolkenkratzer werden die Skyline verändern. Machen Sie sich selbst ein Bild auf dem **Hague Tower** ❶. Bei einem Getränk und einem Blick von dem höchsten Balkon der Niederlande lässt sich die Vielfalt dieser Stadt begreifen.

Rijswijkseplein 786, www.haagsetoren.nl, Stadtbalkon über Restaurant oder Sky Bar zugänglich, inkl. Getränk 9 €

Der spannende Sumpf

In der Nähe des Towers befindet sich der größte Wochenmarkt der Niederlande, der **Haagse Markt** ❷ mit seinen vielen Sprachen, Künsten, Speisen und Düften. Auch die Gegend rundherum mit vielen exotischen Läden und Cafés lohnt einen Spaziergang. Sie gehen übrigens mitten durchs Sumpfgebiet (s. Kasten oben).

Das Theater **De Vaillant** ✪2 lädt alle ein, auf der Bühne und im Restaurant kulturelle Vielfalt zu schmecken. Es bietet ein buntes Programm und setzt auf Inklusion. Das kleine Museum für öffentliche Verkehrsmittel **HOVM** ㉒ erfüllt Kindheitsträume. Hier können Sie eine historische Tram selbst nach Scheveningen fahren!

Oude Stad (Zentrum)

Die goldene Farbe funkelt schon von Weitem in der Sonne. Der weiße Drache blickt den Fußgängern ernst entgegen, und rote Lampignons schaukeln hinter ihm im Wind. Unverkennbar markiert der Torbogen die Schwelle zu **Chinatown** ❸. Dim Sum oder Wan Tan? Die Auswahl an Asia-Supermärkten und -Restaurants ist riesig. Japanisch oder vietnamesisch kann man z. B. hervorragend auf der Straße Rabbin Maarsenplein essen.

Gott ist Natur

Meinungsfreiheit, Religionsfreiheit und Publikationsfreiheit – dafür stand Spinoza ein. Heute ist seine Philosophie vielleicht aktueller denn je. In der **Nieuwe Kerk** ❹ befindet sich sein Grab. Nachdem man ihn aus der jüdischen Gemeinde ausgestoßen hatte, musste Spinoza 1669 Amsterdam verlassen. In der Pavilijoensgracht 74 in Den Haag fand er Asyl und schrieb dort sein berühmtes Werk ›Ethica‹. Heute befindet sich im **Spinozahuis** ❺, das bei der Nieuwe Kerk liegt, ein **Lesesaal,** der montags von 14 bis 16 Uhr kostenlos öffnet.

www.nieuwekerkdenhaag.nl, www.spinozahuis.nl

Renaissance reloaded

Die Füße tragen über die Straße Spui und lassen das moderne **neue Rathaus** rechts liegen. Zu Ihrer Linken liegt die **Haagse Passage** ❻ (Mo–Sa). Es ist die älteste und sicher auch schickste Einkaufspassage der Niederlande. Wer das nötige Kleingeld hat, kann sehr mondän einkaufen. Alle anderen können zumindest das Glasdach im Neorenaissancestil bewundern.

Rote Fensterläden und goldene Sprüche – das **Oude Stadhuis** ❼ im Stil der Renaissance war einmal das Rathaus und beherbergt heute eine Galerie. Zugang erhält man nur in der Gruppe über das **Historische Museum** ㉙.

Von Ruhm und Reichtum

In einem der bedeutendsten Gebäude der Niederlande, **Het Binnenhof** ❽, trifft sich seit dem 15. Jh. die niederländische Politik. Sie können den berühmten Rittersaal im Rahmen einer Führung von innen sehen (Buchungen im Besucherzentrum oder unter www.prodemos.nl). Von außen lohnt sich der Anblick des Bauwerks vom Wasser des Hofweihers (*Hofvijer*) aus. Auf dem weitläufigen Gelände finden häufig Kundgebungen oder Demonstrationen statt.

Direkt neben dem Binnenhof liegt das **Mauritshuis** ㉓ und die **Galerij Prins Willem V** ㉔. Diese Gebäude zeugen prunkvoll von einer vermeintlich ›glorreichen‹ Vergangenheit. Das Goldene Zeitalter, die Blütezeit von Kunst und Kultur im 17. Jh., war jedoch so golden wie dunkel. Denn gleichzeitig waren die Niederlande zu dieser Zeit eine Kolonialmacht, die durch Raub und Sklavenhandel groß wurde. Der Überheblichkeit auf der Spur, liegt hier auch die **Allee Lange Voorhout** ❾. Der Schriftsteller Louis Couperus ist hier in Bronze verewigt. Er hat die Literaturszene der Niederlande nachhaltig geprägt. Dabei war er nicht bescheiden, niemals hätte er seine Nachbarschaft, die auf Sumpf gebauten Viertel, betreten. Alles hat zwei Seiten …

Die Welt des (Un-)Möglichen

Über Pflastersteine geht es weiter, die schmucken Fassaden sprechen weiter für sich. Da knickt die Lange Voorhout nach links und **M. C. Escher** residiert vor Ihnen im Palast! Die Werke des genialen niederländischen Meisters der optischen Täuschungen sind im Museum **Escher in Het Palais** ㉕ ansprechend präsentiert.

Gegenüber steht das unglaublich schöne (und teure) **Hotel Des Indes** ❿, das schon seit 1881 besteht. Wer möchte, kann die Lounge besuchen und das Gesehene in dem schicken Ambiente nachklingen lassen.

Dem König seine Bäume

Noch nicht genug vom pompösen Den Haag? Aber sicher, es fehlt ja auch noch eine Ikone auf der Landkarte: Das prächtige **Palais Noordeinde** ⓫ ist offizieller Amtssitz der niederländischen Monarchie, also quasi das Büro des Königs. Schlendern Sie daran vorbei in den **Palastgarten** ⓬. Der Park kann von Sonnenaufgang bis Sonnenuntergang kostenlos betreten werden. Wie wäre es mit einem Picknick? Sonntagmorgens gibt es übrigens Yoga für alle im Palastgarten.

Dank Daisy

Die Baronesse van Brienen hatte sich Anfang des 20. Jh. schwer verliebt: in Japan. Und so ließ Lady Daisy, Spitzname der Baronesse, den **Japanse Tuin** ⓭ anlegen. Der Japanische Garten ist der größte in den Niederlanden und nur acht Wochen im Jahr geöffnet. Er befindet sich im **Landgut Clingendael.** Rundherum haben auch andere Adlige schöne Gärten anlegen lassen, die man das ganze Jahr über kostenlos besuchen kann. Wer das Glück hat, im Frühling oder Herbst in Den Haag zu sein, sollte jedoch auf jeden Fall Daisys Kleinod besuchen.

Anfang Mai–Mitte Juni u. Mitte Okt., genaue Öffnungszeiten auf www.denhaag.nl, Rollstuhlfahrer kommen nur schwer über die kleinen Pfade hinein, Kinderwagen und Hunde nicht erlaubt

Mit Scheveningen besitzt Den Haag einen direkten Strandzugang. Das Schöne: Er ist mit der Straßenbahn direkt zu erreichen!

Zeeheldenkwartier und Archipelbuurt

Auf der Hooikade säumen Bäume die Grachten, kleine Bötchen dümpeln im Wasser, und Restaurants liegen dicht an dicht. Nur noch wenige Schritte an der Mauritskade entlang und ein weiteres besonderes Kunstwerk Den Haags will bewundert werden. Das **Panorama Mesdag** 27 ist das größte Bild der Niederlande. Meeresluft im Gesicht, Möwen kreischen, Sie stehen mitten in der Stadt plötzlich direkt am Strand von Scheveningen des Jahres 1880.

Mitten im Zeeheldenkwartier ist Den Haag sehr hip. Dicht an dicht liegen Conceptstores und Cafés, Bars und Bistros. Die jungen Haagener lieben es. Unbedingt sollte man dem **Bookstor** 5 einen Besuch abstatten. Vielleicht wird ja gerade Musik gemacht oder eine Free Walking Tour angeboten? Guter Kaffee, viele Bücher und schöne Pflanzen sind sowieso garantiert.

Die Idee vom Frieden

»Die meisten machen nur ein Foto und sind dann wieder weg!«, sagt der Mann vor dem **Friedenspalast** 14. Seit vielen Jahren verkauft er im Sommer in seinem weißen Wagen Eiscreme und Wasser an die Besucher:innen. Der Friedenspalast (nl. *Vredespalais*) ist defintiv ein schönes Fotomotiv. Doch was passiert hier eigentlich? Hier tagt der Internationale Gerichtshof der Vereinten Nationen und des Ständigen Schiedshofes. Völkerrechtliche Konflikte sollen hier geschlichtet und verhindert werden. In das Innere des Palastes gelangt man nur selten. Gelegentlich werden Touren auf der Website angekündigt, dann schnell sein, um einen Platz zu reservieren. Ohne Eintritt und offen für alle (Di–So) ist das informative **Besuchszentrum** neben dem Palast.

Carneigeplein 2, www.vredespaleis.nl

Scheveningen und die Strände

Hinter dem Friedenspalast kann der Frieden im Grünen gefunden werden. Dort beginnen die **Scheveningse Bosjes** ⑮ – die ›Wälder‹ von Scheveningen sind heute ein großer Park. An Büschen und Bäumen vorbei erreicht man **Madurodam** ⑯. Amsterdam, Windmühlen oder auch der Friedenpalast von Den Haag werden in naturgetreuen Miniaturwelten gezeigt. Auf interaktive Art und Weise werden Groß und Klein außerdem darüber aufgeklärt, warum der Meeresspiegel steigt, wie der Wind Energie erzeugt u. v. m. Viele Möglichkeiten zu spielen, 365 Tage im Jahr. Der Haken? Das Parken am Park ist mit 9 € ziemlich teuer, vielleicht nehmen Sie lieber die Bahn.

George Maduroplein 1, www.madurodam.nl, tgl.

Gemütlich schlendern

Scheveningens Zentrum ist überschaubar, bis zum Strand sind es meist nur wenige Schritte. Ihn säumt eine lange Promenade, an der sich Restaurants und Beach Clubs reihen. In vielen Restaurants kann man draußen sitzen und vom Sofa aus den Sonnenuntergang genießen. Bei **The Fat Mermaid** 1 prasselt ein kleines Lagerfeuer. Einen tollen Überblick hat, wer die 159 Stufen des **Leuchtturms** ⑰ erklimmt. Besuche organisiert das **Muzee Scheveningen** ㉚.

Ein weiteres Wahrzeichen, das **Kurhaus Scheveningen** ⑱, heute das Hotel Amrath Kurhaus, war früher ein Ort für betuchte Gäste. Mittlerweile ist davor im Sommer fast jedes Sandkorn mit einem Badehandtuch bedeckt. Auf **De Pier** ⑲, der 381 m langen Seebrücke, dreht das ganze Jahr über ein Riesenrad seine Runden (www.skyviewdepier.nl), in dem man übrigens auch dinieren kann.

Falls Ihnen hier zu viel Trubel ist, einfach weiter den Strand entlangspazieren. An Graffiti und bunten Säulen vorbei, passiert man Nackedeis am FKK-Strand, erreicht bald die Dünen vom **Oostduinpark** – und findet seine Ruhe.

Noch mehr Meer

Scheveningen ist Den Haags einziger Strandort? Aber nein! Sehr viel ruhiger ist **Duindorp** ⑳, das direkt an den Hafen von Scheveningen angrenzt. Im schönen **Landschaftsschutzgebiet Westduinpark** grüßen schottische Hochlandrinder, die hier angesiedelt wurden. An der Küste liegt der ruhige **Zuiderstrand.**

Und dann wäre da noch **Kijkduin** ㉑, Den Haags zweites Strand-Resort mit Boulevard und nicht sonderlich schöner Bebauung, dafür einem tollen Strand und einem spannenden Projekt: Der **Zandmotor** soll die Küste schützen und richtungsweisend für den Umgang mit dem steigenden Meeresspiegel sein. Vor Ihnen liegt eine gigantische aufgeschüttete Sandbank in Form eines Hakens mit einem See in der Mitte. Er ist an der Küste Ter Heijde befestigt und wird seine Form langsam, aber sicher verändern.

Museen

Die Museen in Den Haag sind zahlreich und leider nicht unbedingt günstig. Daher lohnt es sich zu schauen, wer mit wem kooperiert: Das Escher-Museum, Panorama Mesdag, das Kunstmuseum und Madurodam können zum Beispiel gemeinsam vergünstigt besucht werden. Ebenso halten die Museen um den Hofvijer Deals bereit. Schauen Sie auf den Websites der jeweiligen Museen oder fragen Sie beim Haag Info Store nach Kombitickets (s. S. 46).

Oh Nostalgie

㉒ **HOVM:** Im alten Straßenbahndepot von 1906 ist das Museum für öffentlichen Verkehr (Haags Openbaar Vervoer Museum) untergebracht. Absolutes Highlight sind die Fahrten in der historischen Bahn nach Scheveningen (dreimal täglich, wenn das Museum geöffnet ist). Wer einen Führerschein B besitzt, kann sogar einen Kurs besuchen und selber Tram fahren.

Parallelweg 224, www.hovm.nl, Infos zu den Specials auch über info@hovm.nl, April–Okt. So, Nov.–März 3. So im Monat

Niederländische Mona Lisa

㉓ **Mauritshuis:** Die einzigartigen Gemälde der niederländischen Meister des Goldenen Zeitalters hängen hier. Rembrandt und Vermeer wechseln sich ab. Und ja, im Mauritshuis hängt auch sie: das ›Mädchen mit dem Perlenohrring‹.

Plein 29, www.mauritshuis.nl, tgl., Kombiticket mit Galerij Prins Willem V

Goldenes Sammelfieber

㉔ **Galerij Prins Willem V:** Die Wände sind vollgehängt, der Prinz wollte zeigen, was er hat. Seine Sammlung stellte er 1774 aus, sie bildete die Grundlage der Mauritshuis-Sammlung. Heute ist hier alles wieder königlich hergerichtet.

Buitenhof 33, www.mauritshuis.nl, Di–So

Knick in der Optik

㉕ **Escher in Het Palais:** Endlich mal ein Künstler, der seinen verdienten Ruhm schon zu Lebzeiten ernten konnte. M. C. Escher erhielt sogar königliche Auszeichnungen. Mit dem Esel reiste er durch Italien und Spanien, seine die Sinne verwirrenden Werke waren u. a. von arabischen Ornamenten inspiriert. Im Palast werden sie sehr anprechend präsentiert.

Lange Voorhout 74, www.escherinhetpaleis.nl, Di–So

De Stijl hat Stil

㉖ **Kunstmuseum Den Haag:** Das Kunstmuseum, ehemals Gemeentemuseum, ist für seine exzellente Sammlung moderner Kunst des 19. Jh. weltbekannt. Hier hängen viele originale Mondrians und Monets. Allein das Gebäude ist ein Kunstwerk! Kreative Wechselausstellungen.

Stadhouderslaan 41, www.kunstmuseum.nl, Di–So

Nur nicht ins Wasser springen

㉗ **Panorama Mesdag:** Mit 1680 m^2 ist es das größte Gemälde der Niederlande, das durch den Lichteinfall immer anders erscheint – und der Strand von Scheveningen ist zum Greifen nah. Weitere Werke der Haager Schule und von Hendrik Willem Mesdag kann man im nahen Museum **De Mesdag Collectie** bestaunen.

Zeestraat 65, www.panorama-mesdag.nl, tgl., Kombiticket mit De Mesdag Collectie

Museum mit Mission

㉘ **Fotomuseum:** Foto gleich Wirklichkeit? Eine Illusion! In Zeiten der visuellen Überwältigung will dieses ausgezeichnete Museum zum Nachdenken anregen. Sehr gute Ausstellungen zu sozialen, spielerischen, historischen Themen.

Stadhouderslaan 43, www.fotomuseumdenhaag.nl, Di–So

Heute Alltag, morgen Geschichte

㉙ **Haags Historisch Museum:** Bei einer solch bedeutsamen Stadt gibt es viele offene Fragen: Wieso arbeitet der König eigentlich hier? Was hat es mit dem Friedenspalast und dem Gerichtshof auf sich?

Korte Vijverberg 7, www.haagshistorischmuseum.nl, Di–So

Erzähl mir vom Meer

㉚ **Muzee Scheveningen:** Der älteste Badeort der Niederlande, das Meer, der Klimawandel, Algen u. v. m.

Neptunusstraat 90–92, www.muzeescheveningen.nl, Mi–So

Good Oldtimer

31 Louwman Museum: Einzigartige private Sammlung von Oldtimern, u. a. die von Elvis und James Bond.

Leidsestraatweg 57, www.louwmanmuseum.nl, Di–So

Schlafen

Residieren

1 Paleis Hotel: Marja Hillebrand, die stolze Besitzerin des 4-Sterne-Hotels, macht bei Service, Ausstattung und Umsorgung ihrer Gäste keine Kompromisse. Die Zimmer sind königlich eingerichtet, und aus manchen Fenstern schaut man sogar hinüber auf den Garten des Paleis Noordeinde.

Molenstraat 26, www.paleishotel.nl, €€–€€€

Farn an der Wand

2 Hotel Sebel: Dieses Hotel hat sich den Green Key verdient. Grün ist hier nicht nur eine der Hauptfarben der tollen Tapeten und im Frühstücksraum. Ökologische Standards mit viel Komfort!

Prins Hendrikplein 20, www.hotelsebel.nl, €–€€

Für Spar-Störche

3 The Golden Stork: Einen festen Schlaf oder Ohrstöpsel dabei? Wer keine Ansprüche hat und nur ein Bett zum Schlafen sucht, ist in diesem günstigen Hostel mitten im Zentrum goldrichtig! Frühstück für 4,50 € extra.

Bierkade 22, www.thegoldenstork.com, € im Mehrbettzimmer

DAS LETZTE WORT

Recht oder Unrecht, Opfer oder Täter, Strafe oder Freispruch. Im **Internationalen Strafgerichtshof 32** werden große Entscheidungen getroffen. Und Sie können sogar bei einem Prozess dabei sein und das Gebäude erkunden – ab 16 Jahren.

www.icc-cpi.int/visit, Mo–Fr, Eintritt frei

(K)ein Studentenwohnheim

4 The Social Hub: Die Idee, ein Gebäude mit Freizeit- und Studiermöglichkeiten für Studierende zu schaffen, ist zu einer einzigartigen Hotelkette gewachsen. Viel Raum für Co-Working, Meeting, Greeting und Sleeping für alle Generationen!

Hoefkade 9, www.thesocialhub.com, €

Lust auf Luxus

5 De Salon van Fagel: Das Boutiquehotel bietet verschiedene Zimmer, die alle sehr schick und geräumig sind. Einige haben eine eigene Terrasse oder einen kleinen Garten.

Noordeinde 140C, www.salondenhaag.nl, €€

Guten Morgen Meer

6 Strandhotel: Die Hälfte der Belegschaft gehört zur Familie, die andere Hälfte wird wie Familie behandelt. Das merkt man. Und schon beim Frühstück schweift der Blick übers Meer.

Zeekant 111, Scheveningen, www.strandhotel-scheveningen.nl, €/F

Auf Kur

7 Grand Hotel Amrâth: Das Kurhaus von 1818 ist ein imposantes Gebäude und bietet seinen Gästen 5-Sterne-Komfort. Spa, Pool, Suites und feine Dinners.

Gevers Deynootplein 30, Scheveningen, www.amrathkurhaus.com, €€–€€€

Budget Beach

8 Jorplace: *Das* Hostel von Scheveningen! Mit Kicker und Küche. Die Preise sind billig, die Betten auch. Dafür gibt es hier mehrere Optionen, wie man nächtigen kann. So steht im Hinterhof ein Holzchalet, in das für 400 € bis zu 12 Pers. passen.

Keizerstraat 296, Scheveningen, www.jorplace.nl, im Mehrbett-/Zweibettzimmer €/F

Füße im Sand

9 **Haagse Strandhuisje:** Die wunderschönen Tiny-Holzhäuser stehen mitten auf dem Kijkduiner Strand. Es gibt Gratis-Parkplätze, bodentiefe Fenster und Meeresrauschen beim Einschlafen.

Strandweg, Kijkduin, www.haagsestrandhuisjes.nl, früh reservieren, €–€€

Essen

Fresh

1 **The Fat Mermaid:** Am Strand von Scheveningen den Sonnenuntergang sehen und dabei lecker essen, ins Feuer schauen und dabei Cocktails schlürfen ... Fr und Sa legt dazu ein DJ auf. Das Menü ändert sich wöchentlich.

Strandweg 19, Scheveningen, www.thefatmermaid.com, tgl., €€

Sparsamer Genuss

2 **New Meyva:** Freundliche Menschen servieren gutes und sehr günstiges surinamisches Essen. Eher Imbissatmosphäre.

Boekhorststraat 5, www.newmeyva.nl, Mo–Sa, €

Fisch Family

3 **Encore by Simonis:** Familie Simonis ist seit vier Generationen Spezialist in Sachen Fisch in Scheveningen. Hier werden exquisite, japanisch inspirierte Speisen in einer ehemaligen Fischauktionshalle serviert. Ganz in der Nähe liegt auch Catch by Simonis, wo es noch mehr Fischiges gibt.

Doctor Lelykade 5, Scheveningen, encorebysimonis.nl, tgl., €€€

Die feine Fritte

4 **Frites Atelier:** Kartoffel ist nicht gleich Kartoffel und daher Pommes nicht gleich Pommes. Überzeugen Sie sich selbst im ›Atelier‹-Imbiss von hausgemachten Soßen, Sodas, Frikandeln, Fritten & Co.

Venestraat 7, www.fritesatelier.com, tgl., €

Zeitlos

5 **Juni:** In gemütlicher Atmosphäre gibt's Frühstück, Lunch oder High Tea (fast alles frisch, biologisch und fair); bei gutem Wetter im kleinen Stadtgarten Het Nuitshus.

Juni Lokal: Westeinde 29, junilekkernijen.nl, Stadtgarten Juni im Het Nuitshus: Riviervismarkt 5, Mo–Sa, €

Kommt her ihr Gemüse

6 **Greens in the Park:** Dieses Projekt ist eine Kombination aus Gemüsegarten und Bio-Restaurant. Vor allem im Sommer gibt es auch interessante Veranstaltungen.

Kapelweg 18, Westbroekpark, www.greensinthepark.nl, Di–So, €

Einkaufen

Kuchengefühle

1 **Het Appeltaartgevoel:** Das Apfelkuchengefühl kommt in diesem Laden ganz ohne Kalorien von Kunst-, Design- und Wohnaccessoires; auch hübsche Kleinigkeiten.

Noordeinde 79, www.hetappeltaartgevoel.nl, tgl.

Wow!

2 **WAUW:** Geschenkidee gesucht? In diesem Laden finden sich garantiert viele schöne Mitbringsel!

Piet Heinstraat 51a und Frederik Hendriklaan 141, www.wauwwarenhuis.nl, tgl.

Probieren geht über studieren

3 **Proefhuys:** Da läuft einem das Wasser im Mund zusammen. Bis an die Decke gefüllt ist der Laden mit Käse, Weinen und anderen Spezialitäten.

Van Schagenstraat 11, www.proefhuys.nl, Di–Sa

Just mal reinschauen?

4 **JUST:** Kleidung und Kleinigkeiten von niederländischen und internationalen ausgewählten Designern und eine

erschwingliche Secondhand-Abteilung machen diese kleine Boutique zu einem großen Tipp.

Molenstraat 43, www.just-denhaag.nl, Mi–So

Ein großes Wohnzimmer

5 **Bookstor:** Hier gibt es viele schöne Bücher, auch auf Englisch, und einige wenige sogar auf Deutsch, guten Kaffee und Kuchen sowie eine Atmosphäre, die zum Bleiben einlädt.

Noordeinde 39, bookstor.nl, tgl.

Bewegen

Um Surfen zu lernen, muss man nicht in den Süden fahren! In Den Haag gibt es ein Dutzend Surfschulen, die meisten befinden sich direkt am Strand von Scheveningen.

Surf and Surf

1 **Hart Beach:** Seit 40 Jahren eine beliebte Adresse bei den Haagern! Es gibt verschiedene Kurse, Bretterverleih und -verkauf sowie sogar ein Surfrestaurant.

Strandweg 3 B, Scheveningen, www.hartbeach.nl

Zuhören, essen, laufen

2 **Bites and stories:** Kultur geht durch den Magen – umso logischer, die Stadt über ihr Essen kennenzulernen. Nach 3,5 Std. haben Sie viele Spezialitäten gegessen und Geschichten gehört.

Online buchen über www.bitesandstories.com, 60 € p. P., Start: Palais Noordeinde, auch individuelle Touren möglich

Erlebnis im Park

3 **Duinrell:** In dem großen Ferienpark kann man wohnen und urlauben. Angrenzend gibt es einen Erlebnispark mit Achterbahn und Co. Schwimmbad Tikibad (auch im Winter geöffnet) mit vielen Rutschen.

Duinrell 1, Wassenaar, www.duinrell.de

Drahtesel, ich liebe dich

4 **Bink Bikes:** Fahrradtouren und Fahrradverleih für die Fahrradstadt! Auch E-Bikes und Mountainbikes sind am Start.

Herengracht 56A, www.binkbikes.nl, weitere Filliale: Herenstraat, Fahrräder ab 15 €/Tag

Fotografisches Gedächtnis

Dutch Photo Trek: Lernen Sie die Stadt von ihren besten Seiten kennen und dabei auch gleich den Umgang mit Kamera und Fotografie. Wer möchte, kann eine professionelle Kamera zum Workshop mieten oder einfach das eigene Handy nutzen.

www.dutchphototrek.com oder T 07 18 87 10 23, Touren 3 x tgl. 30 € p. P., auch in Rotterdam, Leiden oder Amsterdam

Ausgehen

Zum Lachen in den Keller

1 **ComedyCity:** Im Keller des Restaurants Bleyenberg sind alle Shows auf Englisch. Und wenn Sie im Publikum sitzen und denken, dass Sie das auch

IDIOSYNCRATIC

Und plötzlich ist es ein Fluss, die Tänzer verschwimmen zu einer einzigen sprudelnden Quelle, die Zeit, der Ort – alles ist vergessen. Als idiosyncratic, ›eigenwillig‹, beschreibt sich das **Nederlands Dans Theatre.** Die Performances sind weltberühmt, in Den Haag ist das Zuhause der Company (www.ndt.nl). Sie treten im **Zuiderstrandtheater** 5 (www.zuiderstrandtheater.nl) in Scheveningen oder im **Royal Theater** 6 (www.hnt.nl) auf. Diese beiden großen Bühnen sollten Sie in jedem Fall nach Veranstaltungen checken!

können: Es werden auch Workshops angeboten.
Grote Markt 10, www.comedycity.nl

Eines für alle

2 Theater De Vaillant: In dem sympathischen Community-Theater ist immer etwas los, Tanz, Theater, Politik – lokal und international. Schauen Sie einfach ins Programm auf der Website oder besuchen Sie das Theatercafé und genießen leckeres und günstiges Essen.
Hobbemastraat 120, www.devaillant.nl

Bock auf Rock?

3 Muziekcafé de Paap: Gespielt wird Livemusik wechselnder Genres zum Tanzen, häufig schwingt der Kopf zu rockigen Klängen.
Papestraat 32, www.depaap.nl, Do–Sa

Kann man nur den Kopf nicken

4 PIP: In dem Industriegebäude blüht draußen und drinnen die Klubkultur! Livekonzerte, nationale oder internationale DJs (viel Elektro), Podiumsdiskussionen oder andere Veranstaltungen sorgen unter dem Viadukt für mindestens eine unvergessliche Nacht in Den Haag.
Binckhorstlaan 36, www.pipdenhaag.nl

Infos

- **The Hague Info Store:** THIS, ehemals VVV, Spui 68, www.denhaag.com
- **ÖPNV:** Es gibt 12 Tramlinien und 8 Buslinien, doch auch zu Fuß ist das Zentrum super zu erlaufen. Die Tramlinie 1 fährt an zahlreichen Sehenswürdigkeiten vorbei bis nach Scheveningen (Start ist Delft).
- **Parken:** In Scheveningen parkt man am besten beim Strandweg oder Noordelijk Havenhoofd. Auf www.denhaag.nl finden Sie weitere Infos zum Parken und alle P + R-Plätze auf einer Karte.
- **Tong Tong Fair:** Ende Mai, tongtongfair.nl. Beim größten eurasischen Festival der Welt (!) feiern Sie Essen, Kunst, Musik, Film und Handwerk in vielen Zelten in der Stadt.
- **Festival Classique:** 4 Tage im Juni, www.festivalclassique.nl. Klassische Konzerte an besonderen Orten und kostenfreie Musik am Kurhaus Scheveningen.
- **Embassy Festival:** Anfang Sept., www.embassyfestival.com. Die Botschaften von 67 Ländern laden ein, zwei Tage lang kulturelle Vielfalt zu feiern mit Musik, Essen, Workshops, und Märkten. Eintritt frei.
- **Prinsjesdag:** 3. Di im Sept. Das Königspaar fährt in der goldenen Kutsche, umjubelt vom Publikum, zur Thronrede im Ridderzaal. Die Stadt steht Kopf!

Wassenaar, Katwijk und Noordwijk

D6/7

Ruheoase in der Randstad

Ein Nationalpark im Entstehen: **Hollandse Duinen.** 47 km lang und bis zu 8,5 km breit säumt er die gesamte südholländische Nordseeküste, von Hoek van Holland bis Hillegom im Norden – eine Oase der Ruhe im westlichen Ballungsgebiet. In der vielfältigen Landschaft wechseln sich Dünen und Wälder mit Landgütern, Badeorten und Städten ab. Die Dünenkette ist natur- wie menschengemacht: Wind und Wasser formten Strand und Dünen, die Menschen schufen Äcker und Wälder, pflanzen Blumenzwiebeln und nutzen die Dünen als natürliches Wasserreservoir. 7000 unterschiedliche Pflanzen- und Tierarten kommen hier vor, ein gutes Dutzend ist einzigartig in den Niederlanden.
www.nationaalparkhollandseduinen.nl

Hier piept's …

Wie wär's, da zu urlauben, wo Königs wohn(t)en, im noblen **Wassenaar?**

So lebensecht – nur etwas zu groß: Muecks »Couple under an Umbrella«

Der zauberhafte Ort ist von Wäldern und Landsitzen umgeben und nur einen Steinwurf vom Strand entfernt, dem feinsandigen **Wassenaarse Slag.** Nach einem Stopp im Strandpavillon ist bald **Meijendel** erreicht, das größte zusammenhängende Dünengebiet der Provinz mit Pfannkuchenhaus und Besucherzentrum (www.dunea.nl/duinen/bezoekerscentrum). Dort lernen Sie, dass Meijendel zu den zehn vogelreichsten Naturlandschaften des Landes gehört. Augen und Ohren auf!

Bezaubernd ist **Museum Voorlinden.** Der luftige Museumspavillon aus Naturstein und Glas ist ein Eyecatcher. Die moderne und zeitgenössische Kunst drinnen wie draußen im Park überrascht und macht froh, egal ob der illusionistische ›Swimming Pool‹ des argentinischen Künstlers Leandro Erlich oder die hyperrealistischen, überdimensionierten Menschenplastiken des Australiers Ron Mueck, die trotz ihrer Größe unglaublich echt wirken. Es fällt schwer, sich vom liebenswerten ›Couple under an Umbrella‹ loszureißen. Sollte man aber, denn das Museumsgelände will entdeckt werden: der Skulpturenpark, der wunderbar angelegte Landschaftsgarten und die frei zugänglichen Wald- und Dünengebiete. Voorlinden will ein Ort der Begegnung sein, eine Oase der Ruhe – Ziel erreicht!

Buurtweg 90, www.voorlinden.nl, schönes Museumscafé

Hauptstadt der Heringsfischer

Nur eine Fahrradtour durch die Dünen entfernt liegen mit Katwijk und Noordwijk (ca. 16 km, *fietsknooppunten* 41–97–63–22–32) zwei hippe Badeorte. In beiden ist der Strand perlweiß, der Strandboulevard breit, die Zahl der Strandpavillons und Besucher:innen hoch – nur ist in **Noordwijk** alles noch einen Tick größer, höher, breiter, internationaler.

Wenn man so will, ist **Katwijk aan Zee** etwas gemütlicher, wobei es das nicht ganz trifft, *gezelliger* halt, wie man hier sagt. Strahlend weiß überragt der Leuchttum (1605) das einstige Fischerdorf an der Nordseemündung des Alten Rheins. Raufklettern? Sicher! Der Blick von der Plattform des **Oude Vuurbak** (nur Juni–Aug.), heute Teil des **Katwijks Museum,** rückt alles wieder in die richtige Perspektive: die Menschen sind klein, Strand und Dünen riesig! Das Museum selbst liegt nur 700 m entfernt und erzählt aus der Geschichte als Fischerdorf und Künstlerkolonie, die Katwijk Ende des 19. Jh. war (Voorstraat 46, www.katwijksmuseum.nl). Skulpturen wie die **Heringesser** (gegenüber Blvd. 70) erinnern an die Vergangenheit; bei **Hartevelts Viskiosk** (Bd. Zeezijde 29) können Sie direkt ausprobieren, den Hering auf holländische Art zu essen: Kopf in den

IM ZEICHEN DER TULPE

Epizentrum der Tulpensaison ist der **Keukenhof** (D 6) in Lisse, in dem mehr als 7 Mio. Tulpen und andere Frühjahrsblüher zu bewundern sind. Es empfiehlt sich, früh anzureisen oder spät, denn der Andrang der Besucher:innen ist riesig: In den zwei Monaten, die der 32 ha große Park nur geöffnet hat, kommen mehr als 1 Mio. Menschen aus 100 Nationen! War der Keukenhof früher eher als Alte-Leute-Veranstaltung bekannt, beweist das immer jünger werdende Publikum, dass Themengärten, ›wilde‹ Wiesen, Blumenshows, Labyrinth, Blumenmosaik u. v. m. gut ankommen. Einfach instagrammable!
Stationsweg 166 A, Lisse, keukenhof.nl/de, ca. Mitte März–Mitte Mai

Nacken, den Fisch am Schwanz gepackt und am Stück in den Mund.

Ein Bad der besonderen Art

Noordwijk aan Zee ist fest in der Hand des Ruhrpotts, offenbaren die Autokennzeichen. Wen wundert's bei dem Strand! Doch das ehemalige Fischerdorf darauf zu beschränken, wäre voreilig. Als anerkanntes Heilbad besitzt es schöne Wellnesseinrichtungen, mit der **Space Expo,** dem Besuchszentrum der Raumfahrtorganisation ESA, eines der interessantesten interaktiven Museen im Land (Keplerlaan 3, www.space-expo.nl/en) und mit dem **Atlantikwall Museum** ein beredtes Zeugnis von der deutschen Besatzung der Niederlande. Spannend ist das verzweigte Gängesystem in den Dünen (Verlengde Bosweg 1, atlantikwall.nl/de, Öffnungszeiten unbedingt vorab checken, Anmeldg.).

Werbewirksam wird Noordwijk auch als ›Blumenbadeort‹ vermarktet – schließlich liegt es mitten im **Bollenstreek,** der berühmtesten Blumenzwiebelregion der Niederlande (bollenstreek.nl). Hyazinthen, Narzissen, Tulpen und andere Frühjahrsblüher bescheren der ganzen Ecke ab Februar eine Farbexplosion nach der anderen – ein Schauspiel, das Millionen Menschen anlockt. Man kann die Blumenfelder radelnd, wandernd, mit dem Kanu, auf dem Pferd, aus der Luft bewundern – bitte auf den markierten Wegen bleiben! Absolutes Highlight der Saison ist der **Blumencorso,** die Prunkwagen ziehen von Noordwijk nach Haarlem (bloemencorso-bollenstreek.nl/en).

Und wer's gerne ruhiger hätte: **Noordwijk-Binnen** mit wunderschönem historischen Ortskern ist genial zum Wohnen.

Schlafen

In **Noordwijk aan Zee** ist das Angebot an Übernachtungsmöglichkeiten vielfältig und ausgezeichnet – von **Jugendherberge** (www.stayokay.com/de) bis 5-Sterne-Hotel. Infos: www.noordwijk.info

Strandnah im eigenen Häuschen

Bed & Beach: Daan vermietet in Noordwijk drei bezaubernde Häuser, 100–250 m vom Strand entfernt, super ausgestattet. Tipps vom Gastgeber gibt's gratis.
Noordwijk a. Z., www.es-vedra.de, €€€

Im Grünen übernachten

De Rode Beuk: Die Rote Buche gibt es wirklich – und viel Grün drumherum. Bei Lucy in Wassenaar ist man gut aufgehoben: Die großen, schönen Zimmer besitzen Bad und Balkon, und sie serviert ein tolles Frühstück. Super Ausgangsbasis für alle Aktivitäten; 5 km zum Strand.
Wassenaar, Raaphorstlaan 23b, €€€/F

Mit den Füßen im Sand

Strandhuisjes: Katwijk hat eine riesige Palette an Häuschen direkt am Strand. Aufwachen und ab ins Meer – traumhaft.

über: www.vvvkatwijk.nl/de/planen-sie-ihren-besuch/ubernachten/strandhauser, €€–€€€

Mittendrin in Wassenaar

Duinrell: s. S. 45. Camping, Glamping oder doch lieber ein Dünenbungalow?

Gemütlich und gastfreundlich

Sleeping by Van Beelen: Schöne, gastfreundlich geführte Familienpension nur wenige Minuten vom Katwijker Strand entfernt. Herzlicher Empfang, üppiges Frühstück, Kochgelegenheit, Parkkarte.

Kon. Wilhelminastraat 10, Katwijk a. Z., www.sleepingbyvanbeelen.nl/home_de.html, €–€€/F, auch **Studios** und **Apartments**

Entspannt übernachten

Hotel Royal: Einfache Zimmer im netten Hotel in der wohl schönsten Straße von Noordwijk-Binnen. Freundliches Personal, gutes Frühstück, Parkplätze vor der Tür, nur 15 Fußminuten zum Strand. Mit Bar. Nettes **Restaurant** ums Eck: **Hof van Holland** (www.hofvanhollandnoordwijk.nl, €–€€).

Voorstraat 76, www.hotelroyal.nl/de, €–€€/F

Essen

Uns gefallen diese **Strandpavillons** am besten: in **Wassenaar** Bida Bai im Bali-Stil (bidabaai.nl), in **Katwijk** Zee en Zon mit einer für einen Pavillon eher ungewöhnlichen Karte (www.zeeenzon.nl), Surf en Beach, bester Strandpavillon Südhollands 2022 (www.surfenbeach.nl), und Beachhouse Keywest mit guter, einfacher Küche (beachhousekeywest.nl), in **Noordwijk** Strandclub Witsand mit Trüffelrisotto und Thunfischtartar (www.strandclubwitsand.nl), der hippe Branding Beach Club (brandingbeach.nl) und Vrijstaat Nederzandt mit viel Piratenflair (nederzandt.nl).

Das etwas andere Bistro

Bistro Iets anders: Ausgefallenes in ebensolchem Ambiente – französische Hausmannskost ohne Chichi in stilvollem, opulentem Interieur, das nicht jeder und jedem gefallen dürfte. Die ausgezeichneten Geschmackskombinationen indes schon.

Pickeplein 4, Noordwijk a. Z., bistro-ietsanders.nl, €€–€€€

Das etwas andere Bistro

Het Wapen van Kattuk: In coolem Ambiente sind die französische und die niederländische Küche eine befruchtende Verbindung eingegangen – mit asiatischem, spanischem oder auch italienischem Twist. Chefkoch Pieter arbeitet nur mit den besten lokalen Produkten. Herrliche Desserts.

Sluisweg 2a, Katwijk a. Z., wapenvankattuk.nl, Di–So ab 17 Uhr; Thunfischsashimi, €–€€

Frischer Fisch vom Feinsten

Schuitemaker: Katwijker Familienunternehmen mit 100-jähriger Tradition – alles dreht sich hier um Fisch und in den Restaurants auch um Bier und guten Wein! Fünf Locations in Katwijk aan Zee, eine in Sassenheim. Tolle Fisch-Borrel!

www.schuitemaker-vis.nl, Mo–Sa, €–€€

Ein besonderer Ort zum Bleiben

Como & Co: Auf einem Floß, am See oder drinnen ausgezeichnet speisen: von Spargelravioli über Wildschweineintopf und gegrilltem Heilbutt bis zu Salat mit Gambas. Diverse Aktivitäten. Cool ist hier am See auch **Mama** mit italienischer Küche und coolem Konzept (mamarestaurant.nl).

Boekhorsterweg 18, Noordwijkerhout, como-co.nl/de, tgl., in der Woche kleines Frühstück, sonntags Frühstücksbuffet, €

Bewegen

Entlang der Küste gibt es zig **Wassersportangebote.** Einfach bei den VVVs bzw. Strandpavillons schauen, z. B. bei **Strandhut Simpel aan Zee,** einem coolen, einfachen Pavillon mit u. a. Surfschule, Boardverleih, 1a-Kaffee (simpelaanzee.nl).

Der Tulpe auf der Spur

Blumenroute: 35 km ist diese Flower-Power-Fietsroute durch den Bollenstreek lang, die sich nicht nur im Frühjahr lohnt!

Infos & kostenloser PDF-Download: flowertour.nl/routen-um-keukenhof/hollandische-blumenroute/?lang=de

Öko-Tulpen pflücken

Annemieke's Pluktuin: Die knallbunten Tulpen sehen fröhlich aus, Annemieke, ihr Mann Pieter und ihre Mitarbeitenden sind es auch. Es macht Spaß, sich hier ein Tulpenbukett zusammenzustellen!

Haarlemmerstraat 15a, Hillegom, www.annemiekespluktuin.nl, ca. 7 Wochen, s. Website

Infos

- **VVV Wassenaar:** Langstraat 40; **VVV Noordwijk:** Hoofdstraat 129; **VVV Katwijk:** Koningin Wilhelminastraat 14
- **Parken:** Am Wassenaarse Slag gibt es zwei kostenpflichtige Parkplätze; in Katwijk bietet das Parkhaus am Boulevard Zeezijde 13 recht günstige Parkplätze; in Noordwijk ist Parken in der City gebührenpflichtig.
- **Verkehr:** Von allen drei Orten bestehen gute Busverbindungen nach Den Haag und Amsterdam.
- **Blumencorso:** Mi–So im April, das größte Blumenfest der Region, s. S. 48.
- **Infos online:** bollenstreek.nl/?lang=de, www.visitduinenbollenstreek.nl/de, www.wassenaar-voorschoten.info/de, www.vvvkatwijk.nl/de, www.noordwijk.info/de

Leiden

Stellen Sie sich das Zentrum von Amsterdam vor, jedoch ohne überfüllte Gassen oder Wolkenkratzer im Hintergrund: Das ist Leiden.

Hin und weg

Die Gegend beim Bahnhof ist nicht umwerfend, doch mit jedem Schritt wird es besser. Der Stationsweg führt am **Touristenbüro** vorbei, das gerne kostenfrei informiert. Dann kommt die erste Gracht in Sicht, und es grüßt links eine alte Turmmühle. Hier kann das ganze Innenleben erkundet werden. Das Museum **Molen De Valk** zeigt u. a. eine Müllerswerkstatt (www.molenmuseumdevalk.nl, Di–So).

Apropos erkunden: Wenige Meter weiter, und Sie können auf Reisen gehen. Das **Museum Volkenkunde** ist eines der ältesten ethnologischen Museen der Welt und bietet eine gute Horizonterweiterung zu den verschiedenen Kulturen dieser Erde (www.volkenkunde.nl, Di–So).

Fotobuch-Holland

Jetzt kommt's, das absolute Niederlande-Klischee. Eine Mühle, eine Gracht, eine Klappbrücke aus Holz, dahinter ein Platz, wo der berühmte Sohn der Stadt für ewig auf seine Leinwand schaut: **Rembrandtbrug** und **Rembrandtplein**.

Weitere Künstler:innen hinterließen in Leiden ihre Spuren. Spazieren Sie an den schönen Fassaden weiter den Kort Galgewater entlang, nur nicht zu schnell. Kurz vor der Blauwpoortsbrug ziert den Boden ein Hinweis. Das Muster vor dem **Haus Nr. 3** auf den Pflastersteinen erinnert an … genau: De Stijl. Hier hat Theo van Doesburg gelebt. Er war mit Mondrian und anderen Begründer einer revolutionären neuen Ästhetik in der Kunst. Um tiefer in De Stijl einzutauchen, bietet sich das **Kunstmuseum De Lakenhal** am Oude Singel an, das Werke von Doesburg und auch von Rembrandt zeigt. Es ist in einer alten Tuchhalle untergebracht, die an die einstige Textilhochburg Leiden erinnert. Schon seit 1874 nutzt die Stadt dieses Gebäude als Museum, und 2019

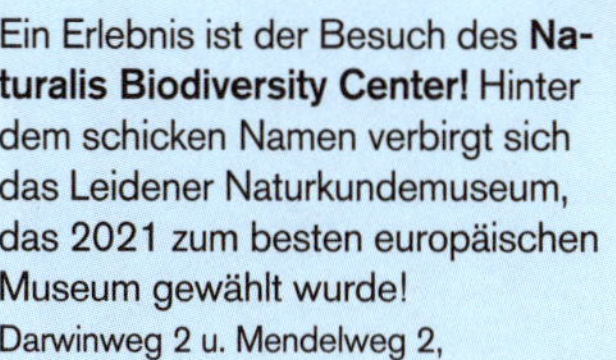

E

EVOLUTION ERLEBEN

Ein Erlebnis ist der Besuch des **Naturalis Biodiversity Center!** Hinter dem schicken Namen verbirgt sich das Leidener Naturkundemuseum, das 2021 zum besten europäischen Museum gewählt wurde!
Darwinweg 2 u. Mendelweg 2, www.naturalis.nl

weihte König Willem das frisch renovierte Gebäude feierlich ein. Sonntags lädt das Museum Familien zu den kostenlosen **Open Studio Workshops** ein (13–16 Uhr, www.lakenhal.nl, Di–So).

Gebäude erzählen Geschichte

Lädchen und Cafés in Häusern mit pittoresken Giebeln – in der **Breestraat** mitten im Zentrum herrscht geschäftiges Treiben. Nur **Haus Nr. 54** fällt mit seiner De-Stijl-Fassade aus der Reihe.

Die Breestraat weitergeschlendert und einmal um die Ecke, und Sie stehen auf dem **Stadhuisplein** mit dem imposanten **Rathaus.** Hier findet jeden Mittwoch und Samstag ein Markt statt, wo Kibbeling und Hering getestet werden können. Suchen Sie eine weitere geschichtsträchtige Location zum Essen? Dann den Kanal Nieuwe Rijn entlang bis zum Restaurant **WAAG,** das in der Stadtwaage von 1657, einem nationalen Baudenkmal, residiert.

Abenteuerlust

Wo sich der Oude und der Nieuwe Rijn (ja, Rijn ist Rhein!) trafen, führen plötzlich die schmalen Wege im Kreis. Auf den grünen Wiesen chillen junge und alte Leidener:innen. Nur noch die steinerne Treppe hoch und Sie stehen mitten in **De Burcht.** Die mittelalterliche Festung aus dem 11. Jh. ist 20 m hoch. Von hier geht der Blick über die ganze Stadt. **Park** und Festung können kostenlos das ganze Jahr über von 8 bis 22 Uhr erklommen werden.

Rund um die Burcht deuten Tafeln und Denkmäler auf die Pilger:innen hin, die im 17. Jh. von hier nach Nordamerika aufbrachen. Das **Leiden American Pilgrim Museum** erzählt ihre Geschichte (www.leidenamericanpilgrimmuseum.org, Do–Sa). Neben dem Museum ragt die spätgotische **Pieterskerk** in den Himmel. Sie wird auch ›Wohnzimmer von Leiden‹ genannt, innen ist es zwar nicht kuschelig warm oder gemütlich, aber schauen Sie auf der Website nach oder fragen Sie im Pieterskerkcafé: Hier finden immer viele spannende Veranstaltungen statt (www.pieterskerk.com).

Das Beste zum Schluss

Was Leiden sonst noch zu bieten hat? Hier steht die älteste Universität der Niederlande! Auch Rembrandt schrieb sich 1620 ein. Im **Young Rembrandt Studio** in der Langebrug 89 können Sie übrigens noch mehr über das Leben des berühmten Malers erfahren. Ein Video erzählt sehr anschaulich über sein Leben und seine Maltechniken. Als Modelle dienten ihm viele Alumni (tgl., Eintritt frei).

Der mit Abstand schönste Zeitzeuge der alten Universität ist der **Hortus Bota-**

M

MAUERGEDICHTE

… von Neruda über Goethe bis van Hout, über 120 sind über die ganze Stadt verteilt auf den Mauern der Häuser und gelegentlich auch drinnen. Dichter:innen, Themen, Sprachen und Formen sind breit gefächert. Machen Sie z. B. einen Spaziergang zum Thema Freiheit und finden Sie weitere Touren, zu Fuß oder auf dem Fahrrad, sowie Infos zu den Gedichten und ihren Urheber:innen auf muurgedichten.nl/en.

Das Naturalis in Leiden ist nicht nur wegen seiner Ausstellung spektakulär, auch seine Architektur begeistert.

nicus (www.hortusleiden.nl, Nov.–März Di–So, April–Okt. tgl.). Seit 1590 pflanzen und forschen hier Studierende. Einige sehr seltene japanische Pflanzen sind dem deutschen Naturforscher und Arzt Van Siebold zu verdanken. Aus Japan brachte er außerdem eine einzigartige Kunstsammlung in die Niederlande. Sein Haus in Leiden, heute das **Japanmuseum SieboldHuis,** zeigt einen Teil dieser Sammlung; im oberen Stockwerk gibt es immer spannende Wechselausstellungen (Rapenburg 19, www.sieboldhuis.org, Di–So).

Schlafen

Leben am Wasser

Boutique Hotel d'Oude Morsch: Das Hotel liegt direkt am Wasser bei der Rembrandtbrug und der Morspoortruine, dem alten Stadttor. Modernes Design, leuchtende Farben und Frühstück im Bett.

Park de Put 1, www.boutiquehoteldeoudemorsch.nl, €€

Rembrandt wäre gern geblieben

Rembrandt Hotel: Mitten im Zentrum, mit hellen Zimmern und schönen Fenstern. Wer länger bleiben möchte, kann auch eines der zwei Apartments mit Küche und Wohnzimmer mieten (mind. 2 Nächte).

Nieuwe Beestenmarkt 10, www.rembrandthotel.nl, DZ €, Apartment €€

Mit dem goldenen Löffel

Huys van Leyden: Pompöse Einrichtung und Liebe zum Detail, damit punktet das Boutiquehotel van Leyden. Im Huys gibt es außerdem einen kleinen Spa mit Sauna und Whirlpool, das Frühstück ist

lecker – und eine Dachterrasse lockt obendrein.
Oude Singel 212, www.boutiquehotelsvanleyden.nl, €€–€€€

Essen

Das Leben ist zu kurz ...

Roos: ... für schlechten Kaffee. Deswegen setzen Sie sich bei Roos ans Wasser in die Sonne und genießen lecker Mittagessen, Kuchen, Suppe, Salate oder eben einfach guten Kaffee.
Botermarkt 12,www.roosleiden.nl, tgl., €

Griechischer Wein

Rodos: Der herzliche Inhaber serviert Spezialitäten von ›seiner‹ Insel Rhodos. Das Restaurant ist modern eingerichtet, im Sommer werden die Holzmöbel nach draußen auf das Terrassenboot verlagert!
Turfmarkt 5, www.rodosgoodtaste.nl, Mi–Mo, €€

Auf die Goldwaage

WAAG: Der Rahmen mit der großen ehemaligen Wiegehalle ist prächtig. Es gibt viel Platz, und auch wenn das Essen nicht besonders originell ist, ist es die Atmosphäre wert, eine Kleinigkeit und ein Getränk zu nehmen.
Aalmarkt 21, www.waagleiden.nl, tgl., €€

Einkaufen

Re- and Upcycling

Eduard: Bei Eduard gibt es altes Neues und neues Altes, Schmuck, Taschen, Uhren, hier und da ein Möbelstück, feine Kosmetik oder Briefpapier.
Hooglandsekerkgracht 6, www.eduard-leiden.nl, tgl.

Künstler kennenlernen

Galerie Zône: Die Galerie haben mehrere Künstler:innen gemeinsam gemietet. Sie stellen ihre Bilder, Keramik, Möbel, Kleidung und mehr aus. Im Wechsel betreut eine:r von ihnen den Laden und ist sicher gerne zu einem Gespräch bereit.
Nieuwstraat 17b, www.galeriezone.nl, Mi–So

Augenfreude

VNTG: Die farbenfrohe Vintage-Mode schont die Umwelt und den Geldbeutel.
Botermarkt 11, www.vntglabel.com, tgl.

Bringst du mir was mit?

De Winkel: Schönes Geschirr und originelle Mitbringsel zum Verschenken in verschiedenen Preisklassen!
Choorsteeg 19, www.dewinkelinleiden.nl, Mi–Sa

Im Blätterwald

Atleest: Dieser kleine Buchladen ist der Lieblingsort vieler Leidener:innen.
Kort Rapenburg 12-A, Mo–Sa

Bewegen

Hart Steuerbord!

Bootjes en Broodjes: Das Steuer übernehmen und die Kanäle von Leiden selber erkunden! Dafür ist kein Bootsführerschein nötig, volle Fahrt voraus.
Blauwpoortsbrug 1, www.bootjesenbroodjes.nl

Reise durch den Menschen

Corpus: Die Wanderung beginnt im Knie und endet im Gehirn. Eine große Attraktion, bei der etwas über den menschlichen Körper gelernt wird. Ein Bus fährt vom Hauptbahnhof Leiden direkt zu dem großen Körper.
Willem Einthovenstraat 1 in Oegstgeest, www.corpusexperience.nl, Di–So (während der Ferien auch Mo)

Hofjes entdecken

Hofjes: Leiden ist berühmt für seine schönen Höfe. Spazieren Sie durch die Stadt und entdecken Sie dabei hinter Mauern und Türen die ruhigen, grünen Hinterhöfe. Bei der offiziellen Tour sind 12 der 35 Hofjes eingezeichnet. Alternative: Online-Karte anschauen und losziehen.

Infos und Karte auf www.visitleiden.nl oder beim VVV

Ausgehen

Im Himmel

Pieterskerk: In der Kirche finden viele Partys und Konzerte statt – super Akustik.

Pieterskerkhof 1A, www.pieterskerk.com

Der Fuß wippt

De Twee Spieghels: Seit 1972 ist die Kneipe eine kulturelle Institution der Stadt. Live-Blues und -Jazz, dazu guter Wein.

Nieuwstraat 11, www.detweespieghels.nl, Mo/Fr ab 16, Sa ab 14, So ab 15 Uhr

Die Nacht ist lang

Gebr. de Nobel: Hier spielen ganz unterschiedliche Musiker:innen oder DJs legen auf. Von Pop und Rock über Hip-Hop und Funk bis zu Indie und Cumbia …

Marktsteeg 8, gebrdenobel.nl

Es ist viel passiert

Leidse Schouwburg: In dem Stadttheater von Leiden (1705) haben schon die Dadaisten der Kultur gefrönt. Kabarett, Schauspiel, Musik und Tanz …

Oude Vest 43, www.leidseschouwburg-stadsgehoorzaal.nl

Infos

- **Visitor Center des VVV:** Stationsweg 26, www.visitleiden.nl, tgl.
- **Verkehr:** Die Innenstadt lässt sich prima zu Fuß oder mit dem Fahrrad erkunden. Viele Busse fahren Tag und Nacht.
- **Parken:** Das Zentrum ist verkehrsberuhigt, doch es befinden sich viele Parkplätze und Parkhäuser ringförmig angeordnet um die Altstadt, z. B. das tiefste Parkhaus der Niederlande, das Lammermarkt Parkhaus. Mehr Infos auf visitleiden.nl.
- **Leidens Ontzet:** 2. u. 3. Okt., www.3oktober.nl. Die ganze Stadt feiert die Befreiung von den Spaniern (1574) mit Tanz, Musik, Hering und Hutspot (Eintopf).
- **Schemerstadt:** Anfang Juni, www.schemerstad.nl. In Booten fährt man in der Dämmerung zu Theatervorstellungen in der Stadt.
- **De Lakenfeesten:** letztes Juniwochenende, www.lakenfeesten.nl. Mit dem Tuchfest erinnert sich Leiden an seine Zeit als Textilhochburg.

Gouda

E7

Die kleine Stadt ist dank ihres berühmten Schnittkäses weltbekannt. Historische Gebäude, viele kleine Gassen und Grachten, Hofjes und die ›echten‹ Stroopwaffeln locken außerdem nach Gouda.

Käse wiegen

In der **Goudse Waag** von 1686 ist heute ein Käse- und Handwerksmuseum, das umfassend über die käsereiche Geschichte der Stadt informiert (Markt 35, Jan.–März Mi–So, März–Okt. tgl., plus Touristeninformation). Von Anfang Juni bis Ende August tagt genau davor der große **Käsemarkt** (Do 10–12.30 Uhr). Neben dem Käse zieht das schöne **Stadhuis** von 1450 die Aufmerksamkeit auf sich.

Alles abseits?

Und sonst? Hier schraubt sich die höchste Kirche der Niederlande, die **Sint-Janskerk,** 123 m in die Höhe. Im Innern leuchten die 72 **Goudse Glazen,** Buntglasfenster aus dem Mittelalter und der Renaissance (Achter de Kerk 2, Mo–Sa).

Auch Gouda betrachtet den Gelehrten Erasmus als Sohn der Stadt, weil er hier zur Schule ging. Über Erasmus, Geschichte, Kunst, Keramik und Käse berichtet das **Museum Gouda.** Es befindet sich um die Ecke der Sint-Janskerk in einem ehemaligen Krankenhaus (www.museumgouda.nl, Di–So).

An dem grünen Kanal **Hoge Gouwe** kann in dem alten **Schleusenwärterhaus** ein skurriles Foto geknipst werden: Hier steht ein Pranger. Und aus dem Fenster schaut ›Hubertus‹, die Puppe, die dem letzten Wärter nachgebildet ist.

Ruhe versprechen die Hofjes. Schauen Sie z. B. hinter die Tür von Nr. 189–171 am Nieuwehaven, wo sich das grüne **Hofje van Letmaet** versteckt.

EINEN AN DER WAFFEL?

Gouda ist nicht nur stolz auf seinen Käse, auch die *Stroopwafel* oder *Siroopwafel,* dt. Sirupwaffel, erblickte hier im 19. Jh. das Licht der Welt. Ursprünglich galt sie als Arme-Leute-Kuchen, hergestellt aus Teigresten, Krümeln und Sirup. Später mauserte sie sich zur nationalen Spezialität mit geheimer Rezeptur. Testen und mitnehmen z. B. bei Van den Berg, Lange Groenendaal 32, oder bei Kamphuisen Siroopwafels, Markt 69, auch Fabrikführungen, sirupwaffelfabrik.de.

Schlafen

Wie Rapunzel

Goudse Watertoren: Der kleine alte Wasserturm wurde zum gemütlichen Apartment umgebaut. Eine ungewöhnliche Art zu nächtigen, am Treppensteigen führt kein Weg vorbei.

Plazuidplein 1, www.goudsewatertoren.nl, €€€

Ein eigenes Reich

B & B De Kamer Hiernaast: Sandra und Arnaud sind die besten Gastgeber überhaupt. Sie haben das Apartment gemütlich ausgestattet, sorgen für ein leckeres Frühstück und kümmern sich mit Hingabe um ihr kleines B & B.

Komijnsteeg 1, www.dekamerhiernaast.nl, €/F

Essen, Ausgehen

Hier unten leuchten wir

De Lichtfabriek: Früher widmete man sich hier ganz der Erzeugung von Strom, damals vor allem Licht, heute wird in der immer noch eindrucksvoll beleuchteten Industriehalle gut gegessen, viel italienisch inspiriert, mit guten Zutaten, sei es fleischlich (Burger!) oder vegetarisch. Bekannt für den leckeren American Cheesecake in vielen Geschmacksrichtungen.

Hoge Gouwe 189, www.lfgouda.nl, Di–So

Liebhaber von Kaffee und Käse

Hofje van Jongkind: Der Feinschmecker Eugene hat das Kaffeerösten studiert, mit etwas Glück können Sie dabei im Hofje zuschauen. Der Kaffee wird auch vor Ort verkauft und passt super zu den Frühstücksangeboten. Nicht unbedingt zum Käsefondue, da lässt sich der Hauswein und das Fondue mit frischen Pilzen empfehlen: *lekker!*

Zeugstraat 28, www.hofjevanjonkind.nl, Mo–Sa, €

Gutes Gewissen

De Kleischuur: In gemütlicher Atmosphäre werden saisonale biologische Gerichte serviert! Gut für den Körper und die Umwelt.

Weste 2, www.dekleischuur.nl, tgl., €

Sonnig sitzen

De Goudse eend: Nennt sich ›Biercafé‹ und bietet eine Auswahl von 146

TOUR
Leises Abenteuer

Mit dem ›Fluisterboot‹ durch den Biesbosch

Infos

E8

Start/Ziel: Biesboschcentrum Dordrecht, www.biesboschcentrumdordrecht.nl

Fluisterboot mieten: ab April; Boote online reservieren (s.o.); mind. 2 Std., ab 19 €; mit Einführung und Routenkarte; am Besucherzentrum können auch **Kajaks** und **Stand-up-Paddle** geliehen werden

Bibersafari: www.biesboschcentrumdordrecht.nl/reserveren/activiteitenkalender, 17.15–18.45 Uhr, 18 € (inkl. Kakao u. Kuchen)

Kein Motorengeräusch, keine Abgase, keine Anstrengung: Das verspricht die Tour mit dem ›Flüsterboot‹, das elektrisch betrieben und dadurch besonders umweltschonend ist. Ausleihen kann man sie am **Biesboschcentrum Dordrecht**. Nach einer kleinen Einführung und dem Anlegen der Schwimmwesten geht es los – das Boot lässt sich kinderleicht steuern! Der 7100 ha große **Nationalpark De Biesbosch,** das wichtigste Süßwassergezeitengebiet Westeuropas, überrascht mit Ebbe und Flut, wodurch Untiefen und Strömungen entstehen.

Beim Dahingleiten übers Wasser fühlen wir uns fast wie im Dschungel: Das Ufer ist zugewuchert, und nicht selten hängen die Äste von Sträuchern und Bäumen tief über dem Wasser. Achtung: Kopf einziehen! Libellen begleiten das Boot bei unserer Fahrt durch die gewundenen Wasserläufe. Am besten ganz leise sein, so wie das Boot, dann bekommt man vom Ufergeschehen am meisten mit. Und die Augen offen halten, denn aus der Bootstour könnte eine kleine **Bibersafari** werden …

Der Biesbosch ist für seine fleißigen Bewohner, die Biber, bekannt. In Ufernähe liegen ihre Burgen, und mit etwas Glück sieht man vielleicht einen kleinen braunen Freund durchs Wasser schwimmen oder an einem Baumstamm nagen. Die Tour kann auch mit einer:m **Biber-Ranger:in** gemacht werden, der anschaulich alles erklärt. So können die Besucher:innen den niedlichen Tieren ganz nahekommen und viel über Region und Naturschutz lernen.Wer sich nun gar nicht mehr losreißen mag: Übernachten kann man im **Natuurhuisje** (s. S. 58) – mitten in der Natur!

Biersorten. Sie lassen sich gut draußen auf der Terrasse zischen.

Wilhelminastraat 66, www.cafedegoudseeend.nl, Di–So

Infos

- **VVV:** Goudse Waag, Markt 35, www.willkommeningouda.com, tgl.
- **Parken:** Am Sonntag ist das Parken kostenfrei, sonst besser nicht im Zentrum parken. Kostenlos sind die Parkplätze am Park Goudse Hout. Auf lange Sicht soll das Zentrum komplett autofrei werden.
- **Gouda bij Kaarslicht:** Anf. Dez., www.goudabijkaarslicht.nl. Die ganze Stadt ist von Kerzenschein erhellt.
- **Houtmansplantsoenkonzert:** Juni–Aug., www.houtmansplantsoenconcerten.nl. Konzerte im Park.
- **Zotte Zaterdag:** Mitte Okt., www.zottezaterdag.nl. Am verrückten Samstag wird Erasmus mit mittelalterlichen Gewändern, Essen, Handwerk, Kunst und einer Prozession gefeiert.

Dordrecht

E8

›Dordt‹, wie die Bewohner:innen ihre Stadt nennen, ist noch ein echter Geheimtipp. Die älteste Stadt Hollands (nicht der Niederlande) feierte 2020 ihr 800-jähriges Stadtrecht. Historische Gebäude und Häfen, viel Wasser und ein Nationalpark vor der Haustür zeichnen das Juwel auf der gleichnamigen Insel aus.

Der Ursprung von Holland?

Dordrecht war nicht immer eine Insel, erst 1421 mit der tragischen Sankt-Elisabeth-Flut wurde das umliegende Land überspült. Viel Wasser prägt das Stadtbild, da müsste es doch auch Grachten geben. Jein, sie heißen in ›Dordt‹ Häfen, und es gibt viele von ihnen. Schon 1299 war der Ort ein wichtiges Handelszentrum. Die spannende Stadtgeschichte lässt das **Museum Dordrecht** aufleben (www.dordrechtsmuseum.nl, Di–So).

Nur ein paar Meter vom Museum entfernt liegt der Ort, an dem sich eines der bedeutensten historischen Ereignisse der Niederlande zutrug. Über die Pflastersteine der grünen Straße Steegoversloot in Richtung des Wijnhaven taucht auf der linken Seite **Het Hof van de Nederland** auf. Hier haben sich 1572 die Verbündeten unter Wilhelm I. von Oranien getroffen und ihn als ihren Statthalter anerkannt, das erste Treffen der Freistaaten. Den Hof erreicht man von der Voorstraat aus, übrigens eine der besten Einkaufsstraßen.

www.hethofvannederland.nl, gehört zum Museum Dordrecht, Di–So

Venedig des Nordens

Den Wijnhaven säumen Restaurants und Cafés, und an der Brücke **Visbrug** zeigt sich die Stadt von ihrer Schokoladenseite. Zwei mächtige steinerne Löwen grüßen vor dem **Stadhuis.** Das Renaissancegebäude war früher eine Markthalle.

Von fast überall zu sehen, viel größer und älter ist die **Grote Kerk** (www.grotekerk-dordrecht.nl). Seit dem 11. Jh. steht sie hier, mit barocken Turmuhren anstelle einer Kirchturmspitze. Klettern Sie unbedingt hinauf, der Ausblick lohnt sich!

Nach den vielen Gassen vermittelt die Oude Maas nun Weite. Das Wasser fließt gemächlich dahin, am Ufer sind Reste der Stadtmauer zu finden. Das **Groothofdspoort** ist ein altes Stadttor, genau hier treffen sich die drei Flüsse: Merwede, Oude Maas und Noord. Bierchen, Eis oder Käffchen gefällig? An dieser Stelle bleibt nur eines: gemütlich machen und genießen.

Nationaal Park De Biesbosch

E8

Wo sich Biber und Reiher gute Nacht sagen, ist das größte Süßwassergezeitengebiet Europas: der **Biesbosch.** Sümpfe, Wälder und Wiesen, durch die sich viel Wasser windet. Eine Einladung zu endlosen Wanderungen, Bootsfahrten, Fahrradtouren oder zum Baden und Entspannen an Sommertagen. Entstanden im Jahr 1412 durch die verheerende Sankt-Elisabeth-Flut, der ganze 16 Dörfer zum Opfer fielen, ist die Flora und Fauna hier heute durch Ebbe und Flut bestimmt. Dies schafft eine besondere Vegetation, ein einzigartiges 7100 ha großes Naturparadies. Der Park ist frei zugänglich, doch Respekt vor der Tierwelt ist geboten (s. Tour auf S. 56).

Schlafen

Unter den Birnbäumen

Villa Augusta: Gemüse- und Obstgärten, ein Wasserturm zum Nächtigen, Konzerte, gutes Essen, ein Markt mit lokalen Produkten – unbedingt vorbeischauen.

Oranjelaan 7, www.villa-augustus.nl, €€, Familienzimmer 4 Pers./135 €, Hauptgerichte €–€€

Dordt will ich bleiben

Hotel Dordrecht: Schickes Herrenhaus am Kalkhaven mit komfortablen Zimmern, reichhaltigem Frühstück und ruhiger Terrasse.

Achterhakkers 72, www.hoteldordrecht.nl, €€

Ab in die Koje

De Logeer Boot: Familie van Driel betreibt mit Leidenschaft die M. S. Erasmus. Die Zimmer sind einfach, dafür an Bord eines wunderschönen Bootes mit langer Geschichte, fragen Sie Carol und Mechteld!

Badweg 2, www.delogeerboot..nl, €/F

Mitten im Grünen

Natuurhuisje: Mitten im Biesbosch kann eine eigene kleine Lodge gemietet werden. Sie liegt auf dem Wasser – mit eigenem Ausguck! Hans und Lia sind die angnehmen Gastgeber:innen vom nahen Zuileshoeve.

www.bekijk.direct/np07, €€

Essen

Kreative Brote

Broodbar Boer'n Bontje: Tosti, Roti, Burger, Pide oder Simit? In dem kleinen Laden ist die Auswahl groß und günstig… und es riecht schon beim Eintreten nach exotischen Gewürzen.

Tolbrugstraat 27, www.boernbontje.nl, Di–Sa, €

Fisch, frisch!

De Stroper: Mittags und abends eine Topadresse zum Dinieren mit saisonalen Köstlichkeiten, viel frischem Fisch und ausgefeilten Menüs.

Wijnbrug 1, www.destroper.nl, Mi–So, €€€

Bewegen

Kunstsonntag

Kunstrondje Dordt: Jeden ersten Sonntag im Monat öffnen viele Ateliers, Galerien, Antiquariate und andere Orte der Kunst Tür und Tor für Besucher:innen! Die Karte gibt's beim VVV und online.

www.kunstrondjedordt.nl

Infos

- **VVV:** Spuiboulevard 99, Dordrecht, www.vvvdordrecht.nl, Mo–Sa
- **Besucherzentren Biesbosch:** Baanhoekweg 53, Dordrecht, Di–So; Biesboschweg 4, Drimmelen, Di–So
- **www.np-biesbosch.nl:** Aktivitäten, Termine etc., auch engl.

Zugabe

Lass das Plastik im Dorf

Recycled Park in Rotterdam

Architekt Ramon Koester, hier vor der Skyline von Kop Zuid, hatte die coole Idee des Recycled-Parks.

Oder auch in der Stadt … Denn die Bilder von mit Plastik verschmutzten Meeren und die riesigen Müllstrudel sind präsent, auch die verheerenden Auswirkungen auf Mensch, Tier und Natur sind belegt. 80 bis 95 % der Kunststoffe im Meer speisen Flüsse in die offenen Gewässer ein. In vielen Städten ist das offene Wasser der tiefste Punkt, was dazu führt, dass sich der Müll ansammelt, ins Meer gelangt und sich dort zu riesigen Müllinseln verdichtet. Die größte Plastikinsel im Meer, der Great Pacific Garbage Patch, ist ungefähr 1,6 Mio. km² groß – Tendenz steigend. Das ist viermal die Fläche Deutschlands und 39-mal diejenige der Niederlande.

Um auf diese Problematik zu antworten, hat CLEAR RIVERS, eine gemeinnützige Organisation, in Rotterdam eine ganz andere Insel geschaffen. Der schwimmende Recycled Park besteht ausschließlich aus Müll, den CLEAR RIVERS aus der Nieuwe Maas gefischt hat. Mehr als 1000 m² Plastik wurden auf ihrem Weg in die Nordsee aufgehalten und zu einer Konstruktion verbaut, die nun Mensch und Tier Erholung verspricht.

»Dieser Prototyp zeigt das Potenzial, was wir mit Meeresmüll machen können.«

»Recycled Park ist eine schwimmende grüne Struktur, in der Vögel nisten, Fische schwimmen und Menschen einen entspannten Moment auf dem Wasser genießen können. Von den beiden Sitzelementen aus können die Besucher:innen sehen, wie die Natur diese erste neue Kombination aus künstlicher und natürlicher Landschaft einnimmt«, so Ramon Knoester, Mit-Schöpfer des Projekts. Zu erleben ist das Ganze im Rotterdamer Rijnhaven, s. auch S. 21. ■

Amsterdam und Noord-Holland

Geballte Holland-Kraft — mit Sandstränden, Windmühlen, Tulpenfeldern, Kunstmuseen und einer vitalen Metropole.

Seite 63

Amsterdam 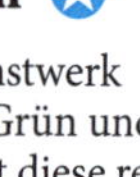

Ein Gesamtkunstwerk aus Grachten, Grün und (Sub-)Kultur ist diese relaxte Hauptstadt mit nur knapp 1 Mio. Einwohner:innen. Europäische Reisende bevölkern sie daher nur zu gern.

Seite 78

Industriebrachen im Nordwesten

Bei aller Grachtenglückseligkeit gibt es in Amsterdam einige ehemalige Brachen wie die NDSM-Werft, De Ceuvel oder das Hembrugterrein, die sich zu charmanten, interessanten Kunst-Orten entwickelt haben.

Ohne Rad geht hier gar nichts.

Seite 71

Vondelpark

Zum Chillen geht man in den Vondelpark. Zu viele Leute? Ab in Sarphati- oder Oosterpark – da ist es auch schön.

Seite 82

Museumkwartier

Vier Hochkaräter rund um den Museumplein, darunter natürlich an erster Stelle das ›Rijks‹.

Seite 71

Jordaan

Die Café-, Kneipen- und Restaurantdichte ist hoch in diesem einstigen Prekärviertel. Stille herrscht in den hübsch begrünten Hofjes.

Seite 88

Loosdrechtse Plassen

An diesem Sehnsuchtsort will man seine Ferien verbringen – mit Schwimmen, Bötchen fahren, Radeln, Wandern, Angeln, Grillen …

Seite 93

Beemster

Im März gesellen sich Millionen bunter Tupfen zu den schwarz-weißen Flecken, die die Kühe in die Landschaft pinseln: die endlosen Tulpenfelder des Beemster.

Seite 98

Alkmaar ✪

Alkmaar erinnert an ein Mini-Amsterdam. Nur mit weniger Touristen. Seine Grachten, Gässchen und Zugbrücken prägen das Bild der historischen Altstadt und vermitteln den Eindruck einer traditionellen holländischen Stadt, die so gar nicht museal ist!

Seite 115

Green Citys

Die Stadt der Zukunft ist keine Betonwüste mehr, sondern kleidet sich in bunte Töne und wird immer grüner. Das haben die niederländischen Citys gut verinnerlicht und schaffen urbane Lebensräume für Mensch und Natur.

Algen sollen die Welt retten – daher entstehen *zeewier*-Parks vor der nordholländischen Küste. Spirulina & Co. wandeln CO_2 in Sauerstoff um und gelten als Superfood.

»Es scheint, dass die Zuiderzee zugefroren ist (…) Die Lust, ebenfalls aufs Eis zu gehen, greift um sich, man setzt sein Leben aufs Spiel, um später sagen zu können, dass man auf Schlittschuhen nach Friesland gefahren ist …« Gijs IJlander, Der Skandal

Die Bilderbuchprovinz

Noord-Holland ist die Bilderbuchprovinz unseres Nachbarlandes – alles, was man mit den Niederlanden verbindet, ballt sich hier: kilometerlange Sandstrände mit endlosen Dünenlandschaften und gemütliche Badeorte an der Nordsee, historische Handels- und Hafenstädte am IJsselmeer, Windmühlen und schnurgerade Kanäle, Tulpenfelder bis zum Horizont und gut besuchte Käsemärkte, bedeutende Kunstmuseen und -werke und natürlich die vitale Metropole Amsterdam, deren malerischer Grachtengürtel ein Gesamtkunstwerk ist.

Das Meer war und ist in dieser Provinz allgegenwärtig: Auf drei Seiten ist die Halbinsel Noord-Holland von Wasser umgeben. Ein Großteil der Provinz besteht aus eingepolderten Gebieten wie dem Beemster oder Wieringen, und weite Landstriche liegen unter dem Meeresspiegel – weshalb kreative Köpfe mit einigem Erfolg an Konzepten arbeiten, wie man bei weiterhin steigendem Wasserspiegel künftig wohnen kann.

Der Provinzsüden mit Amsterdam, Hilversum und Haarlem gehört zur Randstad, dem dicht besiedelten Ballungsgebiet im Westen der Niederlande mit enormer Wirtschaftskraft. Die Provinzhaupt- und selbst ernannte Blumenstadt Haarlem ist, ebenso wie Alkmaar im Norden, ein überraschendes (Einkaufs-)Städtchen, das viele Reisende bislang noch nicht auf dem Radar haben – aber haben sollten.

ORIENTIERUNG **O**

Infos: I amsterdam Visitor Centre, www.iamsterdam.com/de, Stationsplein 10 (gegenüber HBF), dort auch Nahverkehrstickets, am Flughafen Schiphol (Ankunftshalle 2, Schiphol Plaza). Jede Stadt und (fast) jeder Ort hat sein eigenes Tourismusbüro und auch eine (eigene) Webpräsenz.
Verkehr: In Amsterdam am besten zu Fuß oder per Fahrrad; Trams, Metros, (Nacht-)Busse und Fähren auf www.gvb.nl. Noord-Holland besitzt ein gut ausgebautes Bahn- und Busnetz, alles liegt nah beieinander. Tickets auch in der Region bargeldlos über die OV-chipkaart oder per Kreditkarte und App OVpay (ovpay.nl/en); auch klassische Ein- und Mehrtagestickets.
Parken: In der Innenstadt Amsterdams nicht empfehlenswert, P+R-Parkplätze am Stadtrand (Autobahnring A 10) nutzen, Anbindung ans Zentrum einwandfrei (www.amsterdam.info/parking/park-ride).

Amsterdam

Altes Zentrum

Wer am **Bahnhof** ❶ ankommt, einmal umsehen bitte: Denn das schlossähnliche Gebäude ist einen Blick mehr wert. P. J. H. Cuypers hieß der Architekt, der etwas früher schon das Rijksmuseum im selben Neo-Renaissance- und -Gotik-Stil verantwortet hatte. Der Zwilling entstand 1889 und versperrt den Amsterdamer:innen auf 306 m Breite seitdem die Sicht auf das IJ, das Wasser vor der Stadt, weshalb es damals auch höchst umstritten war. Für Reisende ist der **Stationsplein** wichtig zur ersten Orientierung (s. Infokasten links) und vielleicht sogar zur ersten Einkehr.

Danach spuckt einen die Stadt in die Urzelle Amsterdams.

Mit dem Strom treiben lassen

Der **Damrak,** ein großzügiger und sehr trubeliger Boulevard, ist mehr Weg als Ziel, führt aber zu interessanten Haltestationen: Wer gerne eine **Grachtenrundfahrt** 1 unternehmen möchte – das ist nach wie vor *die* Möglichkeit, sich einen ersten Eindruck von Amsterdam zu verschaffen –, findet am Bahnhof und am nördlichen kleinen Hafen des Damraks viele Anbieter.

Die **Beurs van Berlage** ❷ indes ist längst keine Börse mehr, sondern ein Ausstellungs-, Konzert- und Eventhaus (Programm s. Website). Ihr Architekt, H. P. Berlage, markierte mit diesem Gebäude aus Backstein, Glas und Eisen die Abkehr von den historisierenden Architekturstilen à la Bahnhof und Rijksmuseum. Zum Gucken bietet sich das **Bistro Berlage** oder der **Tony Chocolonely Superstore** (faire Schokolade) an.

Damrak, 243, beursvanberlage.com, bistroberlage.com, tonychocolonely.com

Mit dem Boot auf der Gracht – das macht Spaß und eröffnet ganz neue Perspektiven auf die Stadt.

0
100
200 m
Ronde Lutherse Kerk
Multatuli Museum
Centraal Station
Stationsplein
Canal Bus
Cantraal Station
VVV
Prins Hendrikkade
Sexmuseum
't Kolkje ('t Sluisje)
Damrak
Nieuwezijds Voorburgwal
Nieuwezijds Kolk
2+12+13+17
4+14+24
De Dolphijn
Multatuli
Driekoningenhuis
Torensluis
Raadhuisstr.
13+17
Dam
Madame Tussaud's Amsterdam
Nationaal Monument
De Bijenkorf
Effectenbeurs
Beursplein
Wallen
Oude Kerksplein
Nieuwmarkt
Hash, Marihuana & Hemp Museum
Klein Trippenhuis
Trippenhuis
Waalse Kerk
Zuiderkerk
Postzegelmarkt
Weeshuispoort
Amsterdam Museum
(geschl. bis voraussichtl. 2025)
Amsterdam Dungeon
Spui (Rokin)
Rokin
De Brakke Grond
Frascati
Engelenbak
Huis op de drie grachten (Dreigrachtenhaus)
Engelse Kerk
Houten Huys
Spui
Kunstmarkt
Allard Pierson Museum
Universiteit
Theaterschool
Universiteitstheater
Stadhuis
Amstel
Torture Museum
Koningsplein
Muntplein
Munttoren
De Kleine Komedie
Rembrandtplein
Vijzelstraat
KattenKabinet
Canal Bus
Keizersgracht
Herengracht
Singel
Spuistraat
Kalverstr.
Reguliersbreestr.
Amstelstr.
Oudezijds Voorburgwal
Oudezijds Achterburgwal
Kloveniersburgwal
Groenburgwal
Zwanenburgwal
St. Antoniesbreestr.
Zeedijk
Warmoesstr.
Nieuwendijk
Paleisstr.
Gasthuismolensteeg
Wijde Heisteeg
Heiligeweg
Rozeboomst.
Handboogstr.
Voetboogstr.
Bloemenmarkt
Reguliersdwarsstr.
Staalstr.
Staalkade
Halvemaansteeg
Bakkersstr.
Paardenstr.
Nwe. Doelenstr.
's Gravelandse-veer
Oude Turfmarkt
Binnengasthuisstr.
Turfdraagsterpad
Langebrugst.
Grimburgwal
Nes
Damstraat
Oude Hoogstr.
Nwe. Hoogstr.
Raamgracht
Pentagon
Zuiderkerkhof
24
4+14
14
2+12

34 44 54 6
7 8 9 11
6 5 6 4 53 52 33
1
De Ruijterkade
De Ruijterkade
26
Muziekgebouw aan't IJ/Bimhuis
32
Passenger Terminal Amsterdam
Canal Bus
Piet Heinkade
Muziekgebouw Bimhuis
3
Dijksgracht
31
3
Oosterdoksdraaibrug
St. Nicolaaskerk
Oudezijds Kolk
Schreierstoren
Odebrug
S. Carmiggelstr.
Harry Banninkstr.
Willem F. Hermansstr.
Oosterdoksst.
Anni M.G. Schmidtstr.
Ton de Leeuwstr.
Oosterdokskade
Openbare Bibliotheek Amsterdam
Conservatorium van Amsterdam
Dijksgracht
IJ-Tunnel
van der Veldebrug
Marine-terrein
49
12
Geldersekade
Kromme Waal
Binnenkant
Scheepvaarthuis
Buiten Bantammerstr.
Prins Hendrikkade
Waalst.
Binnen Bantammerstr.
Nwe.
Nwe.
Waals-
eilandsgracht
Oosterdok
NEMO de Studio
Binnenkant
Schippersstr.
Oude Waal
Jonkerstr.
Lastageweg
Ridderstr.
Recht Boomssloot
Montelbaanstr.
Oude Waal
Canal Bus
Museums-haven
Koningsstr.
Oude Schans
Kalkmarkt
Montelbaans-toren
51
De Boomspijker
sloot
Boom-
Krte. Koningsstr.
Oude Schans
's Gravenhekje
Rapen-burg
Peperstr.
Prins Hendrikkade
Keizersstr.
Kleersloot
Dijkstr.
Krom
Krt. Keizersstr.
Oude Schans
Oosterse-kade
Raper-
burgwal
Rapenburg
Arcam
50
5
Canal Bus
Oude Schans
Oude Schans
Uilenburgerstr.
Nwe. Batavierstr.
Nwe. Grachtje
Foelie-dw. str.
Schippersgr.
Kadijksplein
Nwe Vaart
5
6
Tisfris
De Sluyswacht
Houtkopers-burgwal
Joden-
Nwe.
Uilenburgergracht
Valkenburgerstraat
Rapenburger-plein
Hoogte Kadijk
Laagte Kadijk
Diamantsliperij Boas
Valkenburgerstr.
A. Frankstr.
Jodenbree-
24
Houtkoper-dwarsstr.
houttuinen
str.
Gebouwen kunstopleiding en filmacademie
Koerierster-plein
Februari-plein
A. Frankstr.
Entrepotdok
30
Entrepotdok
Plantagekade
Waterlooplein
Mozes en Aäronkerk
Marken-plein
Rapenburgstr.
7
Nationale Opera & Ballet
Mr. Visser-plein
Mr. Visserplein
Nieuwe Herengracht
Auschwitz-monument
Wertheim-park
Plantage Parklaan
Plantage Doklaan
De Burcht
Plantagekade
H. Polaklaan
Verzetsmuseum
Plantage Doklaan
Water-looplein
Muiderstr.
25
Waterlooplein
46
Weesperstraat
J.D. Meijer-plein
14
Universiteit
Nationaal Holocaust Museum
Planetarium
28
Nwe. Amstelstr.
Waterloo-plein
Dr.D.M. Sluyspad
27
Plantage Parklaan
Hollandsche Schouburg
Plantage
Artis
Kerklaan
47
5
Artisplein
Hortusplantsoen
Nieuwe Herengracht
Plantage Muidergracht
Plantage
Middenlaan
14
48
29
42
2
Nieuwe Keizersgracht

Amsterdam

Ansehen

1 Centraal Station
2 Beurs van Berlage
3 Beurspassage
4 Koninklijk Paleis
5 Nieuwe Kerk
6 Begijnhof
7 Oostindisch Huis
8 Tempel He Hua
9 Oude Kerk
10 Huis Bartolotti
11 Gouden Bocht
12 Magere Brug
13 Blauwbrug
14 Westerkerk
15 Claes Claesz Hofje
16 Karthuizerhof
17 Suyckerhofje
18 Westelijke Eilanden
19 Houthavens
20 Vondelpark
21 Sarphatipark
22 De Daagerad
23 De Waag
24 Rembrandthuis
25 Portugese Synagoge
26 Stopera
27 Hortus Botanicus
28 Artis Zoo
29 Oosterpark
30 Entrepotdok
31 Mediamatic
32 Muziekgebouw aan't IJ/ Bimhuis
33 A'DAM Toren
34 Kranspoor
35 IJ-Hallen
36 Ons' lieve Heer op Solder
37 Anne Frank Huis
38 Huis Marseille
39 Foam Fotografiemuseum
40 Museum van Loon
41 Huis Willet-Holthuysen
42 Hermitage Amsterdam
43 Museum Het Schip
44 Street Art Museum Amsterdam
45 Museumkwartier
46 Joods Museum
47 Micropia
48 Tropenmuseum
49 NEMO Science Museum
50 Het Scheepvaartmuseum
51 VOC-Schiff Amsterdam
52 EYE Filmmuseum
53 NXT Museum
54 STRAAT

Schlafen

1 BackStage Hotel
2 Via Amsterdam
3 Hotel The Exchange
4 Bed & Breakfast Amsterdam
5 Pension Homeland
6 Kapitein Anna
7 Conscious Hotel Vondelpark

Essen

1 Latei
2 Quartier Putain
3 Hannekes Boom
4 De Jaren
5 De Plantage
6 Purnama
7 IJ-Kantine
8 Noorderlicht
9 Pllek
10 Hap-hmm
11 Pof
12 Lastage
13 De Waaghals

Einkaufen

1 Nieuwmarkt
2 Noordermarkt/Floh- und Lapjesmarkt
3 Ten Katemarkt
4 Albert Cuypmarkt
5 Dappermarkt
6 Van der Pekmarkt
7 Waterloopleinmarkt
8 Negen Straatjes
9 Haarlemmerstraat/-dijk
10 De Hallen

Bewegen

1 Grachtenrundfahrten
2 Prostitution Information Centre
3 M&M SUP Amsterdam
4 Skatepark Noord

Ausgehen

1 Leidseplein
2 The Movies
3 Gerard Douplein
4 Westergas
5 Shelter
6 Tolhuistuin

Ursuppe vom Feinsten

Kontrapunkt zum Damrak ist die **Beurspassage** ❸ – durch die es sich auf die andere Seite wechseln lässt, denn die Passage verbindet Damrak und Nieuwendijk, eine der größten Fußgängerzonen Amsterdams. Auf nur 50 m und mit über 1 Mio. Mosaiksteinchen in vielen Grüntönen im Gewölbe lassen die Künstler:innen Coenen, Roskam und Van Bentem die Unterwasserwelt der Grachten samt Fischen und Fahrrädern erstehen, also allem, was dort so im Wasser schwimmt. Das Ganze nennt sich ›Oersoep‹, Ursuppe.

Bürgerliche Pracht

Angekommen auf dem **Dam,** erhebt sich links der Obelisk des **Nationaal Monument,** der als Treffpunkt und Abhängeort Jugendlicher immer belagert ist. Im Nordosten gleicht das Luxuskaufhaus **De Bijenkorf** (›Bienenkorb‹, 1911–14, www.debijenkorf.nl) eher einem prachtvollen Regierungsgebäude. Dieses steht mit dem **Koninklijk Paleis** ❹ dann schräg gegenüber, wobei der König plus Familie in Den Haag wohnt; der Palast wird zwar zum gelegentlichen Repräsentieren genutzt, kann aber fast das ganze Jahr über besichtigt werden (www.paleisamsterdam.nl, tgl.). Im Goldenen Jahrhundert wurde er übrigens als Rathaus erbaut (1648–60) – allerdings eben doch mit sehr royalen Ausmaßen und Materialeinsatz, was besonders gut am Burgerzaal zu bewundern ist, der mit 30 m Höhe und kostbarer Ausstattung einer der schönsten Festsäle Europas ist.

Die ursprünglich mittelalterliche **Nieuwe Kerk** ❺ (1409) gleich daneben kommt kurioserweise ganz ohne Kirchturm aus (er hätte dem Rathaus Konkurrenz gemacht). Sie ist zum viel besuchten Ort von Orgelkonzerten und (Foto-)Kunstausstellungen geworden, so auch der hochkarätigen Ausstellung zum World Press Photo (www.nieuwekerk.nl, nur bei Ausstellungen und Konzerten, www.nieuwekerk.nl/orgelconcerten, zugänglich).

Ruhe und Frieden

All die Gassen, die sich um die Hauptsehenswürdigkeiten weben, sind malerisch, aber auch heillos überlaufen. Die Kalverstraat, eine der ältesten Einkaufszonen, können Sie sich z. B. getrost sparen (hier gibt's die üblichen Ketten).

Ruhe und Frieden werden hier eingefordert: im **Begijnhof** ❻**,** einem großzügigen, fast dörflichen Platz mit Rasenfläche, Bäumen und Bänken zum Verweilen. Die rahmenden Häuser wurden früher von den Beginen bewohnt, fromme Frauen, die ohne Gelübde in einer klosterähnlichen Gemeinschaft zusammenlebten und sich wohltätig engagierten. Die Anlage besteht seit dem 14. Jh., die Häuser stammen aber fast alle aus dem 17. und 18. Jh., bis auf ein kleines Holzhaus, das **Houten Huys** von 1470 (Nr. 34), das die Stadtbrände überlebt hat. Da das Hofje bewohnt ist – immer noch ausschließlich von Frauen – wird um Ruhe gebeten.

Begijnhof 30, Eingang über den Spui oder über die Gedempte Begijnensloot, keine Gruppen erwünscht

Junges Viertel

Der Begijnhof grenzt an den **Spui,** einen lang gezogenen begrünten Platz zum Einkaufen, z. B. im auch für Fremdsprachige super sortierten **Athenaeum Boekhandel,** oder Einkehren in eines der vielen Cafés und Kneipen rund um die Statue des kleinen Straßenjungen, **Het Lieverdje.** Und wenn es in Amsterdam etwas zu demonstrieren gibt, dann hier.

Jetzt einmal übers Wasser gehüpft, und einfach Pause machen – seit der **Oude Turfmarkt** verkehrsberuhigt wurde, ist er ein beliebter Platz an der Sonne für die Studierenden aus dem angrenzenden Univiertel. Gleich um die Ecke ist eines der ältesten Grand

Cafés Amsterdams mit herrlicher Lage am Wasser, das **De Jaren** 4, Blick und Aufenthalt wert.

Teil des Unigeländes ist das **Oostindisch Huis** 7, der ehemalige Hauptsitz der Vereinigten Ostindischen Compagnie, dem ersten multinationalen Konzern, wie es so schön heißt. Von hier aus beutete er im sog. Goldenen Jahrhundert (17. Jh.) vor allem die Gebiete in Ostasien aus.

Sie kamen und blieben

Die Chinesen, die sich rund um Zeedijk, Nieuwmarkt und Geldersekade niedergelassen haben, verschlug es Anfang des 20. Jh. als Seeleute nach Amsterdam – und sie blieben. In der **Chinatown** sind sie mit Restaurants, Lebensmittelläden, Apotheken, chinesischer Medizin oder Akupunktur vertreten.

Der buddhistische **Tempel He Hua** 8, der erste und größte in Europa, ist von vielen Restaurants und Imbissen mit surinamisch-asiatischer Küche umgeben. Am besten umherschlendern und gucken, was einen, abgesehen vom kantonesischen Klassiker **Nam Kee** (Zeedijk 111–113, namkee.nl/home-en, tgl., €–€€) am meisten anmacht.

He Hua: Zeedijk 106–118, tgl. frei zugänglich

PERSPEKTIVWECHSEL

Das **Prostitution Information Center** 2 (PIC) gleich um die Ecke der Oude Kerk informiert über Sexarbeit aus der Sicht von Sexarbeiter:innen. Ein Spaziergang mit einer(m) von ihnen ist Kontrast zu den üblichen Stadttouren.

Enge Kerksteeg 3, pic-amsterdam.com, Mi–Sa 12–17 Uhr, jeweils 17 Uhr informativer Walk'n Talk mit Voranmeldung über + 31 20 420 73 28 oder pic@pic-amsterdam.com

Licht an, Licht aus

Das **Rotlichtviertel,** das in Amsterdam so malerisch in der Innenstadt liegt, ist zum Politikum geworden. Mal soll es verlegt, mal nur noch mit Eintrittskarten betreten, mal die Öffnungszeiten der roten Prostituiertenfenster und Gastromiebetriebe verkürzt und Kiffen in Teilen der Innenstadt verboten werden. Abschreckung für Partytourist:innen, um das Leben für die, die hier wohnen, lebenswert zu erhalten. Denn Amsterdams Innenstadt leidet am Virus Overtourism.

Das äußere Korsett für die vielen Querstraßen des Rotlichtviertels, in denen sich die Menschen vor allem abends und nachts drängen, bilden **Zeedijk** und **Warmoesstraat**, die beide einmal echte Deiche waren. Hier reihen sich zahlreiche Kneipen und Cafés wie **Latei** 1**, Het Elfde Gebod, In 't Aepjen** oder **Café 't Mandje** und (Sex-)Läden.

Mittendrin, umgeben von den roten Fenstern, in denen Sexarbeiter:innen ihre Dienste anbieten, hockt die älteste Kirche der Stadt, die **Oude Kerk** 9 (13. Jh.). Im 16. und 17. Jh. diente die Basilika als Markt, heute ist sie das in gewissem Sinne wieder, diesmal für moderne und häufig kontroverse (Foto-)Kunst, ein Crossover aus Museum, Geschichte, Kunst und Musik. Nichtsdestotrotz wird jeden Sonntagmorgen ein Gottesdienst gefeiert. Dann und zu Konzerten ertönt auch die Große Vater-Müller-Orgel. Danach kleine Gerichte und Kaffee in **De Koffischenkerij** (koffieschenkerij.com, tgl., €) in der alten Sakristei, die auch separat zugänglich ist.

Oudekerksplein 23 (Eingang Südseite), www.oudekerk.nl

Grachtengürtel

Anfang des 17. Jh. wurde die Urzelle Amsterdams, die bis dato vom dicht bebauten Kanal Singel begrenzt wurde,

Grachtenherrlichkeit plus Abendstimmung gleich Amsterdam-Feeling

zu klein für die rasant wachsende Bevölkerung. Deshalb beschlossen die *Heren* von Amsterdam ein riesiges und teures Projekt, den Grachtengürtel. Er wurde Anfang des 17. Jh. begonnen und zu dessen Ende unvollendet abgebrochen. Denn das Goldene Jahrhundert fing schon an zu schwächeln, und das Geld ging aus.

Viele Arbeiter trieben während des 80 Jahre dauernden Projekts Tausende von Holzpfählen in den schlammigen Untergrund, damit die Gebäude fest standen. Sie schufen ein Gesamtkunstwerk aus drei Grachtenhalbkreisen – Heren-, Keizers- und Prinsengracht –, das von der UNESCO 2010 zu Recht als Weltkulturerbe ausgezeichnet wurde. Fluch und Segen zugleich, denn seitdem kamen noch mehr Menschen nach Amsterdam als vorher.

Im Norden wurde gebraut

Der Grachtengürtel lässt sich gut erwandern, ist aber auch ganz schön lang, insgesamt etwa 30 km. Also entweder ein Fahrrad leihen (s. S. 87) oder sich auf bestimmte Abschnitte beschränken. Besonders romantisch ist der *grachtengordel* übrigens am Abend, wenn Kanäle und Brücken erleuchtet sind.

Beginnen Sie doch mit der hübschen **Brouwersgracht** am nördlichen Ende, in deren Packhäusern mit den dekorativen Fensterläden früher Gewürze, Schießpulver, Stoffe, Walfett und Korn lagerten. Außerdem gab es hier über 70 Brauereien, daher der Name. Hier wie auf der **Prinsengracht** liegen zusammen mit der Amstel die meisten Hausboote Amsterdams.

Pause vielleicht im 300 Jahre alten Bruine Café **Papeneiland** mit herrlichem Blick auf zwei Grachten von seiner Terrasse (Prinsengracht 2, papeneiland.nl, tgl., €). Nach oben schließt sich schon das ehemalige Arbeiterviertel Jordaan (s. S. 71) an. Aber wir mäandern erst mal zwischen den Hauptgrachten, immer wieder verbunden durch Querkanäle, -straßen und Brücken, darunter die kürzeste Gracht des Zentrums, der idyllische **Blauwburgwal.**

OPEN TUINEN DAGEN

... heißt so viel wie Tage der Offenen Gärten, und an diesen werden immer am 3. Wochenende im Juni die verborgenen Gartenschätze der Grachtenhäuser zugänglich gemacht, in die man sonst nicht so leicht hineinkommt.

Über den Webshop des Museum van Loon kann man Karten vorbestellen: www.museumvanloon.nl

Reiche Kaufleute

Während die Prinsengracht eine volkstümlichere Gracht ist, rissen sich auf **Keizers-** und **Herengracht** die reichen Kaufleute die teuren Grundstücke unter den Nagel und bauten prächtige Häuser mit den berühmten Giebeln, von Hals über Glocke bis Treppe, Blick nach oben also!

Einer der beiden Höhepunkte der **Kleinen Goldenen Biegung** (Kleine Gouden Bocht) ist das **Huis Bartolotti** ❿ (Herengracht 170–172, 1617) mit seinem Renaissance-Treppengiebel und dem Rokoko-Interieur (www.museumhuizen.nl/nl/huis-bartolotti, Ticket online, tgl.) sowie das **Witte Huis** (Nr. 168, 1638) nebenan mit dem ältesten Halsgiebel der Stadt.

Wer Lust hat, sieht sich später die monumentalere ›große‹ **Gouden Bocht** ⓫ im südlichen Grachtengürtel an. Hier haben die Architekten Anleihen in Frankreich genommen, die Sandsteinfassaden mit zentralen Treppenaufgängen sowie balustraden- und figurengeschmückten Leistengiebeln ausstaffiert, siehe z. B. die Hausnummern **475, 450** und **495.**

Von Nord nach Süd

Die **Leidsegracht** scheidet den nördlichen vom südlichen Grachtengürtel. Sie wurde im Rahmen der Grachtengürtelerweiterung nach einer etwa 30 Jahre währenden Baupause1664 ausgehoben. Auf der Brücke über die Keizersgracht hat man einen sehr schönen Blick auf Grachten und Grachtenleben.

Brückenschlag

Mit dem **Huis Willet-Holthuysen** ㊶ sind Sie fast am Ende des Grachtengürtels angekommen: Der Blick über die Amstel hinweg geht auf die **Hermitage** ㊷ (s. S. 81), die früher einmal ein großzügiges Altersheim, genannt Amstelhof, war.

Eingerahmt wird der Backsteinkomplex von zwei Brücken, der Blauw Brug und der **Magere Brug** ⓬. Letztere ist die bekannteste (Zug-)Brücke Amsterdams. Sie ist aus Holz und sieht sehr alt aus, ihr jetziges Äußeres stammt aus dem Jahr 1969 – das schmalere Original von etwa 1670. Die Blauw Brug und die Hogesluis entstanden beide Ende des 19. Jh. nach dem Vorbild der Seinebrücken in Paris. Die **Blauwbrug** ⓭, die ins ehemalige jüdische Viertel und die Plantage führt, ist alles andere als blau. Der Name stammt von einem hölzernen Vorgängerbau, der blau gestrichen war.

Außerhalb des Grachtengürtels

War der Grachtengürtel noch akribisch durchgeplant, fransten die Viertel drumherum ungeplant aus den damaligen Stadtgrenzen heraus, z. B. Jordaan und De Pijp. Als die Industrialisierung begann, war es wichtig, viele Gewerbestandorte und Menschen auf wenig Platz unterzubringen, Arbeiter:innen und Handwerkstreibende drängten sich auf engem Raum. Stadtplanung, die den Namen verdient, begann erst wieder Anfang des 20. Jh. mit der Amsterdamse School, der Amsterdamer Schule (s. S. 74, 81).

Jordaan

Das französische *jardin* (Garten) soll für den Namen des Viertels Pate gestanden haben. Klingt einleuchtend, wenn man durch die hübschen begrünten Sträßchen des Jordaan streift. Kaum vorstellbar, dass die Wohnverhältnisse hier bis weit ins 20. Jh. prekär waren und die Grachten zum Himmel stanken. Die Abrisspläne der Stadt in den 1960er-/1970er-Jahren konnten nur durch massive Proteste der Bevölkerung verhindert werden.

Schlendern, bummeln, einkehren

Das ist das Hauptprogramm im Jordaan. Tatsächlich verfügt das Viertel über die höchste Café-, Kneipen- und Restaurantdichte Amsterdams. Und dann liegen natürlich noch viele hübsche und originelle Lädchen am Wegesrand.

Die schräg von der Prinsengracht abzweigenden Straßen und Grachten sind häufig nach Blumen und Bäumen benannt. Überragt werden sie von der **Westerkerk** ⓮, dem Wahrzeichen des Jordaan, obwohl sie streng genommen gar nicht auf Jordaaneser Gebiet liegt. Sie war eine der ersten rein protestantischen Kirchen Amsterdams und wurde von einem Katholiken, Hendrick de Keyser, erbaut (1620–31).Vom Turm mit der Maximilianskrone gibt es eine hinreißende Aussicht über den Grachtengürtel und das ›schräge‹ Viertel im Westen, Norden und Süden.

Inseln des Friedens

Im Jordaan gibt es ungewöhnlich viele **Hofjes,** eine frühe Form des sozialen Wohnungsbaus, bestehend aus oft herrlich begrünten Innenhöfen, die von Häusern umstanden sind. Reiche (calvinistische) Kaufleute stifteten sie im 17. Jh., damit Arme, Alte und Witwen menschenwürdig leben konnten. Achtung: Die Hofjes sind keine Freilichtmuseen, deshalb respektvoll und nicht in großen Gruppen betreten! Einige besonders schöne und sehr unterschiedliche Beispiele sind das **Claes Claesz Hofje** ⓯ (Egelantiersdwarsstr. 3), der **Karthuizerhof** ⓰ (Karthuizersstr. 21–131) oder das **Suyckerhofje** ⓱ (Lindengracht 149–163).

Vondelpark

Wer erst mal genug vom Bildergucken im **Museumkwartier** ㊺ hat (s. S. 82), freut sich auf den **Vondelpark** ⑳, beliebtes Freizeitrevier der Bewohner:innen. Sie

W

WESTWÄRTS

Westlich vom Jordaan liegt, eingebettet in den **Westerpark,** das 14 ha große Kunst- und Kulturdorf **Westergas** ❹ (Haarlemmerweg 4, westergas.nl/en). Die ehemalige Westergasfabriek zählt 17 Industriedenkmäler, darinnen Kino, (Kinder-)Theater, Clubs, die Brauerei Troost, Cafés, Restaurants, ein Hotel, alles nachhaltig und bio … Markant ist der Gashouder (Gasometer), in dem Konzerte, Tanz-Events, Kunstmessen u. v. m. gefeiert werden. Kontrastprogramm: Auf den **Westelijke Eilanden** ⓲ umfängt einen himmlische Ruhe. Drei Jahrhunderte waren die Inseln voller maritimer Geschäftigkeit, bis der Hafen weiterzog. Nach Leerstand, Verfall und Hausbesetzungen ist hier ein kleines romantisches Idyll entstanden. Wen es dann noch weiter nach Westen zieht, kann in den (Nieuwe) **Houthavens** ⓳ sehen, wie Amsterdam wächst und wächst …

TOUR
Mit der Spraydose Kulturen verbinden

Eine besondere Street-Art-Tour in Nieuw-West, Amsterdams wildem Westen

Infos

Karte 2, D 2; (Cityplan s. S. 66, 44)
Start: am HQ des Street Art Museum Amsterdam (SAMA), Immanuel Kanthof 1
Dauer & Länge: ca. 3 Std., gut 4 km

Route: Street-Art-Map als Download über www.streetartmuseumamsterdam.com/tickets, über die izi.Travel-App oder im HQ gegen eine Spende; private Tour (ab 4 Pers., auf Engl.) mit vielen spannenden Infos für 30 €/Pers.

Alles so schön bunt hier – oder was? Am Anfang wollten Anna und ihre Mitstreiter:innen vom **Street Art Museum Amsterdam** (SAMA) einfach nur etwas Farbe in den tristen Alltag von Slotermeer bringen, die grauen Wände des Viertels im Südwesten der Stadt bunter machen. Es gehört zum Bezirk Nieuw-West, der für Armut, Analphabetismus und einen hohen Ausländeranteil steht.

Ein lebendiges Museum

»128 Nationen leben hier, und zwei Drittel der 180 000 Anwohner sind Muslime«, erzählt Museumsgründerin Anna. Sie zeigt auf das riesige Mural **Glory** (2014, M. Nijhoffstraat 23hs) von Danny Recal und El Pez, ein niederländisch-kolumbianisches Projekt. Das Kunstwerk verweist auf das Vermeer-Gemälde »Dienstmagd mit Milchkrug«, eines der bekanntesten niederländischen Gemälde, und ist von grinsenden Aras umgeben, die die Vogelfielfalt Kolumbiens symbolisieren. Anna erzählt, dass die Menschen im Block anfangs wenig begeistert über das Mural waren. Eine Muslimin fragte: »Wozu wird eine dicke holländische weiße Frau auf die Wand meines Wohnblocks gemalt, wenn niemand hier weiß oder holländisch ist?« Also luden die Museumsmacher:innen die Hausbewohner:innen zum Workshop mit BBQ ein. »Wir haben zusammen gemalt und Geschichten über die Farbe Blau, Vermeer und über Einflüsse des Nahen Ostens auf die niederländische Kulturgeschichte gelesen.« Zwei Tage später bat dieselbe Frau um mehr Workshops dieser Art.

Street Art verbindet

Ein anderes Beispiel für den Dialog im Viertel ist **Smile** (2013, Jan de Louterstraat 11) von Stinkfish, einem bekannten kolumbianischen Künstler. Das Mural schmückt eine Schule und zeigt ein Kindergesicht – die Augen geschlossen, kein Lächeln. Die Schüler:innen überraschten bei der Bildbetrachtung mit der Aussage, das Kind lächele von innen heraus. Zwischen Künstler und Schüler:innen gab es einen besonderen Draht, weil sie bei der Arbeit an dem Mural dabei sein konnten und Stinkfish ihnen einen Gratis-Workshop gab.

Gone! Bis Ende 2019 schmückte das Mural »Fatherhood« ein Wohnhaus in Slotermeer, dann wurde es entfernt. Dennoch hat es viel zum Dialog im Viertel beigetragen und aufgezeigt, dass sich die Rollen muslimischer Väter in Nieuw-West langsam ändern, ist sich Anna Stolyarova sicher.

Gone – und doch bewahrt!

Ein anderes Wandbild von Stinkfish, **Fatherhood** (2015), existiert nicht mehr. Zu sehen war ein junger Mann mit einem Baby im Tragetuch. »Das Kunstwerk erzählte die Geschichte muslimischer Väter und hatte viel mit dem Viertel und seinen Menschen zu tun.« Mit seinem Mural stellte Stinkfish das Stereotyp infrage, Muslime beteiligten sich nicht an der Erziehung ihrer Kinder. Mithilfe einer besonderen Virtual-Reality-Technik konnte das Wandbild ›konserviert‹ werden und ist zugänglich – u. a. über youtube und sketchfab.com. Ein großer Erfolg für Anna und ihr Team, die mittlerweile viele Murals auf diese Weise ›retten‹ konnten, denn mehr als 70 % der rund 300 Murals in Slotermeer und Umgebung sind seit Museumsgründung 2012 entfernt oder übermalt worden.

»In einen Dialog treten, bringt einander näher!«

Mit BTOY konnte Anna eine der besten Street-Art-Künstler:innen weltweit gewinnen. Die Spanierin setzt sich mit Themen wie Feminismus, Multikulturalismus und Einwanderung auseinander. So auch bei **Refugee Woman from Palestine & Tunisian Woman from Djerba** (2016, Lampertus Zijplein), mit dem sie auf die verschiedenen Kulturen des Viertels verweist.

Lust auf Kaffee, leckere Kuchen und Suppen? Gibt's in der **Natuurkamer** im Sloterpark um die Ecke (Pres. Allendelaan 4, de-natuurkamer.nl).

kommen zum Spazierengehen, Ballspielen, Radfahren, Joggen, Picknicken, Grillen oder einfach zum Faulenzen her ... und natürlich um auf der riesigen Terrasse des **Park Zuid** oder im **Blauwe Theehuis** abzuhängen.

Der heute denkmalgeschützte Park ist mit 1,5 km Länge und 48 ha Fläche die größte Grünanlage Amsterdams im Stil eines englischen Landschaftsgartens mit Rasenflächen, unregelmäßig angelegten Teichen und reichem Baumbestand.

De Pijp

Noch ein ehemaliges Arbeiterviertel: Mit dem Jordaan teilt es sich das Schicksal, dass günstiger Wohnraum knapp geworden ist. Etwa 35 000 Menschen leben hier miteinander – Menschen mit marokkanischer, türkischer, surinamischer Herkunft, Künstler:innen, Studierende sowie Familien und gut situierte Singles und Paare.

Langer Markt

Bekannt ist De Pijp für den **Albert Cuypmarkt** 4 zwischen Van Wou- und Ferdinand Bolstraat, auf dem es von Obst, Gemüse und Käse über indonesische Gewürze und chinesische Haushaltswaren bis zu indischen Stoffen alles gibt. Da der Markt mittlerweile zur touristischen Attraktion geworden ist, haben die Preise entsprechend angezogen. Unbedingt auch andere Amsterdamer (Wochen-) Märkte besuchen (s. S. 86).

In den Quer- und Parallelstraßen rund um den Markt gibt es jede Menge kuriose Läden, Cafés und Restaurants, die allerdings auch einer hohen Fluktuation unterworfen sind. Schlendern und entdecken, ist hier die Devise.

Ruheoase

Genug vom Konsum? Der **Sarphatipark** 21, benannt nach einem Arzt und Menschenfreund, der sich für bessere Lebensbedingungen im Quartier einsetzte, wurde Ende des 19. Jh. wie der Vondelpark im Stil eines englischen Landschaftsgartens angelegt, nur viel, viel kleiner – perfektes Ruhe- und Picknick-Terrain.

Die Straßenzüge rund um den Park mit den Erkern, Balkonen und schmiedeeisernen Gittern verströmen französisches Flair. In einem davon, Ecke 2e van der Helststraat, lebte und arbeitete vier Jahre lang der Künstler Piet Mondrian.

Morgendämmerung

Wen es jetzt Richtung Süden zieht, gelangt ins Viertel **Plan Zuid,** ein weiteres Gesamtkunstwerk der Amsterdamer Schule. Die auffallend gewellten Türme mit Namen **De Daagerad** 22 (Morgendämmerung) waren seit 1920 Sitz der gleichnamigen Wohnungsbaugesellschaft, die das Viertel zwischen Amstel, Olympiastadion und Amstelkanaal bauen ließ. Vor allem Arbeiter:innen sollten damals guten und bezahlbaren Wohnraum erhalten. Heute sind die Türme eine Dependance des Museums **Het Schip** 43 (s. S. 81) und Treffpunkt für Architekturführungen rund um den Gebäudekomplex (zur vollen Stunde).

Burgemeester Tellegenstraat 128, www.hetschip.nl/other/de, Do–So 13–17 Uhr

Ehemaliges Judenviertel

Wer seine Schritte aus der Idylle des Alten Zentrums in Richtung **Nieuwmarkt** und **Waterlooplein** lenkt, lernt ein anderes Amsterdam kennen, eines, wo für Stopera, Metrostationen und – immerhin soziale – Wohnhäuser in den 1970er- und 1980er-Jahren ganze Straßenzüge des ehemaligen Judenviertels abgerissen wurden. Die Proteste der Bevölkerung haben glücklicherweise noch mehr Abriss und eine Schnellstraße quer durchs Viertel verhindert.

Rembrandt blieb verschont

Der **Nieuwmarkt** ist nicht hübsch, aber lebendig mit Märkten und dem Gewusel von Anwohner:innen und Tourist:innen. Markant ist **De Waag** ㉓ in der Mitte des Platzes, ehemals Tor der Stadtbefestigung, später in eine öffentliche Waage umgewidmet. Im Obergeschoss tagten später die Zünfte, und im Operationssaal der Chirurgen entstand das berühmte Rembrandt-Gemälde »Die Anatomische Vorlesung des Dr. Nicolaas Tulp«. Die Waage ist heute ein **Restaurant** mit stets gut besuchter Außengastronomie (Café De Waag, www.indewaag.nl, tgl., €€).

Folgen Sie dem Turm der **Zuiderkerk** und Sie sind mittendrin im ehemaligen Judenviertel, in dem die meisten der gut 100 000 Jüdinnen und Juden Amsterdams lebten, bis die Nazis kamen, sie schikanierten, deportierten und ermordeten – nur wenige überlebten. Der Name Jodenbreestraat kündet noch von den ehemaligen Bewohner:innen. In dieser Straße blieb immerhin das **Rembrandthuis** ㉔ von der Abrissbirne verschont. In der Nr. 4 verlebte der Meister mit seiner Familie fast 20 glückliche Jahre, auch die »Nachtwache« entstand hier (www.rembrandthuis.nl/en). Und drumherum gibt's Cafés wie **De Sluyswacht** (Jodenbreestraat 1, sluyswacht.nl, tgl., €) oder **Tisfris** (Sint Antoniesbreestraat 142, www.tisfris.nl, tgl., €).

Markt und Musik

Der **Waterlooplein** ist Durchgangsstation (Metro!) zu interessanteren Orten wie der **Portugese Synagoge** ㉕, die zum Joods Cultureel Kwartier gehört (1670–75, Mr. Visserplein 3, s. auch S. 82). Auf dem quasi ständigen **Flohmarkt** 7 (außer So) gibt's viel Ramsch, aber auch einige echte Fundstücke. Kurz staunen beim Anblick des großen weißen Klotzes mit dem Spitznamen **Stopera** ㉖ (1986), in dem sowohl das Rathaus (Stadhuis) als auch Oper und Ballett Amsterdams untergebracht sind. Der Protestruf ›Stop de Opera‹ soll zum verkürzten Nickname geworden sein. Oper und Ballett genießen jedenfalls einen ausgezeichneten Ruf, häufig sind hier Gastspiele internationaler Künstler und des Nederlands Dans Theater zu sehen.

Waterlooplein 22, www.operaballet.nl

Plantage

Nachdem die Vollendung des Grachtengürtels Ende des 17. Jh. gescheitert war, entstand jenseits der Amstel ein Naherholungsgebiet mit Grünanlagen, die **Plantage.** Erst als im 19. Jh. Wohnraum wieder knapp wurde, beschloss die Stadt, im Osten zu bauen – großzügig, mit breiten Straßen. Viele wohlhabende jüdische Familien zogen in das Viertel rund um Botanischen Garten, Zoo und Oosterpark.

Pflanzliche Mitbringsel

Und Tusch: Der **Hortus Botanicus** ㉗ ist einer der ältesten Botanischen Gärten der Welt, entstanden aus einem Heilkräutergarten, der nach den Schrecken der Pest angelegt (1638), später dann Sammelort für Pflanzen aus den Kolonien wurde. Ein wunderbarer Ort der Erholung mit u. a. Dreiklimazonen- und Palmenhaus sowie Gastronomie in der **Orangerie.**

Plantage Middenlaan 2 a, www.dehortus.nl, tgl., Juli/Aug. Jazzkonzerte

Darf man Zoos noch gut finden?

Der **Artis Zoo** ㉘ ist eine besonders schöne Anlage aus dem ersten Drittel des 19. Jh. Außerdem wird seit Jahren viel dafür getan, die Gehege im Sinne des Tierwohls umzugestalten. Und dann wäre da noch der **Artisplein** mit Blick auf Wasserspiele und Flamingos, dem Restaurant **De Plantage** 5 und dem ungewöhnlichen Mikrobenmuseum **Micropia** ㊼ (s. S. 82).

Artis Zoo, Plantage Kerklaan 40, www.artis.nl

Gedenken und flanieren

Der Weg zum Oosterpark führt vorbei am künftigen **Holocaustmuseum** auf der einen und dem Mahnmal **Hollandse Schouwburg** (Plantage Middenlaan 24, geplante Wiedereröffnung 2024, s. auch S. 82) auf der anderen Seite. Das ehemalige Theater war seit 1942 Sammellager für die niederländischen Juden, die von hier aus in den Tod geschickt wurden.

Wie grün Amsterdam doch ist: Der **Oosterpark** 29 war 1891 der erste öffentliche Park der Stadt und ist eine herrlich ruhige Alternative zum Vondelpark mit großen schattenspendenden Bäumen und einem See. Das empfehlenswerte **Tropenmuseum** 48 (s. S. 82) grenzt an, und an der südwestlichen Ecke lädt die **Bar Bukowski** (Oosterpark 10, www.barbukowski.nl/en, tgl., €) zur Einkehr.

Oost

Vom Artisplein gen Osten ist das **Entrepotdok** 30 schnell erreicht, das aus 82 sehr schön hergerichteten Speicherhäusern (19. Jh.) am Kanal besteht.

Nicht weit von hier erstreckte sich früher das alte Hafengebiet, das in den Nullerjahren mit vielen Prestigebauten neu aufgerollt wurde, seien es das **NEMO** 49 (schon 1997), die **Openbare Bibliotheek** (OBA) oder das **Conservatorium.**

Das **Marineterrein,** früher Sperrgebiet, ist durch eine Brücke Verbindungsglied zu **Mediamatic** 31 (www.mediamatic.net), einem Versuchslabor im Spannungsfeld zwischen Kunst, Wissenschaft, Natur, Biotechnologie und experimentellem Essen geworden. Dahinter geht es zu einem weiteren städtebaulichen Statement, dem gläsernen **Muziekgebouw aan't IJ/Bimhuis** 32 (2005).

Architekturfans zieht es nach **Java-Eiland** oder nach **Sporenburg,** wo die Grachtenarchitektur in den 1990er-Jahren neu interpretiert wurde, oder noch weiter östlich nach **IJburg,** wo die Häuser auf dem Wasser schwimmen (geführte Touren mit www.architour.nl).

Noord

Dieses spektakuläre Gebäude hat mitgeholfen, den Stadtteil Noord für Bürger:innen und Reisende auf die Agenda zu heben: das **EYE Filmmuseum** 52 (s. S. 83). Hinüber kommen Sie mit der Buiksloterweg-Fähre hinter dem Bahnhof.

Neben dem EYE steht publikumswirksam der **A'DAM Toren** 33, der einst die Verwaltungszentrale des Shell-Konzerns war. Heute macht der Turm in u. a. Hotel, Medien, Co-Working-Spaces, sich drehendem Restaurant **Moon** oder dem Nightclub für Elektromusik **Shelter** 5. Von oben haben Sie den weltbesten Blick auf Zentrum und Grachtengürtel und können fürs gewisse Nervenkitzeln auf eine Schaukel steigen.

Overhookspiein 1, www.adamtoren.nl, tgl.

Kulturelle Vielfalt

Neben dem Shelter ist der **Tolhuistuin** 6 nebenan, bestehend aus dem flachen Pavillongebäude und dem namengebenden **Zollhausgarten** dahinter, eine weitere Ausgeh-Location. Hier gibt es (Open-Air-)Konzerte, Tanzveranstaltungen mit DJ (Fr/Sa ab 21 Uhr), diverse/Queer-Events u. v. m., öfter unter Mitwirkung des **Cafés THT** im Oberbau.

Overhookspiein 1, www.tolhuistuin.nl

NDSM-Werft

Schon mal das Wort *broedplaats* (Brutplatz) gehört? Die NDSM-Werft ist so einer: Erst kommen die Künstler:innen und beleben einen brach liegenden Ort – in diesem Fall, Ende der 1990er, die riesigen Hallen und Hangars der Neederlandsche Dok en Scheepsbouw Maatschappij (NDSM), in denen bis in die 1980er-Jahre riesige Tanker und Frachtschiffe gebaut wurden. Wenn die künstlerischen Ideen und Taten fließen, springen nach und nach die Motoren der Wirtschaft und des Stadtmarketings an – mit Hotels, Restaurants, Event-Tourismus und Wohnungen.

Kunst und Flohsinn

Die kostenlose NDSM-werfveer fährt hinüber nach Nordwesten, Blick auf den **Kranspoor 34**, eine alte Kranbahn zum Be- und Entladen, die gläsern aufgestockt wurde und nun Medienschaffende beherbergt, schräg unterhalb liegt die **Marina,** natürlich mit Gastronomie, **Loetje aan 't IJ** (€€–€€€) und **Helling 7** (€€–€€€), nebendran. Die meisten zieht es in die andere Richtung, wo es viel zugigen Raum mit riesigen grauen Hallen, einen alten Kran (modern in das Luxushotel Faralda Crane umgebaut, faralda.com) und alte, zu Kunstobjekten umgebaute Straßenbahnen gibt. Etwa alle drei Wochen findet in und außerhalb der **IJ-Hallen 35** (Termine auf ijhallen.nl) einer der größten Flohmärkte Europas statt. Im **NDSM-Loods,** ehemals Schiffsbauhalle, werkeln in der Kunststad Künstler:innen in ihren Ateliers, daneben ist seit Kurzem das Street-Art-Museum **STRAAT 54** eingezogen (s. S. 79).

Alte Bekannte

Alte Bekannte sind die **IJ-Kantine** 7 und das **Noorderlicht** 8. Erstere empfängt die Gäste direkt bei der Ankunft mit der Fähre in einem großen Backsteinblock mit Südterrasse. Hier war früher die NDSM-Kantine untergebracht, daher der Name. Zweiteres liegt am östlichen Rand des Geländes, veranstaltet immer wieder kleine, feine Musikevents, dazu Bio-Küche und im Sommer großes Außengelände (bei Redaktionsschluss wg. Umbau bis Okt. 2023 geschl., Website checken!).

Das **Pllek** 9 hat mittlerweile über zehn Jahre auf dem Buckel: Gebaut aus

Wer mit er NDSM-Fähre zur ehemaligen Werft übersetzt, blickt auf die auffällige Kranspoor mit den aufgesetzten Bürogebäuden.

TOUR
Kunst und Kultur auf Industriebrachen

Mit Fahrrad und Fähre durch Industriegebiete und Häfen im Nordwesten

Infos

Karte 2, D 2
Start/Ziel: Centraal Station (Cityplan s. S. 66, ❶)
Radtour: 23 km, reine Fahrtzeit ca. 1,5 Std.; zurück mit der Fähre (ab Hembrugterrein, Hempont 3x stdl.; reisinfo.gvb.nl/en/lijnen/F20), dann mit dem Rad über Hafen und Westerpark

Wie ein gerade gelandetes Raumschiff materialisiert sich das weiß schimmernde Gebäude des **EYE Filmmuseums** (s. S. 83) am anderen IJ-Ufer. Unübersehbar auch der Turm daneben, der **A'DAM Toren** (s. S. 76), in dem einst Shell residierte, und der heute eine feste Größe in der Amsterdamer Kultur- und Partylandschaft ist. Wie emsige Ameisen ziehen die weißen Fähren übers Wasser, vom Hauptbahnhof nach Noord. Der einst verpönte, von Industrie geprägte Stadtteil im Norden Amsterdams, in dem lange nur Arbeiter:innen lebten, ist heute angesagt.

Eine Utopie – in die Realität umgesetzt

Über Astern-, Ridderspoorn- und (nach rechts) Papaverweg geht es zu einem der einzigartigsten urbanen Experimente Europas: **De Ceuvel.** Auf dem ehemals verseuchten Gelände einer alten Werft ist direkt am Kanal einer jener Brutplätze für kreative und soziale Unternehmer entstanden, für die Amsterdam so berühmt ist. Mit einem Café mit viel Piratenatmosphäre und guter vegetarischer Küche, einem schwimmenden Hotel und seit Kurzem einer Schaukel, aus der man direkt in den Kanal springen und schwimmen kann! Immer geradeaus über den Papaverweg ist innerhalb weniger Minuten ein weiterer Treffpunkt der Amsterdamer Kreativszene erreicht,

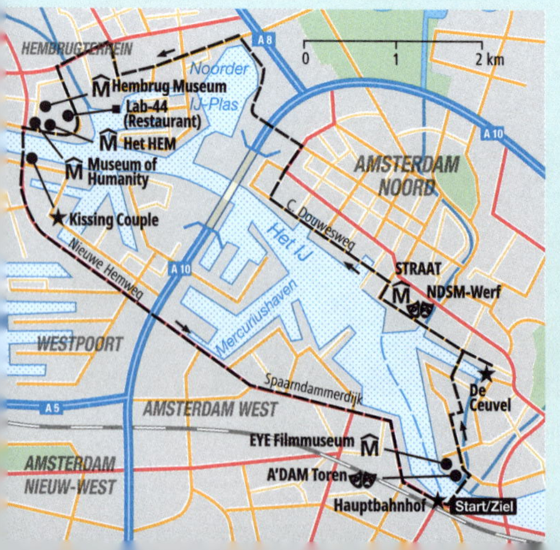

die längst zur Institution gewordene **NDSM-Werft** (s. S. 76). Der neueste Geniestreich der Medien-, Kunst- und Kulturwerft ist **STRAAT** (straatmuseum.com/en), das größte Street-Art-Museum der Welt mit über 150 Kunstwerken von 130 Künstlern. Ob Street-Art zwangsläufig ein Indoor-Museum braucht, sei dahingestellt.

Die Hempont über den Kanal steuert direkt auf das »Kissing Couple« zu, ein überdimensioniertes Pärchen in Delfter Blau (kissingcoupleamsterdam.nl, auf der Website auch Radroute).

Psst, geheime Verschlusssache!

Über C. Douwes- und Sneltjesweg, Oostzaner-, Noorder IJ- en Zeedijk ist nach einer halben Stunde Strampeln das fantastische **Hembrugterrein** (www.hembrugterrein.com) erreicht. Um ehrlich zu sein: Man muss das Ziel vor Augen haben, denn die Strecke bis zu dem ehemaligen Waffenindustrie- und Militärgebiet an der Grenze zum Zaanstreek ist nicht überall attraktiv. Dafür das 42,5 ha große Areal am Nordseekanal umso mehr! Mit Kunstateliers, Kreativbüros, einer Cafeteria mit den besten Fritten Zaanstads, dem Restaurant **Lab-44** (lab-44.nl) mit ganz viel Industriecharme und schöner Terrasse sowie dem **Hembrug Museum** (www.hembrugmuseum.nl) zur Geschichte des Ex-Sperrgebiets. Gut 8000 Porträts hat Fotograf Ruben Timman in seinem **Museum of Humanity** (www.museumofhumanity.nl) gesammelt, alle fotografiert vor demselben schwarzen Hintergrund, damit alle gleichberechtigt dargestellt werden. Wow!

Hier will ich bleiben!

Und nun wird es ganz verrückt, bezaubernd, unglaublich! Die Adjektive reichen kaum aus, um **Het HEM** (hethem.nl) angemessen zu beschreiben. In einer ehemaligen Munitionsfabrik bietet diese besondere Location ab Herbst 2024 wieder liebevoll kuratierte Ausstellungen experimenteller Kunst. Ein wunderschöner Platz direkt am Kanal, gemütlich, mit Bar, Terrasse am Wasser, Restaurant, offener Bibliothek. Die Leute hinter dem Projekt sind währenddessen nicht untätig, schaut auf die Website.

Het HEM nennt seine jeweils neunwöchigen Wechselausstellungen Chapter. Bei #Chapter 5 kann der:die Zuschauer:in auch selbst Teil der Ausstellung werden.

R

RADPARTIE

In Noord ›ziehen‹ sich die Entfernungen. Ob sie ›nur mal kurz‹ im **Disteldorp** und im **Café De Ceuvel** (s. S. 78) vorbeischauen, die Tour auf S. 78 oder die große Runde mit den Stationen Noorderpark, Buiksloot, Nieuwendam, Vogeldorp und den ehemaligen Industriehallen östlich vom Noordhollandsch Kanaal fahren wollen – auf zwei Rädern geht's leicht. Auch zur **NDSM-Werft** kommen Sie ›über Land‹, z. B. über den Papaverweg und die kleine Theo Fransmanbrug. Leihräder und viele Tipps zu den Möglichkeiten in Noord gibt's bei der **Amsterdam Noord Info** gleich hinter der Ankunft/Abfahrt der Buiksloterweg-Fähre (IJpromenade 2, amsterdamnoordinfo.nl/en; bikerentalamsterdamnorth.nl/en).

aufgeschnittenen Schiffscontainern, mit Strand und phänomenalem Blick aufs IJ, wird hier nicht nur gut gegessen, sondern es stehen Konzerte, Tanz und Yoga auf dem Programm.

IJ-Kantine, NDSM-kade 5, www.ijkantine.nl/en, tgl., €–€€; Noorderlicht, TT Neveritaweg 33, www.noorderlichtcafe.nl, tgl., €–€€; Pllek, TT Neveritaweg 59, pllek.nl, tgl., €€

Museen

Die Bandbreite der Amsterdamer Museen ist mit über 60 Exemplaren groß, deshalb sind hier die wichtigsten und/oder für uns lohnendsten genannt. Viele (große) Museen sind tgl. von 9/10 bis 17/18 Uhr geöffnet, die Ticketpreise für Erw. fangen selten unter 15 € an, in einigen Museen sind nur noch Online-Tickets mit festen Besuchszeiten möglich (s. jeweilige Websites). Der Museumsbesuch in den Morgenstunden ist generell angenehmer, da nicht so überlaufen.

Was heißt denn hier geheim?

36 Museum Ons' Lieve Heer op Solder: Ein Kleinod im Rotlichtviertel – das verwinkelte Grachtenhaus des katholischen Kaufmanns Peter Hartmann, der auf dem Dachboden eine ›Geheimkirche‹ einrichten ließ, weil der ›papistische Götzendienst‹ im protestantischen Amsterdam des 17. bis 19. Jh. zwar verboten war, aber von der Stadtverwaltung geduldet wurde. Sie ist die einzige original erhaltene ›Schlupfkirche‹ der Stadt. Der Kirchenraum wirkt erstaunlich großzügig und prächtig, wenngleich die Aufbauten, um Gewicht zu sparen, nicht aus Marmor, sondern aus Holz bestehen. Die Kanzel lässt sich aus dem Altar herausziehen, Altarbilder wurden ja nach Fest ausgetauscht ... Gute Einblicke ins damalige Leben vermitteln auch die Wohn- und Repräsentationsräume der Kaufmannsfamilie und die Priesterkammer in den unteren Stockwerken.

Oudezijds Voorburgwal 38 (Eingang) u. 40, Kasse, Eingang und Museumscafé im rechten Gebäude, Zugang zum Kaufmannshaus über unterirdischen Gang, www.opsolder.nl

Hommage an Anne

37 Anne Frank Huis: Das berühmte »Tagebuch der Anne Frank« ist im Hinterhaus der Prinsengracht 263 entstanden, als sich die jüdische Schülerin Anne Frank und sieben weitere Personen im Zweiten Weltkrieg vor den deutschen Besatzern verstecken mussten. Das Hinterhaus wurde so belassen, wie es nach der Festnahme und Deportation Annes und der anderen Versteckten im April 1944 aussah. Im Vorderhaus sind Erinnerungsstücke, Fotos und die handgeschriebenen Originaltagebücher Anne Franks zu sehen.

Eingang Westermarkt 20, www.annefrank.org/de, nur mit Online-Ticket

Fotokunst mal zwei

38 Huis Marseille|Museum voor Fotografie/39 Foam Fotografiemuseum: Diese beiden Museen liegen an der Keizersgracht nicht weit voneinander entfernt und sind Fans der Fotokunst gleichermaßen ans Herz zu legen. Im **Huis Marseille** werden die außergewöhnlichen wechselnden Ausstellungen zeitgenössischer Fotokunst in einem Grachtenhaus im Stil Ludwigs des XVI. präsentiert. Das **Foam** gibt vielversprechenden Fototalenten eine Chance und changiert zwischen glamourös und sozialem Impact. Untergebracht ist es in einem modern umgebauten Grachtenhaus des 19. Jh. mit Galerie und hübschem Museumscafé.

Huis Marseille, Keizersgracht 401, www.huismarseille.nl/en, Di–So; Foam, Keizersgracht 609–613, www.foam.org, Gratisführungen in Engl. Sa 12 Uhr

Leben an der Gracht

40 Museum van Loon: Dieses hervorragend erhaltene Doppelgrachtenhaus aus dem 17. Jh. ging erst 1884 in den Besitz der Kaufmannsfamilie van Loon über. Die Einrichtung stammt vorwiegend aus dem 18. und 19. Jh. und gibt einen guten Eindruck von den Wohnverhältnissen einer reichen Amsterdamer Kaufmannsfamilie. Sehenswert sind das monumentale Treppenhaus mit der Messingbalustrade, die prächtigen Gemälde, die Küche und der festlich gedeckte Esstisch sowie der Garten im Stil des 17. Jh. und das restaurierte Kutschenhaus. Dort und im Garten wird Appeltaart zu Tee und Kaffee serviert.

Keizersgracht 672 u. 674, www.museumvanloon.nl, nur Kartenzahlung, im Webshop lassen sich Tickets für die Open Tuinen Dagen vorbestellen, s. Kasten S. 70

Stadtmuseen auf Zeit

Amsterdam Museum: Das innovative und unterhaltsame stadthistorische Museum an der Kalverstraat 92 ist leider wegen Renovierung bis voraussichtlich 2025 geschlossen, hat aber zwei temporäre Ausweichstellen gefunden: im **Huis Willet-Holthuysen 41**, einem Doppelgrachtenhaus aus dem 18. Jh., das Neo-Louis-XVI-Interieur mit zeitgenössischen Ausstellungen mixt; und in der **Hermitage Amsterdam 42**, ehemals Partnermuseum der Ermitage in Sankt Petersburg, die seit dem Angriffskrieg Russlands gegen die Ukraine nach einer neuen Rolle sucht.

Amsterdam Museum aan de Amstel (Hermitage Amsterdam), Amstel 51, Huis Willet-Holthuysen, Herengracht 605, www.amsterdammuseum.nl

Palast der Arbeitenden

43 Museum Het Schip: Sozialer Wohnungsbau in der Spaandammerbuurt, von dem man heute nur träumen kann. Die schwellenden organischen Formen erinnern an den Modernisme von Antoni Gaudí, gehören aber zur architektonischen Stilrichtung Amsterdamer Schule. Deren Hauptvertreter Michel de Klerk schuf hier auf dreieckigem Grundriss eine ganze Backsteinsiedlung, das ›Schiff‹, mit Wohnungen und Einrichtungen für Bahn- und Hafenarbeiter. In der ehemaligen Grundschule ist das **Museum** untergebracht, das die Amsterdamse School, die Sozial-, Design- und Architekturprojekt in einem war, erklärt (1. Stock), aber auch Wechselausstellungen zeigt (2. Stock). Zur vollen Stunde (Di–So 11–17 Uhr, 15 Uhr auch engl.) gibt es Führungen durch das Postamt und zwei Modellwohnungen, eine ärmliche Barackenwohnung von 1900 und eine Wohnung im Stil der Amsterdamer Schule 20 Jahre später.

Oostzaanstraat 45, www.hetschip.nl/other/de, Di–So, Führung im Eintritt enthalten, dt. Gruppenführung auf Anfrage, zu Het Schip gehört der Wohnkomplex **De Dageraad 22** im Süden Amsterdams (s. S. 74)

Sozial- und Kunstprojekt

44 Street Art Museum Amsterdam: s. S. 72

Kunst im Viererpack

45 Museumkwartier: Am und um den Museumplein gruppieren sich vier hochkarätige Museen – das Rijksmuseum, das Stedelijk Museum, das Van Gogh Museum und das Moco. Das ›**Rijks**‹ lohnt sich nicht nur wegen der obligatorischen ›Nachtwache‹ von Rembrandt, sondern auch wegen der vielen anderen schön präsentierten holländischen Meister ab dem 17. Jh. wie Frans Hals, Vermeer oder Van Gogh. Architektonisch ist das Mueseum ein ›Zwilling‹ des Bahnhofsgebäudes, das nach den Plänen des Baumeisters P. J. H. Cuypers im Stil des Historismus entstand. Das **Stedelijk Museum** ist ›Hollands Antwort auf das New Yorker MoMa‹. In einem Alt- und einem Neubau, die spektakulär miteinander verbunden sind, gibt es viele Klassiker moderner Kunst von 1850 bis heute, u. a. Picasso, Mondrian, Koons, außerdem viele Werke der niederländischen Avantgarde-Gruppe Cobra. Das **Moco** (Modern Contemporary Musum) ist neueren Datums (2016) und zeigt in der Jugendstilvilla Alsberg mit dem schönen Garten kleine, feine Ausstellungen zu den Ikonen zeitgenössischer Kunst (Warhol, Basquiat, Haring, Banksy …), aber auch Digital Art oder die Verbindung von Kunst und Musik. Das **Van Gogh Museum** besitzt die weltweit größte Sammlung von Gemälden Van Goghs, von den Frühwerken aus der ›dunklen‹ Zeit bis zu den ›hellen‹, farbenfrohen Meisterwerken der Provence.

Alle Museen am Museumplein, www.rijksmuseum.nl, www.stedelijkmuseum.nl, https://mocomuseum.com, www.vangoghmuseum.nl; durch das Rijksmuseum kann man hindurchgehen bzw. mit dem Fahrrad hindurchfahren

Jüdisches Leben in Amsterdam

46 Joods Museum: Eine moderne Stahl- und Glaskonstruktion verbindet vier aschkenasische (Ausdruck für mittel-, nord- und osteuropäische Juden) Synagogen des 17. und 18. Jh. und erzählt vom jüdischen Leben in Amsterdam. Unterm selben Dach gibt es auch ein sehr gutes Juniormuseum, das spielerisch und mit praktischem Tun in den Alltag einer jüdischen Familie einführt. Der Komplex ist Teil des Joods Cultureel Kwartier, zu dem auch das **Nationaal Holocaustmuseum,** die **Hollandse Schouwburg** (geplante Wiedereröffnung beider Häuser Anf. 2024) und die **Portugiesische Synagoge 25** gehören.

Nieuwe Amstelstraat 1, jck.nl, nur mit Online-Ticket

DAS LEBEN AUF UNS

Nutzen und Schrecken, den Viren, Pilze und Bakterien für unser Leben haben – das wird auf unterhaltsame Weise im Museum **Micropia 47** erklärt. Der Kiss-o-meter deckt auf, wie viele Bakterien bei einem Kuss von Mund zu Mund fließen. 3-D-Linsen und hochauflösende Mikroskope holen die unsichtbaren Stars aus dem Verborgenen, gefährliche Exemplare wie Ebola- oder HIV-Viren gibt es nur im Film oder als riesige Modelle. Zu Hause ist Micropia in einem historischen Monument neben dem Zoo Artis.

Plantage Kerklaan 36–38, www.micropia.nl, Kombiticket mit Zoo möglich

Koloniales Erbe

48 Tropenmuseum: Nein, hier geht es nicht um Pflanzen, sondern um die Lebenswelten der Menschen dieser Erde, zunehmend mit kritischem Zungenschlag bezogen auf die Kolonialmacht Niederlande. Viel Wissenswertes und Kritisches gibt es deshalb zu den ehemaligen Kolonien Indonesien, Surinam und den Niederländischen Antillen, aber auch zu Afrika, Lateinamerika und Asien. Das alles ist ansprechend aufbereitet in toller Gründerzeitarchitektur mit interaktivem Konzept und Wechselausstellungen mit aktuellem

Bezug. Gute Angebote für Kinder! Zeit einplanen, denn hier möchte man lange bleiben. Eines unserer Lieblingsmuseen!
Linnaeusstraat 2, Zugang auch vom Oosterpark, www.tropenmuseum.nl, Di–So

Wissenschaft für alle

49 NEMO Science Museum: Liegt wie ein riesiges Schiff im alten Hafen, dieser patina-grüne Bau von Renzo Piano (1997), und erhebt sich über dem IJtunnel, durch den die Autos von der einen Seite Amsterdams zur anderen brausen. Das schräge begrünte Dach mit Terrasse und Restaurant ist frei zugänglich und verschafft einen der schönsten Gratis-Ausblicke auf das historische Amsterdam. Die inneren Werte sind die eines Mitmachmuseums auf fünf Stockwerken mit interaktiven Ausstellungen, Experimenten, Vorführungen und Workshops für Groß und vor allem Klein zu Natur, Technik, Biologie oder Physik. Mit Koffiebar und Museumscafé sowie Tischen für eigenen Proviant. Ein Erwachsenenzweig mit spannenden Zukunftsfragen ist auf dem **Marineterrein.**
Oosterdok 2, www.nemosciencemuseum.nl/en, Di–So, in den niederl. Ferien und an Feiertagen auch Mo geöffnet, nur mit Online-Ticket

Seefahrernation

50 Het Scheepvaartmuseum/51 VOC-Schiff Amsterdam: Der quadratische klassizistische Bau mit dem frei zugänglichen gläsern überdachten Innenhof war früher ein Magazin der Amsterdamer Admiralität. Nun wird im Museum der Aufstieg und Fall der Niederlande als Seefahrernation im Goldenen Zeitalter beleuchtet, wobei auch Kolonialherrschaft, Gewalt und Sklaverei nicht ausgespart werden. Weitere Ausstellungen beschäftigen sich mit der Entwicklung des Amsterdamer Hafens zu einem der wichtigsten Europas und, auf interaktive Art, dem Wal als Jagdobjekt einerseits und als schützenswertes Säugetier andererseits. Dies und der Besuch des Schiffsnachbaus der **Amsterdam** ist durch viel Interaktion vor allem für Kinder spannend.
Kattenburgerplein 1, www.hetscheepvaartmuseum.nl, außer in den niederl. Schulferien Mo geschl., Besuch des VOC-Schiffes inkl.

Städtebauliches Statement

52 EYE Filmmuseum: Die weiße ausladende Gestalt auf dem anderen IJ-Ufer ist nicht zu übersehen – mit der Fähre hinterm Bahnhof fährt man zum Kaffee oder Lunch auf der Sonnenterrasse oder gibt der Cineasten-Seele auf drei Stockwerken, voll mit niederländischer und internationaler Filmgeschichte, Futter. In vier Kinosälen laufen Filme im Original mit englischen oder niederländischen Untertiteln. Ungewöhnliche Wechselausstellungen zu Filmgrößen und -entdeckungen.
IJpromenade 1, www.eyefilm.nl, mit großzügigem Museumscafé und -shop

Kunst von morgen

53 NXT Museum: Das privat gegründete Museum passt sehr gut in eine Umgebung, die früher Indutriestandort war – Shell in Noord – und heute als Taktgeber für die Stadt auftritt. Ausschließlich New Media Art wird in dem ehemaligen Produktionsstudio gezeigt. Das ist einerseits ungewohnt, bunt und anregend, andererseits überteuert (Erw. 25 €) und schlecht klimatisiert.
Asterweg 22, nxtmuseum.com, nur Online-Tickets mit Zeit-Slot

Street-Art drinnen

54 STRAAT: s. S. 79

Schlafen

Mit Musik

1 BackStage Hotel: Schön gemütlich und ruhig, obwohl draußen das Nachtleben braust. Wer mag, greift zur Gitarre oder setzt sich ans Piano und spielt.
Leidsegracht 114, backstagehotel.com, €/F

Füße ins Wasser, Blick in die Bäume – Hannekes Boom ist die perfekte Sommer-Location.

Mit der Metro gut angebunden

2 **Via Amsterdam:** Mehrbett-(Frauen-), Familien- und Doppelzimmer in minimalistischem, farbfreudigem Design mit viel Kunst, alle mit Bad. Fahrradverleih, Kinoraum, gutes Frühstück. 20 Min. Fahrt ins Zentrum.

Diemerhof 20, www.viahostels.com/amsterdam, €

1 bis 5 Sterne unter einem Dach

3 **Hotel The Exchange:** Jedes der 61 Zimmer ein Unikat, eingerichtet von Modedesignstudent:innen und je nach Geldbeutel wählbar. Gastfreundlich und zentral.

Damrak 50, hoteltheexchange.com, €€

Kleine Oase

4 **Bed & Breakfast Amsterdam:** Wohlfühlzimmer von Paul und Karen mit viel Rot. Die Gastgeber sind freundlich und servieren ein super Frühstück. Die Lage an der Gracht und gegenüber vom Vondelpark ist eine Wucht.

Sloterkade 65, bedandbreakfastamsterdam.net, €€

Zuhause am Wasser

5 **Pension Homeland:** Hotel, Brauerei und Restaurant in einem auf dem früher gesperrten Marineterrein, herrlich ruhig und doch mittendrin mit Blicken auf Wasser und Park. Zimmer im Vintage-Stil der 1960er. Familienzimmer und Fahrradverleih.

Kattenburgerstraat 5, pensionhomeland.com, €€

Auf dem Schiff

6 **Kapitein Anna:** Hotelboot am NDSM-Gelände, mit sauberen, gemütlichen Zimmern in zentraler Lage (15 Min. mit der kostenlosen Fähre bis Amsterdam Centraal). Schiffskabinenflair und nettes Personal, das auf individuelle Wünsche eingeht. Das Frühstück ist gut und reichhaltig.

NDSM-Pier 6, www.kapiteinanna.nl, €€

Gutes Gewissen

7 **Conscious Hotel Vondelpark:** Nach umweltfreundlichen Kriterien eingerichtetes Design-Hotel direkt am Park, Fahrräder zum Ausleihen, 100 % Bio-Frühstück. Das Museumkwartier liegt um die Ecke.

Overtoom 519, www.conscioushotels.com, €€–€€€

Essen

Gefühlt schon immer

1 **Latei:** Café auf zwei Ebenen voll mit alten Sachen, die käuflich sind. Frühmorgens, wenn Chinatown noch schläft, am schönsten. Es gibt nur Kleinigkeiten, dafür aber von Do bis Sa (18–21.30 Uhr) Weltküche mit Überraschungseffekt.

Zeedijk 143, www.latei.net, tgl., €

Ganz normal im Rotlicht

2 **Quartier Putain:** Auch wenn das Café übersetzt ›Hurenviertel‹ heißt – serviert werden sehr guter Kaffee, ein gutes Frühstück und kleine Gerichte. Im Sommer sitzt man auf dem Kirchplatz der Oude Kerk, vielleicht auf einen Cocktail und natürlich umgeben von besagtem Viertel.

Oudekerksplein 4, quartierputain.nl, tgl., €

Mit den Füßen (fast) im Wasser

3 **Hannekes Boom:** Innenplätze gibt es zwar auch, aber draußen unter Bäumen mit Blick aufs NEMO ist's schöner, viele Gratiskonzerte und gute Biersorten. Und mit dem Boot anlegen kann man auch.

Dijksgracht 4, hannekesboom.nl, tgl., €

Grand Café am Wasser

4 **De Jaren:** Die Lage macht's – im großzügig und schnörkellos designten Grand Café im Univiertel lässt es sich auf ein Getränk einkehren und essen, dies auf zwei Ebenen und den beiden gut besuchten Terrassen direkt an der Binnenamstel.

Nieuwe Doelenstraat 20–22, www.cafedejaren.nl, tgl, €–€€

Am Zoo

5 **De Plantage:** Mediterran-orientalische Küche in einem modern interpretierten großzügigen Gebäude aus dem 19. Jh. mit schöner Terrasse zum Artisplein! Auch gut für Kaffee und Kuchen.

Plantage Kerklaan 36, caferestaurantdeplantage.nl, tgl., €–€€

Neuer Liebling

6 **Purnama:** Satés, Gado Gado, Nasi, Streetfood – so authentisch, dass man sich in Indonesien wähnt.

Javastraat 55, purnamaamsterdam.nl, tgl., €–€€

7 **IJ-Kantine,** 8 **Noorderlicht,** 9 **Pllek:** s. S. 77

Der Name sagt alles

10 **Hap-hmm:** Heimische Küche wird hier liebevoll zubereitet, und das Preis-Leistungs-Verhältnis stimmt.

1e Helmersstraat 33, hap-hmm.nl, tgl., €€

Rösten, einsalzen, einwecken

11 **Pof:** Auf einem ehemaligen Sportkomplex in Noord, NoordOogst genannt, ist ein alternatives Anbaugebiet für Nahrungsmittel entstanden, und Pof ist das Restaurant dazu. Um überschüssiges Gemüse zu bewahren, werden alte Konservierungstechniken angewendet, darunter besonders das Räuchern. Alle Zutaten außer Kaffee stammen aus der (näheren) Umgebung, auch der Wein! Hauptsächlich vegetarische/vegane Gerichte, wenige mit Fleisch von vertrauenswürdigen Bauern. Von der NDSM-Werft 10 Min. mit dem Fahrrad.

Meteorenweg 272 (280 fürs Navi), pofamsterdam.nl, Mi–So, €€–€€€

Nicht abgehoben

12 **Lastage:** Kleines, intimes Lokal mit Sterneküche für die besonderen Momente.

Geldersekade 29, www.restaurantlastage.nl, tgl., Menü €€€

Vegetarischer Pionier

13 **De Waaghals:** Kreative vegetarische und vegane Küche, die es als 3er- oder 4er-Menü gibt. Das Restaurant in De Pijp gibt es seit 1983. Reservieren!

Frans Halsstraat 29, waaghals.nl, tgl., Menü €€€

Einkaufen

Wie die Einheimischen

Wochenmärkte: Gute Gelegenheit, die Atmosphäre unterschiedlicher Viertel zu erleben (fast alle Mo–Sa 9–17/18 Uhr) – 1 **Nieuwmarkt** (Sa Biomarkt), 2 **Noordermarkt** (Lindengracht), 3 **Ten Katemarkt** (Ten Katestraat, www.tenkatemarkt.nl), 4 **Albert Cuypmarkt** (Albert Cuypstraat, albertcuyp-markt.amsterdam), 5 **Dappermarkt** (Dapperstraat, www.dappermarkt.nl), 6 **Van der Pekmarkt** (Van der Pekstraat, nur Mi, Fr, Sa, www.pekmarkt.nl)

Flohmärkte: 2 **Floh- & Lapjesmarkt** (Noordermarkt, Mo 9–14/13 Uhr), 7 **Waterloopleinmarkt,** s. S. 75, 35 **IJ-Hallen,** s. S. 77

amsterdam.org/de/markte.php

Alle Neune

8 **Negen Straatjes:** Neun Straßen, so wird das Einkaufsquartier im ehemaligen Handwerksviertel zwischen Prinsen-, Keizers- und Herengracht vermarktet. Nicht billig, aber schön zum Stöbern – von Vintagemode und -einrichtung über abgefahrene Schuhe und Taschen bis zu Dessous und Käse …

www.de9straatjes.nl/en

Schönste Shoppingmeile

9 **Haarlemmerstraat/Haarlemmerdijk:** Oberhalb vom Jordaan und nah zum Bahnhof viel Vintage, Design und Klamotten, wunderbar zum Durchbummeln und Schnäppchen finden. Außerdem immer wieder kleine Läden zum Einkehren.

Alles unter einem Dach

10 **De Hallen:** In einem ehemaligen denkmalgeschützten Straßenbahndepot gegenüber vom Ten Katemarkt gibt es neben Hotel, FilmHallen (Kino) und Gastrohalle auch viele Läden mit regionalem, Bio- und Qualitätsanspruch – von Mode über Fahrrad, Seife bis zu Bier.

Hannie Dankbaarpassage 47, dehallen-amsterdam.nl

Bewegen

Sightseeing auf dem Wasser

1 **Grachtenrundfahrten:** Am **Damrak** und am **Bahnhof** können Sie direkt ins Boot steigen, Anbieter, z. B. Lovers oder Blue Boat, und Zustiegsmöglichkeiten gibt es viele. Die Angebote reichen von klassisch bis solarbetrieben, mit Getränken, abends, hop-on-hop-off …

www.canal-cruise-amsterdam.com, www.grachtenfahrtamsterdam.de

Perspektivwechsel

2 **Prostitution Information Center (PIC):** s. S. 68

SUPpen

3 **M&M SUP Amsterdam:** Die Stadt vom Brett auf dem Wasser zu erleben, ist von IJburg aus möglich.

Pampuslaan 24, www.mm-sup.com

In der Halfpipe

4 **Skatepark Noord:** 1600 m^2 mit hydraulisch heb- und absenkbaren Hindernissen. Skater-Schule und Platz für Shows.

Aambeeldstraat 12, gonoord.com, Di–So

Ausgehen

Amüsiermeile plus Hochkaräter

1 **Leidseplein:** Rund um den Platz herum gibt's viele Klassiker der Amsterdamer Ausgehszene, als da wären **De Balie,** Kul-

turzentrum mit Grand Café, **Paradiso,** ehemalige Kirche, jetzt Konzert- und Tanzort, **Melkweg,** alternatives Kulturzentrum mit Musik,Tanz, Film, Theater, Fotografie, oder das **Internationaal Theater Amsterdam (ITA),** ehemals Stadsschouwburg. Außerdem viele Clubs wie **Jimmy Woo, Chicago Social, Palladium.**

www.debalie.nl, www.paradiso.nl, www.melkweg.nl, ita.nl/en

Ältestes Programmkino

2 The Movies: Art-Déco-Kino in der Harlemmerbuurt. Filme gibt's im Original mit engl./niederl. Untertiteln.

Harlemmerstraat 161, www.themovies.nl

Ein Platz in der Pfeife

3 Gerard Douplein: Belebter Platz in De Pijp mit Kneipen wie dem **Pilsvogel, Venster 33** oder **Het Paardje** zum *borrel* – Tapas à la Amsterdam – oder für den Absacker.

pilsvogel.nl, venster33.nl, hetpaardje.nl

Kulturfabrik

4 Westergas: s. S. 71

Elektro

5 Shelter: s. S. 76

Bunte Mischung

6 Tolhuistuin: s. S. 76

Feiern

- **www.iamsterdam.com/en/whats-on/festivals-and-events:** Übersichtsseite zu vielen Festen und Festivals.
- **Feste /Festivals/Messen (Auswahl): Koningsdag,** der Geburtstag des Königs, 27. April. NDSM ist Festivalort Nr. 1, u. a. mit dem **DGTL** (dgtl.nl; April) und dem **Amsterdam Dance Event,** (ADE, www.amsterdam-dance-event.nl/en, Okt.), Festivals für Elektromusik (und Kunst), dem **Tropikali Festival,** LGBTQ-orientiertes Open-Air-Weltmusikfestival (www.tropikali.nl, Juni) und dem Theaterfestival **Over het IJ** (overhetij.nl, Juli). Hochkarätige Theater-, Musik-, Tanzkunst an verschiedenen Orten gibt es drei Wochen auf dem **Holland Festival** (hollandfestival.nl/en, Juni). Weltmusik-Fans gehen zum **Amsterdam Roots Festival** im Oosterpark (www.amsterdamroots.nl, Ende Juni/Anf. Juli). Theater, Comedy, Film, Tanz, Musik open air auf dem **Vondelpark Openluchttheater** (www.openluchttheater.nl, Mai–Sept.). **Amsterdam Pride** heißt das berühmte LGBTQ-Festival (pride.amsterdam, ganze Woche Anfang Aug.). **Amsterdam Light Festival** zeigt Lichtkunst im Zentrum und im Grachtengürtel (amsterdamlightfestival.com/en, Nov.–Jan.). **Affordable Art Fair:** De Kromhouthal, Gedempt Hamerkanaal 231, affordableartfair.com/fairs/amsterdam, Anf. Nov. Faire Kunstmesse in Noord.

Infos

- **Tourist-Info, Parken, Verkehr:** S. 62
- **ww.spottedbylocals.com/amsterdam, www.yourlittleblackbook.me:** alternative Tipps von Insidern, auf Engl.
- **www.amsterdamalternative.nl:** Zusammenschluss von diversen kreativen Orten – alternativ und unabhängig. Veranstaltungen, Neuigkeiten und Favoriten der Künstlerszene, auf Engl.
- **Fahrrad mieten:** www.macbike.nl, www.yellowbike.nl, www.discountbike-rental.nl (alle drei auch geführte Touren), black-bikes.com u. a.
- **Fahrrad parken:** Radfahrer:innen müssen ihr Fahrrad in der Innenstadt auf gekennzeichneten Zonen oder in Fahrradparkhäusern abstellen, gerade erst wurden zwei neue mit insgesamt 11 000 Plätzen eröffnet, eines davon unter dem Hauptbahnhof. Die ersten 24 Std. sind gratis. Informationen zum Radfahren und Parken: www.amsterdam.nl/en/traffic-transport/rules-bike-parking

Gooi und Vecht F7

Die Natur ruft! Amsterdam ist keine halbe Stunde entfernt – und doch ist hier alle Hektik vergessen. In dieser Region wird gesegelt, geradelt, gewandert, kurz: draußen gelebt. Weite Laubwälder und Heidegebiete, Wiesen und Seen bestimmen das Landschaftsbild dieser an Villen und Landgütern so reichen Gegend. Damals wie heute kamen und kommen die Städter:innen zur Erholung her, im ›Goldenen‹, dem 17. Jh. ließen reiche Amsterdamer Kaufleute prächtige Landhäuser errichten, im 20. Jh. entwickelte sich **Hilversum** (spannende Architektur!) zur Medien- und Villenstadt, heute flüchten die Bewohner:innen der nahen Randstad an den Wochenenden in (ihre) Ferienhäuschen und auf Campingplätze.

Kindheitsträume

Die **Loosdrechtse Plassen** (E/F 6) sind ein Sehnsuchtsort, der sich am besten mit Boot und SUP erobern lässt oder auf Schlittschuhen! Die Seen, Teiche, Sumpflandschaften, Schilfgebiete und Obstgärten sind geschützt. Kanus u. v. m. sind zu leihen, und dann geht es auf einer der gut ausgeschilderten Routen durch Seerosenfelder etwa am **Breukeleveense Plas** (vun tusvloot.nl/vaargebieden). Schwimmer:innen empfehlen sich der Vuntusstrand im Norden und De Strook im Süden. Und ein absoluter *aanrader*: **Restaurant AIM** (restaurantaim.nl) irgendwo im Nirgendwo der Mini-Seenplatte mit leckerer Saisonküche zwischen Tradition und Moderne.

Wo Steine Geschichten erzählen

Wer schon mal in der Ecke ist, schaue sich **Kasteel Muiderslot** (15. Jh.) an, ein imposantes Wasserschloss an der Vechtmündung, sowie die besterhaltene Festungsstadt Europas, **Naarden** (s. S. 89). Die doppelten Stadtmauern mit Wassergraben, Bastionen und Stadttoren stammen aus dem 17. Jh. und formen ein Sechseck.

Kasteel Muiderslot: Herengracht 1, Muiden, muiderslot.nl/de, im Winter Mo geschl., Bezoekerscentrum Gele Loods Naarden/VVV: Ruijsdaelplein 10, geleloods.nl/en

Schlafen

(M)Eine einsame Insel

›Wildcampen‹ auf Markus Pos: Das Mini-Eiland mit Strand in den Loosdrechtse Plassen ist nur mit dem eigenen oder dem **Fahrradboot** (defietsboot.nl) zu erreichen. Rund um den *paal* darf in einem Radius von 10 m gecampt werden (= *Paalkamperen*). Toiletten, Picknicktische/-bänke, Spielgeräte und eine Wasserpumpe sind vorhanden.

Eiland Markus Pos, loosdrechtsplassengebied.nl/op-het-water/zwemmen/eiland-markus-pos, April–Nov., gratis, Anzahl der Plätze beschränkt

Essen, Ausgehen

Zirkulärer Freistaat

De Groene Afslaag: Nachhaltig wirtschaften ist nicht nur notwendig, sondern macht Spaß! Gekocht wird lecker vegetarisch – aber das ist längst nicht alles, was hier passiert **(Biomarkt, Konzerte).**

Amersfoortsestraatweg 117, Laren, degroeneafslag.nl, tgl., €; tolle Terrasse

Überraschung im Hafenviertel

De Krachtcentrale: In dem alten E-Werk im Stil der Neuen Sachlichkeit (1938), das komplett nachhaltig renoviert wurde, kocht Tarek seit 2018 französisch-mediterran, und zwar so gut, dass das Restaurant im hübschen, alten Zuiderzee-Dorf **Huizen** längst ein Hotspot in der Region ist. Mit begrünter Dachterrasse sowie **Jazzkeller, Kino, Club.** (Tipp für die Nacht: **Fletcher Hotel,** www.hotelnautischkwartier.nl, €).

Havenstraat 76, Huizen, caferestaurantdekrachtcentrale.nl, Mi–So, €–€€

TOUR
Im Wirrwarr der Wasserwege

Kanutour rund ums Naardermeer mit Glamping auf dem Wasser

Infos

E6
Start/Ziel: Hafen bei Fort Uitermeer

Floating Lodges: water-front.nl, ab 105 €/Nacht für 2 Pers., weitere Pers. 15 €/Tag, Kanu/Tag 40 €. Wer mit wenig Gepäck reist, kann Decken und Kissen sowie Frühstücksservice dazubuchen.
Fortenroute: 23 km, ca. 7 Std., in beide Richtungen gekennzeichnet (water-front.nl/kano-te-huur-40-euro-per-dag); mehrere **Einkehrmöglichkeiten,** z. B. Restaurant Fort H in Muiden.

Nur 25 Zugminuten liegt **Weesp** (Station Lage Klompweg) von Amsterdam-Süd entfernt, dann noch 1,3 km laufen – und das Abenteuer kann beginnen. Die Unterkunft für die Nacht, ein schwimmendes Floß, sowie ein Kanu liegen bei **Fort Uitermeer** im Hafen vertäut. Die Neugier ist groß – sofort muss die Floating Lodge inspiziert werden, eine recht luxuriöse Mischung aus Hütte und Safarizelt mit zwei Schlafplätzen, Ökotoilette, Waschbecken, einer Kochnische mit Campingkocher. Den Strom erzeugen Solarzellen – vorbildlich! Schnell die Rucksäcke ins Zelt geschmissen und über die Schwimmleiter in die **Vecht** gehopst. Nach ein paar vergnüglichen Runden locken die Außendusche und anschließend die Sitzsäcke auf dem ›eigenen‹ Bootssteg. Jetzt erst mal runterkommen und das Grün rundum genießen: Der Wind spielt mit den Blättern, und es raschelt fröhlich im Schilf.

So faul zu sein, macht Spaß – und morgen ist ja auch noch Zeit zum Paddeln. Traumhaft ist der Tagesausklang im **Paviljoen Uit & Meer** (paviljoenuitenmeer.nl) direkt am Ufer der Vecht mit schönem Blick auf Boote, Wasserlilien und Kuhweiden. Gut ausgeruht geht's am nächsten Morgen ins Kanu und auf die **Fortenroute.** Die Tour führt entlang eines Teils der **Nieuwe Hollandse Waterlinie** (nieuwehollandsewaterlinie.nl/de), die seit 2021 als UNESCO-Welterbe geschützt ist. Diese aus 45 Forts, sechs Festungen und zwei Schlössern bestehende Anlage nutzte bis 1940 Wasser als strategisches Mittel zur Verteidigung. Auf der Route liegen neben den Forts **Uitermeer** und **Ossenmarkt** die Festungen **Naarden, Muiden** und **Weesp** sowie das **Muizenfort.**

Infos

- **Infos online:** www.visitgooivecht.nl/en
- **Infos Wassersport:** loosdrechtsplassengebied.nl/op-het-water, www.visitgooivecht.nl/en/discover-gooi-vecht/on-along-the-water

An Marker- und IJsselmeer

Im Waterland E/F5

Das Waterland bezaubert – mit weiten Polderlandschaften und saftigen Wiesen, Seen, schilfbestandenen Gräben und Kanälen, typischen *stolpboerderijen*, quadratischen Bauernhöfen mit Pyramidendach, und alten Dörfern mit Holzhäusern. Gut die Hälfte der Gesamtoberfläche besteht aus Wasser, logisch, dass hier geschwommen, gepaddelt, gerudert, geSUPpt wird!

Dorfszenen wie gemalt

Broek in Waterland gilt vielen als schönstes Dorf der Niederlande – und wenn man mit dem ›Fluisterboot‹ an den pastellfarbenen Holzhäuschen vorbeifährt, ist schnell klar, warum. Im 17. und 18. Jh. entschieden sich viele reiche Kapitäne, Reeder und Kaufleute aus Amsterdam, hier ihren Sitz zu nehmen und ihre herrschaftlichen Häuser prachtvoll auszustatten. Broeks Dorfkern ist denkmalgeschützt, ebenso wie die **Sint Nicolaaskerk** aus dem 17. Jh. (Kerkplein 13, broekerkerk.nl, 27. April –Sept. tgl., mit **Café** u. Terrasse; Konzerte).

Über das malerische **Zuiderwoude,** das älteste Dorf im Waterland (11. Jh.), ist schnell der Deich erreicht, der das Bilderbuchdörfchen **Marken** mit dem Festland verbindet. Bis 1957 war das Fischerdorf am Markermeer, das sich heute ganz dem Tourismus verschrieben hat, isoliert. Zwölf der verbliebenen 15 Warften sind von dunkelgrünen, blauen, schwarzen, grauen Holzhäusern dicht bestanden, eine dient als Friedhof. Im **Marker Museum,** das stilecht in Räucherhäusern untergebracht ist, sind u. a. die typischen Trachten zu bestaunen, die an Feiertagen noch

Mit dem Wissen, dass es im Waterland schön ist, ist man nicht allein: deshalb besser früh oder spät kommen …

heute getragen werden (Kerkbuurt 44–47, www.markermuseum.nl, April–Okt. tgl.), und in der **Klompenmakerij** fertigt der Holzschuhmacher aus einem Holzblock die traditionellen *klompen* (Kets 52, www.netherlandssouvenirs.com, tgl.).

Petri heil!

Die **Fähre** von Marken (www.markenexpress.nl) oder doch lieber den Landweg über Monnickendam nach Volendam nehmen? Das denkmalgeschützte altholländische Städtchen **Monnickendam,** einst wohlhabendes Zentrum der Zuiderzee-Fischerei, ist heute beliebtes Ziel von Wassersportlern - und viel ruhiger als Marken. Zierlich reckt sich der **Speeltoren** (16. Jh.) in die Höhe. Im viereckigen Turm widmet sich das **Waterlandsmuseum** sensibel der Beziehung von Wasser, Land und Mensch (Noordeinde 2, www.despeeltoren.nl, April–Okt., im Juli/Aug. auch Mo, sonst WE). Klar gehört ein Besuch im Hafen dazu! An der malerischen **Langebrug** erinnert ein Bronze-Fischer an die einst über 30 **Aalräuchereien** im Ort.

Die ungleichen Schwestern

Willkommen in **Volendam,** dem schönsten und ursprünglichsten Fischerdorf der Niederlande - ein Wissen, das man mit vielen Menschen teilt. Wie in Marken liebt man die traditionelle Tracht, die es u. a. im **Volendams Museum** zu bewundern gibt (Zeestraat 41, www.volendamsmuseum.nl, März–Nov. tgl.). Frau Antje aus Holland? Diese Kunstfigur wurde in Volendam ›geboren‹, und daher gilt die hiesige Tracht oft als Nationaltracht. Außerdem locken hier die bunten Holzhäuschen mit den spitzen Giebeln und der malerische **Hafen** mit Plattbodenschiffen, Tjalken etc. **Aalfang** und **-räucherei** waren wichtige Wirtschaftsfaktoren in Volendam, und noch heute dreht sich im **Restaurant Smit-Bokkum** alles um den Aal (Slobbeland 19, www.smitbokkum.nl, Di–So, €€–€€€; mit witzigem Museum).

Wer's gerne ruhiger hat, ist in der Schwestergemeinde **Edam,** einst eine der bedeutendsten Handelsstädte der Region, bestens aufgehoben. Im 16. Jh. durch die Schifffahrt reich geworden, ist sie heute eine der ›Käsestädte‹ des Landes. Mittwochs findet in der Saison der traditionelle **Käsemarkt** auf dem Jan Nieuwenhuizenplein vor der historischen **Käsewaage** von 1778 statt, wo eine Ausstellung zum Käsehandwerk zu sehen ist (April–Okt. tgl.).

Schlafen, Essen

Romantisch an Gracht und See

Inn of the Lake: B & B in altem Pfarrhaus mit vier zauberhaften Zimmern und großem Garten. Gastgeber Timothy kocht fantastisch! Tgl. wechselnde Küche aus lokalen Produkten. Spa und Sauna.

Kerkplein 11, Broek in Waterland, innonthelake.nl/de; nur Dinner; Radverleih, Bootsservice

Mit Garten an der Gracht

De Fortuna: Entzückendes Hotel in fünf Giebelhäusern direkt an der Gracht im Edamer Zentrum. Kleine, gut ausgestattete Zimmer, tolle Terrasse am Wasser, üppiges Frühstücksbuffet, gutes **Restaurant** mit regionalen Bioprodukten.

Spuistraat 3, Edam, fortuna-edam.nl, €–€€/F

Essen, Bewegen

Entspannte Oase am Wasser

Theetuin Overleek: Marianne verwöhnt ihre Gäste mit Sandwiches, Scones, Kuchen, Limonaden – im Garten oder auf der Terrasse. Ton vermietet **E-Boote**.

Overleek 6, Monnickendam, theetuinoverleek.nl, €–€€; Superbootspicknick 17 €/Pers.

Piratenflair und Urlaubsgefühl

Strandvier: Der Strandpavillon bei Monnickendam ist per Pedes oder Boot zu er-

DAS ECHTE OUD-HOLLAND

Stadt, Land und viel Wasser bietet die **Fietsroute Amsterdam–Volendam:** immer übern Deich, mit der Fähre übers Markermeer, auf dem Rückweg durch saftige Weiden, entlang von Kanälen.

55 km, 4 Std. Etappen: A'dam/Centraal–Durgerdam–Uitdam–Marken (Fähre)–Volendam–Edam–Monnickendam–A'dam. *Knooppunten:* 5–52–46–47–44–78–79–77–52–99–56–55–2–1–38–37–36–5

reichen! Man kann hier locker einen Tag verbringen, mit Schwimmen, Slacklinen, **S-U-Paddeln,** Beachvolleyball, **Yoga, Kanufahren.** Oder lecker mediterran essen!

Hemmeland 20, Monnickendam, strandvier.nl, €–€€, April–Okt. tgl., SUP-/Kajak-Verleih

Infos

- **Infos online:** www.laagholland.com/en
- **Verkehr:** Buslinien 314 und 316 ab Amsterdam-Centraal
- **Monnickendammer Visdagen:** 4 Freitage im Juli/Aug., www.monnickendammervisdagen.nl. Mit Fischräuchern, Markt, Fischerchören, Bootsfahrten, Rundgängen

Im Zaanstreek E5

Lohnt ein Abstecher in den Zaanstreek zur weltberühmten **Zaanse Schans** oder nicht? Was in diesem **Museumsdorf** zu sehen ist, ist hitverdächtig – das wissen aber auch viele andere: Pro Jahr besuchen ca. 2 Mio. Menschen diese Top-Sehenswürdigkeit. Das Dorf mit seinen Holzhäusern, Windmühlen und Lädchen des 17./18. Jh. entstand ab den 1960er-Jahren, als eben diese in der nahen Umgebung ab- und hier, am Ufer der **Zaan,** wiederaufgebaut wurden. Der Unterschied zum ›normalen‹ **Freilichtmuseum?** Die in traditionelle Kostüme gekleideten Menschen leben wirklich hier. Liebevoll und mit großem Engagement zeigen sie **traditionelle Handwerke.** Auch in den **Windmühlen** wird emsig gearbeitet. Abgesehen von den *molen* in Kinderdijk findet sich an der Zaan die größte Zahl von Windmühlen.

Vorratsschrank der Nation

Interessant wird's am **Czaar Peterhuisje,** in dem der russische Zar Peter I. 1697 acht Tage gewohnt hat. Er gab sich als einfacher Handwerker aus und wollte alles über den Schiffbau lernen. Wegen des boomenden Schiffbaus im 17. Jh. gilt der **Zaanstreek** als die erste Industrieregion Europas. Und als Vorratsschrank der Nation. An den Ufern der Zaan gab es Viehzucht und Handel, waren Webereien und Seilmachereien, Sägewerke und Schmieden, Papier-, Tabak- und Farbindustrie angesiedelt, lagerten Kerzen und Kakao. Apropos Kakao: Über dem Dorf hängt süß und schwer der Duft nach Schokolade – in der **Verkade Experience** erfährt man alles über die süße Köstlichkeit. Sie ist Teil des **Zaans Museum,** das sich anschaulich mit der Geschichte der Region beschäftigt.

Schansend 7, www.dezaanseschans.nl/de, zaansmuseum.nl/de, jederzeit frei zugänglich, Besuch am besten vor 10 oder nach 16 Uhr, an Wochentagen und außerhalb der Ferien; Mühlen, Museen etc. kosten Eintritt, oft lohnt sich die Zaanse Schans Card, Parkplatz 12 €, besser mit ÖPNV; div. Restaurants/Cafés

Schlafen

Holländischer geht es nimmer!

Hotel Zaandam: Übernachten lässt es sich stilecht in diesem Hotel, das fast jede und jeder von Fotos kennt. Das 4-Sterne-Hotel kommt im farbenfrohen Zaanstreek-Look daher: Es besteht aus 70

übereinandergestapelten typisch grünen Zaanse Häusern. Mit Restaurant, Pool.

Provincialeweg 102, Zaandam, www.inntelhotelsamsterdamzaandam.nl/de, Sauna, **€–€€€**

Einkaufen

In der **Zaanse Schans** wird man in den Läden schnell fündig und kann Käse, Holzschuhe, Schokolade u. v. m. erwerben.

Fair, verantwortungsvoll, lokal

Smells like chocolade: Für gute Schokolade lohnt es sich, ein paar Schritte mehr zu machen. Doch Vorsicht, im hübschen Laden von Ingmar und Kinito in Zaandijk ist man schnell pleite, so lecker ist alles, u. a. aus ihrer eigenen Produktlinie mit Kakao aus Kinitos Heimat Angola.

Lagedijk 14, Zaandijk, www.smellslikechocolate.com, Mitte Juni–Ende Okt. Mi–Mo, sonst Fr–Mo, div. **Workshops, geführte Touren** etc.

Im Beemsterpolder

E5

Fast jeder kennt den original holländischen **Beemster,** einen jungen Käse mit frischem, cremigem Geschmack. Die Kühe, die ihre Milch für ihn geben, grasen auf fetten, saftigen Weiden, dort, wo einst das Beemstermeer lag. 49 Windmühlen pumpten diesen Binnensee leer, sodass Noord-Holland 1612 um stattliche 20 000 ha (4 m unter NN) wuchs. Der streng geometrisch, rasterförmig nach den Prinzipien der Renaissance angelegte Beemsterpolder ist wegen seiner kreativen Landschaftsarchitektur als UNESCO-Welterbe geschützt – mitsamt seinen gut erhaltenen *stolpboerderijen*, Bauernhöfen mit Pyramidendach, den altholländischen Dörfern wie **Middenbeemster** und **De Rijp,** den Deichen sowie den erhaltenen Mühlen. Zu den schönsten zählen die drei Wasserwindmühlen des **Molendriegang** bei Schermerhorn im benachbarten **Schermerpolder** (mit **Mühlenmuseum,** Noordervaart 2, www.museummolen.nl, April–Nov.). Ab März kommen Millionen bunter Tupfen zu den schwarz-weißen Flecken hinzu, die die Kühe in die Landschaft pinseln: die endlosen **Tulpenfelder**.

Essen

Regional genießen

Brasserie de Kerckhaen: Mitten im Polder serviert Talisa in einer ehemaligen Geheimkirche hausgemachte Kuchen, üppig belegte *broodjes* und Herzhaftes.

Jisperweg 57, Westbeemster, www.dekerckhaen.nl, Do–So, mit schöner Terrasse, **€–€€**

Bewegen

Geräuschlos übers Wasser

Durch den Eilandspolder: Mit dem Elektroboot geräuschlos durchs Naturschutzgebiet gleiten, 3,5 m unter NN …

Verleih Het Ouweland, Rechtestraat 106, De Rijp, www.hetouweland.nl, Picknickkorb

›Fietsen‹ unter dem Meeresspiegel

Leeghwater-Radroute: Auf der nach J. A. Leeghwater benannten Route (unter seiner Leitung wurde das Land trockengelegt) geht es auf 47 km durch Beemster- und Schermerpolder.

Download Route und GPX-Daten: www.nederlandfietsland.nl/fietsroute/leeghwater-fietsroute

Infos

- **Infos online:** visitbeemster.nl, www.laagholland.com, hollandbovenamsterdam.com
- **VVV De Rijp:** www.vvvderijp.nl/de; **VVV Beemster:** visitbeemster.nl
- **Verkehr:** Buslinie 305 (Amsterdam/Centraal Station–Middenbeemster–De Rijp)

Westfriesland F5

Standesgemäß nähert man sich **Hoorn,** der ›Stadt des Goldenen Jahrhunderts‹, natürlich vom Wasser, vorbei am **Hoofdtoren,** *dem* Eyecatcher im Hafen. Der spätgotische Festungsturm (1532) sollte Schifffahrt und Handel schützen. Ihn krönt ein filigraner Glockenturm, der dem ›dicken Ding‹ gut 100 Jahre später aufgesetzt wurde. Heute ist hinter den massiven Mauern das **Restaurant De Hoofdtoren** untergebracht (hoofdtoren.nl).

Maritimes Flair und Marktszenen

Am Pier und im **Binnenhaven** sind zahlreiche historische Schiffe vertäut. Einst lagen hier die Schiffe der Verenigde Oostindische Compagnie vor Anker, und noch heute scheint die glorreiche Vergangenheit einer der mächtigsten Handelsstädte des 16./17. Jh. mit Händen greifbar. Dazu tragen auch die vielen Speicher und Herrenhäuser mit beeindruckenden Giebeln bei. Heute ist Hoorn eine lebhafte, gar nicht museale Stadt mit mehreren Häfen und Stadtstränden, zahlreichen Cafés und Läden. Zentraler Platz der Altstadt ist der **Roode Steen,** dessen Namensgebung auf seiner früheren Bedeutung als Hinrichtungsplatz basiert. Hier residiert die **Waag** (1609). Im alten Wiegehaus wurde früher Käse gewogen, jetzt logiert hinter den fröhlichen roten Fensterläden ein **Restaurant** (oudewaegh.nl).

Alt ist auch das **Oostereiland,** das 1662–68 im Hafen entstand und bis 2003 Dienst als Gefängnisinsel schob. Neu ist seine heutige Nutzung mit Hotel (hotel-oostereiland.nl), Brasserie, Kino, Museen. Über die Brücke ist das **Museum van de Twintigste Eeuw** und mit ihm das letzte Jahrhundert erreicht. Wie wohnten unsere Großeltern? Was spielten Kinder einst? Wie befeuerte man einen Kohleofen? Wenig Text und viel zu tun (Krententuin 24, www.museumhoorn.nl, tgl.).

Erste, zweite oder Holzklasse?

Das **Museum Stoomtram** ist ein ›bewegtes‹ Museum, denn vom Bahnhof in Hoorn aus zuckeln historische, von Dampfloks angetriebene Züge nach Medemblik. 20 km in einer Stunde – hier wird genüsslich gereist, übrigens mit Speisewagen. Liebhaber:innen alter Dampfeisenbahnen sollten etwas früher da sein und Bahnhof, Lokschuppen, Werkstatt und Stellwerk besichtigen (frei zugängl.). Die Bahnfahrt kann mit einer **Schiffsreise von Medemblik nach Enkhuizen** kombiniert werden (s. S. 95; Van Dedemstraat 8, www.stoomtram.nl).

Auf Zeitreise

Übers Wasser gleiten: 26 km führt der **Houtribdijk** von Lelystad in Flevoland nach **Enkhuizen.** Seit 1976 trennt der Damm das Marker- vom IJsselmeer. Oder doch lieber das Boot nehmen und in einem der Häfen des heute so beliebten Wassersportzentrums anlegen? Der Blick auf das hübsche Städtchen mit dem wuchtigen Verteidigungsturm **Drommedaris,** einem Rest der Stadtbefestigung von 1540 und heute Kulturzentrum (drom.nl), ist vom Wasser aus so schön. Innerhalb der alten Wallanlage liegen 366 Reichsmonumente und erzählen vom Wohlstand der einstigen VOC-Stadt. Das **Spuihuisje** etwa, das einstige Schleusenwärterhaus (17. Jh.), könnte mit der fotogenen Zugbrücke eine Superkulisse für Historienfilme bilden. Hier logiert das **Buddelschiffmuseum** mit der größten Sammlung weltweit (Zuiderspui 1, www.flessenscheepjesmuseum.nl, März–Okt. tgl., sonst Sa–Mo).

Von salzig nach süß

Enkhuizen zählt die meisten traditionellen **Windjammer** und **Plattbodenschiffe** in seinen Häfen, Segel an Segel, ein Spektakel! Abends in einem der Cafés an den Kanälen mit den typischen **Zugbrücken** zu hocken und den Sonnenuntergang zu genießen, hat etwas – Enkhuizen ist ein

Freilichtmuseum, aber ein sehr lebendiges! Und es besitzt ein ›echtes‹ *buitenmuseum*, das eine der spannendsten Ausstellungen des Landes birgt: das **Zuiderzeemuseum.** Mit dem Boot rüberzufahren, ist spaßig!

Die kleine **Fähre** funktioniert wie eine Zeitmaschine, die Passagiere ins alltägliche Leben der Jahre 1880 bis 1930 katapultiert. Auf dem **Außengelände** bilden mehr als 130 Wohnhäuser, Werkstätten und Läden eine typische Zuiderzee-Stadt. Die ›Bewohner:innen‹, Schauspieler:innen, waschen Wäsche, flechten Taue, räuchern Fisch, flicken Netze, biegen Ruten, legen Heringe ein – alles stilecht in Tracht. Das **Binnenmuseum,** in Speichern des 17. Jh. untergebracht, widmet sich der Geschichte der Zuiderzee. Zum Hintergrund: Der Bau des Abschlussdeichs 1932 schloss die salzige Zuiderzee vom Wattenmeer ab, die künftig IJsselmeer hieß und Süßwasser führt – was nicht nur für Enkhuizen tiefgreifende Veränderungen bedeutete.

Wierdijk 12–22, www.zuiderzeemuseum.nl/de, tgl., Außengelände/Museumboot April–Ende Okt., Fähre ab Anleger am VVV, alle 20 Min.; am Wochenende u. in den Ferien früh kommen

Abstecher ins Mittelalter

Auch die Dritte im Bunde, **Medemblik,** entpuppt sich als überaus malerische Stadt mit Grachten, Kanälen, Speichern und Kaufmannshäusern: Sie ist die älteste und kleinste der westfriesischen Hafenstädte und besitzt mit **Kasteel Radboud** eine Besonderheit, eine Festungsanlage des 13. Jh. Heute wirkt die Burganlage eher freundlich-verspielt. Bei einem Besuch kann man ein Ritterharnisch anlegen, von den Zinnen blicken u. v. m. (kasteelradboud.nl/de, Di–So, spannende Audiotour; Café/Terrasse frei zugänglich).

Auf Burg- folgt Bäckereibesuch, und zwar im ›leckersten Museum der Niederlande‹, **De Oude Bakkerij.** Das Bäckereimuseum ist in vollem Betrieb, das riecht, sieht, schmeckt man sofort (Nieuwstraat 8, deoudebakkerij.nl, Anf. Feb.–Anf. Jan. Di–So, in den Ferien tgl.). Ein paar Schritte noch und das IJsselmeer ist fast erreicht, nur das alte backsteinerne **Stadhuis** von 1939 (Dam 4) und die ehemalige *Station Medemblik,* heute **Museumsbahnhof,** von dem historische Dampfeisenbahnen nach Hoorn bummeln (s. S. 94), trennen noch vom Kai, wo die **Fähre nach Enkhuizen** ablegt (Tritondam 5, www.stoomtram.nl/de). Wer ans Wasser möchte, kann auch am Deich entlang zum **Sandstrand** im Süden laufen und dort schwimmen, spielen, sonnen und im Strandpavillon einkehren (www.dezoetezee.nl).

Ordentlich Dampf machen!

Schon von Ferne kündigt der gemauerte Schornstein das südlich von Medemblik liegende Industriedenkmal, das **Dampfpumpwerk De Vier Noorder Koggen** (1869), an. Heute beherbergt es im **Nederlands Stoommachinenmuseum** (*stoom* = Dampf) die größte Sammlung noch arbeitender Dampfmaschinen des Landes.

Heringe trocknen wie anno dazumal: auf Zeitreise im Zuiderzeemuseum

Oosterdijk 4, stoommachinemuseum.nl/deutsch, Di–So, Juli/Aug. auch Mo

Schlafen, Essen

Historisches Gemäuer im Park

B&B Villa Enkhuizen: Die prächtige Stadtvilla am Buitenhaven (1897) ist als Aufseherwohnung für die Mietwohnungen in der Gartenstadt Snouck van Loosenpark gebaut worden, eines der ersten Sozialwohnungsbauprojekte des Landes.

Snouck van Loosenpark 1, Enkhuizen, www.villa-enkhuizen.nl/de, €€/F

Wie nach Hause kommen …

Ysbrantsz Boutique Hotel: Gastfreundschaft scheint Laura und Marco in die Wiege gelegt zu sein! In ihrem **Restaurant De Tuynkamer** (www.detuynkamer.nl) konnten sie ja auch schon üben. Das moderne, stilvoll eingerichtete Familienhotel, in dem Nachhaltigkeit die erste Geige spielt, hat zehn Zimmer in drei verschiedenen Preisklassen. Mit Garten u. **Restaurant** (€–€€).

Achterom 16, Hoorn, ysbrantsz.nl, €€–€€€

Unter mächtigen Holzbalken

Havenhuisje: Zauberhaft eingerichtetes historisches Haus mit Blick auf den Hafen. Rosemarie hat an wirklich alles gedacht, um auf zwei Etagen eine Wohlfühlatmosphäre zu schaffen. Mit Gratisparkplatz.

Westerhaven 3, Medemblik, havenhuisjemedemblik.nl/en, €–€€, nur Mo–Fr oder Fr–Mo

Mit hohem Romantikfaktor

Pipo aan het water: Mitten in Medemblik und doch ganz ruhig liegt der umgebaute Bauwagen an einem Kanal nur 200 m vom Stadtstrand entfernt. Fantastischer Blick vom Bett aufs Wasser, zwei Terrassen, eine am Wasser, Schaukel für zwei, Kaffeemaschine, Wasserkocher, Mikrowelle, Bad.

Am Vlietstroom, Medemblik, www.pipoaanhetwater.nl, €, Räder kostenlos, Kajak- und SUP-Verleih 10/20 €, Endreinigung 25 €

Zwischen Reben nächtigen

Saalhof: Mit großer Leidenschaft betreibt Familie Loos B&B, Restaurant und Weinberg! Wer sich hier, 7 km von Hoorn entfernt, fühlt wie Gott in Frankreich, liegt gar nicht so falsch! Der Empfang im Landhaus ist superfreundlich, Zimmer und Suite besitzen Dusche/WC und gute Betten. Kleine, feine Karte im **Restaurant**.

Oosteinderweg 57, Wognum, www.saalhof.nl, €/F, auch Ferienhäuser; Rest. Do–So, €

Essen, Ausgehen

Ein Fest für Gaumen und Auge

Bistro op 3: In der historischen Waage hat Yvonne ein kleines Paradies geschaffen. Der Gaumen wird mit klassischen Gerichten und ausgezeichneten Weinen verwöhnt, die Augen mit einem extravaganten Interieur voller Industriecharme.

Kaasmarkt 3, Medemblik, bistrop3.nl, Do–So, €€

Reich an Aromen

Meijer's 2.0: Im Oosterhaven kochen Yvonne und Michel exzellent französisch. Das Interieur des Restaurants ist recht nüchtern, die Küche umso raffinierter.

Oosterhaven 3, Medemblik, restaurant-meijers.nl, tgl., Superaustern und -hummer, €€–€€€

Shared dining …

The Bamboo Room: … lautet das Motto in diesem fröhlich eingerichteten Restaurant: von koreanischen über surinamische bis zu mexikanischen Häppchen.

Kerkstraat 1/Roode Steen, Hoorn, thebamboroom.nl, tgl., gute Cocktails, Terrasse, €–€€

Brasserie, Biercafé, Brauerei

Eet- & Speciaalbierencafé De Klinker: In ungezwungener Atmosphäre lecker essen und dazu gute Biere trinken. Jort liegt sein Bruin Café am Herzen. Terrasse.

Roode Steen 13, Hoorn, eetcafedeklinker.nl, Di–Do, Sa, So, €–€€

Traumhafte Terrasse

Schipperscafé 't Ankertje: Das Lokal gegenüber vom Drommedaris ist eine Legende! Die Küche arbeitet weitgehend mit Bioprodukten, serviert werden leckere *borrelhappen*, spanische Tapas und (meist) Brasseriegerichte. Selbst gebrautes Bier!

Dijk 6, cafe-ankertje.nl, Enkhuizen, April–Anf. Okt., €–€€, mit Bar

Eat, drink, laugh … fish!

De 80 Seafood & Wine: Jacco und Theo servieren am alten Hafen klassische Fischgerichte in modernem Ambiente.

Dijk 48, Enkhuizen, www.de80seafood.nl, Mi–So, schöne Wasserterrasse, €–€€

Bier und Burger mit Blick

Brouwerij De Werf: Selbst gebrautes Bier spielt die Hauptrolle, doch Burger, Fish'n'Chips, Rippchen, veganer Massala-Pie u. Tarte Tatin mit Chicorée, Süßkartoffel u. Blauschimmelkäse munden ebenfalls.

Paktuinen 6, Enkhuizen, brouwerijdewerf.nl, Mi–So, €

Einkaufen

Alles für die ländliche Idylle

Jolandelijk: Jolanda verkauft schöne, einzigartige und langlebige Gegenstände aus längst vergangenen Tagen: Möbel, Lampen, Wäsche, Küchenkram, Gartenmöbel, Koffer, Spielzeug etc. Ein zauberhafter Fleck in einem zauberhaften Ort, **Twisk,** mit stattlichen Bauernhöfen. Wer bleiben will: Himmlisch ist das **B&B Hemels** in der Dorfkirche.

Bennemeersweg 10, www.jolandelijk.nl, Fr, Sa; B&B: Dorpsweg 121, theaterkerkhemels.nl, €–€€, Frühstück exkl.

Märchenhaft illuminiert

Nachtmarkt Kolhorn: 20 Min. westlich von Medemblik liegt Kolhorn, ein altes Fischerdorf, heute mitten im Land. Dem Örtchen sieht man seine Vergangenheit noch an – besonders schön ist es während der sommerlichen Nachtmärkte, wenn Kolhorn und die 250 Stände illuminiert sind.

www.nachtmarkt-kolhorn.nl

KIDSPROOF

Das **Sprookjeswonderland** ist ein *aanrader* für die Kleinsten. Im sehr schön angelegten Mini-Märchenland gibt's keine langen Warteschlangen, die Preise sind okay, und die Kids lieben die Attraktionen wie Schiffsschaukel und Oldtimerbahn, Kinderbauernhof und Märchenwald.

Kooizandweg 9, Enkhuizen, sprookjes wonderland.nl, April–Okt.

Bewegen

Auf dem Wasser

Mit dem **Watertaxi Hoorn** durch den Hafen gondeln oder selbst das **E-Boot** steuern – beides geht (watertaxihoorn.nl)! In Enkhuizen fahren **Schaluppen** durch die Häfen (www.rondvaartenkhuizen.nl). Enkhuizen ist auch Heimathafen der traditionellen **Plattbodenschiffe** der Buchungsagentur Hollandsail (www.hollandsail.de).

Ultimative Radroute

Westfriesland ist eine traumhafte Radregion und eine Tour auf dem **Westfriese Omringdijk** genau das Richtige für Radfans! Auf 50, 80,135 km geht es über den im 13. Jh. angelegten Ringdeich, durch Polder, zu Mühlen, VOC-Städten und Dörfern wie dem denkmalgeschützten **Twisk.**

www.rondevandewestfrieseomringdijk.nl

Wandern mit langem Atem

Wer Lust auf Meer hat: Rund ums IJsselmeer führt auf 490 km der **Zuiderzeepad** (www.wandelnet.nl/wandelroute/330/Zuiderzeepad/overzicht).

Infos

- **Infos online:** hollandbovenamsterdam.com/de; www.ikhouvanhoorn.nl.; www.visitenkhuizen.nl; www.visitmedemblik.nl
- **Fähre nach Stavoren:** veerboot.info/de, Tritondam 3, April–Anf. Okt. 3 x tgl. Verbindung nach Stavoren (s. S. 157)
- **Fähre nach Urk:** www.de-zuiderzee.nl, Tritondam 3, Anf. Juli–Anf. Sept. 2 x tgl. Verbindung nach Urk (s. S. 217)
- **Westfriese Waterweken:** mehrere Tage im Juli/Aug., www.waterweken.nl. In Hoorn, Enkhuizen, Medemblik etc. am und auf dem Wasser mit Bootsfahrten, Essen u. Trinken, Musik, Märkten u. v. m.

Alkmaar

... ist ein bisschen wie ein kleines Amsterdam. Nur mit weniger Tourist:innen. Die Grachten, engen Gassen und Zugbrücken prägen das Bild der historischen Altstadt und vermitteln den Eindruck einer traditionellen holländischen Stadt. Die gut 100 000 Einwohner sind zu beneiden: um die historische Substanz mit mehr als 400 Baudenkmälern überwiegend des 16./17. Jh., den Ruf als beliebte Einkaufsstadt und die einmalige Natur rundum.

Der beliebte **Fnidsen** führt zum Waagplein, wo seit mehr als 650 Jahren der Käsemarkt abgehalten wird. In der Gasse, die stadteinwäts immer schöner und immer schmaler wird, fühlt man sich wie in einem alten Film. Es ist wuselig, dabei gemütlich und angenehm. Möglichst Zeit einplanen, um all die Läden und Fachgeschäfte hier zu besuchen. Nur sonntags zum Gottesdienst und während des Käsemarktes auch freitags ist die **Remonstrantse Kerk** zugänglich, eine ehemalige Geheimkirche von 1659 (Nr. 37).

Im Gewirr der Gassen & Kanäle

Der Appelsteeg führt nach rechts zu einem Postkartenmotiv: der **Appelsteegbrug,** einer der ältesten hölzernen Zugbrücken Alkmaars (1560). Nach links eröffnet sich ein Blick auf die Waag, der schöner nicht sein kann. Zurück auf der Brücke, liegt rechter Hand das einzige noch erhaltene Haus Alkmaars mit Holzfassade, das **Huis met de Kogel.** Seinen Namen verdankt es dem Einschlag einer Kanonenkugel während der spanischen Belagerung 1573.

Von ›Kaaskoppen‹ und Frau Antje

Der **Waagplein** ist dann fast zu holländisch, um wahr zu sein: mit seiner Grachtenlage, den vielen Cafés und Terrassen und natürlich der **Waag** mit dem reich verzierten Giebel im Renaissancestil und dem Reiterspiel im Turm. Im 14. Jh. als Kapelle erbaut, tat das heute denkmalgeschützte Gebäude seit 1582 Dienst als Stadtwaage. Freitags tanzt hier der Bär, pardon: klackern die weiß gekleideten Käseträger mit den roten oder grünen Hüten in Holzschuhen über den Platz, wie seit Hunderten von Jahren mit Hunderten von Käselaiben. Die Tragen sind mit bis zu 80 runden, honiggelben Käselaiben beladen, und wiegen bis zu 160 kg. Dieses Bild ist weltweit bekannt. Vervollständigt wird es von ›Frau Antjes‹ in Tracht, Händler:innen, Bäuerinnen und Bauern, Marktaufseher:innen. Wer etwas sehen möchte, muss früh kommen. Oder, besser noch, das **Kaasmuseum** in der Waag besuchen, von dem aus sich ein freier Blick auf den Platz bietet (www.kaasmuseum.nl, tgl.).

Eine bronzene Frau Antje hinter der Waag, besser bekannt als **Kussend Kaasmeisje,** ist beliebtes Fotomotiv und tatsächlich viel geküsst (Houttil). Während des Käsemarktes ist der Gouda an einigen Ständen am Marktplatz zu erwerben, doch auch sonst wird man etwa beim **Kaaswinkel** (Nr. 8) oder **Zuivelhoeve** (Nr. 11) in der Magdalenenstraat um die Ecke vom Waagplein fündig.

Streng geometrisches Spektakel in Honiggelb – Alkmaarer Käsemarkt

Käsemarkt: www.visitalkmaar.com/de/kasemarkt, Ende März–Ende Sept. 10–13 Uhr; Nachtkäsemärkte Juli/Aug. Di 19–21 Uhr

Hingucker

Nicht so trubelig wie auf dem Waagplein ist es bei **De Buren** (Nr. 37, www.restaurant-deburen.nl) am Mient, hier sitzt es sich drinnen und vor allem draußen auf einer der beiden Terrassen gut. Auf einer Brücke über der Gracht liegt die eine, die andere ist überdacht mit Blick auf die **Visbanken.** Hier boten früher Fischer(sfrauen) ihren Fang feil. Frisch gestärkt, geht es weiter in die **Langestraat,** die Haupteinkaufsstraße. Hier liegen zwei der ältesten Highlights der Stadt. Zuerst einmal das spätgotische **Stadhuis** (1509–20; Langestraat 97) mit elfjochiger Langfassade und achteckigem Treppenturm.

Und am Ende der Fußgängerstraße thront dann wuchtig die **Grote Kerk.** Die spätgotische Kirche ist ein Juwel der Brabanter Gotik (1470–1518). Sie ist Anlaufstelle Kulturbegeisterter, die die Ausstellungen und Konzerte lieben, die hier stattfinden (Koorstraat 2, grotekerk-alkmaar.nl, im Sommer). 200 m entfernt herrscht im **Park an der Singelgracht,** wo das **Kruithuisje** mit einem *kopje koffie* wartet, Ruhe (kruithuisje.nl; auch Galerie).

Schlafen, Essen

Superaussicht

Boutiquehotel Luttik: Hell, licht und freundlich haben Hester und Geert Zimmer, **Café** und **Conceptstore** im schön restaurierten Gebäude eingerichtet. Die Aussicht auf Gracht, Käsemarkt und Altstadtdächer ist einmalig! Ach ja: Alles in Hotel und Café kann im Store erworben werden.

Appelsteeg 1, luttikalkmaar.com/de, €€/F, Familienzimmer, Loft, Coffeebar tgl., €

Bunt & vintage wohnen, bio essen

SOEPP: Sophies quietschbuntes, liebevoll eingerichtetes B&B ist reizend, im **Restaurant** stehen Suppen, Salate, Currys, Shakshuka, Chilli, Pilzsteaks etc. auf der Karte stehen, alles vegetarisch & bio.

Hekelstraat 31 u. 33, soepp.nl, €€/F, Restaurant tgl., €

Wie im 17. Jh. in d'Oude Stad

Slapen aan het Fnidsen: Schöner und günstiger geht's kaum. Sylvia hat das helle Altstadtapartment wunderbar (komfortabel) eingerichtet. Auf zwei Etagen mangelt es an nichts, um auch länger zu bleiben.
Fnidsen 75 B, www.slapenaanhetfnidsen.nl, €

Essen, Schlafen, Ausgehen

Top-Essen auf Top-Terrasse

Abby's Restaurant: Herrlich am Fuße der Molen van Piet gelegenes Restaurant mit traumhafter Terrasse. Tolle niederländische Küche mit internationalen Abstechern.
Ritsevoort 60, www.restaurantabbys.nl, Di–So, gute Fisch-/Meeresfrüchtegerichte, €€–€€€

Das Auge isst mit

't Fnidsen: In der edel-loungigen Atmosphäre werden französisch inspirierte, schön angerichtete Menüs aus regionalen Produkten und Gemüsen aus dem Restaurantgarten serviert. Dazu empfiehlt Vinologe Martijn ausgezeichnete Weine. Das angeschlossene kleine **Hotel** (€€/F) bezaubert!
Fnidsen 107, www.fnidsenalkmaar.nl, Di–So, nur A-la-Carte-Menüs, Superfrühstück, €€

Shared dining

Heerlijk Nel: Gemütlich haben es sich Daisy und Eva in ihrem süßen Bistro gemacht. Daisy zaubert die *gerechtjes* aus aller Herren Länder, charmant serviert Eva die kleinen Gerichte, die zum Teilen sind.
Ritsevoort 60, www.restaurantabbys.nl, tgl., auch High Tea, tolle Käseplatte, €€–€€€

Traditionelle ukrainische Küche

Borscht: Um ihren Landsleuten zu helfen, eröffneten Yuliia und Alex 2022 ihr Lokal. Ukrainische Geflüchtete kochen nicht nur herrlichen Borscht (auch vegetarisch), sondern Mlintzis, gefüllte, krosse Pfannkuchen, oder Wareniki, mit Huhn, Kartoffeln oder Kirschen gefüllte Teigtaschen.
Stationsweg 14, borscht.nl/en, tgl., €

Einkaufen

Lecker: Lakritz & Co.

Inde Soete Suyckerbol: Glück in Tüten gibt's in Kees' nostalgischem Süßigkeitenparadies: allein 65 Sorten Lakritz!
Voordam 4, indesoetesuyckerbol.nl, tgl.

Alles für daheim

Twin Arts: Hier macht Stöbern Spaß – zwischen Möbeln, Wohnaccessoires, Lanpen, Geschirr, Körben, Spiegeln u. v. m.
Fnidsen 89, www.twinarts.nl, tgl.

Bewegen

In Alkmaar *muss* man **Boot fahren,** entweder eine *grachtenrondvaart* unternehmen (ab De Mient, Mai–Sept. tgl.) oder selbst fahren (alkmaarsebootjesverhuur.nl).

Ausgehen

Proost! Tsjoch! Cheers! Santé!

Proeflokaal De Boom: Zwölf Spezialbiere aus dem Zapfhahn und mehr als 100 Flaschenbiere können in dem rustikalen Lokal genossen werden, dazu leckere *borrelhappjes.* Vor der Einkehr könnte ein Besuch im **Nationaal Biermuseum** in der 1. Etage stehen (www.biermuseum.nl).
Houttil 1, www.proeflokaaldeboom.nl, tgl.

Infos

- **Infos online:** www.visitalkmaar.com/de
- **Alkmaar Store:** in der Waag, tgl.
- **Parken:** Alkmaar hat ein gut funktionierendes Parkleitsystem mit div. Parkhäusern; sehr günstig parken im **Carpark Parcade Overstad** (www.alkmaaroverstad.nl/gebruiker/108),; div. kostenlose P+R-Parkplätze
- **Verkehr:** Alkmaar ist 35 Zugmin. von Amsterdam entfernt (5 Züge/Std.)

- **alkmaar pride:** 9 Tage im Mai, www.alkmaarpride.nl. Gay Pride/Grachtenparade.
- **Kaaskoppenstad:** Sa, So Anf. Juni, www.kaeskoppenstad.nl. Alkmaar verwandelt sich in die Oude Stad von 1573.
- **Alkmaar Smult:** Wochenende Ende Juni/Juli. Foodtruckfestival in relaxter Atmosphäre auf Noorderkade und Ringersplein.

Kop van Holland

E4

Nördlich von Alkmaar liegt mit dem Kop van Holland ein authentisches Stück Holland ›eingeklemmt‹ zwischen drei Küsten: der Nordsee mit ihren Dünenlandschaften und langen Sandstränden, dem UNESCO-Welterbe Wattenmeer und dem größten Binnensee der Niederlande, dem IJsselmeer. Während an der Küste maritime Farben vorherrschen, wird's im Binnenland quietschbunt: Die **Tulpenfelder** bilden das größte zusammenhängende Blumenzwiebelanbaugebiet der Welt.

Salzig und süß

Die ehemalige Zuiderzeeinsel **Wieringen** unterscheidet sich mit ihren gewachsenen Strukturen stark von den reißbrettartigen Polderlandschaften weiter südlich. **Den Oever,** das größte, kurz vor dem Abschlussdeich gelegene Dorf, ist Heimathafen der Wieringer Fischereiflotte, gut 60 Kuttern, die vor allem fürs Krabbenfischen bekannt ist. Samstags wird der Fang bei gutem Wetter direkt im Hafen auf dem **Fischmarkt** verkauft (www.versevis.nl). Wer mag, geht direkt mit an Bord. Etwa auf der **WR117,** die Garnelen fischt und ihre Gäste mit zu den **Seehundbänken** nimmt (www.degrootrecreatie.nl/de). Lust auf Schlick zwischen den Zehen? **Wattwandern** ab Den Oever im UNESCO-Welterbe macht einen Heidenspaß und ist sehr lehrreich (www.degrootrecreatie.nl/de, 23,50 €).

Wassersportler aller Couleur sind am **Amstelmeer** gut aufgehoben. Der von Süß-und Salzwasser gespeiste, gut 600 ha große See mit schönen Sandstränden ist ein kleines Paradies für Kinder, Vogelbeobachtung, Segeln, SUPpen, Kajakfahren, Angeln und (Kite-)Surfen Beliebt ist der **Lutjestrand** im Nordosten (www.leerwindsurfen.nl, www.leersup.nl).

Maritime Spielplätze

Den Helder, die nördlichste Stadt des Festlandes ist nicht nur Fährhafen nach Texel und Heimathafen der niederländischen Marine, sondern besitzt mit dem Nautisch Kwartier Willemsoord und dem Fort Kijkduin spannende Sehenswürdigkeiten. **Willemsoord,** früher Reichswerft, bildet heute ein eigenes Stadtviertel mit Theater, Kino, Restaurants und Läden. Highlights sind das Rettungs- und Marinemuseum, das Trockendock und der Museumshafen. Die Restaurants am Kai oder der lebendige **Fischmarkt** am Freitag bieten willkommene Abwechslung (www.willemsoordbv.nl).

LANDSCHAFTSKUNST

1980 zog sich der bildende Künstler Ruud van de Wint (1942–2006) in das 15 ha große Dünengelände **De Nollen** bei Den Helder zurück, um ein Gesamtkunstwerk zu schaffen – wie funktionieren Natur und Kunst miteinander? Die Stahlskulptur »De Spiraal« etwa bewegt sich trotz ihres Gewichts sanft im Wind, wobei ihre Spitze immer tiefer im Gras versinkt – frisst die Erde das Werk letztlich?

Burg. Ritmeesterweg 10, denollen.nl, April–Okt. Do–So nur im Rahmen von tollen Führungen zu besuchen (vorab buchen), ca. 2 Std., schönes Museumscafé, €€)

Auch in Den Helder hinterließ Napoleon mit dem **Fort Kijkduin** große ›Fußspuren‹: 60x40m misst die zur Verteidigung der Reichswerft umgewidmete Festung. Im **Nordzeeaquarium** lautet das Thema der Ausstellung passenderweise ›Angriff und Verteidigung‹. Auf Tauchstaton geht's im begehbaren Tunnel, der auf 15 m durchs Wasser führt. Wer mag, bleibt gleich ganz hier: auf der Terrasse mit 270-Grad-Ausblick oder über Nacht im mit allen Annehmlichkeiten versehenen **Festungswächterhaus** .

Adm. Verhuellplein, Huisduinen, fortkijkduin.nl/en, tgl., div. Führungen; Fortwachtershuis: €€

Strandspiele und Sinnesrausch

Mit **Julianadorp** ist der nördlichste der sich wie an einer Perlenkette die Küste herabziehenden Badeorte erreicht, und zwar einer der entspannteren. Der Strand hier ist breit und feinsandig – ein relaxter Strandtag ist angesagt. Auf den trockengelegten Polderflächen im Hinterland wogt im Frühjahr ein kunterbuntes **Tulpenmeer.** Auch Hyazinthen, Narzissen, Anemonen, Lilien und Calla strecken hier ihre Köpfchen in die Luft, nur um nach der Blüte gekappt zu werden, denn das Wichtige sind die Tulpenzwiebeln. Rad-, Wander- und Kanutouren (kleurrijkjulianadorp.nl/de) leiten durchs Blütenmeer. Selbst pflücken? Geht auch, etwa im **Floratuin** (Rijksweg 85, floratuin.com/de-de, März–Ende Mai tgl.).

Freitag ist Fischtag in Den Helder – garantiert in der Nordsee gefangen!

Einfach instagrammable!

Das Badevergnügen setzt sich nach Süden ungehindert fort, ellenlange Strände reihen sich aneinander wie bei **Callantsoog,** wo auf knapp 4 km für jede und jeden ein Plätzchen ist. Wer den südlichsten Strandaufgang wählt, **Strandslag Kiefteglop,** den erwartet nicht nur feinster Sandstrand und einer der gemütlichsten Strandpavillons der Küste, **Woest** (woest.nu/de), sondern ein **Aussichtspunkt** in den Dünen mit Blick aufs Meer und im Süden auf das Naturschutzgebiet **Het Zwanenwater** mit den beiden größten Dünenseen Westeuropas. Einmalig schön ist ein **Seespaziergang** im Juni, wenn Tausende von Orchideen bunte Kleckse ins Grün tupfen (Parkplatz: Zuidschinkeldijk 3A, Routen: 2,5 bzw. 6km, 3€/Ticketautomat).

Pettens breiter, ruhiger Sandstrand ist knapp 7km lang, recht neu und künstlich angelegt. Ein stabiler Deich sichert den Küstenstreifen gegen die Unbillen des Meeres. An der Grenze von Wasser und Land symbolisiert ein schlichtes Kunstwerk, was passieren kann, wenn das Meer gewinnt: das **Palendorp,** das auf das alte Dorf verweist, das einst hier in den Fluten der Nordsee versank (s. S. 104).

Polderidylle im Landesinneren

Hinter dem **Nordhollandkanal,** der sich auf 75 oftmals idyllischen Kilometern von Amsterdam zum Meer hin zieht, tut sich eine urholländische und wenig bekannte

Polderlandschaft mit Windmühlen, Kanälen und Gräben auf, der **Zijperpolder.** Fotogene Eingangstore sind die schmalen Kanalbrücken von Sint Maartensvlotbrug und Burgervlotbrug. Am **Grote Sloot** liegen Dörfchen wie **Schagerbrug, Sint Maartensbrug** und **Burgerbrug.** Auch der 14 km lange Kanal selbst ist ein Hingucker. Hier wechseln sich jahrhundertealte Bauernhöfe mit Windmühlen ab, die ihre Flügel in den tief hängenden Himmel strecken. Unweit der Kreuzung von Sint Maartensbrug zieht ein Bauwerk alle Blicke auf sich, die im Stil eines Vierkanthofs mit Pyramidendach zum 400-jährigen Polderjubiläum 2009 erbaute Holzfußgängerbrücke **De Kop is Top.**

Schlafen

Land's End

Het Torentje: Die Aussicht aus dem ehemaligen Turm der Küstenwache ist phänomenal und das in der 3., 4. und 5. Etage des *torentje* eingerichtete Apartment zauberhaft. Restaurant um die Ecke.

Zeeweg 10, Huisduinen-Den Helder, torentje.nl, 2 Pers. €€€, 6 Pers. €€

Glamping inmitten der Natur

Strand 49: Strand Lodge, Design Cabin, Strandbungalow, Safarizelt, Chalet oder Beach Loft – Glampingmöglichkeiten gibt es viele. Gut 3 km vom Sandstrand entfernt – dafür mitten in der grünen Natur mit Blick auf die Tulpenfelder.

Ruigeweg 49, Sint Maartensbrug, strand49.de, €–€€€, für 4–6 Pers., mit Veranda/Terrasse

Der Wald ruft – eins mit der Natur

Het Bos Roept: Zwischen Igeln, Kaninchen, Füchsen, Eulen und Rehen im **Robbenoordbos** auf einem Naturcampingplatz übernachten – ein Traum in Wattenmeernähe! Entweder im eigenen Zelt, im Airstream oder in einer der nachhaltig gebauten Unterkünfte wie den Forest Cabins. Supercool sind die schicken Warthog Lodges für bis zu 5 Pers., die aus drei einzelnen, über eine große Terrasse miteinander verbundenen Holzhäuschen bestehen. Zentraler Treffpunkt ist das ›Gewächshaus‹ (mit Küche). Mit Frühstücksservice und **Hottub.**

Den Oeverseweg 12, Slootdorp, www.hetbosroept.nl, Fahrrad-, Kanu-, SUP-Verleih, €–€€

Wohlfühlen am Kanal

B&B Catharina Hoeve: Wer wissen möchte, was gute Gastgeber:innen ausmacht, ist bei Cea und Guus richtig. Ihr liebevoll mit Antiquitäten und im Shabby-Chic-Stil eingerichtetes B&B liegt traumhaft an der Grote Sloot mit großem Garten, wo bei gutem Wetter das leckere Frühstück auf der Terrasse serviert wird.

Grote Sloot 78, Burgerbrug, www.catherinahoeve.nl/de, €/F; Wohnraum mit Kühlschrank

Essen, Ausgehen

Der kulinarische Standard der meisten **Strandpavillons** ist hoch, hat aber seinen Preis. Tipps: **Woest** (woest.nu/de) und **Zilte Zucht** (auf Facebook) in Callantsoog, **Zee van Tijd** (zeevantijd.com) und **Paal6** (paal6.nl/de) in Julianadorp und **Zee & Zo** (www.strandpaviljoenzeeenzo.nl) in Petten.

Kreative Küche im Vierkanthof

'd Heerlijckheid: Der umgebaute Bauernhof mit Holzofen ist ein Hingucker, das Essen auch! Jasper und Merel servieren eine kreative niederländische Küche aus lokalen Produkten. Sogar das Eis ist selbst gemacht. Gute Kinderkarte. Top gelegen am NSG Zwanenwater (s. S. 102) und neben den Lodges, Tipis, Hütten von **Ferienpark Het Zwanenwater.**

Uitlandseweg 5, Callantsoog, heerlijckheid.nu, Do–Sa, €€; Unterkunft: zonzeestrand.de

Ausgezeichnet essen im Turm

De Keuken: Hier stimmt einfach alles: die leckeren Gerichte mit Anklängen an

Lieblingsort

Und Fritz fliegt …

Kinder können bis in alle Ewigkeit schaukeln – das Hin- und Herschwingen wird niemals langweilig, und das Kribbeln im Bauch hört niemals auf. Bei Großen auch nicht! Wo diese wunderbare XXL-Schaukel hängt? Im **Palendorp** am **Strand von Petten** (📍 E 4), wo 160 sechs bis zwölf Meter hohe Pfähle *(palen)* am Meeressaum das alte Dorf Petten markieren: eine Kirche und zehn Häuser. Untergegangen bei einer Sturmflut im 17. Jh., die die nordholländische Küstenlinie nachhaltig veränderte. So schrecklich diese Geschichte ist, so romantisch ist der Blick durch die Pfähle. Vor allem bei Sonnenuntergang. Und absolut instagrammable ist die von Jan Maarten Kaan zwischen zwei *palen* aufgespannte Schaukel. Zuerst hieß es, das sei illegal, doch dann begrüßten sowohl das Ministerium für Wasserwirtschaft als auch das Wasserwirtschaftsamt die Initiative des Petteners: Jede und jeder solle sich beim Schaukeln amüsieren – Glücksgefühle garantiert!
(Strandweg 1, Petten, www.petten-aan-zee.nl/strand.php; Koordinaten: N 52.7676581 / E 4.6529928. Am besten zugänglich bei Ebbe, bei Flut liegt das Kunstwerk in den Nordseewellen. Gezeitenkalender für Petten: de.wisuki.com/tide/2276/petten)

die französische und italienische Küche, der Service, die Atmosphäre, die Lage am Kanal und der Preis. Besonders schön sitzt es sich im achteckigen Turm und im Hof.
Schagerweg 30b, Schagerbrug, brasseriedekeuken.nl, April–Sept. Mi–So, €–€€

Kreativ, mit exotischen Anklängen

eFFe in 't Dorp: Stylishes, geschmackvoll eingerichtetes Restaurant mit kleiner, edler Karte und exquisiten Weinen. Tipps: *lekkernijen* zum Testen, die Seezunge!
Loopuytpark 10, Julianadorp, efferestaurants.nl, tgl., €–€€, *borrelplank* (€) probieren!

Bewegen

Vom Wasser aus …

Der Kop van Holland ist eine Region zum **Kanufahren.** Auf gleich vier 4 bis 15 km langen Routen geht es rund um Den Helder aufs Wasser (kanoverhuurdenhelder.nl/routes). **Kajaken** und **SUPpen** ist auch auf dem Amstelmeer möglich (Verleih: natutex.jimdofree.com, Van Ewijksluis, April–Okt.).

Austern, Bisque, Muscheln …

Jan Rotgans: Etwas Besonderes bietet Jan an. Er fährt mit seiner Johanna II nicht nur aufs Wattenmeer raus, sondern kocht an Bord für seine Gäste.
Sportviskade Oostkade, Den Oever, www.janrotgans.com, Tagestour 80 €

Infos

- **Infos online:** www.hollandbovenamsterdam.com/de, www.bezoekhollandskroon.nl/de, www.denhelder.online/de, www.petten-aan-zee.nl, kleurrijkjulianadorp.nl/de
- **Toeristisch Infocentrum Den Helder:** willemsoordbv.nl; **TIP Petten:** doppetten.nl
- **Parken:** in den Sommermonaten in den Badeorten eher schwierig und oft teuer.
- **Verkehr:** Den Helder und Den Oever sind hervorragend mit dem Zug an Amsterdam angebunden; Busse verbinden Alkmaar bzw. Schagen mit den Badeorten.
- **Bloeiend Zijpe:** So im April, bloeiend zijpe.nl. 50 Blumenzwiebelzüchter öffnen ihre Felder für Wanderungen durchs Blütenmeer (7,5–30 km).

Kennemerland und Haarlem D/E4/6

Die Nordsee, ausgedehnte Dünenlandschaften und die dahinterliegenden Polder mit Blumenfeldern bis zum Horizont – sie prägen die Region. Im **Kennemerland** liegen mit Bergen, Castricum, Bloemendaal und Zandvoort einige der bekanntesten Badeorte des Landes und mit Schoorlse Duinen, dem NSG Noordhollands Duinreservaat und dem Nationalpark Zuid-Kennemerland drei der spannendsten niederländischen Naturparadiese. Und mittendrin **Haarlem,** Provinzhauptstadt mit mittelalterlichem Gepräge und immer noch verkanntes Juwel. Zum Glück!

Kennemerland E4/5

235 oder doch 249 (?) Stufen sind es bis in den Himmel, pardon: bis auf die mit 55 m höchsten und mit 5 km breitesten Dünen der Niederlande am **Buitencentrum Schoorlse Duinen** (Oorsprongsweg 1, www.staatsbosbeheer.nl, tgl.). Der Aufstieg ist nicht ohne, aber der Ausblick über die Dünen mit einzigartigen Heidegebieten, feuchten Ebenen, Flugsandflächen, Laub- und Nadelwald entschädigt für die Mühen. Der 1800 ha große Nationalpark ist Brutrevier für Vögel und Paradies zum Wandern, Radeln, Mountainbiken, Reiten. Ein 5 km langer Fußweg führt zu einem Traumstrand, an dem wenig los ist und

der zu endlosen Strandspaziergängen einlädt – oder auf die Terrasse des netten Strandpavillons **Paal 29** (paal29.nl).

Riesige Sandkästen

Spektakulär (nicht nur) für Kinder wird's auch in **Schoorl** selbst: Mitten im Dorf endet die Straße an der 51 m hohen **Klimduin.** Die ›Kletterdüne‹ erinnert an eine Skipiste ohne Schnee und ist ein Riesensandkasten für kleine und große Kids. Raufstapfen macht Spaß – und runterkugeln noch mehr. Wer hier bleiben möchte: Der hübsche, kleine Ferienort **Groet** ist sehr viel ruhiger als das wuselige Schoorl, und in **Camperduin** gibt's die besten Wellen ganz Hollands – Surfer welcome!

In dieser Ecke muss man einfach radeln, z. B. von Groet nach Bergen aan Zee. Auf und ab führt die Tour von Groet in Meernähe durch Dünen und Dünentäler mit tollen Ausblicken (10 km, *fietsknooppunten* 21–20–46–8). Strandpavillons und größere Betriebsamkeit kündigen **Bergen aan Zee** an. Das Seebad entstand Ende des 19. Jh. auf dem Reißbrett und erfreut sich mit einem prächtigen Strand seither ungebrochen großer Beliebtheit. Kinder lieben den großen Sandkasten – und die freundlichen Clown- und Anemonenfische, die ›bösen‹ Rotfeuerfische und Haie, die (Streichel-)Rochen, Seepferdchen und -sterne im kleinen **Zee Aquarium** direkt am Strand (v/d Wijkplein 16, www.zeeaquarium.nl, April–Sept. tgl.).

Die Sommer vor der Staffelei

Vor gut 100 Jahren entdeckten Maler:innen den bezaubernden Hauptort **Bergen-Binnen,** der am Fuße der Dünen landeinwärts liegt. Sie kamen wegen der besonderen Lichtstimmung und begründeten hier 1915 die Bergense School. Bis heute ist der elegante Villenort um seine Vergangenheit bemüht, mit einigen Galerien, den **Kunsttiendaagse** im Oktober (dekunst10daagse.nl) und sommerlichen Kunstmärkten. Das **Museum Kranenburgh** lohnt schon wegen des Kontrastes zwischen der neoklassizistischen Villa und dem modernen Annex den Besuch. Basis des Hauses sind die Werke der Bergener Schule, u. a. von Colnot, Filarski, Lucebert, sowie von Malern, die mit der CoBrA-Gruppe verbandelt waren. Die Werke im **Skulpturenpark** spielen mit den Themen Bergen und Natur; besonders ist die riesige Vogelfigur von Lucebert, die froh macht.

Hoflaan 26, www.kranenburgh.nl/english, Di–So, schönes Café; nur Kartenzahlung

›Piepshow‹ im Naturschutzgebiet

Südlich der Schoorlse Duinen beginnt ein Paradies für Vögel, das sich auf über 20 km bis Wijk am Meeressaum entlangzieht: das 5300 ha große **Noordhollands Duinreservaat** mit unberührten Dünen, Eichen- und Kiefernwäldern, Dünenseen und Heide. Seeregenpfeifer, Rohrdommel, Eisvogel und Höckerschwan können aus dem Schutz der Unterstände beobachtet werden. Als Rasenmäher der besonderen Art tun hier Schottische Hochlandrinder, Konikpferde, Exmoor-Ponys, Schafe und Niederländische Landziegen ihren Dienst. Ein großes Rad- und Wanderwegenetz erschließt das riesige Gebiet, u. a. der **Nederlands Kustpad,** der mit 700 km längste Fernwanderweg des Landes.

Zugangsticket erforderlich: am besten online, sonst an Automaten oder in den VVVs; Infozentrum De Hoep, Johannisweg 2, Castricum, www.pwn.nl/bezoekerscentrum-de-hoep, Di–So, in den Ferien tgl.; www.wandelnet.nl/wandelroute/999/Nederlands-Kustpad

Vom Fischer- zum Badeort

Egmond aan Zee, Castricum aan Zee und Wijk aan Zee – sie alle blicken auf eine bewegte Vergangenheit als Fischerdorf zurück. Eine Blütezeit erlebten sie nach dem Niedergang der Fischerei erst wieder mit dem Einzug der Urlaubenden an der Küste. Schon von Weitem kündigt der strahlend weiße Leuchtturm den Badeort

Egmond aan Zee mit weitläufigem Strand und alten Fischerhäuschen an (Vuurtorenplein 1, Juli/Aug. Fr 19–21 Uhr).

Wie Egmond aan Zee liegt auch **Castricum aan Zee,** ehemaliges Zentrum der Muschelfischer, zwischen Noordhollandse Duinen und Nordsee. Kapital beider Badeorte sind das Meer und die abwechslungsreiche Dünenlandschaft. Kilometerlange (Strand-)Wanderungen gehören hier einfach dazu!

Meeresrauschen in der Muschel

Wijk aan Zee ist *das* Wassersportparadies an dieser Küste. Der beliebte Familienbadeort punktet mit einem der schönsten und breitesten Strände des Landes. Surfen (am Nordpier), Segeln, SUPpen, Landboarden, Katamaranfahren … Ein Aha-Erlebenis am Strand ist **Abri,** eine Megametallmuschel. Nehmen Sie auf der Treppenbank davor Platz – und es passiert das, was passiert, wenn man sich eine Muschel ans Ohr hält! Wer sich vom Strand nicht verabschieden mag: Die **Strandhuisjes** sind der *aanrader* (www.roompot.nl).

Rauchende Hochöfen und düstere Erzhalden bilden den ›Rahmen‹ des ungewöhnlichen Kunstprojektes in den Dünen südlich von Wijk: **Een Zee van Staal.** Zwischen Brombeersträuchern und Strandhafer, Seifenkraut und Wilder Möhre sind die 16 Skulpturen des ›Meeres aus Stahl‹ ein attraktiver Hingucker (Bosweg/Reyndersweg, eenzeevanstaal.nl, gratis).

Das Ibiza von Holland

27 km ist der Nordseekanal, der bei **IJmuiden** (www.ijmuiden.nl/de) ins Meer mündet, lang. Der gesamte Schiffsverkehr zwischen Amsterdam und der Nordsee muss durch dieses Nadelöhr. Was zum Bau der größten, gezeitenunabhängigen Schleuse der Welt führte, die König Willem 2022 eröffnete: 500 m lang, 70 m breit, 18 m tief. Die raue Hafenstadt ist nicht ohne Reiz, etwa bei einer Wanderung über den 2 km langen **Zuidpier** zum Leuchtturm oder bei einem Fischbrötchen an der Halkade im *vissershaven*. Knapp 13 Radkilometer südlich liegt **Bloemendaal aan Zee**, einer der hippsten Badeorte des Landes und in der Hauptsaison auch dementsprechend gut besucht – nicht umsonst trägt er den Beinamen ›Ibiza von Holland‹. Gut 4 km ist der Strand lang, sehr breit und weich. Den Strandpavillons eilt ein legendärer Ruf voraus, und **Woodstock 69** ist mit Auftritten großer Stars und weltberühmter DJs der bekannteste (woodstock69.nl).

Weder Bloemendaal aan Zee noch **Zandvoort,** der einzige mit dem Zug erreichbare Badeort Nordhollands, sind Ruhesuchenden im Sommer zu empfehlen. Der Strand ist mit 9 km allerdings ewig lang, und jede und jeder findet ein Fleckchen. Auch in Zandvoort hockt ein hipper Strandpavillon neben dem anderen. Doch

INLANDINSEL-IDYLLE

Mitten im Land und doch eine Insel, und was für eine schöne! **De Woude** liegt im Alkmaardermeer und ist, wie es sich für eine Insel gehört, ausschließlich mit dem eigenen Boot oder der Fähre (nach Bedarf, 1 €, 1 Min.) zu erreichen. Der isolierten Lage verdankt sie ihre relativ unberührte Natur. Ruhesuchenden und Naturliebhaber:innen – De Woude ist eines der artenreichsten Wiesenvogelgebiete – sei die Insel ans Herz gelegt! 8 km ist die Runde um die Insel lang, danach können Sie im malerischen alten Dorfkern in eines der beiden Restaurants und/oder die Eisdiele einkehren – oder vorher noch eine Runde in der Markervaart schwimmen. Ein Dach über dem Kopf gibt es u. a. bei Astrid u. Stev im Planwagen oder Apartment bzw. bei Christina im gemütlichen Pipowagen.

Infos: www.voorliefhebbers.nl/de-woude

Damhirsche – hier ganz friedlich. Sie können aber auch anders!

zwischen IJmuiden und Zandvoort liegt mit dem 2200 ha großen **Nationalpark Zuid-Kennemerland** auch eines der attraktivsten Naturgebiete der Niederlande.

Aug' in Aug' mit einem Wisent

Das weitläufige Dünengebiet zählt Hunderte Kilometer an Wander, Rad- und Reitwegen. Unglaublich, dass es hier noch so viel unberührte Natur gibt – und das in einer Metropolregion, nur wenige Kilometer von Amsterdam entfernt. Neben Schottischen Hochlandrindern, Konikpferden, Shetland- und Exmoor-Ponys grasen hier auch Wisente. Am besten sind sie vom **Wisentuitkijkpunt** im **Kraansvlak** aus zu sehen (Zeeweg 12, Overveen, www.np-zuidkennemerland.nl/6512/de).

In den **Amsterdamse Waterleidingsduinen,** in denen jährlich 50 Mio. m³ Trinkwasser gewonnen wird, lebt ein Rudel Rotwild. Im Oktober, zur Brunftzeit, krachen die Geweihe der Hirsche unheilverkündend aneinander, ein Gänsehautmoment ist garantiert (Führungen: visitzandvoort.de/kalender; Bezoekercentrum De Oranjekom, 1e Leijweg 6, Di–So).

Schlafen, Essen

Cool ›Campen‹ im Airstream

De Lakens: Outdoor-Freunde werden sich bei diesem Luxus-›Campingurlaub‹ mitten im NP Zuid-Kennemerland und in Fußnähe zum Strand wohlfühlen. Kein Wunder bei dem großzügigen Außengelände, der Hängematte und der Privatsauna.

Zeeweg 60, Bloemendaal, www.campingdelakens.de, April–Okt., 2–4 Pers., €€€

Am Strand entschleunigen

Hotel Zomers: Intimes, architektonisch ungewöhnliches Strandhotel in den Dünen. Die warm und zeitgemäß gestalteten Zimmer überblicken Strand oder Dünen. Ventilatoren statt Klimaanlage, Sonnenpaneelen und ein Pelletofen bescheren dem Haus eine hervorragende Effizienzklasse.

Zeeweg 10, Castricum, www.zoomersaanzee.nl/de, €€, Strandpavillon: reg. Bioküche, €€

Mit Meeresrauschen

Eb & Vloed Zandvoort: Die drei charmanten, nachhaltigen Apartments (2 Pers.)

liegen nur 100 m vom Strand entfernt, sind allesamt gemütlich, modern, komfortabel.
Oosterparkstraat 25, Zandvoort, www.ebenvloedzandvoort.nl, mit Innenhof, €€–€€€

Aufblühen in Bergen

blooming Hotel: In diesem Hotel wird höchster Wert auf Nachhaltigkeit, Barrierefreiheit sowie eine familienfreundliche Atmosphäre im Grünen gelegt. Besonders schön: Massagen im Spa, Chillen auf einer der Terrassen oder ein stimmungsvolles Dinner in **blooming brasserie** (€) oder **Restaurant Zandhoeve** (€€).
Duinweg 5, Bergen, www.weareblooming.com/de/hotel, eigener Biogarten, €–€€

Bett und Bauernfrühstück

Hoeve te Gast: B & B in reetgedecktem Vierkantbauernhof am Rand der Dünen und nur 2 km vom Meer. Der großzügige Garten mit div. Sitzecken, Grillplatz und Spielgelegenheiten lädt zum Ausspannen ein – nicht nur nach dem üppigen Frühstück mit selbst gebackenem Brot! Außerdem 2 **Apartments** und 1 **Ferienhaus**.
Hargerweg 5, Groet-Schoorl, April–Okt. und in den Ferien, mind. 2 Nächte, 2–4 Pers., €/F

Essen

Die **Dichte der Strandpavillons** ist wohl in keiner Region der Niederlande höher. Eine (kleine) Auswahl: Noord (2 x, Bergen aan Zee), Evi Beach, Nautilus (Egmond), Club Zand (Castricum), De Kust, Aloha (Wijk aan Zee), Beach Inn (IJmuiden), Woodstock '69, Republiek Bloemendaal (Bloemendaal), Hippie Fish, Kayuca, Fosfor (Zandvoort).

Gekrönt von einem Stern

Apicius: Zwei Brüder betreiben das moderne Restaurant mit großer Passion. Die französisch inspirierte Küche ist raffiniert, die Weinkarte exzellent auf das Menü abgestimmt. Saisonale Gerichte, überraschende Geschmackskombinationen.
Van der Mijleweg 16, Bakkum-Castricum, www.apicius.nl, Di–Sa, reservieren, €€–€€€

Innovative holländische Küche

NAP: Im Sommer munden die originellen, leichten Gerichte am besten auf der Terrasse am Kirchplatz, sonst im warm, freundlich und in kräftigen Farben eingerichteten Gastraum. Ausgezeichnete Fischgerichte.
Kerkplein 16A, Bloemendaal, new.restaurantnap.nl, Do–So mittags, Mi–So abends, 4-Gänge-Menü, €€–€€€

Es besteht Wiederholungsgefahr!

Brass Kaatje: In diesem informellen Restaurant stehen qualitativ hochwertige und lokale Bioprodukte im Vordergrund: buntes Gemüse, Austern, feine Schinken und Fischfilets, raffinierte Saucen, süße Desserts.
Pompplein 11, Egmond aan Zee, www.brasskaatje.nl, Mi–Mo, 3-, 4-, 5-Gänge-Menü, €€

Ganz pur aus regionalen Zutaten

ECHT: Hausgemachte Kuchen, Sandwiches, Suppen, Salate und Bowls.
Oude Prinsweg 5, Bergen, www.echtfood.nl, tgl., Superfrühstück, €

Pfannkuchen beim Piraten

De Zeerover: Bekannt für seine leckeren Pfannkuchen in Seeräuberambiente.
Strandweg 1, Zandvoort, dezeerover.nl, Mi–So, sehr kinderfreundlich, €–€€

Bewegen

Radelparadies

Pontjesroute Castricum: Im Landesinneren führt die Route auf 40 km durch idyllische Dörfer. Highlight sind die beiden Fähren *(pontjes)*, die man selbst bedient.
www.fietsnetwerk.nl/de/routen/de-pontjesroute-van-castricum; mit Gratis-Radrouten-App

Ab aufs Wasser

Go with the Flo Bootjesverhuur: Boote, Kanus und Scooter zu fairen Preisen.

N

NS WANDELINGEN

Eine schlaue Idee der Niederländischen Eisenbahn sind die Wanderungen von Bahnhof zu Bahnhof: 45 Wanderungen (6–20 km).

www.ns.nl/dagje-uit/wandelen/noord-hollands-duinreservaat.html. Tipp: NS Wandeling Noordhollands Duinreservaat, Castricum–Egmond a. Z. (15 km, 3,5 Std.).

Bergerweg 82, Bergen, www.bootjesverhuurbergen.nl, Boote ab 25 €/Std., Picknickkorb

Ausgehen

Punkt, Punkt, Komma, Strich ...

Bolletjescafé De Klok: Nix da! Punkt, Punkt und noch einmal Punkt! Knallrot und ziemlich groß prangen sie auf der weißen Fassade von Eetcafé und Brauerei im hübschen **Warmenhuizen.** *Bolletjes* sind Punkte, und diese zierten Rot auf Weiß auch das Trikot des Bergetappensiegers der Tour de France, Steven Rooks aus Warmenhuizen (1988) . Seither trägt das Lokal das fröhliche Outfit und ist ein beliebter Ort, um entspannt essen zu gehen.

Stationsstraat 24, Warmenhuizen, bolletjescafedeklok.nl, Mi–Mo, €–€€, auch B&B mit 2 schönen, hellen Zimmern über dem Lokal, €

Infos

- **Infos online:** hollandbovenamsterdam.com/de, watgaanwedoen.nl/de/schones-kennemerland, hartvannoordholland.com (Bergen), egmond.nl, voorliefhebbers.nl/de (Castricum), visitzandvoort.de)
- **Parken:** in den Sommermonaten in den Badeorten eher schwierig und oft teuer.
- **Verkehr:** Zandvoort ist hervorragend mit dem Zug an Amsterdam angebunden; Busse verbinden die übrigen Badeorte.

Haarlem — E6

Amsterdam muss sich warm anziehen – Haarlem könnte ihm den Rang ablaufen. Ein Labyrinth aus Wasserwegen wartet auf Besuch, hinzu kommen malerische Zugbrücken, zwei Mühlen und die vielen Innenhöfe, die Haarlem zur ›Stadt der Hofjes‹ machen (s.u.). Die Dichte an denkmalgeschützten Gebäuden ist enorm (gut 1000 an der Zahl), die der hochkarätigen Museen auch. Die nordholländische Provinzhauptstadt konnte schon mehrfach den Titel ›beste Einkaufsstadt‹ des Landes einfahren, ihre Ausgehszene ist groß und hochwertig. Dazu ist Haarlem relaxed und nicht so überlaufen wie Amsterdam. Und die Natur ist nie weit: Die Spaarnestadt grenzt an den Nationalpark Zuid-Kennemerland (s. S. 108), ist nur 25 Fahrradminuten vom Strand entfernt und von riesigen Blumenfeldern umgeben.

www.haarlemsehofjes.nl/haarlemse-hofjes-wandeling

Das Wohnzimmer der Haarlemer

Ein Stadtspaziergang gleicht dem Eintauchen in eines der Gemälde des 17., des ›Goldenen‹ Jahrhunderts, in dem Haarlem erneut eine Blütezeit erlebte. Händler und Kaufleute, aber auch Künstler kamen damals in Scharen, die Einwohnerzahl verdreifachte sich. Zu den Neubürger:innen gehörte auch Frans Hals (1582/83–1666). Seine lebhaften Charakterdarstellungen spielten eine bedeutende Rolle in der Entwicklung der Porträtmalerei. Wer mag, kann sein Grab in der **Grote** oder **St. Bavokerk** (www.bavo.nl/de, Mo–Sa) am großzügigen **Grote Markt,** dem samstäglichen Marktplatz (8.30–17 Uhr), besuchen.

In der spätgotischen Kirche liegt auch Lieven de Key (1560–1627) begraben, dem die Stadt die vielen Renaissancebauten verdankt, so die **Waag** an der Spaarne Ecke Damstraat und das Hauptgebäude des **Frans Hals Museum** (s. S. 112), 1608 als Oudemannenhuis erbaut. Am Grote Markt liegen gleich zwei bedeutende Hinterlassenschaften des Stadtbaumeisters, die **Vleeshal** (Nr. 16), heute Teil des Frans Hals Museums, und das umgebaute **Stadhuis** (Nr. 2). Auf dem Grote Markt locken unzählige Caféerrassen.

Westlich und südlich der Bavokerk liegt mit **De Gouden Straatjes** ein Einkaufsviertel besonderer Art, dem Haarlem seinen Ruf als Shoppingparadies zu verdanken hat. Es macht richtig Spaß, durch die sieben ›goldenen Gässchen‹ zu schlendern, deren Schaufenster sich zumeist in historischer Bausubstanz eingerichtet haben. Jede der sieben Straßen hat ihren eigenen Charakter (goudenstraatjes.nl).

Über den Dächern der Stadt

Um die Stadt von oben in Augenschein zu nehmen, empfiehlt sich ein Aufstieg auf einen der beiden Türme der **KoepelKathedraal,** die gut zehn Fußminuten außerhalb des Zentrums liegt. Mit vier anderen Kirchen, darunter der Sagrada Família, gehört sie zu den bedeutendsten Gotteshäusern, die zwischen 1850 und 1950 gebaut wurden. Das Stilwirrwarr ist geprägt von Neogotik, Neoromanik und Jugendstil sowie Stilelementen der Amsterdamer Schule – und fügt sich doch zu einem großen Ganzen. Die zwölf Türme und Türmchen sowie die 65 m hohe kupferne Jugendstilkuppel (= *koepel*) verleihen dem Gebäude einen heiteren, orientalischen Anstrich. Streng kontrastieren dazu die beiden 60 m hohen, vom Grundriss her quadratischen Türme im Stil der Amsterdamer Schule.

Doch jetzt erst einmal auf einen der Türme! Bei klarem Wetter reicht der Blick nach Westen bis zu den Dünen und zum Meer – Zandvoort lässt grüßen. Auf der anderen Seite liegt die Stadt ein wenig träge an der Spaarne. Noch weiter im Hintergrund schiebt sich der Tower von Schiphol ins Bild … und Amsterdam!

Leidsevaart 146, Eingang Bisschop Bottemanneplein, www.koepelkathedraal.nl, tgl. 13–17 Uhr, 8,50/4 € inkl. Turmbesteigung u. Audiotour, Führungen inkl. Eintritt u. Kaffee 12,50/6 €, Museum in alter Sakristei; Koffiebar

›Favourite plek‹ der Haarlemer

Pause? Machbar. Entweder direkt hier an der Kade der **Leidsevaart,** einem der ältesten Kanäle des Landes von 1657, mit einem leckeren Teilchen der **Bakkerij Rijkenberg** (Emmaplein 34) oder zurück im Zentrum im schnuckeligen Café **Hofje zonder Zorgen,** dem ›Hof ohne Sorgen‹, bei Kaffee und Kuchen (www.hofjezonderzorgen.nl) mit Ausblick auf den Innenhof oder im Sommer auf der Terrasse im Hof. Das 1704 gestiftete **Proveniershofje** (Nwe. Kerksplein 11), in dem das Café liegt, ist das größte Haarlems und zählt 67 Wohnungen. Das 1616 gegründete **Hofje van Guurtje de Waal** (Lange Annastraat 40) um die Ecke war ›Witwen oder alten Jungfern, die Mitglied der reformierten Kirchengemeinde waren‹, vorbehalten.

Der Straße weiter Richtung Raamsingel folgen, bis **In 't Goede Uur** an der Ecke Korte Houtstraat erreicht ist, ein uriges Lokal, in dem nicht nur das Käsefondue schmeckt (hetgoedeuur.nl). Die **Korte Houtstraat** ist eine der grünsten Straßen Haarlems, eine kleine städtische Oase. Ein schöner Spaziergang führt nun am **Kampersingel** entlang nach Osten.

Eine Flussfahrt, die ist fein

Zeit, um die Füße auszuruhen? Die Bootstour steht ja noch aus. Gegenüber vom **Teylers Museum** (s. S. 112), dem ältesten Museum der Welt, starten die **Grachtenrundfahrten** mit Smidtje Canal Cruises (smidtjecanalcruises.nl). Hinter der **Gravestenenbrug,** einer typisch holländischen Klappbrücke, nimmt das Boot Fahrt auf. Bevor es nach links in die Nieuwe Gracht, die schönste Stadtgracht einbiegt, dreht zur Rechten die **Molen De Adriaan** (2002) ihre Flügel in den Wind. Die malerisch gelegene Bilderbuchwindmühle ist eine Rekonstruktion der 1778 an dieser Stelle erbauten Vorgängerin. Sie hockt auf dem Fundament eines alten Verteidigungsturms und dient heute als Museumsmühle. Wer mag, kann hier auch heiraten oder nach dem Besuch im pittoresken alten Werftgebäude bei **Zuidam** einkehren (Papentorenvest 1a, www.molenadriaan.nl/de, tgl.; www.restaurantzuidam.nl, traumhafte Wasserterrasse).

Die **Nieuwe Gracht** zeigt noch einmal, was Haarlem draufhat, prachtvolle Häuser stehen hier Spalier. So viel Wasser – und trotzdem Durst! Kann man später mit einem Bier in der **Jopenkerk** löschen, auf die der Käpt'n in der Leidse Vaart hinweist. Im Kirchenschiff sind heute Brauerei und Grand Café untergebracht und beeindrucken mit riesigen Braukesseln, stylisher Einrichtung, cooler Galerie, leckeren Bieren und Speisen (s. S. 114).

Museen

Ein kleines Haus für große Meister

Frans Hals Museum: Das Museum fährt im Standort **HOF** ein spannendes Konzept: Werke seiner bedeutenden Sammlung des 17. Jh. – allen voran die Gemälde des berühmten Porträtmalers Frans Hals – werden mit Werken der Sammlung moderner und zeitgenössische Kunst kombiniert. Ein Highlight ist auch das ›Puppenhaus‹ (1743), das detailgetreu ein Amsterdamer Kaufmannshaus kopiert. Der HOF ist im schönen Oudemannenhuis aus dem 17. Jh. untergebracht; in der **HAL** sind in drei außergewöhnlichen Häusern (Vleeshal, Vishuisje, Verweyhal) moderne und zeitgenössische Ausstellungen zu erleben.

HOF: Groot Heiligland 62, HAL: Grote Markt 16, www.franshalsmuseum.nl/de, Mi–So

›Museum der Wunder‹

Teylers Museum: Eines der schönsten und ältesten Museen des Landes mit einer außergewöhnlichen Sammlung wissenschaftlicher Apparate, Gesteine, Mineralien und Fossilien sowie bedeutender Zeichnungen und Drucke von Künstlern wie Raffael und Michelangelo.

Spaarne 16, www.teylersmuseum.nl/en, Di–So

Schlafen, Essen

Nachsitzen de luxe

STAATS: Nur 2 Gehmin. vom Bahnhof entfernt ist das Boutiquehotel in einer ehemaligen Schule untergebracht. Jedes Hotelzimmer ist individuell gestaltet und vereint modernen Luxus und eine gemütliche Vintage-Atmosphäre. Im Living Room stehen Kaffee, Tee und hausgemachtes Gebäck bereit, in der Honesty Bar Chips, Spirituosen und Wein. Das opulent ausgestattete **Ausbildungsrestaurant De Ripper** bietet Jugendlichen eine zweite Chance und Gästen ein Mehrgängemenü.

Ripperdastraat 13 a, www.hotelstaats.nl, €€–€€€, Familienzimmer, Frühstück 17,50 €; **De Ripper**, www.deripper.nl, Di–Do, €–€€ (inkl. Brot, Wasser, Pommes, Dessert), reserv.

Was bitte ist ein Boutiquehostel?

Hello I'm Local: Die goldene Mitte zwischen relaxtem Hostel und luxuriösem Hotel! Ob Privatzimmer oder Schlafsaal – alle 20 Räume sind sauber, trendig eingerichtet und mit einer eigenen Dusche ausgestattet. Im **Café** treffen sich Hotelgäste und Locals zu (All-Day-)Frühstück, Lunch und Dinner.

Spaarnwouderstraat 74, helloimlocal.com, WiFi nur im Gemeinschaftsraum; €–€€; Café: €

Self-Check-in

Anegang Boutique Hotel: Self-Check-in-Hotel in historischem Gebäude im Stadtzentrum. Die Standardzimmer sind schlicht, aber stilvoll eingerichtet, im größeren Deluxe-Apartment für 4 Personen gibt es eine voll ausgestattete Küche, Waschmaschine und Trockner sowie einen gemütlichen Wohnbereich mit Esstisch.

Anegang 2, www.alys.nl/de/unterkunfte/anegang-boutique-hotel, €–€€, Frühstück 25 €

Wie Phönix aus der Asche: Molen De Adriaan in Haarlem

Essen, Schlafen, Ausgehen

Atemberaubend und gesund!

DeDAKKAS: Stilvolle Rooftop-Bar und -Restaurant mit saisonal wechselnder Speisekarte mit hauptsächlich vegetarischen und veganen Gerichten, aber auch hochwertigem Fleisch und Fisch sowie vielen verschiedenen Sorten Naturwein, saisonalen Bieren und alkoholfreien Cocktails.

De Witstraat 1A, www.dedakkas.nl, tgl., €€; Ausstellungen, Comedynights

Leckerbissen aus ganz Asien

Bambu Kitchen & Bar: Traumhaftes asiatisches Streetfood und leckere Cocktails in relaxter Bali-Atmosphäre. Die Auswahl reicht von Klassikern wie Gyoza, Bao, Frühlingsrollen bis hin zu Steak mit Szechuanpfeffer oder Jackfruit-Curry. Die schicken Studios der **Bambu Sleep Boutique** erfreuen mit kräftigen Farben.

Grote Markt 12, www.haarlem.bambukitchen.nl, €€; Studios: €–€€

Bestes veganes Restaurant 2022

Mama Gaia: ›Mutter Erde‹ steht für pflanzliche Geschmacksexplosionen, die auch Fleischesser überzeugen.

Gonnetstraat 26, www.mamagaiahaarlem.nl, Mo–Sa, €€

Die Zukunft ist zirkulär

Kweekcafé: In einer alten Schreinerei im ehemaligen Stadtgarten bietet das Kweekcafé einen Treffpunkt für Jung und Alt, Locals und Reisende. Mithilfe von Solarpanels, vertikalen Pflanzengärten etc. sollen das Gewächshaus und der gesamte Betrieb möglichst autark werden. Neben dem Café werden hier auch mehrere Geschäfte betrieben, die dasselbe Ziel verfolgen (s. S. 114).

Kleverlaan 9, www.kweekcafe.nl, Mi–Mo, €

Cooles Konzept in der Foodhall

Mooie Boules Haarlem: Bei Starkoch Ron Blauw gibt's asiatisches Streetfood, bei den beiden Durchstartern aus der City, Roast Bistro Bar City (roasthaarlem.com)

und Fishbar Monk (fishbarmonk.com), BBQ- und Fischgerichte – serviert in Bowls. Viel Vegetarisches/Veganes. Terrasse am Wasser. Cool: das Boulespiel.
Oerkapkade 3, mooieboules.nl, tgl., €

Nur ein Fischstand? Von wegen!

Balk Visch aan't Spaarne: Selten so guten Fisch gegessen, egal, ob *kibbeling, lekkerbek,* Hering, Garnelen, Fischbrötchen, Ravigotesauce (!). Superservice.
Friese Varkenmarkt 13, Di, Mi, Fr, Sa, €

Einkaufen

Gutes im Gewächshaus

Kweekstraat: Neben dem Kweekcafé (s. S. 113) sind hier auch mehrere Geschäfte angesiedelt, die sich der Kreislaufwirtschaft verschrieben haben. **NoMorePlastic** stellt Taschen aus receycelter Baumwolle her, **Miss Green** nachhaltige Mode und **Sas de Vries** Lederwaren aus Leder von Kühen aus Ökotierhaltung. Jeden ersten Samstag im Monat ist **Kweek Design** auf dem **Biomarkt** des Cafés mit nachhaltigen Einrichtungsstücken aller Art zu finden.
Kleverlaan 9, Kweekcafé, nomoreplasticbags.nl, www.sasdevries.nl, www.kweekdesign.nl

Bewegen

Stadtnahe grüne Oase

Veerkwartier: Nur 15 Fahrradmin. vom Grote Markt entfernt, liegt das grüne Paradies, das Teil des **Spaarnwouder Erholungsgebietes** (spaarnwoudepark.nl) ist – ein lebendiger, kreativer Ort, in dem Natur, Erholung, Kultur und Ökologie zusammenfinden. Der Veerplas lockt Schwimmer:innen, der Grasstrand Sonnenhungrige. Wanderungen erschließen das Gebiet, Barfußpfad, Abenteuerspielplatz u. v. m. beschäftigen Groß und Klein. Im nachhaltigen **Paviljoen De Veerplas** wird eine gesunde Küche auf Basis regionaler Bioprodukte serviert. Im Juni mit **Veerplas Festivals** auf fünf Bühnen.
A. Hofmanweg 62, veerkwartier.nl, Küche: 15. März–Okt. Di–So, sonst nur So, €

Wo sich tout hip Haarlem trifft

Stadsstrand De Oerkap: Mit den Füßen im Sand die Aussicht auf den Fluss oder vom **SUP-Board** aus Spaarne und Ufer genießen? Beides ist möglich. Nur einen Spaziergang von der City entfernt, kann hier auch leckere Holzofenpizza gegessen werden. Diverse Liveacts/Events.
Harmenjansweg 95, oerkap.nl, Mitte März–Mitte Sept. Mo geschl., €, Boardverleih

Und die Stadt zieht an dir vorbei

Greenjoy: Lieber mit dem ›eigenen‹ Bötchen unterwegs? Geht bei Greenjoy!
Leidsevaart, Oranjekade 41, greenjoy.nl

Ausgehen

›Welkom‹ in der Bierstadt Haarlem

Jopenkerk: Alles für einen gelungenen Abend (s. S. 112)!
Gedempte Voldersgracht 2, www.jopenkerk.nl, tgl., Grand Café €, Restaurant (Do–Sa) €€

Infos

- **Infos online:** www.visithaarlem.com/de
- **VVV Haarlem:** Grote Markt 2, Mo–Sa
- **Parken:** www.parkeren-haarlem.nl
- **Verkehr:** hervorragende Zugverbindungen nach Amsterdam und Zandvoort
- **Blumencorso:** Mi–So im April, bloemencorso-bollenstreek.nl/en. Das größte Blumenfest der Region; am Sa erreichen die geschmückten Prachtwagen Haarlem.
- **Haarlem Jazz & More:** Mi–So im Aug., www.haarlemjazzandmore.nl. Musik auf drei Bühnen in der Innenstadt.
- **ProefParkHaarlem:** Fr–So im Sept., www.proefparkhaarlem.nl. Foodtruckfestival im Kenaupark, mit Livemusik und DJs.

Zugabe
Grün unterwegs

Die Städte erblühen und werden grüner.

Die Stadt der Zukunft ist keine Betonwüste mehr, sondern kleidet sich in bunte Töne und wird immer grüner. Das haben die niederländischen Städte gut verinnerlicht, allen voran Amsterdam und Rotterdam, doch auch kleinere Städte wie Haarlem und Eindhoven. Diesem Thema widmeten die Niederländer:innen im Jahr 2022 ein Event: Bei der 10. Floriade Expo in Almere drehte sich alles um ›Sustainability‹. Es gibt unzählige gute Gründe, die Städte grüner zu machen; sie bleiben lebenswert, werden nachhaltiger und resilient. So werden urbane Lebensräume geschaffen, die für Mensch und Natur gleichermaßen wichtig sind.

Ende 2021 machte die Stadt Amsterdam 10 Mio. Euro extra locker, um Parks und Grünflächen neu zu gestalten bzw. zu vergrößern. Bienenfreundliche begrünte Dächer, städtische Weingärten, Dach- und Gemeinschaftsgärten sind entstanden. All diese Bestrebungen helfen, Schadstoffe zu mindern, Luftverschmutzung und Umweltlärm zu verringern, die Luftfeuchtigkeit zu erhöhen und im Sommer ein wenig Kühlung zu bringen. Um die Stadt gegen kommende Klimakatastrophen zu wappnen, reicht das allerdings nicht aus. Naturinklusives Bauen heißt die Zauberformel, die helfen könnte.

Moderne Stadtplanung für Green Citys.

Der Grundstein ist gelegt dafür. In Amsterdam etwa mit The Valley, einem Wolkenkratzer in der Zuidas, der sich zu einem vertikalen grünen Garten entwickelt. Denn Baugrund ist knapp in den Städten, also ist eine Lösung, in die Höhe zu bauen – so auch beim Wohnturm Vertical in Sloterdijk, wo Gärten bis in eine Höhe von 70 m angelegt wurden.

De Ceuvel ist eines der gelungensten ›grünen‹ Projekte *(s. S. 78)**.*

Doch noch wichtiger als Dachgärten und Sedumdächer sind Bäume für eine Stadt, denn sie wirken wie riesige Filter, produzieren Sauerstoff und kühlen die Luft. The Urban Jungle Project hat ein System entwickelt, mit dem Bäume und anderes Grün auf (fast) jedem Dach angepflanzt werden können.

Biodiversität ist ein anderes Gebiet, auf dem noch viel zu tun ist. Wie müssen Grünflächen gestaltet sein, damit sie Insekten anziehen, die dann wiederum Tiere anlocken, die von Insekten leben? Ein gutes Beispiel dafür ist die IJburgerlaan auf Zeeburgereiland, wo am Straßenrand eine Wildblumenwiese sprießt – ein Paradies für Insekten! ■

Watteninseln

Sonne & Meer, Sand & Wind — die vier ›Hauptzutaten‹ dieser Region lassen die Herzen der Besucher höherschlagen. Gaaaanz viel Natur ist hier ganz normal und Programm für die Touristen. Und den Welterbestatus gab's auch fürs Watt.

Seite 119

Museum Kaap Skil

Strandräuber gibt's heute auf Texel nur noch drei – ihre Geschichten und Funde bewahrt das Museum Kaap Skil, dessen modernes Entree schon für sich ein Highlight ist. Ob die Erzählungen der *jutter* nun Seemannsgarn sind oder nicht, müssen Sie selbst entscheiden …

Seite 123

Restaurant Oudeland

Und nachhaltig noch dazu. Lecker sowieso. Wer bei Daan Kappert im Restaurant Oudeland in De Koog speist, unternimmt eine kulinarische Reise über die Insel.

Bis zu 7 l pro Stunde Meerwasser kann die Islandmuschel filtern.

Seite 127

Reddingshuisje

Das Vlieländer Rettungshäuschen ist eines der hippsten Traulokale des Landes. Auch wer nicht heiraten möchte, wird in der ›Sahara des Nordens‹ froh.

Seite 127

Rode Kabouter

Vom ›Roten Gnom‹, dem Leuchtturm auf Vlieland, hat man einen irren Blick über die Insel und bis Harlingen.

Seite 133

Dark Sky Park

Die Nacht ist in Terschellings Dark Sky Park noch richtig dunkel.

Seite 133

Oerol Festival

Jedes Jahr im Juni verwandelt sich Terschelling in eine einzigartige Naturbühne: In den Dünen und am Strand, im Wald und auf den Deichen finden Theater-, Tanz- und Musikveranstaltungen statt.

Seite 133

Oerd und Hôn

Als sei man in Mittelerde, so fühlt sich eine Radtour in den wilden Osten Amelands mit Oerd und Hôn an.

Seite 135

Wattwanderung von Holwerd nach Ameland

Das Wattenmeer ist als UNESCO-Welterbe geschützt. Warum noch mal? Das erfahren Sie auf einer Wattwanderung. Los geht's auf dem Festland, rüber nach Ameland – eine gute Kondition vorausgesetzt!

Seite 137

Schiermonnikoog ✪

Die Östlichste, die Ursprünglichste, die Kleinste, die Unberührteste – ›Schier‹ bringt einen Superlativ nach dem nächsten. Dabei ist die Insel einfach nur klein und fein!

Lekker uitwaaien kann man auf den Inseln ganz prima! Wörtlich aus dem Niederländischen übersetzt bedeutet es: ›schön auswehen‹. Gemeint ist aber eher, sich durchpusten zu lassen, den Kopf freizubekommen.

2009 wurde das Wattenmeer Weltnaturerbe. Kaum vorstellbar, dass man in den Niederlanden in den 1960er-Jahren die Idee hatte, Festland und Inseln zu verbinden und das Watt einfach einzupoldern …

Mini-Spielzeugwelten im Watt

G

Gimme five! Eins, zwei, drei, vier, fünf Inseln sind es, die sich im Bogen vor der niederländischen Wattenmeerküste ganz im Norden ausstrecken. Sie dümpeln friedlich vor sich hin, treibenden Spielzeugwelten gleich, außer die Nordsee wütet. Unter dem Terminus ›Westfriesische Inseln‹ tauchen die Eilande Texel, Vlieland, Terschelling, Ameland und Schiermonnikoog (von West nach Ost) vielleicht noch in deutschen Schulbüchern auf, im Land selbst heißen sie schlicht: Watteninseln resp. *waddeneilanden*. Ein Begriff, der auch korrekter ist, denn Texel gehört nicht zur Provinz Fryslân (Friesland), sondern zu Noord-Holland.

»Nie bin ich glücklicher als bei der Hinfahrt auf dem Boot« – wer verstünde den Naturforscher J. P. Thijsse nicht, der sich Ende des 19. Jh. immer wieder auf den Weg nach Texel machte. Sobald man eine der Inselfähren betreten hat und das schier endlose Wattenmeer durchpflügt, stellt sich das ›ultimative‹ Urlaubsgefühl ein. Die Natur der Inseln hatte es dem Botaniker angetan, und noch heute kommen die Menschen ihretwegen. Erst recht, seit das gesamte Wattengebiet vom dänischen Esbjerg über Deutschland bis zum äußersten niederländischen Zipfel, Texel, 2009 den Titel UNESCO-Weltnaturerbe verliehen bekam. Mehr als 10000 seltene Tier- und Pflanzenarten finden sich hier – mehr als irgendwo in den Niederlanden.

Und auch, wenn die Inseln gut besucht sind, ein einsames Fleckchen gibt es immer irgendwo – und dann heißt es: genießen, den Umstand etwa, dass die Anzahl der Sonnenstunden hier mit rund 2000 weit über dem landesweiten Durchschnitt liegen.

ORIENTIERUNG

O

Infos: Jede Insel hat ihr eigenes Fremdenverkehrsbüro mit ausgezeichnetem Onlineportal – www.texel.net/de, vlieland.net/de, www.vvvterschelling.de, www.vvvameland.de, www.vvvschiermonnikoog.de.
Verkehr: Fähren verbinden die Inseln mit dem Festland, sie sind unterschiedlich teuer, fahren unterschiedlich lange und oft und müssen z. T. reserviert werden. Infos unter den Inseln. Achtung: Vlieland und Schiermonnikoog sind autofrei!
Parken: Für Texel empfiehlt es sich, vorab online eine E-Vignette zu kaufen. Auf Terschelling und Ameland ist Parken in den blauen Zonen kostenlos – denken Sie nur daran, eine Parkscheibe auszulegen.

Texel

E3

›Tessel‹ hat als größte der Inseln (25 x 8 km) auch die meisten Besucher, aber wer sich nicht im Hauptort Den Burg, im Badeort De Koog und an den Hauptstränden aufhält, findet seine Ruhe! Alle Landschaftsformen sind hier vertreten, sodass die westlichste Watteninsel als ›Niederlande im Kleinen‹ gilt. Fast zwei Drittel sind Naturschutzgebiet, so die gesamte Dünenkette im Westen, die **Texelse Duinen,** an die sich knapp 30 km lange Sandstrände schmiegen. Aktivurlaubende werden mit 240 Wanderkilometern und einem 170 km langen Radwegenetz verwöhnt.

Den Hoorn

E3

Das südlichste ist wohl auch das schönste Inseldorf: mit blumengeschmückten Straßen und der großen Zahl an restaurierten Lotsen- und Kommandeurshäusern des 17. Jh., als sich im Ort neben Walfängern wohlhabende Lotsen und Kapitäne ansiedelten. Das Kunst- und Kulturdorf Den Hoorn wirkt relaxed, ein Umstand, den es der Nähe zu einem der schönsten Inselstrände dankt. Im Frühling ist die Ecke ein einziges Blütenmeer aus Tulpen und Narzissen, mittendrin die **Dorfkirche** mit schlankem, weißem Turm (1425).

Oudeschild

E3

Freitags ist mächtig Leben in der Bude, dann kommt die kleine Fischereiflotte zurück in den Hafenort am Wattenmeer. Hinterm Deich bleibt's schön: Schmucke **Treppengiebelhäuser,** das **Zeemanskerkje** und das mehrfach für seine Architektur ausgezeichnete **Museum Kaap Skil** erinnern an die ruhmreiche Zeit Oudeschilds während des ›glorreichen‹ 17. Jh. der Niederlande. Eine Scheune ist den *jutters* gewidmet, ›Strandräubern‹, die, was auch angespült wurde, sammelten (Heemskerckstraat 9, www.kaapskil.nl/de, Juli/Aug. tgl., sonst Di–So).

Gewann bereits mehrere Architekturpreise: Kaap Skil in Oudeschild.

UNESCO-WELTERBE

Wegen seines Naturreichtums ist das **Wattenmeer** eine unentbehrliche Rast- und Brutstätte für Hunderte Vogelarten. 10–12 Mio. Zugvögel nutzen den Naturraum jährlich. Stolz spricht man von einer ›Kinderstube‹ für Vögel, Fische, Seehunde. Die Flora der Niederlande ist nirgends reicher als auf den Watteninseln – kein Wunder, treffen wir doch von Norden nach Süden die unterschiedlichsten Biotope an: Meer und Strand, junge Dünen, trockene Dünen und Heide, Wälder, niedrig gelegene nasse Polder, höher gelegene trockene Polder, Groden, Salzwiesen und Watt.

Den Burg E3

Einzig im Hauptort gibt sich Texel (klein-)städtisch und versprüht an sonnigen Tagen südländischen Charme. Das Dorf entpuppt sich im historischen Ortskern als recht idyllisch: mit liebevoll dekorierten Giebelhäusern in kopfsteingepflasterten Gassen wie dem **Burgwal.** Vom Backsteinkirchturm der **Burghtkerk** (Binnenburg 2, Mo, Sa 10–12.30 Uhr, im Juli/Aug. auch Mi) zieht der Blick über die vielen Cafés, Restaurants und Geschäfte, um montags an den Marktständen hängen zu bleiben (8–13.30 Uhr). Gegenüber vom schönen **Steenenplaats** mit mächtiger Kastanie ist in einem der ältesten Inselhäuser (1599) die **Oudheidkamer** (›Altertumsstube‹) zu finden. Das sehenswerte Heimatmuseum führt ins 17. bis 19. Jh. (Kogerstraat 1, www.oudheidkamer.nl, April–Okt. Mo–Mi, Fr, Sa).

Ist das zu glauben?

Texel hat seinen eigenen Berg, den 15,3 m hohen **Hoge Berg!** Diese Geschiebelehmaufschüttung aus der Eiszeit ist der älteste Teil der Insel, **Het Oude Land van Texel,** mit einzigartiger Flora und Fauna. Auch Schafe fühlen sich zwischen den charakteristischen *tuinwallen,* aufeinandergestapelten Grassoden, und *skeepeboete* wohl. Diese asymmetrisch gebauten Schafscheunen sind über ganz Texel verstreut.

Oosterend E3

Mit Den Hoorn streitet das Dörfchen um den Titel ›Texels mooiste‹ (›Schönste‹). Chancen hat Oosterend mit seinem hübschen, geschlossenen Dorfensemble rund um die **Maartenskerk** allemal. Ein aufwendig restauriertes Häuschen mit typischem grünem Holzgiebel neben dem anderen, kopfsteingepflasterte Gassen …

Eine weitere Idylle liegt gleich um die Ecke, die **Mühle Het Noorden** mit dem Naturgebiet **Drijver's Vogelweide De Bol.**

De Koog E3

Im einzigen Badeort Texels schlägt das touristische Herz der Insel. Die **Dorpsstraat** ist Amüsierbetrieb und Shoppingmeile. Einzig das urige **Kirchlein** mit dem Holzturm und das **Häuschen van Mevrouw Mosk** erinnern noch an den einstigen Fischerort. Kapital De Koogs ist die zauberhafte Umgebung.

De Cocksdorp E3

An der **Kikkertstraat** reiht sich Hotel an B & B an Café an Restaurant. Doch ist das jüngste Inseldorf beschaulich geblieben und stolz auf seine reizvolle Umgebung mit mehreren **Natur- und Vogelschutzgebieten,** dem Krim-Wald, dem breiten

Strand und dem nahen Wattenmeer. Im **Vogelinformatiecentrum** gibt's Infomaterial und wertvolle Tipps (Kikkertstraat 42, www.vogelinformatiecentrumtexel.nl, Mo–Sa, mit gut sortiertem Shop).

Der knallrote **Leuchtturm** (s. S. 124) ist schon von weither zu sehen. Bei klarem Wetter ist die Sicht von oben grandios und reicht bis Vlieland. Wer mag, kann mit dem Fischkutter **De Vriendschap** zur Nachbarinsel übersetzen (waddenveer.nl, April–Sept., 35 €).

Schlafen, Essen

Unterm Sternenhimmel

Bij Jef: Einen Stern gibt es Jahr für Jahr für Jefs kreative, moderne Gerichte auf Basis der klassisch französischen Küche. Lokale Produkte haben es ihm angetan, ausgezeichnete Weine Sommelière Nadine.

Herenstraat 34, Den Hoorn, bijjef.nl, Mi–So abends, €€€; auch Luxussuiten, €€€

Served by nature!

Kook Atelier/Op Oost: Nachhaltigkeit steht bei Joram Timmerman ganz oben! Seine Gerichte sind von den Jahreszeiten und dem Angebot aus eigenem Garten, Watt und der Insel geprägt. Hübsch sind die elf Green-Key-zertifizierten **Suiten**.

Oost 76, Oosterend, www.opoost.nl, tgl., €€€, Suiten €€€

Fisch, Fisch und … Fisch!

Visrestaurant 't Pakhuus: Boy Schuiling experimentiert gerne und zaubert fantastische Fisch- und Meeresfrüchtegerichte. Er setzt auf nachhaltige regionale Produkte wie Salzgemüse aus dem Meer. Schöne **Designsuiten** unterm Dach.

Haven 8, Oudeschild, pakhuus.com/de, Mi–So, €€–€€€; texelsuites.com, Suiten €€€

Rundum-Sorglos-Paket

Boutique Hotel Texel: Sieben bezaubernde und mit Liebe zum Detail eingerichtete Zimmer und Suiten, ein Innenpool, div. Wellnessangebote und ein üppiges Frühstück warten! Einkehren kann man im sehr guten **Restaurant Gusta.**

Postweg 134, De Cocksdorp, www.hoteltexel.com, €€–€€€/F; reg. Dutch Cuisine: €€

Hippe Herberge

Stayokay Texel: Gemütliche, fußläufig zum Ort gelegene Jugendherberge mit hippem Touch und vielfältigen Spiel- und Sportmöglichkeiten, Bar und Restaurant (Frühstück, Dinner). Mit Fahrradverleih.

Haffelderweg 29, Den Burg, www.stayokay.com/texel, März–Okt., sonst WE/Ferien, €/F

Glamping auf Mongolisch

Texel Yurts: Übernachten im Naturschutzgebiet? In einer Jurte? Auf Texel kein Problem. Luxuriös ausgestattet mit Küchenzeile, Herd, Hängematte, Gartenstühlen …

Rommelpot 19, Den Hoorn, www.texelyurts.nl, €€€, auch Campingplatz, Blockhütten

Ein Haus mit Seele

B&B Pastorie Stella Marie: Im alten Pfarrhaus haben Birgit und Jan Jaap zwei behagliche Zimmer, eine Suite und ein Studio eingerichtet. Mit Garten.

De Ruyterstraat 128, Oudeschild, pastoriestellamarie.nl, üppiges Frühstück, €€/F

Meeresrauschen zum Einschlafen

Camping Kogerstrand: Die Herzen von Campingfreund:innen lässt dieser Platz in den Dünen höher schlagen. Zu Recht!

Badweg 33, De Koog, texelcampings.de, €

Essen, Ausgehen

Köstliches aus Küche und Keller

Restaurant Het Kompas: Traditionelle texelsche Slow-Food-Küche und **Scotch Whisky Bar** mit 3000 Whiskys. Els und Willem sind tolle Gastgeber:innen.

Herenstraat 7, Den Hoorn, whiskybarplaza.nl, Mi–Mo abends, unbedingt reservieren; €€€

Lieblingsort

Hang-out für Heuler

Robben – seit 70 Jahren sind sie die Stars des **Naturmuseums Ecomare** und werden es auch bleiben! Alles begann 1952 mit einer Baracke, in der kranke Robben und mutterlose Jungtiere unterkamen, die aufgepäppelt und später wieder ausgewildert wurden. Das ist bis heute so. Zur Baracke kamen Ausstellungsräume für drei ständige und eine Wechselausstellung, riesige Meeresaquarien, eine Vogelpflegestation und ein Außengelände mit einem Dünenpark hinzu. Bei Ecomare kann man mit Seehunden telefonieren, einen Schweinswal-Mörder aufspüren, Rochen streicheln, den Kopf in den Rachen eines 15 m langen Pottwals stecken und im Meereslaboratorium mikroskopieren. So macht Museum Spaß! Gegen 11 und 15 Uhr erfasst die Besucher eine gewisse Nervosität: Das Füttern der Seehunde und Kegelrobben steht in den Außenpools an! Und egal, wie oft man schon da war, diese Zeremonie bleibt das Highlight. Tja, sie sind halt die Stars, die gemütlichen Seehunde mit ihren süßen Knopfaugen! (E3, Ruyslaan 92, De Koog, www.ecomare.nl/de, tgl., Infomaterial, div. Führungen)

Nachhaltig, lokal, bio, einmalig

Oudeland: Verantwortungsvolles Kochen ist Daan wichtig, er folgt dem Nose-to-Tail-Prinzip. Die Zutaten aus dem eigenen Gemüsegarten und von Texeler Bauernhöfen stehen im Mittelpunkt der experimentierfreudigen, schnörkellosen Küche. Sommelier Hennie begleitet Daans Speisen mit ausgezeichneten Weinen und viel Wissen!
Dorpsstraat 175, De Koog, www.oudelandtexel.nl, Juni–Okt. Do–Mo, sonst Mi–So, €€

Sooo gemütlich und sooo gut!

Klif 23: Diese Institution besticht durch Gastraum, Wintergarten, Terrasse. Und mit 140 Pfannkuchen sowie Lammgerichten.
Klif 23, Den Hoorn, www.klif23.nl, Mi–So, im Frühjahr mit Blick ins Blumenmeer; €–€€

Gute Gerichte, guter Gerstensaft

De Twaalf Balcken: Typische ›Braune Kneipe‹ mit dunklem Holzmobiliar. Dauerbrenner auf der Karte sind Lammgerichte, Spareribs und das Saté vom Holzkohlegrill. Mehr als 140 Flaschen- und acht gezapfte Biere serviert der Biersommelier.
Weverstr. 20, Den Burg, 12balcken.nl, €–€€

Mit einem Lächeln auf den Lippen

Freya le Bistro: Zweierlei hat Liline und Falko innerhalb kürzester Zeit an die Spitze katapultiert: die Küche – traditionelle französische Gerichte mit Top-Zutaten – und die Gastfreundschaft. Die Atmosphäre in dem winzigen Raum mit zehn Tischen ist einmalig, das Konzept simpel: beim 3-Gänge-Menü wählt man aus drei Gerichten.
Gravenstraat 4, Den Burg, Di–Sa abends, €

Aus dem Netz auf den Teller

De Oude Vismarkt: 18 m ist die Theke lang und lässt keine Wünsche offen: frischer Fisch, Räucherfisch, Fisch- und Garnelenbrötchen, *kibbeling,* Sushi u. v. m.
Vlamkast 53, Oudeschild, www.deoudevismarkt.nl, tgl., kleine Fischerei-Ausstellung; €

Ice ice baby!

IJsboerderij Labora: Der Eisbauernhof hat 16 Sorten im Hörnchen im Angebot.
Hollandseweg 2, De Cocksdorp, ijsboerderijlabora.nl, mit Spielplatz; Halbliter-Eisbehälter; tgl.

ESSEN AUS DER NATUR

Texel kann sich immer mehr nachhaltiger Projekte rühmen wie dem **Natuur Goed** bei Oosterend. Siem, ein echter *Tesselaar,* und seine Partnerin Conradine zeigen in ihrem Naturgarten, dass nicht alles Unkraut ist und weg kann, sondern man aus fast jedem Kraut etwas machen kann.
Koningsweg 4, natuurgoed.org, offener Garten Di–Do, 7,50 € inkl. Kaffee & Kuchen, Di, Do Workshops, ab 8,50 €

Einkaufen

Wie die Insel, so das Bier

Texelse Bierbrouwerij: 1a-Zutaten – Dünenwasser, Gerste, Weizen, Hopfen, und Hefe kommen aus Texel. Unterm Strich macht das zwölf ausgezeichnete Biere!
Schilderweg 214, Oudeschild, texels.nl/de, auch Brauereiführungen & Verkostungen

Dem Schaf an die Wolle …

Texelana: Pantoffeln, Betten, Pullover.
Weverstraat 38, Den Burg, www.texelana.nl

Ab in die Luft!

Texel Vliegerhuis: Hier hat wohl jeder schon einen Drachen gekauft! Im Zweifelsfall den fast ›unkaputtbaren‹ Texel Glider!
Weverstraat 17, Den Burg, texelvliegerhuis.nl, Juli/Aug. Di Fliegerabend ab 19 Uhr (Paal 17)

Alles Käse!

Kaasboerderij Wezenspijk: Preisgekrönter Biokäse – *echt lekker!* Mit Café.
Hoornderweg 29, Den Burg, www.wezenspijk.nl, tgl., Hofladen, mit Käsefondue im Café

TOUR
Die Niederlande im Kleinen

Mit dem ›Fiets‹ durch Salzwiesen, Dünen und Wald im wilden Westen Texels

Der Nationalpark ›Duinen van Texel‹ erstreckt sich entlang der gesamten Westküste; hier liegen Dünen, feuchte Dünentäler, Wälder, Salzwiesen und Heidegebiete.

Ein knallroter Pin markiert den Startpunkt: der **Leuchtturm** aus dem Jahr 1864. 35 m schraubt er sich in die Höhe, und wer die 112 Stufen raufklettert, wird vom umwerfenden Ausblick auf eine gewaltige Sandplatte belohnt. Wo der *vuurtoren* einst ins Meer zu kippen drohte, weil der Sandabschlag hier im Norden besonders stark ist, konnte durch die Anlage einer Buhne Sand angeschwemmt werden. ›Treibsand‹ mahnt ein Schild, den Seehunden, die hier gerne rumdümpeln, ist's egal.

Wo einst Wellen die gewaltige Dünenkette durchbrachen, liegt heute mit dem Vogelparadies **De Slufter** eine einzigartige Salzwiesenlandschaft – mit direktem Meerzugang, denn die Lücke ließ sich nicht mehr schließen. Priele durchziehen das Gebiet, das bei Sturm auch schon mal vollläuft. In seinem hübschesten Kleid zeigt es sich im Juli/August, wenn der Strandflieder poppig lila blüht. Der nördliche Teil ist gesperrt, denn hier leben Watvögel, Möwen und Enten, selbst Wanderfalken und Bussarde wurden schon gesichtet. Ein Deich schützt das niedriger gelegene Dünengebiet **De Muy** zum Slufter hin vor Überflutungen. Mehr als 50 Vogelarten lassen es sich hier am Süßwasserdünensee **Muyplas** gut gehen, darunter die größte Löfflerkolonie des Wattenmeers. Und auch ein paar langhaarigen Gesellen gefällt es in De Muy bestens: den Galloways, die sich hier seit 2009 dick und rund fressen dürfen. Im kleinen Polder **De Nederlanden** lohnt die 22 m hohe **Bertusnol** den Aufstieg. Die ›Himmelsleiter‹, eine Treppe aus Kastanienholz, führt steil nach oben auf die Düne – und zu einer Wahnsinns-Aussicht.

Gut die Hälfte der Tour ist geschafft, und wer nun Lust auf eine Pause hat, ist in **De Koog** (s. S. 120) genau richtig. Hinter dem trubeligen Badeort wird es schnell wieder ruhiger. Der Weg führt über die Ruyslaan am Waldsaum entlang und streift kurz den Dünengürtel bei **Ecomare** (s. S. 122). Immer parallel zum Strand geht es über den Randweg zum Waldgebiet **De Dennen** (= die Kiefern). Selbst bei starkem Wind lässt es sich auf den geschützten Wegen mühelos radeln. Im Lauf der Zeit wurde ein beträchtlicher Teil des einstigen Kiefernwaldes mit Laubbäumen aufgeforstet, worüber sich Buntspecht, Zaunkönig, Waldohreule, Kuckuck und Nachtigall freuen. Sichtbaren Einfluss auf den Wald haben Wind, Salz und Wasser genommen.

Ein Abstecher zu Fuß in den Slufter muss sein: Die Salzwiesen sind zauberhaft – und leicht zu erreichen.

Wer den Blick von oben sucht – **Fonteinsnol** und **Kampeersnol** sind gute Aussichtspunkte. Nicht nur Pflanzenliebhabern gehen zu Jahresbeginn und im Frühjahr die Augen über: Schneewittchenweiß erstrahlt der Waldboden im Februar/März, dann stecken die Schneeglöckchen neckisch ihre Köpfchen in die noch kühle Luft, und im Mai/Juni tun es ihnen die Hasenglöckchen nach, und der Wald ist an manchen Stellen fröhlich blau getupft. Relaxt geht es in **Het Turfveld** zu, hier kann gepicknickt, gegrillt oder im loungigen Waldkiosk eingekehrt werden.

Raus aus dem Wald und rein in die Heide: In einem der ältesten Dünentäler der Insel, **De Bollekamer,** treffen Radler:innen auf ausgedehnte Heideflächen, die sich bis zum südlichsten Inseldort, Den Hoorn, ziehen. Und auf Schottische Hochlandrinder und Exmoor-Ponys. Die Tiere sind friedlich, von Füttern oder Streicheln ist aber dringend abzuraten. Letzte Stationen der Reise durch alle Vegetationsstufen, die in den Niederlanden vorkommen, sind die riesige Sandfläche **De Hors,** wo sich bis heute beständig neue Dünen formen, und die **Mokbaai,** ein Mini-Wattenmeer und Rastplatz für Zugvögel. Ob Stelzenläufer & Co. es gut gefunden haben, dass deutsche Soldaten die Bucht im Zweiten Weltkrieg zum Wasserskilaufen genutzt haben, ist nicht überliefert …

Infos

E3

Start: am Leuchtturm

Länge/Dauer: hin und zurück ca. 55 km, mit Besuch von Ecomare Tagestour

Leuchtturm: www.vuurtorentexel.nl/de, Mitte Feb.–Nov. tgl. sonst Mi, Sa, So

Het Turfveld: www.turfveld-texel.nl, April–Okt. tgl., sonst nur Sa, So

ESSEN AUF PFÄHLEN ...

... im Strandpavillon! Unsere Tipps: **Paal 9** in Den Hoorn (paal9.nl), ein traumhaft eingerichteter ›Glaskasten‹ mit sehr leckerer Küche. **Paal 12** in Den Hoorn (strandpaviljoentwaalf.nl) mit ungewöhnlicher Karte auf Basis texelscher Produkte und viel Piratenflair. **Beachclub Texel** (Paal 19,5; www.beachclubtexel.nl), ein schöner, heller Pavillon mit super Küche.

Bewegen

Per pedes oder ›fiets‹

Beim VVV in Den Burg (s. S. 126) gibt es Infos zu **Wander-** und **Radtouren.** Eine kleine Auswahl: Knapp 30 km immer **am Dünensaum entlang** flitzen (s. unten). 30 km ist auch die Rundtour im ältesten Teil Texels lang, **Het Oude Land van Texel Fietsroute,** und sehr idyllisch! Besonders im Frühjahr, wenn mehr als 20 000 frischgeborene Lämmer die Insel bevölkern, empfehlen sich die 35 km lange **Lammetjesfietsroute** oder die 27 bzw. 39 km lange **Blumenzwiebel-Radrouten.** Ziel einer Wanderung ist der **Polder Waalenburg,** in dem viele salzresistente Pflanzen wachsen. **Wattwanderungen** ab De Cocksdorp.

Wo wilde Wellen wogen

Der fast 30 km lange, strahlend weiße **Nordseestrand** ist sehr breit, feinsandig und kinderfreundlich. Bei Paal (Strandabschnitt) 9, 12, 15, 17, 19, 20, 21, 28, 33 bewacht (Juli–Sept.). Dort finden sich auch nette **Strandpavillons,** die z. T. ganzjährig öffnen, meist mit Verleih von Strandrollstühlen, Sonnenschirmen, Liegen und **Strandhäusern. Surfschulen** und **SUP-Verleih** gibt es bei Paal 17 und 19. **FKK-Stände** liegen südl. von Paal 9 und bei De Cocksdorp.

Eine Seefahrt, die ist lustig

Tickets für zwei- bis dreistündige **Kutterfahrten** (tgl.) zu den Seehundbänken inkl. Garnelenfischen und -pulen u. v. m. bekommt man im Hafen von Oudeschild.

Mit zwei Pferdestärken unterwegs

Jan Plezier: Zwei belgische Kaltblüter ziehen den beliebten Planwagen in aller Seelenruhe von De Koog bis zum Slufter.
Bushaltestelle Nikadel, De Koog, www.janplezierte xel.nl, Kaffeepause, tgl. 2 x, 3 Std.

Ausgehen

Auf ein Bier ... oder zwei oder drei

Café De Slock: Billard, Darts, das beliebte Pubquiz, Livemusik – dazu zwölf Biere vom Fass und 120 aus der Flasche!
Parkstraat 36, Den Burg, www.deslock.nl, tgl.

Back in the Seventies

Het Cafeetje: Schöne Dorfkneipe mit 1a-Auswahl an Bieren, die besonders gut auf der Terrasse und im Innenhof munden.
Kerkstraat 7, Oosterend, www.hetcafeetje.nl, tgl., auch Livemusik, Quizzabende etc.

Infos

- **VVV Texel:** Emmalaan 66, Den Burg, www.texel.net/de, Mo–Sa
- **Parken:** Der Kauf der **eVignette** empfiehlt sich (www.texelevignet.de).
- **Verkehr: Busse** der **Linie 28** (über Den Burg und De Koog) sowie der **Texelhopper** (bedient die übrigen Strecken, www.texelhopper.nl/de, tel. reservieren) haben Anschluss an die Fähre. Es gibt auch **Taxis.**
- **Fähre:** ab 't Hoorntje. Reservierung nicht möglich. Die umweltfreundliche Fähre fährt im Stundentakt, zu Stoßzeiten halbstdl. Fahrtzeit: 20 Min. Ticketkauf: www.teso.nl/de oder in Den Helder an der Fähre.

- **Lange Juni:** Juni, www.texelcultuureiland.nl. Kulturmonat auf der ganzen Insel.
- **Klifhanger:** im Juni, alle 2 Jahre, klifhangertexel.nl. Kunstroute in Den Hoorn.
- **Beach Food Festival:** Juli-WE, www.beachfoodfestival.nl. In Oudeschild lässt Texel sich in die Töpfe schauen.
- **Hoornder Donderdag:** Do im Juli/Aug., www.hoornderdonderdag.nl. Markt mit Inselprodukten bei der Kirche in Den Hoorn.

Vlieland

E/F2/3

Weite Dünenlandschaften, das Vogelparadies der **Kroon's Polders,** große Nadelwälder, ein 12 km langer Sandstrand und die unendliche Weite des Vliehors', der ›Sahara des Nordens‹ – das ist Vlieland! Die kleinste der Watteninseln ist nur 12 km lang, nicht eingerechnet das 8 km lange **Vliehors,** eine gewaltige von Puderzuckersand bestäubte Fläche im Westen. Vlieland ist überschaubar, es gibt nur ein Dorf. Markierte Wander- und Radwege erschließen die Insel. Autoverkehr gibt's kaum: Gästen ist nur das Rad erlaubt.

Oost-Vlieland

F2

In der urigen **Dorpsstraat** finden sich zahlreiche liebevoll restaurierte **Giebelhäuser** des 18. und 19. Jh., die als Ensemble die Atmosphäre von damals widerspiegeln. Die von Ulmen gesäumte, denkmalgeschützte Paradestraße gleicht im Sommer einer Freiluftterrasse. Wer mehr über Vlieland und das 1245 erstmals erwähnte Dorf wissen möchte, bleibt in der Dorpsstraat. Hier steht **Tromp's Huys,** das älteste noch erhaltene Gebäude der Insel (1575), das heute als Museum die Geschichte Vlielands illustriert (Nr. 99, trompshuys.nl, Di–Sa, Ferien tgl.).

Das Naturkundemuseum und Besucherzentrum **De Noordwester** widmet sich Geschichte, Flora u. Fauna der Insel (Nr. 150, www.denoordwester.nl, tgl., viele Infos zu Touren etc.).

49 Stufen bis zum Glück!

Über Kerkplein und Vuurtorenpad ist der Leuchtturm erreicht. Vorher noch schnell ein Blick auf zwei Meisterwerke der Wattenarchitektur des 17. Jh.: die **Nicolaaskerk** (Juni–Sept. Mi) mit spektakulären Reminiszenzen an die maritime Vergangenheit und das **Armenhaus** gegenüber, beide im typisch friesischen Backsteinstil errichtet. Zwar misst der knallrote **Vuurtoren** nur 16,80 m, was ihm den Spitznamen ›De rode Kabouter‹ (Der rote Gnom) bescherte, doch hat man von seiner Plattform einen irren Fernblick (vlieland.net/de/bedrijf/vuurtoren).

Schlafen, Essen, Ausgehen

Ziemlich beste Lage

Loods Hotel: Das schöne historische Gebäude liegt direkt an Dorpsstraat und

S

›SAHARA DES NORDENS‹

Mit dem *fiets* geht es über Muschelpfade durch die Dünen in den Westen. Nach 9 km lädt das **Posthuys** zur Pause. Nur die Abfahrt des **Vliehors-Expres** nicht verpassen! Der kuriose MAN-Lastwagen rattert zum **Vliehors,** einer mächtigen Sandplatte, wo fast immer Seehunde zu sehen sind. Nächster Stopp: das **Reddingshuisje,** Ex-Rettungsstation auf Stelzen und heute **Strandräubermuseum** (www.vliehors-expres.nl, im Juli/Aug. Abfahrten ab Posthuys, sonst vom Badhuys).

Aufstieg zum ›Roten Gnom‹

Wattenmeer. Die 33 Zimmer (davon 6 sehr luxuriös, teils mit Terrasse, Balkon) sind modern und gemütlich eingerichtet.

Dorpsstraat 3, www.loodshotel.nl, mit Biercafé, ausgezeichnetes Frühstück, €€–€€€/F

Nachhaltig im Wald

Boshuisjes: 18 cool designte Häuschen im Wald (*bos*), nah zum Strand, nachhaltig gebaut, klein, mit allem, was man braucht.

Kampweg 1, Kampeerterrein Stortemelk, www.stortemelk.nl/nl/verblijfoptie/boshuisjes, €–€€

Wo einst der Postillon wohnte

Het Posthuys: Die Lage zwischen Polder, Strand, Dünen und Salzwiesen ist traumhaft! 14 gut ausgestattete Zimmer warten auf Gäste. Pendelbus zum Dorf (9 km). Super Frühstück, Radverleih, **Restaurant**.

Postweg 4, www.posthuysvlieland.nl, €–€€/F, April–Okt., Küche Di–So, Juli/Aug. auch Mo, €

Strandvibes gibt's hier gratis …

Surfana Hostel: … zur Blockhütten-Übernachtung mitten in den Dünen. Das mit Loungemöbeln und Hängematten ausgestattete Surfcamp liegt fast direkt am Meer.

Kampweg 1, www.surfana.com/de, €/F

Essen

Ehrliche, pure Küche

Restaurant Zuiver: Tolle Geschmackskombinationen. Zutaten aus dem eigenen Gemüsegarten oder von der Insel.

Willem de Vlaminghweg 2, www.zuiver-vlieland.nl, Do–So, gute Weine, guter Service, €€€

Ein Besuch bei Oost gehört dazu

Strandpaviljoen Oost: … bei einem Besuch auf Vlieland, um in unvergleichlicher Piratenatmosphäre leckere Fisch- und Meeresfrüchteküche zu genießen.

Fortweg 20, oostvlie.nl, März/April–Okt. Di–So, €–€€

Alles frisch und hausgemacht

Leut Vlieland: Frühstück, Lunch, Kuchen, eine Begleitung fürs Bier … In der frischen, fröhlichen *koffiebar* kann man sich durch die abwechslungsreiche Karte futtern. Auch drei freundliche, helle **Zimmer** (€–€€).

Dorpsstraat 118, www.leutvlieland.nl, €

Kibbeling & Co.

Vlielandse Zeebaas: Newcomer 2021 – die nette Crew verkauft aus dem Wagen raus *kibbeling, lekkerbek,* Hering u. v. m.

Willem de Vlaminghweg 59, tgl. 11–18 Uhr, €

Einkaufen

Aus Dünenwasser gebraut

Fortuna Vlieland: ›Vlieland in einer Flasche‹ ist der nette Slogan der nachhaltig arbeitenden Brauerei. Das Biermachen ist für Bojan und Gosse Passion. *Proost!*

Fortweg 10, fortunavlieland.nl, Führungen mit Bierprobe (online buchen)

Blauschimmel- und Seetangkäse

Vlielander Bunkerkaas: Der Bio-Bunkerkäse von Nils ist mehrfach prämiert.

De Blinkerd 6, zeewierkaas.nl, Führungen mit Käseprobe (online buchen), Selbstbedienung

Bewegen

Per pedes oder ›fiets‹

Beim VVV Vlieland (s. unten) und im Museum De Noordwester (s. S. 127) gibt's Infos zu **Wander- und Radtouren,** u. a. im 300 ha großen Waldgebiet. **Wattwanderungen, Dünen-** und **Vogelexkursionen** sind spannende geführte Touren. Auch **Seehundfahrten** machen Laune!

Wo wilde Wellen wogen

Der fast 12 km lange, strahlend weiße **Nordseestrand** ist feinsandig, kinderfreundlich und sehr sauber. Beim Dorf im Juli/Aug. **bewacht.** Mit **Strandpavillon.**

Infos

- **VVV Vlieland:** Hafenweg 10, vlieland.net/de, tgl.
- **Verkehr:** Gäste müssen ihr Auto in Harlingen stehen lassen. Auf der Insel pendelt ein **Bus** vom Fährdamm bis zum Posthuys. Auch **Taxen** und **Tuk-Tuks** stehen bei Ankunft der Fähre bereit. **Fahrräder** können mitgenommen oder vor Ort am Fährhafen ausgeliehen werden. **Gepäcktransport** gegen ein geringes Entgelt. Alle Infos: vlieland.net/de/info/informatie
- **Fähre:** mehrmals tgl. ab Harlingen (1,5 Std.), außerdem **Schnellbootverbindungen** (ca. 45 Min.). Infos: www.rederij-doeksen.nl/de; **Wassertaxi** (vlielandwatertaxi.nl)
- **Here Comes The Summer:** 1. Wochenende im Mai. Kleines, feines Pop-Festival auf dem Campingplatz Stortemelk.
- **Into The Great Wide Open:** 1. Wochenende im Sept., intothegreatwideopen.nl. Herrlich chilliges Popfestival in der Natur!

Terschelling F2

Im Zickzackkurs schlängelt sich die Fähre zur zweitgrößten niederländischen Watteninsel, dem 30 km langen und max. 4,5 km breiten Skylge. Bei der Ankunft im malerischen Hafen von West wähnt man sich irgendwo im Süden. Wer den Trubel mag, besucht West oder Midsland. In den übrigen vier Dörfern im Inselsüden geht es beschaulich zu.

Die Vielseitige

Ein gut 80 km langes Radwegenetz erschließt Terschelling – ausgenommen das 4400 ha große Naturschutzgebiet **De Boschplaat,** das den gesamten Inselosten ausmacht. Neben dem großen Polder im Süden, der zahlreichen Bauern und Bäurinnen ein Auskommen und Tausenden von Vögeln sicheren Unterschlupf gewährt, prägen große Waldgebiete, Salzwiesen, die gewaltige Sandplatte **De Noordsvaarder** im Westen und ein 30 km langer und bis zu 1 km breiter Bilderbuchstrand das Eiland. Terschellings Dünenketten bilden das größte zusammenhängende Naturgebiet der Niederlande. Skylge besitzt die intakteste Natur der Watteninseln – und mit dem Dark Sky Park auch die dunkelste (s. S. 133).

West-Terschelling F2

Bei der Ankunft in West grüßt der **Brandaris:** Der Leuchtturm (1594) ragt hoch über dem Dorf auf. Er ist der älteste des Landes und viereckig – und er steht mitten im Ort. Im einzigen **Naturhafen** der Niederlande liegen bis zu 400 Schiffe vor Anker, darunter auch Fischkutter.

In West lebte man einst auf großem Fuße, wovon die **Kapitänshäuser** in der **Commandeursstraat** erzählen. Wer wis-

R

ROTES GOLD

Eine stürmische Novembernacht 1845: Strandräuber Pieter Cupidos Freude über ein angespültes Holzfass ist groß – seine Enttäuschung ebenso. Nichts als rote Beeren! Voller Wut kippt er das Fass in den Dünen aus – und begründet eine Terschellinger Erfolgsgeschichte. **Cranberrys** werden auf der Insel heute auf gut 80 ha geerntet. Im **Cranberry Winkel** in Formerum weiß man alles über die Früchtchen.
Mersakkersweg 5, terschellingercranberries.nl, Mo–Sa, sehr große Produktpalette

sen möchte, wie die Seeleute im 16./17. Jh. lebten, besuche das **Museum 't Behouden Huys** (Nr. 30, www.behouden-huys.nl, April–Okt. tgl., sonst Mi, Sa, So).

Watt zu sehen!

Schön ist der Blick auf den ›Grünen Strand‹, die immense Sandplatte des Noordsvaarder, aufs Wattenmeer und die Nachbarinsel Vlieland vom Strandpavillon **De Walvis** (s. S. 131). Wer mehr übers Watt, Gezeiten, Strömungen etc. wissen möchte, ist im **Natuurmuseum & Zeeaquarium** richtig (Reedekerstraat 11, Burg, www.natuurmuseumterschelling.nl, April–Nov. tgl., sonst Di, Sa, So).

Auf zur Boschplaat A6

An der nach Osten führenden Hauptstraße folgt nun ein Örtchen aufs nächste: Den Anfang macht das lebendige **Midsland** mit alten Häusern rund um die kleine **Kreuzkirche** von 1881. Im Dorfkern konzentriert sich der Fremdenverkehr: In einer Welle schwappen die Gäste tagsüber gen Strand und abends zurück in den Ort.

Das Meer nimmt, das Meer gibt

Auf das Heidedorf **Landerum** folgt nahtlos das beschauliche **Formerum,** Geburtsort des Seefahrers und Entdeckers Willem Barents, nach dem u.a. die Barentssee benannt ist. Dass es auch auf Skylge abenteuerlich zugehen kann, beweist Wracktaucher Hille van Dieren, der seit 1975 alles, was er auf dem Meeresboden findet, im **Wrakkenmuseum** zusammengetragen hat (Formerum Zuid 13, wrakkenmuseum.nl, tgl.).

Im Osten schließt sich nahtlos **Hoorn** mit dem ältesten Gebäude der Insel, der **St. Janskerk** von 1250, an. Vorher noch mal Natur tanken? Zur Linken erstreckt sich **De Koegelwieck,** ein geschütztes weitläufiges Dünental.

›Auftanken‹ vor dem Weiterflug

Endspurt! Über 7 km führt der Radweg südlich der Dünen zur **Boschplaat.** Sümpfe, Naturwald, Salzwiesen, Marschen und Wattenmeerarme sind Heimat einer artenreichen Flora und Fauna. Für Hunderttausende Vögel ist das Gebiet Zwischenstation auf dem Weg von und zu den Überwinterungsgebieten oder zum Brüten.

Schlafen, Essen

Etwas ganz Besonderes

B&B De Postoari: Vier großzügige, luxuriöse Zimmer mit eigenem Bad/WC warten im ehemaligen Pfarrhaus in Hoorn auf Gäste. Highlights: die Hängematte und die leckere **Küche** (flangindepan.nl, €€).
Dorpsstraat 25, Hoorn, postoari.nl, €€–€€€/F

Ein Begriff auf der Insel

Hotel NAP: Das frisch renovierte NAP liegt am Fuß des Leuchtturms, den man von der traumhaften Straßenterrasse und der exklusiven Brandarissuite (mit Whirlpool) fest im Blick hat. Helle, komfortable Zimmer mit Bad; sehr gutes **Restaurant** (€€).
Torenstraat 55, West, www.hotelnap.nl, €€/F

Wow – diese Aussicht!

Strandhotel Terschelling: 50 m vom Strand entfernt gelegenes Hotel mit elf kleinen, einfachen, freundlich eingerichteten Zimmern (Dusche/WC auf dem Gang). Der Knaller – das Frühstück auf der Terrasse mit Meerblick! Mit **Restaurant** (€–€€).

Badweg 4, Formerum, www.strandhotelterschelling.nl, Shuttleservice, Radverleih, €–€€/F

#Sternengucker

Puur Terschelling: Schöner und naturnäher geht's kaum! Übernachten in einem der komfortablen 6-Pers.-Zelte in direkter Nähe zum Dark Sky Park (s. S. 133).

Oosterend 39, boerencamping-terschelling.nl, März–Okt., mit Sauna, €–€€

T

DREI TRADITIONSLOKALE

Zuallererst **De Walvis!** Das Strandlokal am Groene Strand bietet von der überdachten Terrasse eine Superaussicht, gute Cocktails und Bierspezialitäten (www.walvis.org, Feb.–Dez. Do–Di). Ungewöhnlich ist auch das **Heartbreak Hotel** am Strand von Oosterend. Der Pavillon ist im Stil der 1950er aufgemotzt – Elvis lässt grüßen! Burger, Hotdog, Fisch schmecken, die Musik aus der Jukebox macht gute Laune (heartbreak-hotel.nl, tgl.; mit 50er-Jahre-**Graceland-Apartment** in der Dorpsstraat in Hoorn, €€). Seit mehr als 40 Jahren ist das Café-Restaurant **De Groene Weide** in Hoorn ein Begriff weit über die Insel hinaus. Nicht nur wegen der Atmosphäre und der sehr guten Küche – das Lokal ist im Besitz des bekannten Sängers Hessel, der hier jede Woche mit seiner Tochter Tess an mehreren Abenden auf der Bühne für Stimmung sorgt.

Dorpsstraat 81, www.hessel.nl, tgl., €–€€

Essen

Mit Liebe zubereitet

Caracol: Das Beste aus regionalen Produkten, Wattenmeer und eigenem Garten – von Lamm über Seebarsch bis zu Wildgerichten. Dies und ausgezeichnete Weine haben dem Caracol eine Michelin-Empfehlung beschert. Drei stilvolle **Zimmer** (€€€).

Molenstraat 7, West, www.caracol.nl, Mi–Mo, Überraschungsmenüs, €€–€€€

Aus dem Meer unterm Leuchtturm

Flaman: Die leckersten Muscheln auf der schönsten Terrasse von West.

Boomstraat 1, West, flaman-terschelling.nl, tgl., €–€€

So frisch, so relaxed …

Pura Vida: … einfach zum Frühstücken kommen und abends spät gehen. Neben gutem Kaffee locken Banana Pancakes, selbst gebackener Kuchen, belegte Luxus-Brötchen, gesunde Bowls u. v. m.

Oosterburen 36, Midsland, www.puravidafoodbar.nl, Di–So, tolle Terrasse, €

Schlemmen am Waldrand

De Bessenschuur: Der beste Cranberry-Cheesecake ever!

West, Badweg 1, April–Nov. tgl., €

Einkaufen

Ein sinnliches Versprechen

De Ouwe Smidte: In der alten Schmiede riecht es so lecker nach (selbst gebranntem) Kaffee, nach Tee und Schokolade!

Oosterburen 37, Midsland, www.deouwesmidte.nl, Mo, Di, Do–Sa

Spezereien in historischer Kulisse

1648 Pur Sang: Skylger Bauernkäse, Honig, Bonbons, Wein und Bier.

Oosterburen 23, Midsland, www.1648pursang.nl, Di–Sa

Alles vom Schaf

De Zeekraal: Auf dem sympathischen Bauernhof wird Bio-Schafskäse produziert.

Oosterend 17, www.dezeekraal.nl, April–Okt. Mo–Sa, sonst Di, Fr, Sa

Bewegen

Per pedes oder ›fiets‹

Die Touristeninfo in West hält Infos zu **Wander-** und **Radtouren** bereit. 70 Radkilometer und über 250 km Wanderwege und Naturpfade sind ausgezeichnet. Die 36 km lange **Juttersroute** führt auf dem *fiets* durch die reiche maritime Geschichte. Mit der Geschichte kommt man auch auf der 15 km langen **Bunkerwanderung** in Berührung: Skylge war Teil des Atlantikwalls. Die Förster führen Gäste über die **Boschplaat** (18 km) und machen sie mit den Zugvögeln vertraut. Sie bieten auch **Touren im Dark Sky Park** an (s. S. 133). **Wattwanderungen** ab Oosterend.

Wo wilde Wellen wogen

Der 30 km lange **Nordseestrand** ist an einigen Stellen bis zu 1 km breit, feinsandig und kinderfreundlich. Bei West, Midsland und Formerum **bewacht** (Juli/Aug.). Dort finden sich auch **Strandpavillons. FKK** ist erlaubt. Terschelling ist ein super **Kitesurf**-Spot. Mehrere **Surfschulen.**

Unterwegs mit Kutter und Kutsche

Tickets für 2- bis 3-stündige **Kutterfahrten** zum Garnelenfischen und/oder zu den Seehundbänken bekommt man im Hafen in West. Kutschen fahren in den **Noordsvaarder** (noordsvaarderij.nl) oder zur **Boschplaat** (huifkarbedrijf-terpstra.nl).

Infos

- **VVV Terschelling:** Willem Barentszkade 19a, www.vvvterschelling.de, tgl.
- **Verkehr:** Auf der Insel pendeln **Busse** von der Fähre nach Oosterend, West a. Z. und Midsland a. Z. Auch **Taxen** stehen bereit. In den Ferien und Sa verkehrt ein **Nachtbus.** Infos: www.bus-terschelling.nl
- **Fähre:** mehrmals tgl. ab Harlingen (knapp 2 Std.), von dort auch **Schnellboot**verbindungen (keine Pkw-Mitnahme; ca. 50 Min.). Infos: www.rederij-doeksen.nl/de

Eine Insel steht kopf – beim berühmten Oerol-Festival auf Terschelling.

D

DIE DUNKLE SEITE …

Das Wattenmeer ist einer der düstersten Orte des Landes; am dunkelsten ist es im NP Lauwersmeer (s. S. 167) und auf der Boschplaat, dem **Dark Sky Park** (darksky terschelling.nl). Die Boschplaat ist verhältnismäßig frei von Lichtverschmutzung und gewährt einen guten Blick auf den Sternenhimmel: So ist die Milchstraße bei klarem Wetter mit dem bloßen Auge erkennbar!

- **Oerol Festival:** 10 Tage im Juni, oerol.nl. Europaweit bekanntes Theaterfestival – meist an spannenden Open-air-Locations wie den Dünen. Früh Tickets kaufen!
- **Rock & Roll Street:** Wochenende Ende Aug./Anf. Sept., rockandroll-terschelling.nl. ›Back to the 50ties‹ in Midsland!

Ameland

G2

Die Fähre sucht sich ihren Weg durchs Wattenmeer Richtung Ameland. Luftlinie sind es nur 8 km, aber auf geradem Weg ist die drittgrößte Watteninsel nicht zu erreichen. 45 Min. dauert die Überfahrt, bei Ebbe länger. Hinterm Deich hocken geduckt die **vier Inseldörfer.** Im Westen ist die Insel mit 4 km am breitesten, im Osten sind Nordsee und Wattenmeer fast überall zum Greifen nah. Über die gesamte Länge von 27 km zieht sich im Norden der **Strand.** Das breite **Dünengebiet** ist ebenso wie die naturbelassenen **Wälder** von Wanderwegen erschlossen; gut 100 km Radwege führen auch in entlegene Ecken. Im unbewohnten Inselosten bildet die alte Dünenlandschaft **Het Oerd** zusammen mit der jungen Sandebene **De Hôn** ein einzigartiges Naturschutzgebiet.

Hollum

G2

Das zweitgrößte und westlichste Inseldorf wetteifert mit Ballum um den Titel des schönsten Ortes. Beherrscht wird seine Silhouette von der **Nederlands Hervormde Kerk.** Zu ihren Füßen drängen sich schön herausgeputzte **Kapitänshäuser** des 17. und 18. Jh. Wahrzeichen des Dorfs ist der rot-weiß-geringelte **Vuurtoren,** 55 m hoch und wohl der schönste Leuchtturm der Watteninseln.

Oranjeweg 57, amelandermusea.nl, tgl.

Abstecher in die Vergangenheit

Zwei Museen und eine alte Mühle (s. S. 136) erzählen von früher. Ausgebleichte Walfischkiefer kündigen das **Cultuurhistorisch museum Sorgdrager** mit Ausstellungen zu Inselgeschichte und -kultur an (Herenweg 1). Der Seenotrettung hat sich das **Maritiem Centrum Abraham Fock** verschrieben. Benachbart liegen die Stallungen für die Pferde, die das alte Rettungsboot zu Wasser lassen. Von hier startet die spektakuläre **Vorführung mit dem Rettungsboot** (Oranjeweg 18).

beide: amelandermusea.nl, April–Okt., Weihnachtsferien tgl., sonst Mo, Fr

Ballum

G1

Ballum ist klein, nicht so touristisch, ruhig, urgemütlich und mit seiner von alten Ulmen gesäumten Haupststraße, der **Van Caminghastraat,** sehr hübsch. Hier liegen auch die beiden Kirchen des Dorfes und zahlreiche **Kapitänshäuser** aus dem 18. Jh.

Nes

G2

Nur wenige hundert Meter vom Fähranleger entfernt, ist der Hauptort das

Einfallstor zur Insel. Doch Nes hat sich seinen liebenswerten dörflichen Charakter weitestgehend erhalten. Cafés, Restaurants, Hotels und Boutiquen stehen einvernehmlich neben **Kapitänshäusern** aus dem 17. und 18. Jh., und rund um den **Kerkplein** mit dem zum Leuchtturm erhöhten Kirchturm fühlt man sich außerhalb der Saison an alte Zeiten erinnert.

Auf dem Weg zum Strand noch schnell einen Abstecher ins **Natuurcentrum,** das sich mit Flora und Fauna der Insel beschäftigt. Das vollständige Skelett eines gestrandeten Wals ist zu sehen. Spannend auch das Wassertheater mit dem Meeresaquarium und die von einem unterirdischen Tunnel aus zu sehende Nordseeausstellung. Nicht verpassen: Die Aussicht von oben über die Insel.

Strandweg 38, amelandermusea.nl, April–Okt., Winterferien tgl., sonst Mi–So; div. Führungen

Buren

G2

Das nur 1 km von Nes entfernte Buren ist das jüngste Inseldorf und als einziges nicht denkmalgeschützt. Doch hat der von (ehemaligen) Bauernhöfen dominierte Ort seinen ganz eigenen Charme. An die Zeit, als die Bauern schwerlich nur von der Landwirtschaft leben konnten und zugleich Fischer, Jäger, Seemänner und auch Strandräuber *(jutter)* waren, erinnert das **Landbouw- en Juttersmuseum Swartwoude** (Hoofdweg 1, amelander musea.nl, April–Okt. tgl., sonst Do, So).

Schlafen

Extravagant wohnen

Nobel Suites: Die beiden Suiten in der ehemaligen Ballumer Kirche sind ein Traum! Die mit Designermöbeln in hellen Farben eingerichteten Zimmer mit großen Fenstern haben eine 1a-Aussicht aufs Dorf.

Gerrit Kosterweg 16, Ballum, www.hotelomdenoord.nl, mit Kitchenette, €€€ (2–6 Pers.)

Naturmaterialien & die Farbe Weiß

Van Heeckeren Hotel: … dominieren im Boutiquehotel, dessen 54 großzügige Designzimmer u. -suiten z. T. über eine eigene Terrasse verfügen. Das Hotel ist 10 Min. von Strand und Wald entfernt.

Torenstraat 22, Nes, vanheeckerenhotel.nl, Küche: €€–€€€; auch Apartments, €€–€€€

Schon fast im Grünen …

Pension Bakema: … und keine 2 km vom Strand entfernt! Die sieben Zimmer sind liebevoll im skandinavischen Stil eingerichtet, alle mit eigenem Bad/WC.

Duinweg 4, Nes, www.pensionbakema.nl, viele Freizeitangebote, gutes Frühstück; €€/F

Glamping ist das neue Camping

Litte Canvas Escape: Luxuscampen in der ersten Dünenreihe fast am Strand.

Jan van Eijckweg 2, Nes, littlecanvasescape.com, WLAN inkl., €€ (2–6 Pers.)

Nachhaltig urlauben

De Kiekduun: Dünenchalet, Solarlodge, Trekkinghütte, Reetdachchalet!

Strandweg 65, Buren, www.kiekduun.nl/de, div. Restaurants, Imbiss; Zelten möglich; €–€€

Essen

Klein, fein, mitten in der Natur

't Koaikershuus: Neben der alten Entenkoje bezaubern Martine und Rik ihre Gäste mit einer kleinen, feinen Karte. Dabei setzen sie auf lokale Produkte und Speisen wie Wels, eine Ameländer Spezialität, Ente, Heilbutt, Senfsuppe …

Kooiplaats 6, Buren, www.koaikershuus.nl, Mi–So, Tipp: das Überraschungsmenü, €€

Gastlichkeit im Dorfzentrum

Hotel-Restaurant De Jong: Im Herzen von Nes kann man zwischen stylish-ge-

TOUR
Den Schlick zwischen den Zehen

Durchs Watt vom Festland zur Insel laufen

Infos

G 2

Start, Dauer, Länge: Fähranleger in Holwerd, 4 Std., 10 km

Wadloopcentrum Fryslân: www.wadlopen.net, 30 € (inkl. Fähre zurück), schwere Tour, Kinder erst ab 14 Jahren

Schön ist eine Wattwanderung rüber zur Insel, aber auch nicht ohne – eine gute Kondition ist vonnöten.

Zickzackkurs ist angesagt! Gemächlich schlängelt sich die Fähre in Schlangenlinien durch das Wattenmeer nach Ameland rüber. Wer mag, kann es aber noch langsamer angehen lassen, nämlich zu Fuß! Dreieinhalb Stunden dauert die Wattwanderung mit einem der Guides vom Wadloopcentrum Fryslân. Doch zuerst einmal kontrolliert Guide Arjen das Schuhwerk seiner Schützlinge und weist auf etwaige Gefahren hin. Unbedingt seinen Anweisungen Folge leisten, ist die Quintessenz der Einführung. Nun aber ab ins glibberige Watt! 10 km geht es durch Wasser und Matsch – die fünf ersten sind die anstrengendsten. Der Schlick macht den Wattläufer:innen zu schaffen, mühsam ist das Rumgestapfe im Matsch und kaum jemand hat einen Blick für das Weltnaturerbe Wattenmeer übrig. Allen ist gerade ziemlich egal, dass sie hier die Kinderstube von Millionen Vögeln, Seehunden und Fischen durchqueren.

Watt gibbet hier?

Doch irgendwann ist auch die letzte Schlickplatte überwunden, eine Muschelbank ist noch zu queren, und dann geht es auf festen Sandbänken weiter, die immer wieder von Prielen unterbrochen werden. Vorbei an Spaghettihäufchen, die in Wirklichkeit Ausscheidungen von Wattwürmern sind, Scheren von Krebsen, Algen, Strand-Beifuß – »gut gegen Flöhe in den Matratzen«, wie Arjen grinsend erklärt – und vielem mehr. Doch er weiß noch mehr: dass Quallen zu 98 % aus Wasser bestehen, Garnelen ihr Geschlecht wechseln können und Seesterne Muscheln auslutschen.

mütlichem Innenraum mit offenem Kamin, einladendem Wintergarten und der Straßenterrasse wählen. Die Küche ist lokal.
Reeweg 29, Nes, hoteldejong.nl, tgl., €€

In Superlage direkt am Meer

Sjoerd: Sjoerd ist einer von vier schönen Strandpavillons auf Ameland – doch ist er der nachhaltigste. Und kann mit relaxter Atmosphäre und leckerer Küche punkten.
Strandweg 70, Nes, www.sjoerd-ameland.nl, tgl., €–€€

Von Samosas bis Aalkroketten …

Osorio: … von Poffertjes bis Quesadilla, von Arroz con Mariscos bis Kassave-Fritten – hier kann man sich durch die Küchen der Welt futtern. Shared Menus probieren!
Strandweg 50, Nes, osorio.nl, Mi–Mo, in den Ferien tgl., €€

Einkaufen

Käse frisch vom Hof

Kaasboerderij: Leckerer Käse von Kuh, Schaf u. Ziege, von normal bis abgefahren (z. B. Ziegenkäse mit Honig und Trüffeln). Und von April bis Okt. gibt's leckeres Eis.
Pietje Miedeweg 1, Hollum, www.kaasboerderijameland.nl, Mo, Di, Do–Sa

Heute back' ich, morgen brau' ich

Amelander Bier: Zehn unterschiedliche Biere und sechs Saisonbiere werden hier gebraut, u. a. mit Cranberries. Probierstube!
Smitteweg 6, Ballum, www.amelanderbier.nl, Mi–So, Brauereiführungen (reservieren)

Eine Amelander Erfolgsstory

Molen De Verwachting: In der alten Mühle wird Mehl gemahlen und Senf hergestellt – alles von ehrenamtlichen Helfern, die gerne über ihr Tun erzählen. Mit dem Erlös aus dem Verkauf von Mehl, Senf etc. wird der Galerieholländer finanziert.
Molenweg 8, Hollum, amelandermusea.nl, April–Okt. tgl., sehenswerte Mühlenausstellung

Bewegen

Per pedes oder ›fiets‹

Bei der Touristeninfo in Nes (s. S. 137) gibt es Tipps zu **Wander-** und **Radtouren.** Die **Historische Route** (35 km) verbindet Dörfer, Sehenswürdigkeiten und Museen. Staatsbosbeheer hat u. a. die 7 km lange Wanderung durch die **Ballumer Roosdunen** angelegt. Das schöne Wandergebiet zeigt mit Dünen, Heidefeldern, Tümpeln, Wäldern Amelands Natur *en miniature.* Abwechslungsreich ist eine kombinierte **Rad-Wander-Tour** in Amelands unbewohntem Osten. Mit Abstecher zur **Entenkoje** geht es vom Strandweg in Buren hin und zurück 20 km durch eine größtenteils unberührte Landschaft, die als Kinderstube für Watvögel gilt. Der Radweg endet am **Oerdblinkert,** der mit 24 m höchsten Düne der Insel. Hier beginnt der gut 4 km lange Rundweg durch feuchte Dünentäler, **Oerderduinen** und **De Hôn,** eine gewaltige Sandebene und beliebtes Brutgebiet. **Wattwanderungen** starten in Ballum, Buren und Hollum (über VVV).

Wo wilde Wellen wogen

Der Stolz der Insel ist der 27 km lange und sehr breite, strahlend weiße, feinsandige und kinderfreundliche **Nordseestrand.** Bei Hollum, Nes und Buren bewacht (15. Juni–15. Sept.). Dort finden sich auch ganzjährig geöffnete **Strandpavillons. FKK** bei *paal* 18 und 20 erlaubt. **Kitesurfen, Wellenreiten, Kajakfahren, Strandsegeln, SUP** ist möglich, Material und Kurse in Nes.

Zu Land und zu Wasser

Tickets für 2-/3-stündige **Kutterfahrten** zum Garnelenfischen und zu den Seehundbänken bekommt man im Hafen (Abfahrten 2–3 x tgl.). Im Sommer besteht die Möglichkeit zum **Inselhopping** nach Terschelling und Schiermonnikoog. Mit dem **Traktor** geht es über den Strand zu den Naturschutzgebieten Oerd und Hôn (gut 3 Std.).

Infos

- **VVV Ameland:** Bureweg 2, Nes, www.vvameland.de, tgl.
- **Verkehr: Busse** haben Anschluss an die Fähre und fahren alle Dörfer an.
- **Taxen:** Stehen bei Fährankunft bereit.
- **Fähre:** mehrmals tgl. ab Holwerd (50 Min.), von dort auch **Schnellboote** (keine Pkw; ca. 20 Min.). Infos: www.wpd.nl/de
- **Trad. Handwerkstag:** Do Ende Juli, www.ambachtelijkedag.nl. In Ballum.
- **Mittsommerfest:** letzter Sa im Juli. Mini-Foodfestival in Buren.
- **Rôggefestival:** Do, Fr Aug., roggefestival.nl. Theater, Livemusik, Essen in Nes.

Schiermonnikoog

H2

Die ›Insel der grauen Mönche‹ fährt mit Superlativen auf: Sie ist die östlichste, die ursprünglichste und mit 18 km Länge und max. 4 km Breite auch die kleinste der *Waddeneilanden.* Knapp 1000 Einwohner machen sie zudem zur kleinsten Gemeinde des Landes. Und auch vom schönsten Strand Europas ist die Rede. Lang ist er jedenfalls, 16 km, und breit auch, oft mehr als 1 km. Zu drei Vierteln ist Schiermonnikoog als Nationalpark geschützt. 5400 ha umfasst das urwüchsige, abwechslungsreiche Naturschutzgebiet: gewaltige Salzwiesen und Dünenketten, Strand, Watt und eine einzigartige Flora.

Lytje pole, ›kleine Insel‹, wie die Schiersen ihr Eiland liebevoll nennen, ist trotz aller Superlative und der 300 000 Besucher jährlich ein gemütliches Feriendomizil. Die Insel ist (weitgehend) autofrei, Gästen bleibt allein das Fahrrad. Und wie auf Vlieland auch gibt es hier nur einen Ort.

Schiermonnikoog-Dorp H2

Der Ort ist ein kleines Juwel und unterscheidet sich in seiner Anlage von den übrigen Inseldörfern. Als das alte Hauptdorf im 18. Jh. allmählich versank, entstand das neue über Jahrzehnte quasi auf dem Reißbrett. Zuerst wurden parallel zueinander verlaufende Straßen geplant, die sog. *streken.* Bäume und kleine Grünflächen säumen die großzügig angelegten Wege. Im ältesten Teil des Dorfs, an Voor-, Midden- und Langestreek, liegen zahlreiche alte, gut restaurierte gelbe Backsteinhäuser im typischen Inselstil mit tiefem Satteldach, *topgevel* mit Schornstein und kunstvoll ausgeführtem Mauerwerk.

Von Mönchen und Muscheln

Auf dem **Willemshof** erinnert eine mannshohe Statue an die ersten Bewohner der Insel, die Laienbrüder eines Zisterzienserklosters. Am Rand des zentralen Dorfplatzes bilden zwei gewaltige **Walfischkiefer** eine Art Tor. Sie sind das Geschenk eines Walfängerkapitäns. An die Zisterzienser erinnert auch die Kuppel des ehemaligen Leucht- und Wasserturms am Torenstreek, der wegen seines weißen Turms auch **Witte Toren** genannt wird: Ein 2 m großer Mönch ziert die Wetterfahne. Mit interessierten Besucher:innen teilt ›Strandräuber‹ Thijs im **Schelpenmuseum** seine Muschelleidenschaft – mehr als 1500 verschiedene Sorten sind zu sehen (Martjeland 14, www.schelpenmuseum.nl, prinzipiell tgl., 2/1 €).

Bunker-Blick über die Insel

Der heutige Leuchtturm wird wegen seiner Farbe nur der ›rote Turm‹ genannt. 37 m ist er hoch, aufs Modernste ausgerüstet und nicht zugänglich. Mehr Glück haben Gäste im Bunker **De Wasserman,** der an die deutsche Besatzung erinnert. Im **Bunkermuseum** wird dieser Zeit gedacht (wunderbare Aussicht).

Prins Bernhardweg, Mitte Feb.–Anf. Jan. So, Mi, sonst nur So

Schlafen

Das nördlichste Hotel der Watten

Strandhotel Om de Noord: Intimes Hotel mit 13 frisch eingerichteten, gemütlichen Zimmern in Toplage am Strand. Neben der Lage sind Frühstück und **Restaurant** (€–€€) weitere Pluspunkte.

Badweg 117, www.hotelnobel.nl, €€–€€€/F

Glamping auf dem Bauernhof …

Safaritent EURECA: … Hagens Luxus-Familienzelte machen es möglich. Die beiden komplett eingerichteten Zelte besitzen zwei Schlafräume, Sitz- und Essecke, Bad, Küche und Veranda. Picknickplatz.

Heereweg 4, eureca.nl; Ferienhäuser, €€

Essen, Schlafen

Lecker, bewusst und lokal essen

Restaurant Wad Anderz: Hier wird mit Leidenschaft und guten lokalen Bioprodukten gekocht. Tolle Aussicht aufs Watt und den alten Hafen. Unser Tipp: die Garnelen-Bisque.

Reeweg 25, wadanderz.nl, €–€€

Mit Respekt vor der Natur

Ambrosijn: Seine Leidenschaft für eine gute lokale Küche mit Bioprodukten hat Co eine Michelin-Empfehlung beschert. Sein Steckenpferd: vergessene Gerichte!

Langestreek 13, www.ambrosijn.nl/de, schöne Hotelsuiten (€€); €–€€

Einkaufen

Das Pfefferhäuschen …

Peperhúsjen: … ist ein wunderbar nostalgisch eingerichteter Süßigkeitenladen.

Middenstreek 42, peperhusjen.nl

Nachhaltiges Design

Kunstfaam: Klasiena verkauft in ihrem Atelier eigene und Kunst von Freund:innen.

Badweg 5, kunstfaam.klasiena.nl; auch Material

Bewegen

Per pedes oder ›fiets‹

Bei der Touristinfo (s. S. 138) gibt es Tipps zu **Wander-** und **Radtouren.** Das Büro bietet zusammen mit dem Schelpenmuseum (s. S. 137) **(Watt)Wanderungen, Radtouren, Pflanzen-** und **Vogelexkursionen** an.

Wo wilde Wellen wogen

Der breite, 16 km lange **Nordseestrand** ist strahlend weiß, feinsandig und kinderfreundlich. In der Hauptsaison zwischen Paal 6 und 7 **(Strandpavillon De Marlijn)** bewacht. **FKK** ist östl. von Paal 7 und westl. von Paal 2 erlaubt. Schiermonnikoog ist ein **Wassersportparadies**.

Zu Land und zu Wasser

Tickets für eine 3-stündige **Kutterfahrt** zu den Seehundbänken verkauft der VVV. Mit dem **Balgexpres,** einem Traktor mit Anhänger, geht's über den Strand zur gewaltigen Sandplatte **De Balg** (2–2,5 Std., 23/15 €, fast tgl., über: natuurmonumenten.nl).

Infos

- **VVV Schiermonnikoog:** Informationszentrum Het Baken, Reeweg 9, www.vvvschiermonnikoog.de, tgl.
- **Verkehr: Busse** haben Anschluss an die Fähre. Auch **Taxen** stehen bereit.
- **Fähre:** Gäste lassen ihr Auto in Lauwersoog stehen. Dort bewachte, kostenpflichtige Parkplätze. Mind. 4–5 Abfahrten tgl. (45 Min., www.wpd.nl), von Lauwersoog auch **Wassertaxis** (www.bms-bv.com).
- **Schiermonnikoog Festival:** 6 Tage Anfang Okt., schiermonnikoogfestival.nl. Hochkarätiges Kammermusikfestival.

Zugabe
Im Namen Gottes

Ehrenamtler verticken Kinderkram, Kochtöpfe & Kuriositäten für den guten Zweck.

Siem und Jon haben sichtlich Spaß am Verkaufsgespräch: »Willst du echt auch den Deckel zum Topf?«, »Was nehmen wir denn für dieses besondere Exemplar?« und »Brauchst du nicht noch ein Paar Gummistiefel?«, scherzen sie gekonnt mit der Kundschaft. Ja, den Deckel zum Topf will die Kundin, für den wunderschönen französischen Le-Creuset-Kochtopf berechnen die beiden 4 €, ein absolutes Schnäppchen, und, nein, Gummistiefel für schlappe 2,50 € gab's schon beim letzten Mal. Jetzt noch schnell alles in Zeitungspapier eingeschlagen, ordentlich verpackt, und eine Tüte findet sich auch noch irgendwo. »Wiederkommen nicht vergessen«, lachen die beiden Ehrenamtler, die Montag für Montag von 11 bis 16 Uhr in der Scheune von Bauer Axel Lap in Den Hoorn (Witteweg 3b) stehen. Mit einem Team von gut einem Dutzend Gleichgesinnten betreiben sie den ›Rommelmarkt‹, auf Deutsch mit Flohmarkt, in diesem Fall wohl besser mit Kirchenbasar übersetzt. Denn alle Erlöse dieser wunderbaren, ein bisschen gestrigen und so charmanten Institution fließen in den Erhalt der Hoornder Witte Kerk mit ein. An schlechten Tagen sind es ›nur‹ ein paar hundert Euro, an guten mehrere tausend, die z. B. die Restaurierung der Orgel finanziert haben. Und der Verkauf von echtem Trödel aus Haushaltsauflösungen für kleines Geld ist nicht nur eine gute Tat, sondern auch verdammt nachhaltig. Amen! ■

Der Norden

Blau, Grün, Braun — die Farben von Wasser und Watt, Deichen, Wiesen und Äckern kleiden die Provinzen Friesland und Groningen gut. Und dazwischen liegen mit Leeuwarden und Groningen zwei kunterbunte Provinzhauptstädte.

Eintauchen

Seite 143

Leeuwarden ✪

Aufregend lebendig ist die Hauptstadt der Friesen – und fest verwurzelt in ihren Traditionen, wovon es reichlich gibt. Angefangen bei der Sprache: *Goeie, Ljouwert!*

Seite 150

Franeker

... ist die Stadt der Sterngucker! Und zwar mit dem Planetarium Eise Einsinga(s), dem ältesten intakten Modell des Sonnensystems und dem größten mechanischen Planetarium. Und mit der *Oortwolk*, die an J. H. Oort erinnert, der die Dynamik der Milchstraße entschlüsselte.

In Friesland angesagt: *Fierljeppen*, Stabweitsprung übers Wasser

Seite 154

Abschlussdeich

Unbedingt nachts über das Art-déco-Wunderwerkt der Technik fahren, das in der Region alles veränderte.

Seite 158

Gaastmeer

Vorsicht Suchtfaktor! In dieser Idylle am Wasser vergisst man die Zeit und will nie mehr weg.

Seite 146

Brunnentour

Findig sind die Friesen seit jeher, und wenn der *Elfstedentocht* mangels Eis nicht mehr machbar ist, erfinden sie halt eine neue Elf-Städte-Tour.

Seite 160

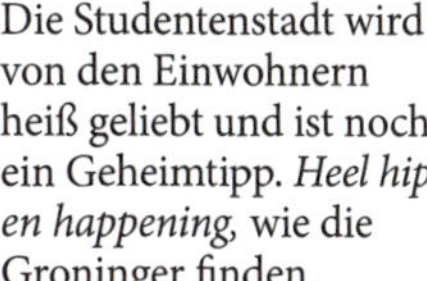

Groningen

Die Studentenstadt wird von den Einwohnern heiß geliebt und ist noch ein Geheimtipp. *Heel hip en happening,* wie die Groninger finden.

Seite 169

Westerwolde und Bourtange

Wanderungen durch das Bourtanger Moor und rund um Festung und Festungsstadt Bourtange sind immer Zeitreisen – und oft auch grenzüberschreitend.

Seite 167

Nationaal Park Lauwersmeer

Der Nationalpark ist ein Ort für Vogel- und Sternegucker. Letztere können sich auf den Aussichtsplattformen bequem auf den Boden legen und dem einmaligen Unkenkonzert lauschen, während oben die Sterne blinken.

Seite 171

›Elfstedentocht‹

Wenn sich die Temperatur dem Gefrierpunkt nähert, gerät das Land in den Ausnahmezustand. Wird er in diesem Jahr endlich wieder stattfinden, der *Elfstedentocht?*

Augen auf: Michel Tilma hat überall in Leeuwarden Modelleisenbahnfiguren verteilt, so z. B. das ›pinkelnde Paar‹. 6,5 km ist der Minimenschen-Spaziergang lang (Routenplan beim Visitor Center).

»Slagbomen dalen automatisch.« Eine sich öffnende Klappbrücke und der Hinweis, dass die Schranken sich automatisch öffnen, zieren das wichtigste Straßenschild Frieslands. Selbst auf der Autobahn ruht der Verkehr, um (Segel-)Schiffe durchzulassen …

& erleben

Unterschätzt – Friesland (Fryslân) und Groningen

D

Die Friesen ticken anders, heißt es. Ruhiger seien sie, gemütlicher. Und eigenwilliger, in jedem Fall aber freier. Sie gelten als bodenständig – und stehen füreinander ein. Die Provinz mit ihrer unendlichen Seenplatte und den zahlreichen anderen Wasserwegen mit Abertausenden Seglern, weiten Feldern, grünen Wiesen und Weiden, dem Wattenmeer und den Inselidyllen vor ihrer Haustür war lange als das Armenhaus der Niederlande verschrien. Doch das ist Schnee von gestern!

Friesisch ist heute zweite Amtssprache in der Provinz; mehr als zwei Drittel der rund 650 000 Einwohner sprechen es noch – und sind stolz darauf. Stolz sind sie auch auf die Auszeichnung von Lonely Planet 2018, als sie Platz drei der zehn ›Best of Europe‹-Spots waren – was kein niederländischer Ort, keine niederländische Provinz vor ihnen geschafft hat. In der Würdigung hieß es u. a., Friesland gehöre zu den »am meisten unterschätzten Regionen der Niederlande, dabei ist es reich an idyllischen Städtchen und Dörfern und einer lebendigen Provinzhauptstadt mit viel Kultur«. Genau: Leeuwarden! Die lebhafte Kapitale heimste 2018 als Kulturhauptstadt des Jahres viel Lob ein – ihr Motto: ›eine offene Gesellschaft‹.

ORIENTIERUNG O

Infos: www.friesland.nl/de, visitgroningen.nl/de, visitwadden.nl/de
Verkehr: Friesland besitzt ausgezeichnete Busverbindungen (www.arriva.nl), und die größten Städte und Orte sind gut mit dem Zug zu erreichen. Groningens Hauptstadt ist größtenteils autofrei und eine echte Fahrradstadt. Bei Reisen in die Provinz ist das Auto dann allerdings doch ein guter Begleiter.

Auch die Nachbarprovinz Groningen ist touristisch noch ein weitgehend unbeschriebenes Blatt. Wenn überhaupt, kennt man ihre gleichnamige Provinzhauptstadt. Studierende aus aller Welt zieht es an die renommierte Rijksuniversiteit. Daher ist Groningen auch eine junge Stadt, das Durchschnittsalter liegt bei gerade einmal 36 Jahren! Autos gibt es in der Innenstadt keine – schon seit den 90ern gilt Groningen als Vorbild für effektive, alternative Verkehrsplanung. Die Provinz ist im Gegensatz zur quirligen Hauptstadt Ruhe und Gemütlichkeit pur. Sie ist eine der ältesten Kulturlandschaften Europas. Die lange Küste liegt meist hinter den Dörfern und Deichen versteckt. Doch keine Sorge, auch eine Wattwanderung oder eine Seehundsafari sind hier gut machbar.

Leeuwarden (Ljouwert)

Deutsche haben Leeuwarden eher selten auf dem Schirm, was sich auch nach dem Kulturhauptstadtjahr 2018 nicht wirklich geändert hat. Zu Unrecht! Sternförmig umschließen idyllische Grachten die historisch gewachsene Altstadt mit ihren Giebelhäusern, Palästen, Museen, Parks und Plätzen. Das (Grachten-)Wasser ist also nie weit – was ja passend für die Hauptstadt einer so wasserreichen Provinz ist. Gemächlich geht das Leben in den Straßen und Gässchen zu, leise erzählen die mehr als 500 Baudenkmäler ihre Geschichte(n). Dass es nicht zu gemächlich wird, dafür sorgen die vielen Studierenden, die die Stadt zu einer jungen, lebendigen und aufgeschlossenen Metropole machen.

Aussichtsreich!

Dem Rhythmus der Stadt angepasst, geht's erst einmal ins Café, und zwar ins **Stek** 3. Das einstige Brückenwärterhäuschen am **Prinsentuin** gewährt einen Superausblick auf Klappbrücke, Stadsgracht und den 40 m hohen **Oldehove** ❶ (1532), heute Wahrzeichen der Stadt und wunderbarer Aussichtspunkt (mit Glaswarte auf der Turmspitze).

Oldehoofsterkerkhof, www.oldehove.eu, April–Okt. tgl.

Prinzessin, Porzellan, Perspektive

In Prinzessin Maria Luises **Princessehof** residiert heute das **Keramiekmuseum** ❷, eines der bedeutendsten und charmantesten Museen der Niederlande. Es zeigt nicht nur eine beeindruckende Auswahl an Keramiken von Ost bis West, von China bis Friesland, und vermittelt Spannendes zu Technik und Stilen, sondern auch viele moderne und einige echt freaky Stücke. Eines der Highlights ist das kaiserlich-chinesische Porzellan. Der Speisesaal lässt erahnen, wie prachtvoll Maria Luise in dem barocken Stadtpalast wohnte. Ob der kleine Maurits, der hier 1898 das Licht der Welt erblickte und später als Grafiker und Meister der

Den Deutschen noch fast unbekannt: die Grachtenidylle Leeuwardens.

Leeuwarden (Ljouwert)

Ansehen
1 Oldehove
2 Keramiekmuseum Princessehof
3 Sint Anthony Gasthuis
4 Fries Museum
5 Achmeatoren
6 Love Fontein
7 DeBlokhuisPoort
8 Mata-Hari-Statue

Schlafen
1 Post-Plaza Hotel
2 WeidumerHout
3 Alibi Hostel

Essen
1 Roast
2 Proefverloof
3 STEK
4 Banhs & Boba
5 Dr. Plant
6 PUUR

Einkaufen
1 Zuivelhoeve
2 House of Taste
3 De Grutterswinkel
4 Nørd Concept Store
5 Eric Steenbergen
6 De Plek Vintage

Bewegen
1 A Guide to Leeuwarden
2 Praamvaren
3 AquaZoo

Ausgehen
1 Stadsschouwburg De Harmonie
2 Slieker Film
3 Muziekcafé Scooter'S
4 Neushoorn

---

optischen Täuschung unter dem Namen **M. C. Escher** berühmt wurde, das zu schätzen wusste? Dem Künstler ist eine kleine **Ausstellung** gewidmet.
Grote Kerkstraat 9, www.princessehof.nl/de

Idyllen in der Stadt
Lust auf ein verborgenes Juwel? Ein paar Schritte die Grote Kerkstraat hoch, ist über den Eingang am **Schoenmakersperk** mit wunderbaren Fliesenbildern das **Sint Anthony Gasthuis** 3 erreicht. Wer Zeit hat: Unbedingt das **Natuurmuseum Fryslân** gegenüber besuchen, mit Unterwassersafari, Walfischsaal und Darwins Dachboden (natuurmuseumfryslan.nl/de). Wer nun die Sint Anthony Hofjes betritt, die seit dem Mittelalter alten Menschen vorbehalten sind, wird von der parkähnlichen Gestaltung des Terrains entzückt sein! Die Anlage grenzt direkt an den **Prinsentuin,** das Lieblings-Grün der Leeuwardener.

Gassen und Grachten
In der charmanten **Kleine Kerkstraat** nicken die Hausgiebel einander freundlich zu, große Fenster an den Ladenlokalen gewähren tiefe Einblicke. Nicht vergessen, bei **Zuivelhoeve** 1 den friesischen Bauernkäse Tsiis oder *Nagelkaas* mit Kreuzkümmel und im **House of Taste** 2 die friesische Trockenwurst probieren.

Die Gasse endet an der **Nieuwestad-**Gracht, die sich nach Osten in einem Halbkreis über **Naauw** und **Kelders** mit doppelstöckigen Kaianlagen und **Voorstreek** fortsetzt, um schließlich im äußeren Grachtenring zu münden. Einzig der **Waagplein** mit dem Renaissancebau der **Waag** (um 1590) unterbricht die Kanäle. In diesem Schmuckkästchen wurden früher Butter und Käse gewogen. **Café-Restaurant Stadswaag** (stadswaag.nl) bietet hier einen Hangover-Brunch an. Terrassen an den Grachten laden zum ausgiebigen Verweilen ein – aufzustehen fällt schwer. Doch es gibt noch so viel zu sehen.

Kultureller Hotspot
Vorbei an den **Grachtenrundfahrtbooten (Praamvaren)** 2 ist der neugestaltete **Wilhelminaplein** erreicht, auf dem

Feste, Konzerte und der **Freitagsmarkt** (9–17 Uhr) stattfinden. Das 7800 m² große Areal wird im Westen vom neoklassizistischen Justizpalais (1846–52) und im Osten vom modernen Glaspalast des **Fries Museum** ❹ (2013) begrenzt – ein spannender Kontrast. Der bekannte Architekt Abe Bonnema hinterließ der Stadt 2001 18 Mio. € für den Bau des Friesischen Museums, das sich in großzügigen, hellen und hohen Räumen mit Geschichte, Landschaft, Sprache, Kultur und den Menschen Frieslands beschäftigt.

Teil des Museums ist das **Fries Verzetsmuseum,** dem friesischen Widerstand im Zweiten Weltkrieg gewidmet. Obwohl die Beschriftungen fast nur auf Niederländisch sind, werden alle Besucher durch die plastische Darstellung persönlicher Schicksale in den Bann gezogen. Gemeinsam mit dem wunderbaren **Museumshop, Arthousekino Slieker** (www.sliekerfilm.nl) und dem im spektakulären Entree untergebrachten **Café Thús** (www.cafe-thus.nl) mit friesischen Leckereien ist hier eine ganz eigene Kulturoase entstanden.

Wilhelminaplein 92, www.friesmuseum.nl

Sie träumen …

Gegenüber vom **Museumshafen** schraubt sich der **Achmeatoren** ❺ (Sophialaan 2–50) in die Höhe. Doch mehr als der 28-stöckige Büroturm interessiert hier Jaume Plensas **Love Fontein** ❻**,** die in regelmäßigen Abständen eine 2 m hohe Nebelwolke umwabert. Sie ist eine von **11fountains** (s. S. 146), Brunnen, die im Kulturhauptstadtjahr in den elf friesischen Städten entstanden, und *der* Blickfänger auf dem Bahnhofsvorplatz. Die 7 m hohen, weißen Skulpturen eines Mädchens und eines Jungen scheinen

E

ELF AUF EINEN STREICH

Seit dem Kulturhauptstadtjahr kann der *Elfstedentocht* jetzt jedes Jahr stattfinden, egal, ob es friert oder nicht. Denn jede der elf friesischen Städte erhielt einen mehr oder minder spektakulären Springbrunnen, geschaffen von elf international bekannten Künstlern – das Kunstwerk **11fountains** war geboren. Die Website 11fountains.nl/de berichtet sehr detailliert und anschaulich über die einzelnen Brunnen und Künstler:innen. Die **Elf-Brunnen-Tour** kann mit dem Auto, dem Bus, wandernd oder radelnd, auf dem SUP-Board oder im Segelboot zurückgelegt werden. Highlights an der Strecke sind u. a. das bezaubernde Grachten- und Holzstädtchen **IJlst** mit einem der fröhlichsten Brunnen, einem Strauß bunter Blumen. Mit viel britischem Humor geht es in **Workum** weiter, wo die ›Wilden Löwen‹ eher zwei verspielten Kätzchen gleichen. Wer schon mal da ist: Altstadt und Giebelsteinwand anschauen! Tierisch wird es auch in der schmucken Hansestadt **Bolsward:** Die an sich schon spektakuläre Fassade der abgebrannten Broerekerk mit Glasbaldachin bildet den Rahmen für ›Die Fledermaus‹. Der ›Eisbrunnen‹ im sechseckigen Festungsstädtchen **Dokkum** ist dem Foto einer Eisskulptur aus dem Winter 1963 nachempfunden, einem der strengsten aller Zeiten. Mit Dokkum ist der Wendepunkt der Tour erreicht, und es heißt zurück nach Leeuwarden. Oder vorher doch noch auf ein Bier in der Stadsbrouwerij einkehren? (Diepswal 5, bonifatius754.nl, Mo–Sa mit Micro-Biermuseum.)

sich anzusehen, doch ihre Augen sind geschlossen. »Sie träumen«, erklärte der spanische Bildhauer, »für Kinder ist die Zukunft ein Traum voller Versprechungen.«

Gefängnisgeschichten

Immer an der Gracht lang geht's in den Knast! Allerdings sind die ›Insassen‹ der **BlokhuisPoort** 7 (1870–77) gut 130 kreative Unternehmer:innen und Künstler:innen. Bis 2008 wurde hier weggesperrt, dann erlebte das Gelände eine Metamorphose. Entstanden ist ein lebendiges Zentrum mit wunderbarer Bibliothek, Ateliers, Bildungseinrichtungen, dem **Alibi Hostel** 3, Läden und Restaurants, darunter das charmante No-Waste-Drink-en-Eetlokaal **Proefverloof** 2 mit Traumterrasse an der Gracht. Wer Gefängnisluft schnuppern möchte, kann eine der **Führungen** ehemaliger Wärter mitmachen. Auf eigene Faust und gratis sind die Zellen 001, 002, 003 und 005 im H-Flügel zu besichtigen (tgl., Blokhuisplein 40, blokhuispoort.nl).

Leeuwardens wohl berühmteste Tochter saß hier nie im Gefängnis, vielmehr in Vincennes nahe Paris, wo sie 1917 auch hingerichtet wurde. Ihr Name: **Mata Hari.** Die Tänzerin, die nackt in den größten Häusern der Welt auftrat, wurde beschuldigt, während des Ersten Weltkriegs als Doppelagentin sowohl für die deutsche als auch die französische Seite gearbeitet zu haben. Mit einer kleinen **Bronzestatue** 8 wird ihr am Korfmakerspijp gedacht.

Schlafen

›Lekker sliepe‹

1 **Post-Plaza Hotel:** Mitten am Tweebaksmarkt liegt das ehemalige Postamt. Das historische Gebäude wurde geschmackvoll in ein modernes Hotel umgestaltet. Das prächtige Grand Café

des Hotels ist ein absoluter Hotspot und serviert rund um die Uhr eine hauseigene Kaffeeröstung, Drinks und leckere Gerichte.
Tweebaksmarkt 25–27, www.post-plaza.nl, €€

Grüne Oase

2 **WeidumerHout:** Ab ins Grüne! Das in einem typisch friesischen Bauernhof von 1867 untergebrachte Hotel-Restaurant legt viel Wert auf Nachhaltigkeit, Ruhe und Genuss. Entspannung versprechen Kanufahrten, der Obstgarten, die finnische Sauna. Neuerdings wird auch in gemütlichen, mit Holz verkleideten Würfeln auf der Weide und in den Waterlodges genächtigt.
Weidum, Dekemawei 9, weidumerhout.nl, €–€€/F

Eine Zelle für dich ganz allein …

3 **Alibi Hostel:** Wo früher knallharte Gangster ihre Strafe absaßen, hat sich eines der beliebtesten Kunst- und Kulturzentren der Stadt entwickelt. Für ultimative Knastromantik sorgt das Alibi Hostel. Eine Zelle mit Doppelbett ist ab 60 € pro Nacht buchbar, größere Gruppen können Zellen mit Stockbetten beziehen.
Blokhuisplein 40, alibihostel.nl/en, €

Essen

Es brutzelt auf dem Grill

1 **Roast:** Hier dreht sich alles um feine Röstaromen. Fleischliebhaber kommen bei Roast voll auf ihre Kosten, aber auch Fisch, Käse und Gemüse stehen auf der wöchentlich wechselnden Speisekarte. Kreative Cocktailkreationen in der Kellerbar.
Nieuwestad 63–65, roastleeuwarden.nl, €€

Keine Sperenzchen im Knast

2 **Proefverloof:** Die Location ist das eine, die moderne Saisonküche zu guten Preisen, die ganz ohne Schnickschnack auskommt, das andere. Die No-Waste-Politik macht das Lokal noch attraktiver.
Blokhuisplein 40, www.proefverlof.fri, Di, Mi–So, riesige Terrasse am Wasser, €–€€

Mit Traumterrasse am Wasser

3 **STEK:** Das süße Café könnte zum zweiten Wohnzimmer werden! Die Karte ist umfangreich u. nachhaltig, der Service 1 a.
Harlingersingel 2, www.stekleeuwarden.nl, €

Baguette auf Asiatisch

4 **Banhs & Boba:** Vegetarier, Veganer und Fleischfreunde werden hier mit Pho, Sommerrollen & Co. versorgt. Der Klassiker sind die vietnamesischen Banh-Mi-Sandwiches, knusprige Baguettes mit Gemüse, Salat und wahlweise Fleisch, Tofu, Seitan.
Tuinen 23, banhscoffee.nl, Di–So 11.30–18.45 Uhr, €

100 % vegan – und so lecker!

5 **Dr. Plant:** Vom raffinierten Trüffel-Burger über Pommes Frites mit Tempeh-Scha-

Jaume Plensas »Love Fountain«: Der Nebelbrunnen wirkt fast mystisch.

G

AM GRÜNSTEN

Verwundert rieb sich die Augen, wer im Mai 2022 aus dem Zug stieg. Denn vor dem Bahnhof standen 1000 Bäume! **Bosk** (fries. Wald) ist Teil von Arcadia, Nachfolgerin der Kulturhauptstadtinitiative, die alle drei Jahre ein hochkarätiges Kulturprogramm auf die Beine stellt (arcadia.frl/de). Die Bäume wanderten 100 Tage auf einer 3,5 km langen Strecke durch die Innenstadt. Auch bei **Arcadia** sind die Bewohner:innen aufgefordert, mitzudenken, teilzuhaben. Ihre Ideen sind auch beim nächsten ehrgeizigen Ziel Leeuwardens gefragt, 2025 **European Green City** zu werden.

warma bis hin zu frischen Eintöpfen und Suppen – Imbiss-Klassiker neu erfunden.
Willemskade 60b, www.dr-plant.nl, Di–Sa, €

Zum Dahinschmelzen

6 **PUUR:** Die moderne Eisdiele hat sich auf handgefertigtes Eis und Pralinen spezialisiert. Verwendet werden nur die allerbesten Zutaten aus fairem Handel und so wenig Farb- und Aromastoffe wie möglich.
Kleine Kerkstraat 7, www.proefpuur.nl, tgl., €

Einkaufen

Käse & Nüsse zum Schnabulieren

1 **Zuivelhoeve:** s. S. 144
Kleine Kerkstraat 23, 24, tgl.

Feinste Feinkost

2 **House of Taste:** s. S. 144
Kleine Kerkstraat 36, www.houseoftaste.nl, tgl.

Bei Tante Emma

3 **Museum De Grutterswinkel:** Im historischen Zentrum hält De Grutterswinkel eine längst vergangene Zeit lebendig. Die Regale sind gefüllt mit allerlei altmodischen Produkten, Konserven, Ofenpolitur, Lakritz. Allein das denkmalgeschützte Gebäude von 1596 lohnt den Besuch! Mit **Ausstellung** zur Geschichte des Lädchens.
Nieuwesteeg 5, grutterswinkel-leeuwarden.nl, Di–Sa, mit Kaffeestube

Möglichst nachhaltig

4 **Nørd Concept Store:** Schöne Unikate meist noch unbekannter Designer:innen.
Sint Jacobsstraat 10, nord-store.nl, mit gemütlicher Kaffeebar

Im Design-Himmel

5 **Eric Steenbergen:** Klassiker von Artemide, Tivoli, Marimekko, iittala, Kartell.
Kleine Kerkstraat 20, ericsteenbergen.nl, tgl.

Zeit zum Stöbern

6 **De Plek Vintage:** Auf der Suche nach Pettycoats, derben Lederjacken, einem Hawaiihemd, Designermode? Willkommen!
Ossekop 1, @deplekvintage

Bewegen

Street-Art und noch viel mehr

1 **A Guide to Leeuwarden:** Egal, welche der spannenden Touren man mitmacht, Treffpunkt ist gegenüber vom Oldehove. Guide Christina ist immer gut drauf und kennt die besten Geschichten.
www.aguidetoleeuwarden.nl/de, Sa um 14 deutsch-, um 12 Uhr englischsprachige Free Tour (auf Tip-Basis; ca. 1,5 Std.); private Touren

Leeuwarden vom Wasser aus

2 **Praamvaren:** Einst wurden die Flachbodenboote, die Prahmen, für den Transport von Waren eingesetzt, heute sind sie mit einem Elektromotor ausgestattet und Ehrenamtler:innen schippern Reisende auf zwei Routen durch die Grachten.
www.rondvaarten-leeuwarden.nl/de/prahm-info, Touren (1–1,5 Std.)

Tiger, Otter und Seepferdchen

3 **AquaZoo:** Der Tiergarten besitzt nicht die ganz großen Attraktionen, aber viele kleine auf einem wunderschönen Gelände am **Binnensee Lytse Wielen.**

De Groene Ster 2, www.aquazoo.nl/de

Ausgehen

Theater, Theater

1 **Stadsschouwburg De Harmonie:** Das Stadttheater besitzt ein breit gefächertes Programm aus Theater, Comedy sowie Tanzaufführungen und Konzerten.

Ruiterskwartier 4, hamonie.nl

Für Cineasten

2 **Slieker Film:** Das Kino im Fries Museum (s. S. 145) besitzt drei stimmungsvolle Kinosäle (Arthouse- u. Kurzfilme, Dokus).

Wilhelminaplein 92, www.sliekerfilm.nl

Freiwillige vor!

3 **Muziekcafé Scooter'S:** Die beliebte Livemusik-Bar ist bekannt für ihre Jam Sessions, Karaoke-Shows, Quizabende, Liveauftritte lokaler Bands u. Songwriter.

Ruiterskwartier 61/63, cafescooters.com, Mi–So

Kultur pur

4 **Neushoorn:** Das Kulturzentrum fördert eine lebendige Musik-, Tanz- und Filmkultur. Regelmäßig Konzerte, Partys, Festivals.

Ruiterskwartier 41, www.neushoorn.nl

Infos

- **Leeuwarden Visitor Center:** Heer Ivostraatje 1, www.visitleeuwarden.com, tgl.
- **ÖPNV:** Das Zentrum liegt in Fußnähe zum Hauptbahnhof. Busse fahren vom benachbarten Busbahnhof ab. Fahrpläne: www.9292.nl. Taxis am Bahnhof.
- **Parken:** Günstig ist der P+R-Platz hinter dem Bahnhof.

STREET-ART-HAUPTSTADT

... des Nordens wird Leeuwarden genannt. Kein Wunder bei mehr als 200 Murals. **Painforest 169** (Wolvesteeg 17) von Kenny Cookwell richtet sich gegen die Abholzung der Regenwälder: Pro Sekunde werden 169 Bäume gefällt. Im Haniasteeg 17 befasst sich iamfake mit dem Konflikt im Mittleren Osten: **Dance, dance, dance** zeigt einen seilchenspringenden Soldaten – das Seil schlagen ein Jude und ein Palästinenser gemeinsam. Direkt daneben ist bei **Wheel of fortune** von Twitch ein Baby kurz vor der Geburt auf einem Glücksrad zu sehen. Seine Message: Das Glück entscheidet, wo du geboren wirst, in Europa oder Afrika, ob arm, ob reich. Viele der Murals gehen auf die Initiative des jährlich stattfindenden **Writers Block Festival** zurück (writersblockmurals.com). Eine ganz spezielle Location ist das Parkhaus De Klanderij (Posthoornsteeg 40), das 40 internationale Künstler in ein farbenfrohes Meisterwerk verwandelten. Eine **Street-Art-Tour** bieten die Guides von A Guide to Leeuwarden 1 (s. S. 148) an. Wer auf eigene Faust los will: ›Street Art Map‹ downloaden (www.aguidetoleeuwarden.nl/en/street-art-map) oder die Papierversion für 5 € holen (u.a. beim Visitor Center). Weitere Infos: streetartcities.com/cities/leeuwarden

- **Cityproms Festival:** 4. Juniwochenende, cityproms.nl. Klassische Musik (kostenlos).
- **Welcome to The Village:** 3. Juliwochenende, welcometothevillage.nl. Spannendes Festival mit Musik, Theater, Tanz, Design, Diskussionen, Workshops und Essen.

Wattenmeerküste

Im Dunst liegen am Horizont aufgefädelt die fünf **Watteninseln**, davor die schützenden Deiche, im Landesinneren viel plattes Land, Mühlen, Grachten und Terpendörfer wie **Birdaard** (Burdaard), **Oudkerk** (Aldtsjerk) oder **Tietjerk** (Tytsjerk). Und seit 2018 spannende Kunstinstallationen des Projektes **Sense of Place** (www.sense-of-place.eu) an entlegenen Orten entlang der Wattenmeerküste.

Fernglas nicht vergessen!

Weit im Osten der Provinz teilen sich Friesland und Groningen den **Nationalpark Lauwersmeer** (s. S. 167). Seine besondere Natur erschließt sich auf einer 60 km langen Radtour (www.route.nl/fietsroute/1018019/Rondje+Lauwersmeer+en+Dokkum).

FARBE FÜR DEN ALLTAG

Um die Ecke vom Nationalpark De Alde Feanen (s. S. 151) wird's im Städtchen **Drachten** bunt. 1921 gestaltete Avantgardekünstler Theo van Doesburg hier ein Viertel, dessen Häuser wegen ihrer Farbigkeit in den Primärfarben Rot, Gelb und Blau schnell den Spottnamen ›Papageienviertel‹ weg hatten – ein Titel, der die Drachtener:innen heute mit Stolz erfüllt. Van Doesburg, Mitbegründer der berühmten Künstlergruppe De Stijl, ist heute das **Museum Dr8888** gewidmet. In der Museumswohnung im **Van Doesburg-Rinsemahuis,** einem der Häuser der *Papegaaienbuurt,* findet sich das De-Stijl-Farbschema wieder (Museum: Museumplein 2; VDRH: Torenstraat 3, Fr–So, museumdrachten.nl).

Schlafen, Bewegen

Glampen im Traumland

Ecolodges: Die Übernachtung in der hellen, geräumigen, komplett aus recycelten Materialien erbauten Holzhütte ist eine Entscheidung für die Umwelt.

Groenweg 3, Kollumerpomp, itdreamlan.nl, für 4 Pers., €–€€

Boot & Breakfast

Lady B: Schöner geht's nimmer – übernachten auf einer Motorjacht im NP Lauwersmeer. Um die Ecke kann man schwimmen, Superausgangsort für Wander- und Radtouren. Und der Skipper steht für Touren zur Verfügung – einfach genial!

Hafen Oostmahorn, www.ervaar-water.nl/boot-en-breakfast, für 4 Pers., €/F

Franeker (Frjentsjer) G 3

Festungswall und Grachtengürtel umgeben das etwas verschlafen wirkende Städtchen mit den denkmalgeschützten, schiefen Häuschen, deren hübsche Treppen- und Glockengiebel einander zuzunicken scheinen. Einst schlenderte hier der französische Philosoph René Descartes durch die Gassen – er studierte an der Academia Franekerensis, der zweitältesten Uni der Niederlande. 1811 ließ Napoleon diese schließen und Franeker fiel in Dornröschenschlaf. Das könnte sich ab Juli 2023 ändern, dann steht die Stadt vielleicht auf der UNESCO-Welterbeliste …

Stadt der Sternengucker

… und zwar mit dem **Planetarium Eise Einsinga,** dem ältesten funktionsfähigen Modell des Sonnensystems und dem größten mechanischen Planetarium der Welt. Hobby-Astronom und Mathegenie Eisinga hat sein Lebenswerk kurzerhand unter die Decke seines Wohnzimmers

TOUR
Paddel dich frei!

Auf dem SUP-Board unterwegs im Nationalpark De Alde Feanen

Infos

G 3

Start, Dauer, Länge: SUPS Earnewâld, Piet Miedemaweg 15, www.supsearnewald.nl, ab 10 €/Std., auch geführte Touren; ca. 4 Std., 12 km

Infos: www.np-aldefeanen.nl/de

Ferienhaus: Wer sich nicht losreißen kann, um die Ecke liegt idyllisch It Foarhûs (Manjepetswei 23, www.foarhus.nl, €).

Moore, Schilfrohrgebiete, Seen, Teiche und Kanäle prägen den 4000 ha großen **Nationalpark De Alde Feanen.** Wo der Mensch jahrhundertelang Torf abgebaut hat, entwickelte sich die Natur zu einem schönen, wasserreichen Naturschutzgebiet zurück – ideal, um den Nationalpark mit Kanu oder SUP-Board zu ›erobern‹. Jaane von **SUPS Earnewâld** erzählt uns, dass De Alde Feanen das Traumziel vieler SUPper:innen ist. Und rät uns, die Augen offen zu halten, denn zu den hier heimischen mehr als 100 Vogelarten gehöre auch der Seeadler mit einer Flügelspannweite von 2,40 m!

Die schilfbestandene **Ulekrite** führt ins Naturschutzgebiet. An der **Fischerhütte** vorbei und nach links in die schmale **Rânsleat,** dieser bis zur **Grutte Krite** folgen, wo die Landschaft weiter wird und einiges an Bootsverkehr unterwegs ist. Um den **Princedyk** herumpaddeln, nach rechts ins **Djippe Gat,** anschließend noch einmal rechts in die **Folkertsleat** abbiegen. Nach links geht es nun ins Moorgebiet. Unbedingt auf die Poller achten, denn es gibt hier tatsächlich Sackgassen. Und die Natur hier gleicht einem Dschungel! Der Himmel spiegelt sich im Nass, Wolken ziehen über die Wasseroberfläche. An der **Aldewei** angekommen, nach links abbiegen und ihr und Sietse Maaikesleat folgen, bis das **Holstmar** erreicht ist. Auf der rechten Seite den Durchgang Richtung **Saiterpetten** passieren. Nun rechts ab und das Board an der Umtragestelle am rechten Ufer aus dem Wasser ziehen. Anschließend weiter geradeaus, bis der schmale Durchgang nach links wieder zurück zur **Aldewei** führt. »Und, wie war's?«, fragt Jaane. Unser seliges Grinsen verrät ihr alles.

Erinnerung und Mahnmal: Der Walfang machte Harlingen einst reich.

gebaut (1774–81). Dort blicken wir mit großen Augen auf Sonne, Planeten, Monde. Die aufwendige Konstruktion mit dem ausgetüftelten Zahnradmechanismus funktioniert mit einer einzigen kriegsbedingten Unterbrechung seit mehr als 240 Jahren (Eise Eisingastraat 3, www.planetarium-friesland.nl/de, April–Okt. auch Mo). Einem anderen, weltberühmten Astronomen Franekers ist der 11-Städte-Brunnen **De Oortwolk** an der Martinikerk gewidmet: Jan Hendrik Oort, der die Dynamik der Milchstraße entschlüsselte.

Hoher Romantikfaktor

Reizvoll ist ein Spaziergang auf dem **Bollwerk** im Norden der alten Festungsstadt. Hier stehen vier Teepavillons aus dem 18. Jh. Im Sommer können zwei der Pavillons besucht werden: Im **Theehuysje de Freule** (Noorderbolwerk 27, www.theehuysjedefreule.nl) hat Klaaske liebevoll Bunzlauer Keramik, Seifen, Tee u. v. m. ausgestellt, und in der **Bangatheekoepel** kann stilvoll wie einst Tee genippt werden (Zilverstraat 16, im Garten, www.franeker.frl/beleef/bolwerk-met-theekoepels).

Schlafen, Bewegen

Charmant auf dem platten Land

B & B Lutje Lollum: Nur wenige Minuten außerhalb der Stadt liegt der typisch friesische Bauernhof mit ungewöhnlichen Übernachtungsmöglichkeiten wie Zirkuswagen. Mit ausgezeichnetem Frühstück.

Lutje Lollum, www.lutjelollum.nl/de, €/F

Direkt am Wasser

De Stadsherberg: Die Herberge blickt auf eine bewegte Geschichte zurück. Schon im 17. Jh. war sie wichtiger Rastplatz für Reisende. Noch immer ist das Hotel mit angegliedertem **Restaurant** und Terrasse direkt am Wasser eine beliebte Adresse in der Region. Mit **Kanu-** und **Bootverleih.**

Oud Kaastveld 8, stadsherbergfraneker.nl, €/F

Essen

Für romantische Dinner

De Grillerije: Schöne Lage am Kanal, modernes Ambiente und Spezialitäten vom Grill. Von Dienstag bis Donnerstag wird

ein Tapas-Menü serviert, auf der regulären Speisekarte stehen Fisch- und Fleischgerichte sowie einige vegetarische Optionen.
Groenmarkt 14,degrillerije.nl, Di–So, €€–€€€

Perfekt für 'ne gemütliche Pause

Brasserie de Stadstuin: Beste Lage in einer hübschen Gracht. Wenn möglich, wird mit regionalen Produkten gearbeitet.
Eise Eisingastr. 2, www.brasseriedestadstuin.nl, Di–So, April–Okt. auch Mo, auch Kuchen, €

Einkaufen

Spezialitäten aus der Region

Ut Streekie: Friesische Regionalprodukte wie Käse, Wurst, Marmelade, Spezialbiere.
Raadhuisplein 11, www.utstreekie.frl, tgl.

Infos

- **VVV:** im Museum Martena (Stadtmuseum), Dikstraat 26, www.franeker.frl
- **Kaats-Meisterschaft:** 5. Mi nach dem 30. Juni, pc-franeker.nl. Die friesische Ballsportart konnte erfolgreich wiederbelebt werden. Mit großem Straßenfest.

Harlingen (Hams) F3

Die alte Hafenstadt am Wattenmeer versprüht so viel Charme und Atmosphäre, dass es gleich für mehrere Städte reichen würde – und doch fahren die meisten Menschen hier auf dem Weg zu den Fähren nach Vlieland und Terschelling einfach nur durch.

Der Ort mit dem einzigen Seehafen Frieslands besitzt als Zentrum der Krabbenfischerei einen der modernsten Häfen des Landes. Doch nur ein paar Meter weiter vermittelt das **alte Hafenviertel** den Eindruck, hier habe sich seit Jahrhunderten nichts verändert. Beim Schlendern durch das Wirrwarr der Gassen und entlang der Kanäle und Grachten versetzen die Brücken, die Boote der Braunen Flotte, die historischen Giebel, die bunten Türen und der überbordende Blumenschmuck in eine längst vergangene Zeit.

Freiwillige vor!

Wer mehr über die Vergangenheit der Hafenstadt wissen möchte, wird im **Hannemahuis – Zentrum für Kultur und Geschichte Harlingens** fündig (Voorstraat 56, hannemahuis.nl). Und bevor nun der Besuch am **Stadtstrand** (mit Strandpavillon, zilt.nl) ansteht, wartet noch ein Highlight: Nach gut zehn Jahren Bauzeit ist die Replik des Expeditionsschiffs **Willem Barentsz** fast fertiggestellt, ausschließlich mit Hilfe von Freiwilligen! Hier und im angeschlossenen Besucherzentrum gibt es Aufschlussreiches über den berühmten Seefahrer und Entdecker Barentsz (16. Jh.) und den Bau des Schiffes zu sehen (Willemskade, debarentsz.nl, tgl., gratis). Gegenüber, im Zuiderpier, macht ein grauer Riese mithilfe einer Wasserfontäne auf sich aufmerksam: **Der Wal** ist einer der Brunnen, die im Kulturhauptstadtjahr Leeuwardens entstanden (s. S. 146).

Schlafen

Hin und her und rundherum

Havenkraan: Im Ex-Maschinenhaus eines Hafenkrans befinden sich heute Doppelbett, Badezimmer und Sitzmöglichkeit mit Blick auf Meer, Hafen oder Stadt. Die Gäste können den Ausblick nämlich selbst bestimmen – der Kran kann nach Lust und Laune gedreht werden!
Dokkade 5, www.havenkraan.nl, €€€/F

Über den Dächern der Stadt

Het Dakhuis: Vom Dach des historischen Getreidespeichers kann man bei gutem Wetter bis nach Vlieland und Terschelling sehen. Die stilvoll eingerichtete Wohnung diente früher als Maschinenraum, heute genießen die Gäste die schöne Lage im historischen Zentrum von Harlingen.

Noordijs 4, www.hetdakhuis.nl, €–€€

Essen, Ausgehen

Essen unterm Giebel …

Eetcafé Nooitgedagt: … und zwar unter einem der schönsten und ältesten der Stadt. Das Lagerhaus von 1647 beherbergte einst feine Weine, heute serviert hier ein tolles Team saisonale, französisch angehauchte Küche aus lokalen Produkten.

Grote Bredeplaats, www.eetcafenooitgedagt.nl, Di–So, mit schöner Terrasse, €–€€

Heute brau ich …

Brouwdok: Craftbeer-Brauer gibt's viele, doch nur wenige, die sich so reinhängen. Vielleicht, weil es die einzige Brauerei des Landes ist, die vorm Deich liegt? Mit Superaussicht aufs Watt von der Terrasse.

Nieuwe Willemskade 8, www.hetbrouwdok.nl, Di geschl., Brauereiführungen Fr–So, €–€€

Einkaufen

100 % Keramikhandwerk

Harlinger Aardewerk & Tegelfabriek: Die Manufaktur erweckt die Tradition der berühmten Harlinger Töpferei und Fliesenproduktion wieder zum Leben. Originalrezepte für Farben und Glasuren konnten rekonstruiert werden. Das Ergebnis: authentische Harlinger Fliesen, Geschirr und andere Töpferwaren aus Handarbeit.

Laden: Voorstraat 84, www.harlinger.nl, n. V., Manufaktur: Oude Trekweg 81-2, Mo–Fr

T

TROCKENFALLEN

Mit einem historischen Segelschiff geht es raus, nach dem Trockenfallen ist eine **geführte Wattwanderung** über den dunklen Schlick angesagt. Der weite Blick über die gewaltigen Wattflächen ist gar zu schön!

www.historischesegelfahrt.de/tagestoern-wattwanderung

Infos

- **Infos:** www.visit-harlingen.nl/?lang=de
- **Fähren:** nach Vlieland und Terschelling
- **Harlinger Visserijdagen:** Mi–Sa Ende Aug./Anf. Sept., www.visserijdagenharlingen.nl. 4-tägiges Festival mit Livemusik, Kirmes, Wassersport, Fischauktion (Sa).

Afsluitdijk (Abschlussdeich) F3

32 km ist er lang, der Deich, der eigentlich ein Damm ist und Friesland mit Noord-Holland verbindet. Aus einem Meer, der Zuiderzee, hat er einen rieisgen Binnensee gemacht, das IJsselmeer. Wo das Wasser einst salzig war, fließt heute Süßwasser. Und statt 300 km (Zuiderzee-)Küste vor den Fluten schützen zu müssen, konnte im Schutz des Deichs Land gewonnen werden und Flevoland entstehen. Das Wichtigste aber ist: Die Gefahr, die vom offenen Meer ausging, das das Land überflutete, das Menschen und Tiere ertrinken ließ und Ernten vernichtete, war gebannt. Bis heute (theafsluitdijk.com/de).

Der Deich ist Teil der 785 km langen **Radroute UNESCO-Welterbe Niederlande** (www.fietsnetwerk.nl). Tagsüber warten auf der künstlichen Insel Kornwerderzand der **Aussichtsturm,** dort, wo der Deich 1932 geschlossen wurde, und das neue **Wadden Center** mit spektakulären Ausstellungen zu Watten- und IJsselmeer, der Baugeschichte und dem einzigartigen

Fischmigrationsfluss. Abends versprüht die Fahrt zwischen den Meeren eine ganz besondere Atmosphäre, seit Studio Roosegaarde die **Schleusentürme** mit reflektierenden Linien im Art-déco-Stil versehen hat, die beim Vorbeifahren aufleuchten.

Afsluitdijk Wadden Center, afsluitdijkwaddencenter.nl, tgl., mit Restaurant, €; www.studioroosegaarde.net/project/gates-of-light

Am IJsselmeer

F/G 3/4

Der mit gut 1100 km² größte Süßwassersee des Landes ist beliebtes Planschbecken und Surfrevier. Die friesische IJsselmeerküste reicht von **Makkum** im Norden bis nach **Lemmer** im äußersten südöstlichen Zipfel – beide Badeorte sind nicht nur im Sommer beliebt. Dazwischen erzählen charmante Zuiderzeestädte bewegte Geschichten aus ihrer Vergangenheit als Handelsplätze. Während im Hinterland waldreiche Gebiete warten, ist die Küste beliebtes Wassersportrevier. Und bezaubert mit ihrer Natur: Spektakulär sind die drei bis zu 10 m hohen Klippen, die sich in der vorletzten Eiszeit in die Höhe schraubten: **Oudemirdumer, Mirnser** und **Rode Klif** bei Warns. Ornitholog:innen fühlen sich in der **Bucht von Molkwar** und im Naturschutzgebiet **Warkumerwaard** bei Workum wohl – und sehen an der **Steile Bank** nahe Lemmer rosa: Hier überwintern Flamingos, Grenzgänger aus dem deutschen Zwilbrocker Venn.

Hindeloopen (Hylpen) F4

In Hindeloopen ist alles etwas anders: Den Dialekt verstehen selbst Fries:innen nicht, die Trachten sind mehr als bunt, Blumenmotive mit Karomustern gemischt, und statt des typischen Männer-Shantychors singen hier die Frauen. ›Schuld‹ daran hatte die isolierte Lage des Städtchens, das enge Handelsbeziehungen u. a. nach Norwegen pflegte, aber kaum Kontakte zum Hinterland unterhielt. Auf die Norweger:innen geht auch die Tradition des Möbelbemalens zurück, für die Hindeloopen bekannt ist und an die der Elf-Städte-Brunnen **Flora & Fauna** erinnert.

Heute ist Hindeloopen ein beliebtes Wassersportzentrum und mit den schmalen Gassen, zig Kanälen, Holzbrücken und **Kapitänshäusern** aus dem 17. Jh. einfach nur schön. Bei den *commandeurswoningen* lohnt ein zweiter Blick: An der Fassade angebrachte Anker verrieten einst, dass die Kapitäne daheim waren. Nur dann wohnten auch Frau und Kinder im Vorderhaus, sonst lebten sie in den *likhúsjes* im Garten. Im **Hafen** liegen (Segel-)Schiffe vor Anker. Und am **Schleusenwärterhaus** treffen sich die Einheimischen zum Stadttratsch.

Typisch Hindeloopen

Ein Besuch im **Eerste Friese Schaatsmuseum** macht klar, dass die letzte Elf-Städte-Tour gut 25 Jahre zurückliegt. Neben einer fast lückenlosen Dokumentation dieses Volksereignisses ist im Museum die größte Schlittschuhsammlung der Welt zu sehen sowie ein Atelier, das der Hindelooper Malkunst gewidmet ist (Kleine Weide 1–3, schaatsmuseum.nl, tgl.). Wer seine Kenntnisse über die traditionelle Malerei vertiefen möchte, kann dies im **Museum Hindeloopen** tun (Dijkweg 1–3, museumhindeloopen.nl, April–Ende Okt. tgl.).

Schlafen

Abtauchen in die Vergangenheit

Hylperhuis: Vergisst man die bequemen Boxspringbetten und das moderne Badezimmer einmal, entführen traditionelle Stoffe und in Hindelooper Manier bemalte

Möbel im Kapitänshaus direkt ins 18. Jh. Im Likhús an der schmalen Stadtgracht (mit Küche) ist die Aussicht aus der dritten Etage aufs IJsselmeer bezaubernd.
Tuinen 5–7, www.hylperhuis.nl, Likhús ab 2 Nächte, Frühstücksbuffet in der Croissanterie im Jachthafen (11 €); mit Garten; €€–€€€

Essen

Verführerischer frischer Fisch

Sudersee: Direkt hinterm Deich verrät der Fisch mit dem Krönchen schnell, worum sich hier alles dreht! Egal, ob die göttlichen Gambas in Knoblauch, in Weißwein gratinierter Kabeljau oder die Fischplatte – alles ist ausgezeichnet, der Service auch.
Buren 1, www.sudersee.com, März–Okt. Di–So, mit Sonnenterrasse, €€

Einkaufen

Bemalt – berühmt

Roosje Hindeloopen: Seit fast 130 Jahren werden die handbemalten Hindeloopen-Möbel nun schon erfolgreich nach traditionellen Techniken gefertigt (s. S. 155).
Nieuwstad 44, www.roosjehindeloopen.com, 12.30–13.30 Uhr Mittagspause

Textile Leidenschaften

Textielatelier Durkje de Boer: Durkje kreiert aus den typisch Hindelooper *sitsen* (Blumenstoffe) und *bonten* (Karostoffe) einzigartige Textilprodukte.
Buren 29, durkjedeboer.nl, Do–So

Bewegen

Spaß mit Fahrrad und Fähre

Pontje-Fietsrondje: Nach knapp 20 Min. *fietsen* ist das charmante Städtchen **Workum** erreicht. Von hier führt eine 30 km lange Radtour durch trockengelegte Polder, vorbei an Weiden und Seen, über schmale Pfade und durch Dörfchen wie **Ferwoude** und **Parrega** mit Zwischenstopp an einer der ältesten friesischen Mühlen bei **Oudega.** Kurz vor Workum wartet das Highlight der Tour, die Radfähre *(pontje)*.
Route(n): www.waterlandvanfriesland.nl/nl/blogs/5x-de-mooiste-pontjesroutes-in-friesland

Stavoren (Starum) F4

Anfang des 18. Jh. war es nicht zum ersten Mal mit der Blütezeit der ältesten friesischen Stadt (300 v. Chr.) vorbei. Doch die einst so wohlhabende Hansestadt fing sich erneut und startete um 1850 eine Karriere als Fischerdorf. Der geringe Tiefgang der Stavorer Jollen war perfekt für den Fischfang an der Zuiderzeeküste. Mit dem Bau des Abschlussdeichs war das Geschichte.

Heute ist Stavoren ein bekanntes Wassersportzentrum: Die mächtige **Johan Frisosluis** stellt die wichtigste Verbindung zwischen IJsselmeer und Friesischen Seen her, die **Alte Stadtschleuse,** hinter der die unzähligen Masten der Segelschiffe in den Himmel pieksen, ist großes Kino, wird aber kaum noch genutzt. Die Schiffe der Braunen Flotte im **Oude Haven** sind ein Blickfang, die farbenfrohen Häuser am gegenüberliegenden Hafenweg auch. Seit 2018 hat Stavoren ein neues Postkartenmotiv am Hafen: den **Fisch-Brunnen** des 11fountains-Projekts. Der gierige Fisch hat die vielbeachtete Frau von Stavoren wohl längst in den Schatten gestellt. Die kleine Statue des **Vrouwtje van Stavoren** vor der Schleusenbrücke, die eine üble Zeitgenossin gewesen sein soll, begrüßt die Segler:innen.

Lauter Idyllen

Die **Klippen** im Süden (s. S. 155) Stavorens überraschen, sind sie doch für die Niederlande eher ungewöhnlich. Den Sandstrand am **Mirnser Klif** teilen sich Badende, Kitesurfer und SUPper – wer

Blickfang: das Vrouwtje van Stavoren

kein eigenes Board hat, kann's am Paviljoen 't Mar (paviljoentmar.nl) leihen. In der Nähe steht eine Gruppe majestätischer, bis zu 300 Jahre alter Buchen. Sie gehören zum **Rijsterbos** (www.itfryskegea.nl/rysterbosk), dem schönsten Wald des an Hügeln und Wäldern reichen, märchenhaften **Gaasterlands** (Radtour: 55 km, www.friesland.nl/de/routen/1251242965/radweg-gaasterland).

Schlafen

Ab ins Fass mit dir!

Hotel Vrouwe van Stavoren: Aus dem Wintergarten des Hotels am alten Hafen genießt man Traumausblicke auf das Wasser. *Das* Highlight aber sind die originalen Schweizer Weinfässer mit 15 000 bzw. 23 000 l Fassungsvermögen, die in gemütliche Hotelzimmer umgewandelt wurden.
Havenweg 1, www.hotel-vrouwevanstavoren.nl, €–€€

Essen

Ein absoluter ›aanrader‹

Grand Café De Schans: Bo u. Jelte servieren leckerste saisonale Küche wie Wildgulasch, Kürbiscurry, Fischschmortopf.
Schans 23, deschans-stavoren.nl, Di–Sa, super *bitterballen*, €–€€

Bewegen

Mitsegeln leicht gemacht

FrieseVloot: Mitsegeln auf einem Schiff der Braunen Flotte ist ein Erlebnis!
www.friesevloot.nl/de, Tagestouren ab 20 €

Infos

- **Fähre nach Enkhuizen:** veerboot.info/, Stationsweg 7, April–Anf. Okt., s. S. 94
- **Segelregatta im Skûtsjesilen:** elf Tage Anf. Aug., www.skutsjesilen.nl/deutsch. 14 *skûtsjes* (histor. Frachtschiffe) kämpfen an elf Wettkampftagen um die Meisterschaft.

Friesische Seenplatte

G 3/4

Tjeukemeer, Slotermeer, Fluessen, Hegermeer und wie sie alle heißen: 35 Seen mit einer Gesamtoberfläche von 9300 ha zählt das Friese Merengebied. Das macht es zum größten europäischen Wassernetzwerk an miteinander verbundenen Seen, Teichen, Flüssen, Grachten und Kanälen und zu einem Wassersportparadies. Bedeutendstes Wassersportzentrum ist **Sneek** mit dem größten Jachthafen des Landes, aber es gibt zig weitere gemütliche Wassersportdörfer wie **Grouw, Gaastmeer** (s. S. 158), **Heeg, Oudega, Joure.**

Sloten (Sleat) G4

Die kleinste der elf friesischen Städte gilt vielen als die schönste: mit ihren schiefen Giebelhäusern, Gassen und Grachten, den Wassertoren **Sneker-** und **Lemsterpoort,** den schmalen Holzbrücken und dem üppigen Blumenschmuck. Wahrzeichen des Festungsstädtchens ist neben dem Elf-Steden-Brunnen **De Kievit** die **Kornmühle De Kaai** von 1755 (Bolwerk Zuidzijde, Sa).

Ein 60 m hoher Turm kündigt das backsteinerne Wunderwerk der Technik bei Lemmer bereits von Weitem an: Das **Woudagemaal** im Stil der Amsterdamer Schule (1920) ist das größte Dampfpumpwerk der Welt. Noch heute wird es einmal die Woche angeworfen, aber nur zu Schauzwecken – und in Notzeiten. 4 Mio. l Wasser kann das Pumpwerk dann pro Minute ins IJsselmeer pumpen!
Gemaalweg 1, www.woudagemaal.nl, Feb.–23. Dez. Mi–Sa, ab Okt. auch So

Schlafen, Essen

Wunderschönes Woudsend

Omke Jan: Der moderne, von Piet Hein Eek nachhaltig renovierte Gasthof unterm Dach eines alten friesischen Bauernhofs bietet gute regionale, saisonale Küche ohne Schnickschnack. Unterm Dach mit mächtigem Gebälk schläft es sich gut.
Lewal 44, Woudsend, omkejan.nl/de, Do–So, €–€€; Übernachten €€

Sneek (Snits) G3

Die beste Art, Sneek kennenzulernen, ist auf dem Wasser. Dabei landet jeder irgendwann vor der **Waterpoort,** Wahrzeichen der Stadt. Das Tor mit den beiden achteckigen Spitztürmen ist einzigartig in den Niederlanden und entstand 1492 zeitgleich mit der Stadtmauer.

In *dem* Wassersportzentrum der Friesischen Seenplatte wimmelt es von Freizeitskipper:innen, Booten der Braunen Flotte, großen und kleinen Jachten. Hintergrundwissen (nicht nur) für Landratten gibt's im **Fries Scheepvaart Museum** (Kleinzand 16, www.friesscheepvaartmuseum.nl, tgl.). In 32 (!) Ausstellungsräumen zeigt es Spannendes zu Schiffbau und Seefahrt, Eislauf und zum *Elfstedentocht.* An den legendären Schlittschuhwettkampf erinnert auch der **Brunnen der Fortuna** nahe der Waterpoort am Hoogend.

Geruhsame Grachtengänge

Restaurants und Läden säumen die belebten **Grachten Groot-** und **Kleinzand.** Ein Abstecher zum Rokoko-**Rathaus** (Marktstraat 10) und zur spätgotischen **Martinikerk** am Oud Kerkhof lohnt sich. Der freistehende hölzerne Kirchturm besitzt ein 47-teiliges Glockenspiel. Doch zurück zur Grachtenwanderung: An der **Harinxmabrug,** einer fotogenen Zugbrücke, fühlt man sich endgültig wie ein Sneeker, wenn einen der Brückenwärter so nett grüßt …

F

DIE FREIHEIT BEGINNT

Gaastmeer am **Groote Gaastmeer** wirkt wie aus der Zeit gefallen. Radler, Kanuten, Segler und Wanderer genießen hier Natur und Ruhe. Zwei Fußgängerfähren zuckeln in Nachbardörfer (veerponten.nl) – aber wer will denn schon weg hier, wenn er fast mit den Füßen im Wasser auf der Restaurantterrasse ausgezeichnet speisen kann (www.aldherberch.nl, mit Zero-Waste-Menü)? Direkt hinter Gaastmeer beginnt die weite friesische Landschaft, wo die Seen teils höher liegen als die Straßen …

Schlafen, Ausgehen

Luxus im Grünen am Rietmeer

Pollepleats: 10 km von Sneek entfernt, auf dem Gelände eines historischen Bauernhofs liegt dieses kleine Paradies. Der Besitzer hat beim Umbau viel Wert auf Nachhaltigkeit gelegt. Sehr romantisch ist die Suite. Mit dem Elektroboot lässt sich die Seenplatte unsicher machen.

De Kat 20, Westhem, pollepleats.nl, €€–€€€

The place to be(er) ...

Logement 3B: Hinter der Fassade des historischen Stadthotels warten 17 im industriellen Vintage-Stil eingerichtete Zimmer auf Gäste. Im **Eet- & Biercafé** werden in gemütlicher Atmosphäre verschiedene burgundische Gerichte sowie über 200 Biersorten angeboten (viele reg. Biere).

Wijde Noorderhorne 2, logement3b.nl, €; biercafe3b.nl, Do–Mo, €–€€

Fahrendes Ferienhaus

HouseBoat: Mit viel Platz, Wohnzimmer/Küche, 3 Schlafzimmern, Bad, separater Toilette, 16 m² großem Sonnendeck und Terrasse. Das Hausboot ist einfach zu fahren (kein Führerschein), kann aber auch angedockt bleiben. SUP-Boards, Ruderboot und Räder können zugebucht werden.

Yachtcharter Sneek, Jan Kuipersweg 5–7, www.yachtchartersneek.nl/de/hausboot-2, €–€€

Essen

Leckeres Essen, ehrgeizige Ziele

Royaal belegd: Der Name ist Programm, die Brötchen sind kreativ und reichhaltig belegt. Roos und Eric legen Wert auf Produkte, die mit Rücksicht auf Mensch, Tier und Umwelt hergestellt werden – so ist Royaal belegd der erste zertifizierte Fairtrade-Laden Frieslands!

Rienck Bockemakade 2, www.royaalbelegd.nl, Di–So, auch Frühstück, High Tea, €

Mit Blick auf Wasser und Bötchen

BUUR Sneek: Wer mag, kann sein Boot direkt vor der Streetfoodbar festmachen und zur Terrasse am Wasser wechseln. Lecker: Pizza, Burger, Salate, Apfelkuchen.

1e Oosterkade 24, buursneek.nl, Mi–So, €–€€

Bewegen

Gute Tourenvorschläge gibt es auf: www.sneek.nl/nl/routes (auf Niederländisch)

Am Wasser chillen

De Potten: Der *fietspad* Grienedijk führt ab der Brücke über die Oudvaart 4,5 km durch ein schönes Stück friesischer Natur zum Erholungsgebiet De Potten.

www.waterskibaan-sneek.nl, aquaparksneek.nl, sloephurenfriesland.nl, beachclubsneek.nl

Wasser marsch

Binnenstad Bootverhuur: Mit E-Boot, E-Schaluppe, Kanu u. Kajak unterwegs!

E-Boote: Prins Hendrikkade/Koninginnebrug, Schaluppen, Kanu, Kajak: Hendrik Bulthuisweg 30, binnenstadbootverhuur.nl

Mit Fahrrad und Fähre

De 3 Pontjes rondom Sneek: Knapp 50 km rund ums Sneekermeer. Highlights: Vogelschutzgebiet De Potschar, Wassersportdörfer wie Terherne und Goingarijp, diverse Seen, Mühlen und die drei Fähren.

Route und Infos: www.waterlandvanfriesland.nl/de/routen/rad-wanderungen-mit-fahren/3373466282/sneekermeer

Infos

- **VVV:** Kleinzand 16, T 051 575 06 78, im Fries Scheepvaart Museum (s. S. 158)
- **Sneekweek:** 6 Tage Anf. Aug., www.sneekweek.nl. Größte (Inshore) Segelveranstaltung Europas. Segelwettkämpfe, Kirmes, Trödelmarkt etc.

Groningen

Aller Anfang ist leicht, zumindest wenn man in Groningen am **Hauptbahnhof** ❶ ankommt. Die Ankunftshalle ist eine der schönsten der Niederlande: Papierstuck an der Decke, Fenster mit Glasmalereien, überall Fliesentableaus mit symbolischen Abbildungen des Groninger Künstlers F. H. Bach (1865–1956). Um die Ecke findet sich ein weiteres Highlight der Stadt: das **Groninger Museum** ⓭, das von außen wie von innen ein echter Hingucker ist. Tipp: Schauen Sie sich das Museum bei schönem Wetter vom Tretboot aus an.

Bewegte Geschichte

»Etwas Orientalisches, etwas Christliches, etwas Jüdisches und etwas Groningen«, so heißt es über die **Synagoge** ❷ in der Folkingestraat (Nr. 60, www.synagogegroningen.nl), heute ein wichtiger Kulturort der großen jüdischen Gemeinde. Diese wurde nach dem Zweiten Weltkrieg von einer Wäscherei übernommen. Als sie das Gebäude in den 1980ern verließ, sah alles nach Abriss aus – doch es konnte gerettet und restauriert werden. Die Geschichte des Ortes steht für die vielen Rückschläge, die die jüdische Gemeinde über die Jahrhunderte in Groningen erleben musste.

Die **Folkingestraat** wurde zur ›schönsten Einkaufsstraße der Niederlande‹ gekürt. Sie führt in nördlicher Richtung direkt zum Fischmarkt und ins Groninger Zentrum (Binnenstad). Wer hier genau hinschaut, entdeckt zwischen den vielen Geschäften **fünf Kunstwerke** – mal zwischen Pflastersteinen eingefasst, mal an einer Hauswand. Die Werke erinnern an den jüdischen Alltag in der Folkingestraat, der mit dem Zweiten Weltkrieg ein grausames Ende nahm. Heute ist die Straße von vielen Kulturen geprägt. **Le Souk** ❸ z. B. ist wie ein arabischer Mini-Souk mit Gewürzen, Datteln u. v. m.

Fisch, Fisch, hurra

Groningen besitzt zwei große Marktplätze, doch der Wochenmarkt findet auf dem berühmten **Vismarkt** statt, nach dem auch das umliegende Viertel heißt und auf dem es auch Gemüse, Frittiertes, Käse, Brot etc. gibt. Nicht zu übersehen ist die **Akerk** ❹ (akerk.nl), eine mittelalterliche Kirche, die über dem Markt throhnt und nach dem Fluss Aa benannt ist. Gottesdienste finden hier nicht mehr statt, dafür viele kulturelle Veranstaltungen.

Rund um den ›alten Grauen‹

Mit dem **Academiegebouw** ❺ im Neorenaissancestil, Sitz der Universität, ist das Herz der Stadt erreicht (Broerstraat 5), und es lohnt ein kurzer Blick hinein. Die **RUG** (Rijksuniversiteit Groningen) wurde 1614 gegründet und ist eine der ältesten Universitäten des Landes. Im Innern schillern farbenprächtige Glasfenster, die die Geschichte der Stadt erzählen.

Wenige Schritte weiter taucht Groningens zweiter Marktplatz, der **Grote Markt**, mit dem sehenswerten **Rathaus** ❻ und dem berühmte **Martinitoren** ❼ auf. Das Wahrzeichen der Stadt hält sich wacker, es brannte ab, wurde vom Blitz getroffen und stürzte ein paar Mal fast ein. Einschusslöcher an der Außenfassade zeugen von den Kriegen, die der *Olle Grieze* (alte Graue) miterlebte. Auch heute noch ist der Turm mit 97 m das höchste Gebäude in der Stadt. Den Groningern ist er seit 500 Jahren wie ein Leuchtturm, der sie vom Umland in die Stadtmitte leitet. Von oben haben Sie einen herrlichen Rundumblick über die Stadt (tgl.).

Der schöne Turfsingel plätschert und führt die Besuchenden weiter in den Norden. Dabei zieht die **Stadsschouwburg** ❽ alle Blicke auf sich. Die Grande Dame der Stadt ist seit 1994 ein Nationaldenkmal und ein lebendiger Ort für hochkarätige Tanz-, Theater- und Musikperformances.
Turfsingel 86, www.spotgroningen.nl

DICKES DING

Die Glocken im **Martinitoren** werden noch von Hand geläutet. Und am Sonntag auch die schwerste von ihnen, rund 8000 kg schlagen dann zur Stunde. Das Glockenzimmer kann übrigens besichtigt werden.

Jetzt erst einmal entspannen

Nun duftet es schon von Weitem, zumindest wenn die Rosen blühen (zum Glück tun das die meisten Sorten von Mai bis in den späten Herbst). Den Turfsingel über die Maagdenbrug überquert, und schon liegt der **Prinsentuin** ❾ vor Ihnen. Er soll einer der schönsten Rennaissancegärten der Niederlande sein. Der Rosen- und Kräutergarten ist komplett ummauert, im netten Café ist Zeit für eine Pause (Martinikerkhof 23, tgl., Eintritt frei).

Zurück auf dem Turfsingel wird es im Norden nun ruhiger. Hier liegt die große und wasserreiche Parkanlage **Noorderplantsoen** ❿. Studierende chillen in der Sonne, Familien picknicken am Wasser. Doch ab und zu wird es auch hier laut, denn der Park wird für Konzerte und Kulturverstanstaltungen genutzt, so z. B. das Noorderzon Festival im August. Direkt am Park liegt der **Noorderhaven,** einer der beliebtesten Häfen der Niederlande. Nicht weiter überraschend: Es ist der letzte kostenlose Hafen im Land, d.h., Schiffe können hier kostenfrei anlegen, solange Platz vorhanden ist. Für Hausbootbewohner:innen ist das nicht immer angenehm. Wenn ihr Boot neu lackiert werden muss und zu lange weg ist, gilt nämlich: Weggegangen, Platz vergangen!

Die Groninger haben sogar einen eigenen Stadtstrand für die heißen Tage. An der **Oosterhamrikkade** ⓫ können Sie schwimmen – oder einfach auf dem warmen Sand die vielen Facetten der Stadt nachwirken lassen.

Hallo Skandinavien

Folgt man dem Flüsschen Reitdiep, traut man bald seinen Augen kaum. Denn der **Jachthaven** ⓬ (des gleichnamigen Viertels Reitdiep) erinnert an eine Straße am Wasser in der dänischen Stadt Kopenhagen. Die farbenfrohen Häuser spiegeln

Wählerisch: Im Noorderhaven dürfen nur historische Schiffe festmachen.

Groningen

Ansehen

1. Hauptbahnhof
2. Synagoge
3. Le Souk
4. Akerk
5. Academiegebouw (RUG)
6. Rathaus
7. Martinitoren
8. Stadsschouwburg
9. Prinsentuin
10. Noorderplantsoen
11. Oosterhamrikkade
12. Jachthaven
13. Groninger Museum
14. Storyworld
15. Museum aan de A
16. Universiteits Museum

Schlafen

1. Asgard
2. City Lab Hotel
3. The Social Hub
4. Hotel Prinsenhof

Essen

1. De Uurwerker
2. Eetwaar
3. Het Concerthuis
4. Mr. Mofongo
5. De Kleine Heerlijkheid
6. Op z'n Kop

Einkaufen

1. Vintage Island
2. Monki
3. Musjes Kinderwinkel

Bewegen

1. OMG Open Mic
2. Jump XL
3. Vrijdag

Ausgehen

1. Paradigm
2. Simplon Poppodium
3. Vera
4. Grand Theatre
5. Proeflokaal Mout

sich im Wasser, Boote dümpeln davor. In dem maritimen Quartier gibt es außerdem ein eigenes Zentrum mit ein paar wenigen Geschäften.

Museen

Stolz der Stadt

⓭ **Groninger Museum:** Das absolute Must-see ist defintiv dieses Kunstmuseum. Dauer- und Wechselausstellungen zu zeitgenössischer bis religiöser Kunst, Mode, Pop, Design, Fayencen in Delfter Blau, den Groninger Expressionisten De Ploeg (›Der Pflug‹) – und dabei ist das spektakulär-bunte Gebäude des italienischen Architekten Medini an sich schon der Hammer. Klasse sind auch die Kunstworkshops, die im Museumspreis enthalten sind und regelmäßig stattfinden.

Museumeiland 1, groningermuseum.nl, Di–So

Die älteste Kunstform der Welt

⓮ **Storyworld:** Das Museum im spektakulären und preisgekrönten Forum mit Bibliothek ist brandneu, doch die Kunstform so alt wie die Menscheit – das Geschichtenerzählen, heute cool Storytelling genannt. Hier werden interaktiv Comics, Animation und Spiele erlebbar gemacht.

Nieuwe Markt 1, storyworld.nl, Di–So

Was macht Groningen aus?

⓯ **Museum aan de A:** Das ehemalige Schifffahrtsmuseum wird umgebaut und ist weiterhin geöffnet. Mit der Namens- gibt es auch eine Konzeptänderung hin zu einem Museum über Groningen und die Provinz. Auch kritische Themen wie die Sklaverei und die Rolle Groningens in dieser Epoche sind im Museum zu sehen.

Brugstraat 24, museumaandea.nl, Di–So

Noch schlauer werden

⓰ **Universiteits Museum:** Natur, Kultur und Wissenschaft vereint unter einem Dach – und zwar interaktiv. Auch sehenswert ist das Anatomische Theater, in dem früher obduziert wurde und heute eingelegte Präparate und Skelette ausgestellt sind.

Oude Kijk in 't Jatstraat 7a, rug.nl/museum, Di–So

Schlafen

Stilvoll schlummern

1 **Asgard:** Das Kunst- und Designhotel liegt in einem historischen Reihenhaus in einer ruhigen Seitenstraße nah am Bahnhof. Schlichtes und schickes Design, gemütliche Betten und tipptoppe Fahrräder.

Ganzevoortsingel 2–1, asgardhotel.nl, €€

Ungewöhnlich

2 **City Lab Hotel:** Mit Sicherheit eines der ungewöhnlichsten Hotels – es besteht aus ehemaligen See-Containern, in denen sich jetzt 18 Hotelzimmer befinden.

Suikerlaan 25, citylabhotel.com, €€

Nicht nur für Studierende

3 **The Social Hub:** Das hippe Hotel möchte Treffpunkt für digitale Nomanden sein, hier gibt es also neben stylishen Zimmern auch Co-Working-Spaces, Restaurant und Bar. Manche Zimmer mit toller Aussicht auf die Stadt.

Boterdiep 9, thesocialhub.com, €€–€€€

W

WOMANPOWER

Aletta Jacobs war die erste Frau, die 1871 in den Niederlanden studieren durfte und an der Groninger Universität ihre Approbation als Ärztin erhielt. 1882 gründete Jacobs außerdem die weltweit erste Klinik für Geburtenkontrolle. Ihr Ebenbild ist an mehreren Stellen der Stadt und auch in den Fenstermalereien in der RUG zu finden.

Extravagante Architektur, provokante Ausstellungen: das Groninger Museum

Königlich

4 **Hotel Prinsenhof:** Direkt am Prinsengarten und Martinitoren gelegen, zeigen sich die Zimmer in diesem historischen Schmuckstück aus dem 15. Jh. individuell eingerichtet in einer Mischung aus alt und modern. Ruhiglage und doch im Zentrum. Hat natürlich seinen Preis.

Martinikerhof 23, prinsenhof.nl, €€€

Essen

Die Zeit vergessen

1 **De Uurwerker:** Beim Uurwerker (›Uhrmacher‹) lässt sich wirklich schnell die Zeit vergessen. Ob Frühstück, Mittag- oder Abendessen. Die Preise sind gut, der Service auch, und es gibt viel Platz. Bekannt u. a. für leckere und günstige Pizza.

Uurwerkersplein 1, uurwerker.nl, Di–So, €

Bei Pim und Marieke

2 **Eetwar:** Lokal, biologisch und vor allem liebevoll ausgewählt – das ist das Konzept dieses besonderen Restaurants. Pim sucht fünf Köstlichkeiten aus, und Marieke den passenden Wein dazu.

Kleine Leliestraat 33, restauranteetwaargroningen.nl, Mi–Sa abends, So Lunch, Menü €€€

Für Zocker

3 **Het Concerthuis:** Hier gibt es guten Kaffee, Snacks, ein paar Hauptgerichte, Bier in urigem Ambiente. Außerdem können verschiedene Brett- und Kartenspiele ›bestellt‹ werden!

Poelestraat 30, hetconcerthuis.nl, tgl., €

Einmal um die Welt

4 **Mr. Mofongo:** Kreative Küche, die von den Weltreisen eines gewissen Mr. Mofongo inspiriert wurde – Mund auf, Augen zu und mitreisen.

Oude Boteringestraat 26, mofongo.nl, tgl., €€

Gemütlichkeit

5 **De kleine Heerlijkheid:** Hier ist wirklich alles klein, das hübsche Häuschen am

Wasser, die Happen auf dem Teller. Doch Freude und Genuss sind trotzdem groß.
Schuitendiep 42, dekleineheerlijkheid.nl, tgl. abends, €€€

Katzenkuscheln
6 **Op z'n Kop:** Acht Katzen warten auf Streicheleinheiten, während man den Kaffee genießt. Gut zum Frühstücken.
Oude Ebbingestraat 57, opznkop.nl, Di–Fr, €

Einkaufen

Kleiderinsel
1 **Vintage Island:** Das Secondhand-Mekka von Groningen. Auch in Utrecht, Den Haag, Leiden und Maastricht.
Oosterstraat 12, vintageislandonline.com, tgl.

Hip
2 **Monki:** Laden des junge Fashionlabels Monki in der Groninger Innenstadt.
Herestraat 45, www.monki.com, tgl.

Elternparadies
3 **Musjes Kinderwinkel:** Bei Musjes gibt es faire Kinderkleidung und viele Spielsachen. Das Beste: die Spielecke für die Kids.
Zwaanestraat 25, www.musjes.com, tgl.

Arabischer Markt
3 **Le Souk:** Brote, Datteln, Gewürze – mitten in der Folkingestraat gibt es einen arabischen Souk!
Nieuwe Ebbingestraat 19, www.winkellesouk.nl, tgl.

Bewegen

Schnapp das Mic
1 **OMG Open Mic:** Wer etwas zu sagen hat oder vielleicht auch seine Stand-Up-Comedy-Künste fernab von zu Hause einfach mal auf die Probe stellen will, der ist hier genau richtig! Nur Englisch sollte man dabei können. ›Nur‹ zuhören geht natürlich auch.
Im Café the Crown, Gedempte Zuiderdiep 2, cafethecrown.nl, tgl.

Hüpf Hüpf
2 **Jump XL:** Der riesige Trampolinpark ist etwas für Groß und Klein.
Antillenstraat 9A, jump-xl.com/nl/groningen, Di–So; Mini Jump für die ganz Kleinen

Neue Talente entdecken
3 **Vrijdag:** Die Kunstinstitution bietet gleich an drei Standorten allerlei Workshops und Veranstaltungen zum Selbstkreativwerden an. Die Sprache ist dabei meist Englisch.
Noorderbuitensingel 11, Sint Jansstraat 7 und Walstraat 34, bijvrijdag.nl

Ausgehen

Was ist schon normal?
1 **Paradigm:** Viele Events, ein eigenes Festival, und der Biergarten ist auch eine gute Adresse!
Suikerlaan 2, paradigm050.com

Clubbin'
2 **Simplon Poppodium:** Lust auf Tanz und Musik? Dann ist das Simplon eine gute Adresse. Künstler:innen aus aller Welt treten hier auf, und wenn gerade keine:r da ist, heizt eine DJane oder ein DJ den Laden auf.
Boterdiep 69, simplon.nl

Vera tanzt im Underground
3 **Vera:** In diesem Club gibt es ausge-

ESSBARES KULTURERBE

Der Groninger Eierball ist ein Bitterballen, der mit einem Ei gefüllt ist. Dafür gab's eine Auszeichnung als immaterielles Weltkulturerbe!

wählte Pop-Underground-Musik und immer einen Grund zu tanzen.
Oosterstraat 44, vera-groningen.nl

Grand Kultur

4 **Grand Theatre:** Erstklssige Kunstveranstaltungen von Theater über Tanz bis zu Konzerten.
Grote Markt 35, grandtheatregroningen.nl

Absacker

5 **Proeflokaal Mout:** Alles einmal probieren? Lieber nicht, dafür ist die hiesige Vielfalt an Biersorten dann doch zu groß.
Gedempte Zuiderdiep 43, proeflokaalmout.nl

Infos

- **VVV Groningen:** im Forum, Nieuwe Markt 1, visitgroningen.nl, Mo–Sa
- **Parken:** Die gesamte Groninger Innenstadt ist autofreie Zone. Daher kann nur außerhalb geparkt werden (die Wege sind meist kurz, keine Sorge).
- **Noorderzon Festival of Performing Arts and Society:** Mitte–Ende Aug., noorderzon.nl. Einmaliges Kunstfestival im grünen Park. Konzerte kann man auch im Schlauchboot (muss mitgebracht werden) vom Wasser aus erleben.
- **Eurosonic/Noorderslag:** Jan., esns.nl. Über 200 Bands aus Europa geben sich die Klinke in die Hand.
- **Terug naar het Begin:** Mai, terugnaarhetbegin.nl. Musik, Tanz, Ausstellungen, Performance in den alten Kirchen der Stadt.

Het Hogeland und die Küste

J2

Jenseit von Groningen liegt die Küste, weites Watt ruft. Doch auch das Inland davor hält ein paar Schätze bereit.

Ort der Entschleunigung

Die Gemeinde **Het Hogeland** ist ein Frischling. Erst am 1. Januar 2019 wurde sie aus den Gemeinden Bedum, Eemsmond, De Marne und Winsum geschaffen. Besonders **Winsum** lohnt den Besuch. 2020 wählten 30 000 Niederländer diesen Ort zum ›schönsten Dorf der Niederlande‹. Das alte Dörfchen ist von einem Fluss durchzogen, und beim Spaziergang vom schönen Campingplatz **Marenland Recreatie** lässt sich diesem herrlich folgen. Boote dümpeln und Trauerweiden hängen tief über dem Wasser. Gemütliche Hotelzimmer gibt es hier auch, ebenso wie Freizeitaktivitäten am Wasser (marenland.nl).

Ebenfalls in Winsum liegt das schicke Restaurant **Bistro Refter**. Liebevoll von Cor Klevering geführt, wird hier kulinarische Highclass serviert. Nicht entgehen lassen darf man sich das Seegras. Das gibt es oft auch in Supermärkten zu kaufen und schmeckt wie eine frische Brise (Regnerus Praediniusstraat 3, bistrorefter.nl).

Zeitreisen

Wenige Kilometer weiter, in **Warffum,** versteckt sich eine Zeitkapsel. Warffum mit seinen Pflastersteinen und den schönen gefliesten Bänken beherbergt nämlich das **Openluchtmuseum Het Hoogeland.** In dem Freilichtmuseum wird das Leben eines Dorfes bis zum Jahr 1920 dargestellt. Wieso sind die Betten so klein? Ganz einfach, die meisten Menschen haben früher im Sitzen geschlafen (Schoolstraat 4, hethoogeland.com, Di–So).

Noch weiter in der Zeit zurück geht es im **Museum Wierdenland** in **Ezinge,** dort sogar in die Zeit von der Prähistorie bis zum Mittelalter. Denn die Wierdenlandschaft und ihre Siedlungsgeschichte blicken auf viele, viele Jahrtausende zurück. Beim Gang durch die spannende Geschichte veranschaulichen Schauspieler, mit denen man in direkte Interaktion treten kann, das Leben und Wirken von damals (www.wierdenland.nl).

Lieblingsort

Im Hellen und im Dunkeln tappen ✪

Den **Nationaal Park Lauwersmeer** muss man bei Tag und Nacht besuchen. In dem wunderschönen Naturschutzgebiet gibt es zu jeder Jahreszeit eine reiche Vogelwelt und Sie können hier wunderbar wandern. Oder Sie erkunden das Gebiet mit Safari-Jeep und Guide. Dies bietet wirklich einmalige Einblicke, die auf eigene Faust nicht möglich sind. Doch besonders spannend wird es in der Nacht. Das Unken, Zirpen und Rascheln ist fast ohrenbetäubend, und die Sterne funkeln so hell wie sonst nirgendwo. Der Nationalpark ist ein Dark Sky Park, er wird also durch keinerlei Lichtquellen erhellt. In den Niederlanden, dem Land mit der stärksten Lichtverschmutzung weltweit, ist das etwas ganz Besonderes. Falls der Nacken schon steif wird vom vielen In-die-Sternegucken – auf den Aussichtstürmen aus Holz, die im Park verteilt stehen, wurden extra Liegemöglichkeiten installiert. (Mehr auf lauwersoog.nl, 📍 H 2)

Brüllen, singen, heulen?

Die Laute eines Babyseehunds klingen eher wie eine stumpfe Hupe. Das und noch viel mehr kann beim **Seal Rehabilitation and Research Centre** gelernt werden. Seit über 50 Jahren retten Freiwillige hier Seehunde und wildern sie wieder aus. Ein Besuch unterstützt das Projekt direkt und man erlebt die knopfäugigen Freunde hautnah. Adoptiert man eine Robbe, besteht außerdem die Chance, bei einer Auswilderung dabei zu sein.

Hoofdstraat 94a, zeehondencentrum.nl, Öffnungszeiten variieren

Watt soll datt?

Jetzt aber rein ins Watt. Groningens Küste ist kilometerlang und UNESCO-Weltnaturerbe. Besonders spannend wird es bei **Lauwersoog** (s. S. 167). Doch auch **Noordpolderzijl,** wenige Kilometer weiter östlich, bietet einmalige Ausblicke auf die Kraft von Ebbe und Flut. Es hat übrigens den kleinsten Seehafen der Niederlande. Bei Ebbe fällt der Hafen trocken. Von der stillgelegten Schleuse kann man bequem den Seedeich erreichen, um einen Blick auf das Wattenmeer zu haben. Das ist an der Küste Groningens keinesfalls selbstverständlich, meist liegt der Meeresrand versteckt hinter Deichen.

Schlafen

Gar nicht oll

D'Olle Pastorie: Das alte Pfarrhaus in Vierhuizen hat sich in ein gemütliches B&B verwandelt. Speisen lässt es sich hier ebenso gut wie saunieren und schlafen.

Hoofdstraat 28, Vierhuizen, €€/F

Meeresurlaub-Feeling

Marenland Recreatie: s. S. 166

Eine Bootsnacht, die ist lustig

LauwersmeerPlezier: In Lauwersoog betreibt Familie Bolt einen Campingplatz direkt am Wasser und vermietet kleine Hausboote zu günstigen Preisen. Diese sind eher spartanisch eingerichtet, aber das Draußensein ist hier eh viel wichtiger.

Kustweg 30, Lauwersoog, chaletverhuur lauwersoog.nl, Boot €€, Zelt €

Nur Stroh im Kopf

Hayema Heerd: Eine Übernachtung in dem Strohhotel ist wirklich etwas Außergewöhnliches. Die runden Stroh-Iglus sind supergemütlich. Auch in Planwagen kann geschlafen werden. Und selbst die Matratzen sind aus Stroh. Pikst es? Nein, überhaupt nicht, dafür duftet es angenehm.

Jensemaweg 3, Oldehove, hayemaheerd.de, €

Essen

Strandhappen

Het Booze Wijf: Der Strandpavillon serviert eine große Palette an Gerichten (viel Fast Food).

Strandweg 1, Lauwersoog, hetboozewijf.nl, tgl., Ausgangspunkt für viele Aktivitäten, €

So schmeckt die See

Bistro Refter: s. S. 166

Eine Institution in der Gegend

't Zielhoes: Im Ex-Schleusenwärterhaus Noordpolderzijls, am Fuß des Seedeichs, hat sich das urige Café etabliert.

Zijlweg 4, Noordpolderzij, zielhoes.nl, Do–So, €€

Bewegen

Kunstfutter

Verhildersum: Museum und Landgut bieten neben historischen Ausstellungen in Scheune, Burg und Kutschenhaus auch einen frei zugänglichen Garten mit Skultpturen. Mit gutem Restaurant.

Wierde 40, Leens, verhildersum.nl, April–Nov. Di–So

TOUR

Wandern und Waten durch Westerwolde

Von Bourtange durch das trockene Moor und zurück

Infos

K 3/4

Start, Dauer, Länge: Festung von Bourtange, ca. 1,5 Std., 6 km

Infos und Weg: www.groningerlandschap.nl/assets/uploads/2021/06/Bourtange-GL-wandelroute-2021.pdf, auf Niederl.

Das **Bourtanger Moor** (Boortangerveen) an der deutsch-niederländischen Grenze ist Teil des früher größten zusammenhängenden Moorgebietes Westeuropas. An diesem Gebiet wurde viel herumgebastelt. Die Kolonisation begann schon 1662. Doch erst ab den 1950ern war es fast vollständig trockengelegt. Für den Naturschutz ist die Gegend von besonderer Bedeutung.

An der **Bourtange-Festung** mit der markanten roten Zugbrücke geht es am Parkplatz links vorbei. Am äußeren Graben entlagt, der sich rechts befindet. Die Festung liegt hier hinter hohen Wällen, alles ist auf Verteidigung ausgelegt. Nun ist der Sternpunkt erreicht, es geht über den Kanal und direkt danach nach links. Nach ein paar Metern und durch einen Torbogen hindurch ist die **Redoute Bakhoven** erreicht, ein viereckiges Feld, dass zur Verteidigung der Schleuse diente. Von der Schleuse wird übrigens der Wasserstand reguliert

Nun führt der Weg direkt zur deutschen Grenze, er folgt dem Deich. Die ›Mitarbeitenden‹ der Stiftung Het Groninger Landschap grasen hier: Konikpferde und Rinder sorgen dafür, dass das Gebiet kahl bleibt, und düngen nebenbei. Nun kommt eine **Weggabelung.** Oben oder unten? Links halten und es geht hoch, vorbei an einer wunderschönen, sandigen Landschaft. Am Tor treffen sich die Wege wieder. Hier befindet sich auch das ehemalige niederländische **Zollamt.** Es geht zwischen diesem und einem Bauernhof hindurch. An einem betonierten Fahrradweg noch einmal nach rechts auf den anderen Sternzacken abbiegen und die **Festung** ist wieder erreicht.

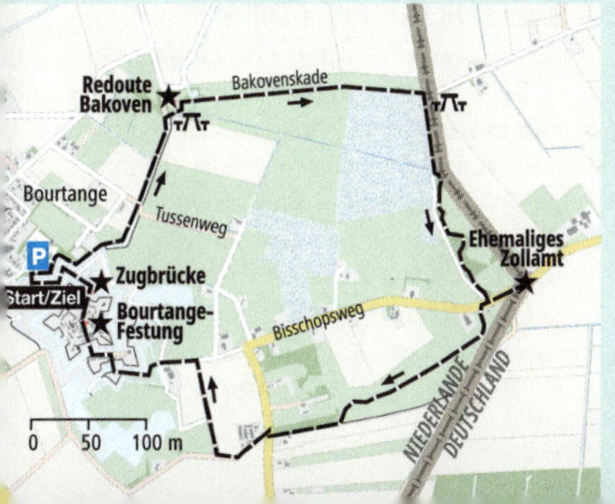

Seehundsafari

Seal Rehabilitation and Research Centre: Auf Safari gehen und Seehunde mit Respekt kennenlernen. Auch das bietet das Zentrum (s. S. 168) an!

Hoofdstraat 94a, zeehondencentrum.nl

Infos

- **visitwadden.nl:** *Die* Seite für die Gegend rund um das Wattenmeer.

Appingedam und Bourtange

J2, K3

Appingedam ist ein mittelalterliches Städtchen mit viel Charme. Ein Bollwerk erinnert an die Stadtmauern, Gräben und Verteidigungsanlagen. Die Stadt stammt aus dem 11. Jh. und verdankt ihren Namen dem kleinen Fluß Apt. Das Zentrum ist gemütlich und übrigens denkmalgeschützt wegen der vielen mittelalterlichen Bauten, die hier noch erhalten sind. Berühmt ist Appingedam heute jedoch vor allem für seine Küche(n)! In architektonischem Sinne: Die Küchen hängen aus Platzmangel über dem Damsterdiep.

Völlig versumpft

Ein geschichtsträchtiger Ort und heute vor allem ein Touristenmagnet; die Rede ist von **Bourtange.** Nur 2 km von der deutsch-niederländischen Grenze bei Dörpen liegt die bewohnte sternförmige Festungsanlage. Sie wurde in den letzten Jahrzehnten vollständig wieder aufgebaut – eine Seltenheit in Europa. Bourtange gehört zu Westerwolde, dessen Gemeindeteil Vlagtwedde deshalb auch die Kanone im Wappen trägt. Denn Kanonen hat es hier wirklich öfter gebraucht. Die Festung diente der Überwachung des Sumpflandes drumherum. Über eine Brücke gelangt man in die kleine Festungsstadt. Mitarbeiternde sind in die alten Trachten gekleidet, und die Kanonen noch aufs Moor von Bourtange, das sich mittlerweile nur noch erahnen lässt, gerichtet. Beim Spaziergang durch diese andere Welt lernt man viel über die bewegte Geschichte und ist mittendrin. Regelmäßig wird übrigens auch der Kampf gegen Spanien auf ohrenbetäubende Art und Weise dargestellt.

Schlafen

Im historischen Zentrum …

Het Wapen van Leiden: … Appingedams liegt das hübsche Hotel. Die Zimmer weisen viele feine Details aus vergangenen Zeiten auf, so z. B. die schönen Fenster, und die Betten sind superbequem.

Wijkstraat 44, Appingedam, wapenvanleiden.nl, €

In Adelsbetten

Landgoed Westerlee: Im Himmelbett schlummern, im eigenen Whirlpool entspannen, eine Runde im Pool ziehen und durch den Apfelgarten flanieren. So muss ein Adliger wohnen, jedenfalls im 21. Jh.

Hoofdweg 67, Westerlee, landgoedwesterlee.nl, €€

Essen, Ausgehen

Vorhang auf

Boerderij Hermans Dijkstra: Im Restaurant werden kulinarische Höhepunkte mit 3-, 4- oder 5-gängigen Überraschungsmenüs kreiert und häufig mit Blüten garniert. Außerdem finden häufig Theateraufführungen statt – die Kulisse im alten Gutshaus ist dafür einfach einmalig. Auch Bed & Breakfast in den hübschen Häusern hinterm Hof ist möglich (€).

Reinste Abdenaweg 1, Midwolda, boerderijhermansdijkstra.nl, Do–So, €€

Zugabe
Und der König fährt voraus

Die Niederlande eine Schlittschuhfahrernation? Was ist dran an der Geschichte?

Februar 2021: Die Niederlande bangen um ihren *Elfstedentocht.* Bei der ›Tour der Touren‹ legen 20 000 Menschen auf Schlittschuhen eine 240 km lange Strecke zwischen den elf friesischen Städten zurück – um die Teilnahme wird gelost, es wollen viel mehr *schaatsers* aufs Eis, als dieses tragen kann. Zuletzt fand die ›Elf-Städte-Tour‹ 1997 statt, danach erreichte das Eis die erforderliche Dicke von 15 cm nicht mehr. 2021 indes schien alles zu passen – Väterchen Frost sei dank! Bis Corona den Schlittschuhläufern einen Strich durch die Rechung machte. Die Enttäuschung im Land war riesig, und seitdem wird wieder gefiebert, sobald die Temperaturen sich den Minusgraden nähern. Die Zeitungen bringen das Thema auf den Titelseiten, bei Instagram und Facebook überbieten sich die User:innen mit Prognosen, und auch in Schule, Büro und auf der Straße gibt es keinen anderen Gesprächsstoff mehr. Sobald es friert, ist der Ansturm auf die Schlittschuhläden riesig, alle wollen ihre Kufen schleifen lassen. Jede:r Niederländer:in möchte wenigstens einmal im Leben die Tour gelaufen sein. Selbst Königs. 1986 wurde während des Laufs bekannt, dass der heutige König Willem-Alexander unter dem Pseudonym W. A. van Buren unter den Eisläufer:innen war. Seit seiner Teilnahme gab es nur einen einzigen *Elfstedentocht.* Doch die eislaufbegeisterten Niederländer sind findig: Da der Winter nicht mehr zu ihnen kommt, kommen sie eben zum Winter, und zwar an den österreichischen Weissensee, wo seit 1989 die ›Alternative holländische 11-Städte-Tour‹ stattfindet. Doch ein Lauf im eigenen Land bleibt erklärter Herzenswunsch, »das Eis singt hier doch ganz anders«, sagen sie. ■

Der Osten

Gegensätze ziehen sich an — und die drei Provinzen im Osten könnten unterschiedlicher nicht sein. In Drenthe ist der Hund (oder Hüne) begraben, in Overijssel hat's dynamische Hansestädte, ein ›niederländisches Venedig‹ und sogar Berge, und in Gelderland blühen die Städte.

Seite 175

Drenthe

Eine Provinz, die vielleicht keine spannenden Metropolen besitzt, dafür aber eine umso spannendere Landschaft. Prähistorische Gräber und geschmolzene Eisberge prägen das Land.

Seite 176

UNESCO-Geopark De Hondsrug

Mit dem Elektrofahrzeug durch Wald und vorbei an den Gräbern der Riesen. Und dann auf einen tollen Aussichtsturm! – Und wer weiß, was eine Pingo-Ruine ist? Ein Tipp: Das Wort kommt nicht von Pinguin …

Bei Kajaktouren in den Weerribben wird man selbst zum Käpt'n.

Eintauchen

Seite 191

NP Weerribben-Wieden

Atemberaubende Wasserwelten im größten Niedermoor Nordeuropas.

Seite 194

Deventer

Freilichtmuseum for free! In dieser ›grünen Stadt‹ lässt es sich leben!

Seite 181

De Librije

Drei Sterne für Jonnies fantasievolle Kreationen! Zu seinem ›Imperium‹ in Zwolle gehören auch Brass Boer Thuis und die Bar Sanang mit orientalischen-Genüssen.

Seite 198

Roombeek Cultuurpark

Wie Phönix aus der Asche entstanden Viertel und Kulturpark nach dem verheerenden Brand im Jahr 2000 in Enschede neu.

Seite 201

Nationalpark Hoge Veluwe ✪

Natur und Kunst – Mitten im Nationalpark liegt das Kröller-Müller Museum mit traumhaftem Skulpturenpark. Ein einzigartiger Ort.

Seite 205

Nijmegen

Fast direkt an der deutschen Grenze, doch von der Mentalität eher italienisch? Zumindest spricht die größte Zahl an Caféterrassen in den Niederlanden dafür! Und außerdem lockt die älteste Stadt des Landes mit römischen Ruinen – klar waren die auch hier!

Seite 207

MuZIEum in Nijmegen

Das Leben eines anderen nachzuvollziehen, ist nicht leicht. Noch schwieriger wird es, wenn dieser seine sieben Sinne anders oder eingeschränkt benutzt. Im MuZIEum treffen die Welten von Sehenden und Nicht-Sehenden aufeinander. Ein Beitrag zu mehr Verständnis und Inklusion.

Gondelfahren in Giethoorn: Der Gondoliere bewegt den flachen Kahn mit einer langen Holzstange stakend vorwärts.

Wem die IJssel-Brücke in Deventer bekannt vorkommt: Sie spielt eine Hauptrolle im Film »Die Brücke von Arnheim«. Während dort die Umgebung der Brücke mit modernen Bauten zugepflastert war, hatte Deventer in den 1970er-Jahren kein Geld dafür.

Wundertüten – Drenthe, Overijssel und Gelderland

Als ›Urregion der Niederlande‹ wird Drenthe bezeichnet, was den jahrtausendealten Spuren der Menschheitsgeschichte zu verdanken ist, die sich hier finden – ein Ausflug in die Region wird defintiv spannend. Nicht unbedingt der Städte halber, sondern wegen der historischen Juwelen, der einmaligen Natur und der unermesslichen Ruhe. Die Provinz ist dünn besiedelt, dafür gibt es umso mehr Wald und Heidegebiete, Flüsse und Moore und einiges an Landwirtschaft. Das Provinzhauptstädtchen Assen sollte trotzdem auf der To-do-Liste stehen. Denn auch hier gibt es Etliches – außer Stress.

Ganz entspannt geht es auch in der Fünf-Sterne-Radfahrprovinz Overijssel zu. Unterschiedlichste Landschaftstypen wechseln sich in der wohl überraschendsten Provinz der Niederlande ab, Flusslandschaften mit Deichvorland und Poldern, Heidefelder mit Wäldern, Flugsandflächen mit ›richtigen‹ Bergen im Salland. In den Hansestädten ist die jahrhundertealte glorreiche Geschichte auf Schritt und Tritt zu spüren – ohne das es je museal würde. Im Grachtenstädtchen Giethoorn geht es im Sommer zu wie im Taubenschlag, doch gegen Abend bzw. im Herbst und Winter wird's romantisch. Ganz im Provinzosten locken grenznahe Einkaufsstädte wie Enschede, eine spannende Kulissenlandschaft sowie Schlösser und Landsitze wie Kasteel Twickel (twickel.nl).

Die flächenmäßig größte Provinz der Niederlande, Gelderland, nennt auch das größte Waldgebiet des Landes, die Veluwe, ihr eigen. Im Nationalpark Hoge Veluwe liegt das international bekannte Kröller-Müller Museum, das als eines der besten Kunstmuseen der Welt gilt. Im Zweiten Weltkrieg wurde Gelderland zu großen Teilen verwüstet, besonders die Provinzhauptstadt Arnhem hatte zu leiden. Umso schöner, dass sie sich aus der Asche erhoben und zu einer modernen (Mode-)Metropole gewandelt hat. Im Provinzsüden zeugt Nijmegen am Ufer der Waal von römischen Ursprüngen. Dank der beachtlichen Zahl Studierender sprüht es vor kreativer Energie.

ORIENTIERUNG

Infos: besuchdrenthe.de; das-andere-holland.de, www.holland-hanse.de, visitoost.nl; gelderland.nl
ÖPNV/Verkehr: Assen sowie die Städte Overijssels und Gelderlands sind gut an das Bahn- und Busnetz angebunden. In Drenthe braucht man das Auto leider häufiger, dafür ist Parken fast überall kostenlos.

Drenthe

D4

Assen

Die überschaubare Provinzhauptstadt lässt sich gut zu Fuß erkunden. Starten Sie am **Binnenhaven,** wo neben mehreren Cafés auch das **Pannenkoekenschip** auf dem Wasser liegt, auf dem Sie ausgefallene Pfannkuchen probieren können (pannenkoekenschipassen.nl). Ebenfalls hier am Wasser steht die bunte **Rialtobrug,** sie markiert das Ende von der Asserwijk-Gracht und verbreitet italienisches Flair. In einem hübschen Park mit kleinem Wald versteckt sich mitten in der Stadt das Landgut **Overcingel.** Haus und Tor, die Scheune, eine Sonnenuhr, ein Hexenball und die Chinesische Kuppel im Garten sind allesamt Nationaldenkmäler. Wer das Anwesen besichtigen möchten, kann bei Het Drentse Landschap nach einer geführten Tour fragen (info@drentslandschap.nl, drentslandschap.nl, Kloosterstraat 5).

In fremden Schuhen wandeln

Im ehemaligen Amtshaus Assens befindet sich das Kunst- und kulturhistorische **Drents Museum.** Highlights hier sind die zeitgenössischen Sonderausstellungen und das größte Puppenhaus des Landes. Es entführt in das 18. Jh., und zu Beginn entscheiden die Besucher, aus wessen Perspektive sie das Haus erleben wollen. Ein interaktives Familienerlebnis.

Brink 1, drentsmuseum.nl/de, Di–So

Essen

In Hafen-Nähe

De Poort van Assel: Wer beim Stadtspaziergang hungrig geworden ist, findet hier preiswerte lokale Küche.

Weierspoort 27, tgl., €

Schön sitzen

De Kroon: Im überdachten Garten, gemütlichen Innenraum oder auf der Terasse mit Blick auf den Brink – hier sitzt es sich gut bei einem Kaffee oder Abendessen.

Brink 18, www.brasseriedekroonassen.nl, tgl., €€

Mammutknochen? Moorleichen? Willkommen im Drents Museum!

TOUR
Von Eiszeiten und Urmenschen

Mit dem Chopper durch den UNESCO-Geopark De Hondsrug

Infos

J 4

Dauer: ca. 3 Std.

Start: Eko-Tours in Exloo, Valtherweg 1, Buchung über eko-tours.nl; mit Smartphone-App: Wegbeschreibung, Infos zu Sehenswürdigkeiten, Natur und Geschichte; vor Ort kleine Einführung

Allg. Info: www.dehondsrug.nl

100 % elektrisch und sehr leise – so lässt sich das Drenther Land super erkunden. Wer keine geführte Tour machen möchte, hat die Wahl zwischen Chopper, Bike und Cruiser, alles Eko! Startpunkt ist in **Exloo** am Tourbüro. Auf einer kleinen, feinen Route geht's zunächst durchs Dorf und dann nach rechts Richtung Norden in den Wald. Die Straße ist gerade, das Fahren macht Spaß und geht kinderleicht. Nach viel Grün ist der Rastplatz **Buinerkeet Ossenstall** erreicht. Ursprünglich ein Unterstand für Ochsen, diente er einige Zeit auch als Unterschlupf für Waldarbeiter.

Weiter geht's, und schon liegt rechts eine besondere Formation vor uns, eine sog. **Pingo-Ruine.** *Pingo* kommt aus dem Inuit und bedeutet ›Hügel‹ oder ›schwangere Frau‹. Hier lag also einst ein Erdhügel mit einem Eiskern, dieser ist kollabiert und hat diese Formation hinterlassen. Nach links vorbei an den Orten Borger und Daalkampen und wieder links. Schon ist ein schönes **Heidegebiet** erreicht. Auf **Ees** folgt ein Drenther Klassiker: das **Hünengrab D30** oder zumindest das, was davon übriggeblieben ist.

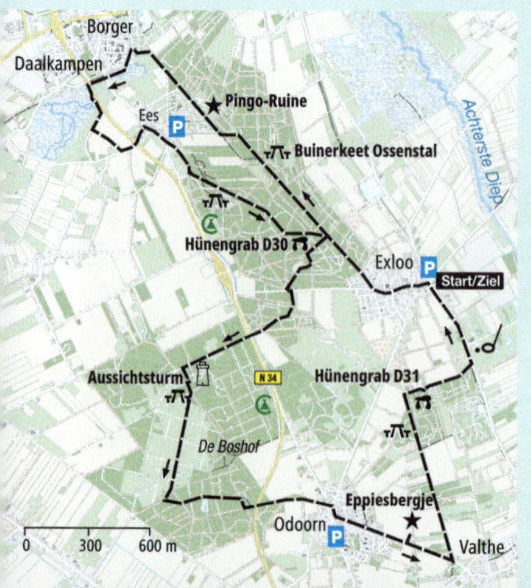

An der Boswachter Meelkerlaan liegt auf der linken Seite ein schöner **Aussichtsturm.** Gen Süden radeln wir an mehreren Schafherden vorbei. Hinter dem Dörfchen Oodorn wartet der Grabhügel **Eppiesbergje** mit schönen Eichen, ein Relikt aus der letzten Phase der Jungsteinzeit. Nach dieser ›Bodenwelle‹ scharf links in den Valtherzandweg abbiegen, der in den Exlöerzandweg übergeht und weiter nach Norden radeln. Etwas versteckt im Wald liegt hier das etwas größere **Hünengrab D31.** Nun den Dalakkersweg nehmen, beim Valtherweg rechts abbiegen und zurück zum Ausgangspunkt in **Exloo** fahren.

Einkaufen

Dachbodenschätze

GoudGoed: Secondhand- und Repairladen direkt an der Havenkade, hier versteckt sich so manche Kuriosität.

Havenkade 18, goudgoed.nl, Mo, Di, Do–Sa

Infos

- **VVV:** Marktstraat 8, besuchdrenthe.de

Nationaal Park Drents-Friese Wold H4

Direkt an der Grenze zur Provinz Friesland erstreckt sich dieser Nationalpark auf 6000 ha Fläche. Ein guter Startpunkt ist das **Besucherzentrum** mit Gastro ganz im Norden (Gratiskarten). Direkt in der Nähe laden Sanddünen ein, barfuß zu laufen. Darauf folgen große Waldgebiete; besonders im **Berkenheuvel-Dieverzand** sind die großen Drenther Tannen zu finden.

Was flattert denn da?

Mittendrin steht bei **Doldersummerveld** der beste Aussichtsturm (2 € Spende). Von hier oben sieht man weit über die Heidelandschaft und kann viele Vögel beobachten. Was da noch flattert? Eine Schmetterlingsstiftung hat dieses Gebiet zum ersten Schmetterlingsreservat der Niederlande erklärt.

Nationaal Park Dwingerveld H/J4

Vom **Holtingerveld** bis zum wasserreichen **Nationalpark Dwingerveld** ist die Gegend von Heidelandschaft geprägt. Auf ausgedehnten Spaziergängen begegnet man fast keiner Menschenseele. Die Hauptbewohner der Region sind Schafe. Schafpferche, Weiden für die Schafe, gibt es viele, und einige bieten besondere Begegnungen mit den wolligen Tieren.

Exloo und das Hunebedcentrum J4

Weiter östlich wird es etwas belebter. Ein beschauliches Dorf folgt auf das nächste. Und auch in **Exloo** treibt ein Schäfer seine Herde mitten durch den kleinen Ortskern, was meist ein lustiges Spektakel ist. Täglich zieht er hier von Ostern bis zum Herbst los.

Unter großen Steinen

In der Nähe des Dörfchens Exloo befindet sich das **Hunebedcentrum** in Borgen. Es führt zurück in den prähistorischen Alltag. Ein Urzeitpark und ein Steingarten mit Funden aus der Eiszeit sind Teil des Geländes. Doch den wichtigsten Schatz

S

SCHÄFCHEN ZÄHLEN

Im **Naturschutzgebiet Holtingerveld,** das sich herrlich durchwandern lässt, organisiert die **Stiftung Holtinger Schafherde** verschiedene wollige Begegnungen. Ob Lämmchen besuchen oder Kunstwerke aus Wolle herstellen, hier ist einiges geboten. Dass Schafe auf ihren Namen hören können und warum es wichtig ist, sie zu scheren, lernt man beim Besuch der Holtinger Schaapskudde (›Schafstall‹). Die größte Schafherde von Drenthe befindet sich übrigens im **Balloërveld.** 400 Tiere grasen hier … oder doch nur 399?
deholtingerschaapskudde.nl

Ein bisschen Anstrengung, viel Aussicht – vom ›uitkijktoren‹ in den Kale Duinen im Nationaal Park Drents-Friese Wold

entdeckt man nach einem kurzen (beschilderten) Waldspaziergang: das größte **Hünengrab** der Niederlande. Eine mächtige Steinformation, die einiges über das Leben unserer Vorfahren erzählt.

Hunebedstraat 27, Borger, hunebedcentrum.nl, Di–So, Tickets online

Nationaal Park Drentsche Aa und Veenhuizen J3

Die Landschaft könnte friedvoller kaum sein, in einem nördlichen Bogen um die Hauptstadt Assen liegt der **Nationalpark Drentsche Aa.** Das heutige Bild entstand über Jahrhunderte hinweg, denn hier haben die Menschen angebaut und umgebaut. Sie versuchten, das Wasser zu lenken, und weite Weideflächen entstanden, zwischendurch ein paar sächsische Bauernhöfe, ein alter Eschplatz oder ein gemütliches Restaurant – ansonsten fließt das Flüsschen Aa vor weitem Himmel durch blumige Wiesen. Im Wind beugen sich die Laubbäume, die in kleinen Waldstücken zusammenstehen.

Vergangenheitsbewältigung

Der kleine Ort **Veenhuizen** hat zwar einen malerischen Namen (›Feenhäuser‹), doch birgt er eine eher dunkle Vergangenheit. Anfang des 19. Jh. wurde hier eine Wohnkolonie für Arme und Obdachlose gegründet und 100 Jahre später in eine Strafkolonie umgewandelt. Das **Gefängnismuseum** in der ehemaligen Strafanstalt schildert diese Zeit hautnah.

Oude Gracht 1, gevangenismuseum.nl, Di–So

Schlafen

Mitten im Grünen

D'Olde Kamp: Neben hübschen grünen Campingplätzen werden auch sechs Plag-

genhütten mit Alkoven vermietet, die ein uriges Wohngefühl versprechen.
Dwingelerweg 26, Ansen, plaggenhut.nl, €

Ungewöhnlich

Bitter en Zoet: In den ehemaligen Amtshäusern im Zentrum von Veenhuizen sind 15 sehr moderne, schlichte Hotelzimmer untergebracht.
Hospitaallaan 16, Veenhuizen, bitterenzoet.nl, €€

Safari de Luxe

de Norgerberger: Vom Glamping-Safarizelt über einfache Stellplätze, vom Saunabesuch bis zum Naturerlebnispfad, hier will Klein und Groß so schnell nicht weg.
Langeloërweg 63, Norg, norgerberg.de, €–€€€

Wo der Schäfer einst schlief

Schepershuisje: In dem freistehenden Ferienhäuschen lebte einst der Retter der Schafrasse Schoonebeker: Schäfer Noordhuis. Heute ist es für Gruppen anzumieten, die besonders gemütlich in Kastenbetten schlafen.
Westerbork, buitenlevenvakanties.nl/woningen/schepershuisje, €€

GEGEN DAS VERGESSEN

Nach der Machtergreifung Hitlers war **Kamp Westerbork** zunächst ein Lager für die vielen jüdischen Flüchtlinge aus Deutschland und diese waren in den Niederlanden nicht sehr willkommen. Später wurde es ein sog. Durchgangslager, das ›Tor zur Hölle‹, denn von hier aus wurden Jüdinnen und Juden, Sinti und Roma nach Auschwitz und Sobibor in den Tod geschickt. Das **Museum** erzählt die Geschichte(n) dieses Lagers.
Oosthalen 8, Hooghalen, kampwesterbork.nl, tgl., im Museum nur Kartenzahlung

Essen

Zwischen Wasser und Wald

't Nije Hemelriek: Mitten im Waldgebiet von Gasselte und direkt neben dem Sandstrand vom See gibt's deftige Gerichte.
Houtvester Jansenweg 1, Gasselte, hetnijehemelriek.nl, tgl., €€

Gepflegte Tradition

Zuidbarge: Lokale Spezialitäten, Brot, Soßen, Eis – und alles ist selbst gemacht.
Zuidbargerstraat 108, Emmen, gasterijzuidbarge.nl, Di–So, €€

Gaumenfest

De Vlindertuin: Exquisite französische Küche im wunderschönen Ambiente eines sächsischen Hofes.
Stationsweg 41, Zuidlaren, restaurant-devlindertuin.nl, Mi–Sa abends, Menüs €€€

Urig

't Hoes van Hol-An: Ausgefallene Pfannkuchen, leckere Senfsuppe, Waffeln und guter Kaffee.
Oud Aalden 11, Aalden, pannenkoekboerderij.nl, Di–Do, Sa, So, €

Einkaufen

Maallust: Mit viel Engagement und Leidenschaft brauen Carina und Gert Kelder ihre leckeren, authentischen Biersorten. Daneben gibt es weitere lokale Spezialitäten und auch ein *lekker* Broodje zum Snacken.
Hoofdweg 140, Veenhuizen, maallust.nl, Mi–So

Infos

- **Nationalparks:** www.nationaalpark-drents-friese-wold.nl, www.drentscheaa.nl, www.nationaalpark-dwingelderveld.nl

Zwolle

H5

So überraschend wie die **Provinz Overijssel** ist auch ihre lebendige, moderne Hauptstadt im IJsseldelta. Sowieso scheint Wasser in der Hansestadt nie fern zu sein. Die verkehrstechnische Anbindung der Stadt war und ist ideal, und noch heute gilt Zwolle als die ›Dynamische‹ unter den neun niederländischen Hansestädten, denn sie ist eine wirtschaftlich starke Stadt und wegen der vielen Studenten lebendig und hip.

Auch die mittelalterliche Altstadt ist von Wasser umgeben, dem gezackten alten Festungsgraben. Die Grachten sind beliebt, und auf den Rasenflächen am Wasser lümmeln sich die Zwollenaars. Am Ufer sind Kanus, Kajaks, Rundfahrtboote und Schaluppen vertäut. Am Bug einer *sloep* ist *Blauwvinger* zu lesen. So nannte man die wohlhabenden Einwohner der Hansestadt einst, weil sie angeblich ständig ihr Geld zählten – daher die blauen Finger.

Ufo oder Ei, Wolke oder Auge?

Wie eine ellipsenförmige Wolke schwebt das futuristische neue ›Dach‹ des **Museum de Fundatie** über dem neoklassizistischen Gebäude (1841). Wenn die Sonne richtig steht, blinken die 55 000 blau-weißen Keramikfliesen, die den Aufbau verkleiden. In Nullkommanichts ist der ikonische Entwurf von Hubert-Jan Henket zum Wahrzeichen der Stadt geworden. Neben der Sammlung bildender Kunst ist De Fundatie für seine spektakulären Ausstellungen bekannt. Genial ist auch das bodentiefe Fenster oben in der Wolke mit Superaussicht auf den mittelalterlichen Stadtkern (Blijmarkt 20, www.museumdefundatie.nl, Sa 17–21 Uhr gratis). Ein Geheimtipp ist das **Herman Brood Museum** gegenüber: Es ist dem in Zwolle geborenen Rock-'n'-Roll-Junkie gewidmet (hermanbroodmuseum.nl, Fr–So).

HANSESTADT ZWOLLE

Seit dem 12. Jh. bildeten 200 europäische Städte den Kaufmanns- und Städtebund der **Hanse,** der ihnen Macht, Wohlstand und Sicherheit für fast 400 Jahre brachte – eine Art frühe Europäische Union.

›Gezelligheid‹ am Glasengel

Zwei Kirchen fallen ins Auge: die Onze Lieve Vrouwe Basiliek mit dem Peperbustoren und die **Grote** oder **Sint Michaëlskerk** ganz ohne Turm am Grote Markt. Das war nicht immer so: 1669 traf ein Blitz den Kirchturm, der Feuer fing. Seither war die gotische Kirche aus dem 14. Jh., die für ihre imposante Schnitger-Orgel mit 4000 Pfeifen berühmt ist, turmlos. Der **Grote Markt,** über den eine überlebensgroße grüne **Glasplastik des Erzengels Michael** wacht, gleicht einer Freiluftterrasse. Schön sitzt man direkt neben dem Engel vor der **Hoofdwacht** (17. Jh.). Sie war Sitz der Bürger- und Garnisonswache. Hier erhielten die Henker das Zeichen, ein Todesurteil zu vollstrecken.

Ohren gespitzt …

… an den Markttagen: Freitags ab zwölf und samstags gut eine Stunde später findet im **Peberbustoren** der **Onze Lieve Vrouwe Basiliek** (15. Jh.) am Ossenmarkt ein Glockenspielkonzert statt. 51 Glocken und Glöckchen werden dann in der ›Pfefferbüchse‹ gespielt. 75 m reckt sie sich in die Höhe, wer mag, kann raufklettern. Unten sind wertvolle Kirchenschätze zu sehen.

www.basiliekzwolle.nl/en, Di–Sa, im Mai und in den Ferien auch Mo, im Winter Mo–Sa

Sand satt

Das monumentale **Drostenhuis** mit opulenter Rokoko-Dachzierleiste am Melkmarkt liegt am Weg zum Rodetorenplein. Der einstige Statthalterpalast ist Teil des

Museums **ANNO,** das man über ein modernes Glasgebäude betritt. Der Annex ist frei zugänglich und gewährt sehr persönliche Einblicke in die Geschichte und die Geschichten Zwolles sowie Zugang zu Café und idyllischem Innenhof mit Blick auf den Peperbustoren (anno.nl).

Jetzt wird's sandig! Der **Rodetorenplein** ist kein schöner Platz, aber er liegt genial am Wasser, und mit Stadtstrand **Blue Bayoo** ist hier eine super Location entstanden. Die Zutaten? Mehrere Tonnen Sand, chillige Loungemöbel, Liegestühle, Pflanzenkübel, eine Dachterrasse, leckere Tacos u. Cocktails, coole Events, Märkte, Yogasessions (bluebayouzwolle.nl, Mai–Okt. tgl., Mo, Di nur Snacks, €).

Zwischen gestern und heute

Immer am Wasser lang geht's vom Westen der Altstadt in den Osten. Die malerische **Thorbeckegracht** mit ihren Booten ist von Resten der historischen **Stadtmauer,** Speicherhäusern und Denkmälern wie dem **Wijndragerstoren** gesäumt, dessen gut 1m dicke Wände einst das Zuhause des städtischen Weinträgers (welch ein Beruf!) umschlossen und heute das beliebte **Café 't Beugeltje** beherbergen (s. S. 183).

Einen Steinwurf entfernt liegt die Bibliothek des ehemaligen Dominikanerklosters (15. Jh.), die schon bewegte Zeiten hinter sich hatte, als Jonnie Boer **De Librije** als Drei-Sterne-Restaurant adelte. Boer ist inzwischen über das **Pelserbrugje** aufs Noordereiland gewandert, und in die ursprüngliche Librije ist das Streetfoodrestaurant **JaffaJaffa** (s. S. 182) eingezogen.

Im siebten Himmel

Außer der Bibliothek ist vom Kloster nur die **Broerenkerk** erhalten geblieben. Auch sie wird spektakulär genutzt: In der zweischiffigen gotischen Brüderkirche mit einzigartigen Gewölbemalereien ist die Buchhandlung **Waanders in de Broeren** zu Hause. Die Unwidmung ist gelungen, Kirche und Buchhandlung sind wunderbar miteinander verwoben. Die Bücher stapeln sich auf mehreren Ebenen in hohen Regalen, doch der Blick auf die Deckenfresken ist frei. Orgel, Chor, Emporen – alles noch da. Das neue farbenfrohe Fenster fügt sich nahtlos ein. Blau fällt das Licht durch die Glasmalereien in den Chor, in dem ein **Café** untergebracht ist.

www.vanderveldeindebroeren.nl, tgl.

Shopping als Kulturgenuss

Zwolle ist ein Hotspot für Shopaholics, und oft genug finden sich die Lädchen in sorgfältig renovierten Gebäuden des Mittelalters. Hoch ist die Zahl der Läden rund

›FOODIES WELCOME‹ IN JONNIE BOERS IMPERIUM

F

Eigentlich braucht man **De Librije** nicht vorzustellen – seit Jahren fahren Jonnies fantasievolle Kreationen drei Sterne ein. Aus regionalen Produkten zaubert er eine Aromenwelt, die einen umhaut. Und ein Händchen für Locations hat er auch, war doch das Librije erst in einer Klosterbibliothek und nun in einem Frauengefängnis untergebracht. In den Zellen ist **Librije's Hotel** (€€€) eingerichtet, und dann wären da noch **Kochschule** und **Feinkostladen.** Und **Brass Boer Thuis,** wo Grill, Drehspieße und regionale Produkte im Mittelpunkt stehen. Seit Kurzem verwöhnt Jonnie seine Gäste in der fröhlich-farbenfrohen **Bar Senang** auch mit orientalischen Genüssen (Tipp: die ›Senang tafel‹).

De Librije: Spinhuisplein 1, librije.com, €€€; Brass Bar Thuis: Nieuwe Markt 21, brassboer.com, €€€; Bar Senang: Samuël Hirschstraat 1, barsenang.com, €–€€

um die **Diezerstraat:** auf Melkmarkt und Oude Vismarkt, in der Luttkestraat, der wunderschönen **Papenstraat** und natürlich in der **Sassenstraat,** die auf ein weiteres Highlight zusteuert: die **Sassenpoort,** einst Teil der Verteidigungsanlagen. Das einzige verbliebene Stadttor (14./15. Jh.) mit fünf Türmchen, Wehrgang und Torhaus ist eines der Wahrzeichen Zwolles.
sassenpoortzwolle.nl, Mi–So, in den Ferien tgl.

The Place to be in summer

Der **Agnietenplas** (etwa 3 km von Zwolle entfernt) ist nicht nur ein schöner Erholungssee mit Sandstrand und Restaurant, sondern auch gut mit dem Rad (entlang der Vecht) und der Fähre zu erreichen. Die **Haesterveer** ist die letzte von Hand gezogene Seilfähre der Niederlande.
Fähre Mai–Anf. Okt. tgl. 10–18 Uhr, Restaurant Agnietenberg, Haersterveerweg 23, agnietenberg.nl, tgl., Superkuchen, €–€€

Schlafen, Essen

Zentral, zauberhaft, zeitlos elegant

Pillows Grand Hotel: Wohnen im ehemaligen Polizeipräsidium (19. Jh.) in luxuriöser, moderner Atmosphäre. Der Service ist perfekt, dabei persönlich, die Betten sehr gut, Frühstück und Restaurant ebenfalls.
Stationsweg 9, www.pillowshotels.com, €€€, Bib-Gourmand-Restaurant Coperto Restobar, www.copertorestobar.com, €€

Traumdachterrasse am Wasser

Pelsertoren B & B / Klein Hotel Zwolle: Im mittelalterlichen Verteidigungsturm kontrastiert das Backsteinmauerwerk mit dem stylishen Mobiliar der vier gut 50 m² großen Suiten. Super Frühstück (17 €) beim **Winkelcafé Engel** (s. unten).
Pletterstraat 8, www.depelsertoren.nl, €–€€

(D)Eine Basis in Zwolle

Hostel u. Bar De Basis: Rowan und Nick wollen, dass gutes Übernachten bezahlbar bleibt, daher stammt ihre Idee für das Hostel im alten Polizeibüro. Leckere Pita und mehr im **Culturcafé** (€).
Luttekestraat 35, debasiszwolle.nl, €–€€

Zauberhaftes Zuhause auf Zeit

Theekoepel Zwolle: Wer den Teepavillon auf dem Hügel mietet, genießt neben der Terrasse auch einen Superausblick auf Wasser u. Wald – 2 km vom Zentrum entfernt. Einfach und absolut okay eingerichtet.
Ruiterlaan 1, theekoepelzwolle.nl, €

Essen

Slow Food und gute Weine

In den Hoofdwacht: In der alten Wache listet die Speisekarte der Brasserie und Weinbar kleine Speisen in Größe einer Vorspeise auf (10–14 €) – von Thunfisch-Sashimi über Ceviche und Entenbrust bis Spinat-Empanadas, lecker!
Grote Markt 20, indenhoofdwacht.nl, €–€€€

Eine Weltreise für den Gaumen

JaffaJaffa: Sehr leckeres authentisches Streetfood ›to share‹ in der Atmosphäre der alten Klosterbibiothek. Man folgt der No-Waste-Politik! Tolle Terrasse.
Broerenkerkplein 13–15, jaffajaffa.com, €–€€

All you can eat auf hohem Niveau

Blue Sakura: Modernes Sushi-Restaurant in der alten Bethlehemskirche (19. Jh.).
Bethlehemskerkplein 35, bluesakura.nl/zwolle, All-you-can-eat-Konzept, reservieren, €–€€

Einkaufen

In der Innenstadt ist freitags (8–13 Uhr) und samstags (9–17 Uhr) **Markt.**

Laden und Café in einem

Winkelcafé Engel: Faire und schöne Produkte liegen Henk u. Arno am Herzen!
Sassenstraat 11, www.dehorecamannen.nl, tgl.

Kunst mit Kaffee

Blauwdruk: Cooles Kunstwarenhaus mit Galerie. Dazu gibt's Kaffee!

Sassenstraat 26, blauwdruck.nl, Di–Sa

Ladenlokal aus dem Jahr 1845

Zwolse Balletjeshuis: Neben den *Zwolse Balletjes* locken hier altniederländische Süßigkeiten sowie weitere Produkte und Kunst aus Zwolle. Ausgangspunkt für tolle **Stadtführungen.**

Grote Kerkplein 13, zwolseballetjes.nl

Bewegen

Unterwegs auf dem Grachtenboot

Botenverhuur Schoone: ...mit den liebenswerten Guides Wim und Bert.

Harm Smeengekade 13, www.botenverhuur-schoone.nl, ganzjährig tgl.; Bootsverleih

Barfuß in der Natur

Nooterhof: *Welkom* im urbanen Zentrum für Nachhaltigkeit, Natur- und Umweltbildung! Nur 3 km vom Zentrum entfernt und direkt neben dem **Kinderbauernhof Weezenlanden** (kinderboerderijenzwolle.nl) liegt dieses ökologisch bewirtschaftete Stückchen Natur mit Earthship, Barfußpfad, Wasserspielplatz u. v. m.

Goertjesweg 3, www.nooterhof.nl, Mi–So

Auf T. Rexpedition

Dinoland Zwolle: Toll angelegter Park mit über 100 Dinosauriern, Spiel-, Kletter- u. Buddelplätzen, Hochseilgarten, Kletterparcours, Trampolinen (2 €), Kreativwerkstatt.

Willemsvaart 19, dinoland.nl/de

Ausgehen

Eine Schande, es nicht zu kennen

Café 't Beugeltje: Das Lokal direkt an historischer Stadtmauer und Stadtgracht in historischem Gemäuer bezaubert mit einer der besten Terrassen der Stadt, guten Getränken und freundlichem Service. Nebenan liegt das (historische) **Cultuurschip Thor** (www.cultuurschipthor.nl).

Krabbestraat 63, www.hetbeugeltje.nl, tgl.

Museum de Fundatie: das neue Wahrzeichen Zwolles

TOUR
Flussgeschichten – Kunst am Ufer

Radtour durch das Vechtdal auf der kunstwegen-Route #5

Infos

H5

Start/Ziel: Bf. Zwolle
Länge: Rundtour ca. 40 km, knapp 4 Std. (ohne Stopps), mit Abstecher De Stokte ca. 7 km plus (hin u. zurück), plus 17 km (hin u. zurück) De Stokte–Kuhsafari
Infos: www.kunstwegen.org, dort Route 5 ›Vogelparadiese am Wasser‹ (mit Wegbeschreibung und Kartendownload); online auch kostenlos Infobroschüre und Faltplan zu bestellen; weitere Infos: www.vechtetalholland.de

Die **Vechte** entspringt im Münsterland, schlängelt sich über Bad Bentheim und Nordhorn zur niederländischen Grenze, die sie als **Overijsselse Vecht** quert, um 60 weitere Flusskilometer durch eine flache Landschaft mit Moor, Heide, Wäldern und Auen zu mäandern und dann bei Zwolle ins Zwarte Water und schlussendlich ins IJsselmeer zu münden. Von Zwolle bis Bad Bentheim verläuft die **Vechtdalroute** parallel zur **kunstwegen-Route,** die grenzüberschreitend 80 Skupturenprojekte verbindet.

Hinter jeder Kurve ein neues Idyll
Keine Zeit für die gesamten 182 km? Ab **Zwolle** führt eine kürzere Rundtour über Dalfsen. Den Auftakt dieser Fluss- und Kunstroute machen am Bahnhof gleich drei Skulpturen, darunter Jan van Munsters ›Energiesculptuur‹ in Zwolleschem Blau. In nördlicher Richtung geht es entlang des Zwarte Water nun durch eine typisch niederländische Postkarten-Flusslandschaft mit Auen und grünen Deichen. Südlich der Vechtmündung liegt mit dem **Naturreservat Langenholte** ein Paradies für Austernfischer, Rotschenkel und Zugvögel auf Durchreise. Einige Kilometer flussaufwärts wird's am **Landgoed Anningahof** kunstsinnig, und zwar im Skulpturengarten

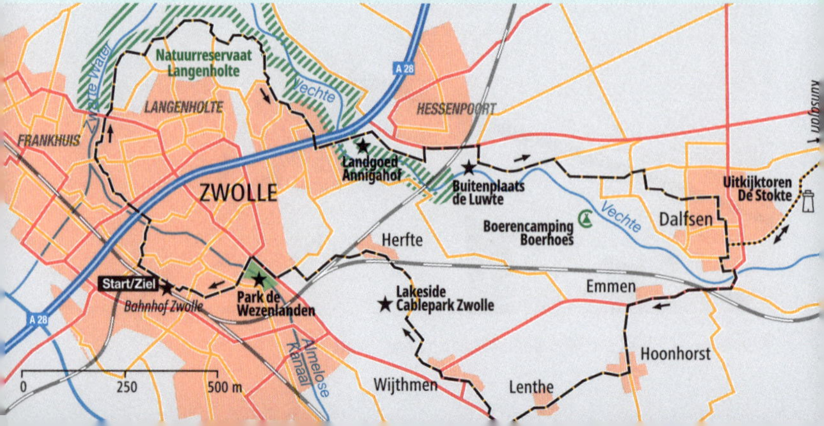

des Landguts. Er ist niederländischen Bildhauern ab den 1960er-Jahren gewidmet. ›Seelenschiffe‹ hat Cornelius Rogge seine Schiffsarmada gegenüber vom Gut genannt. Woran er wohl dachte, als er die Schiffe schuf? Denn diese sollen einst die Seelen der Toten ins Jenseits befördert haben …

Eine Fahrradtour entlang der Vecht – und auch mal darüber – verspricht viele idyllische Momente.

Kleine Pausen mit Panorama-Aussicht

Wir denken jetzt eher an etwas Bodenständiges wie Essen und Trinken. Vielleicht in einem Strandpavillon am Fluss? Die Terrasse des **Buitenplaats de Luwte** lädt mit Blick auf die Vecht zum *borrelen* ein. Romantisch! Vielleicht direkt im netten B&B bleiben, sich an den Ministrand legen oder ins Kanu springen? Weite, Ruhe und Freiheit verspricht auch der **Boerhoes,** ein Campingbauernhof direkt am Wasser. Hier lockt ebenfalls ein Bett zum Übernachten, dazu ein Teegarten, der im Schatten der Birnbäume Eis serviert, und, klar, Kunst.

Flusslandschaft vom Feinsten

Zugegeben, es fällt schwer, jetzt den Absprung zu schaffen, aber hinter jeder Biegung wartet etwas Neues wie eine Schleuse, ein Stauwehr oder die Fischtreppe kurz vor **Dalfsen.** Das von alten Wäldern umgebene Gutsdorf mit den vielen Landgütern gilt als das grünste Dorf des Landes. Die drei blauen Neonbögen von Marijke de Goeij, die die Vechtbrücke überspannen, sind Teil der *kunstwegen* und fallen besonders am Abend ins Auge. Vielleicht ist es nun an der Zeit, die Vecht vom Boot aus zu betrachten? Oder aus der Luft? Eine besonders weite Sicht auf die Auenlandschaft, Windmühlen, weitere Skulpturen und Dalfsen genießt man vom **Uitkijktoren De Stokte,** der nach wenigen Kilometern erreicht ist. Noch Puste? Dann auf zur **Kuhsafari,** die Simone vom Erve Vechtdal anbietet. Hier möchte man Rind sein – Nachhaltigkeit und Tierwohl stehen hier ganz oben! Der Rückweg führt nun südlich der Vechte über **Emmen, Lenthe** und **Herfte** zurück nach **Zwolle.**

Radeln durch das Tal der Vecht ist Genussradeln! Zur Einkehr laden neben Buitenplaats de Luwte (buiten plaatsdeluwte.nl) und Boerhoes (www.boerhoes.nl), beide mit B&B, in Dalfsen Brasserie de 7 Deugden (www.dezevendeugden.nl) und Grand Café de Fabriek (www.defabriekdalfsen.nl) sowie das Erve Vechtdal (mit Kuhsafari; www.koesafari.nl).

Eine der schönsten Ansichten der Niederlande: die Skyline Kampens

›Gezelligheid‹ bis zum Abwinken
Het Refter: Der ehemalige Kloster-Speisesaal im ältesten Gebäude Zwolles mit Holzdecke, Bleiglasfenstern und ›Bierflaschenwand‹ begeistert. Die 24 Fass- und 200 Flaschenbiere auch. **Restaurant** (€).
Bethlehemkerkplein 35a, hetrefter.com, tgl.

Infos

- **Touristische Infopunkte (TIP):** bei Waanders in de Broeren, im Museum ANNO (s. S. 181) und im Zwolse Balletjeshuis (s. S. 183), de.visitzwolle.com
- **ÖPNV:** Zwolle ist mit Bahn und Bus sehr gut angebunden (www.9292.nl).
- **Parken:** Kostenlos parken im Einkaufszentrum Zwolle-Zuid (Van der Capellenstraat; mit Bus 20 Min. bis zum Bahnhof).
- **Lepeltje Lepeltje:** Do–So Anf./Mitte Juni, lepeltje-lepeltje.com. Foodtruck-Festival im Ter Pelkwijkpark. Mit Musik, Kinderbelustigung, div. Ständen, Vintagekram.
- **Stadsfestival:** Fr–So Anf. Sept., stadsfestival.nl. Musik-, Tanz- und Theaterfestival.
- **Chefs®evolution/Boer & Markt:** Sa/So Anf. Sept., www.chefsrevolution.nl. Avantgarde-Kochfestival von u. mit Jonnie Boer.

Overijssel

Kampen G5

Am schönsten ist Kampen von der anderen Seite der IJssel: mit Blick auf die **Brug met de Gouden Wielen** (Brücke mit den goldenen Rädern) und die Skyline mit historischen Gebäuden, Stadttoren, Kirchen, Speicherhäusern. So muss sich die Stadt den Kaufleuten im Mittelalter gezeigt haben, die mit ihren Koggen aus Russland oder Portugal zurückkehrten. Schiffsmasten ragen auch heute noch an der IJsselkade auf – Wasser ist in Kampen allgegenwärtig, brachte der Hansestadt, die damals an der fischreichen Zuiderzee lag, seit dem 13. Jh. Reichtum und Macht.

Zeitreise in der Innenstadt

Kampen fühlt sich an wie ein Freilichtmuseum – aber ein sehr lebendiges, in dem es sich gut leben, einkehren und an **Botermarkt,** in **Oude-, Geer-** und **Broederstraat** shoppen lässt! Mehr als 500 denkmalgeschützte Gebäude, schmale, teils kopfsteingespflasterte Sträßchen und Grachten schaffen eine zauberhafte Atmosphäre. Der Blick durch die **Koornmarktspoort** (14. Jh., Voorstraat 1), das älteste der drei noch erhaltenen Stadttore, auf die gotische **Boven-** oder **Sint Nicolaaskerk** beamt Betrachter in die Vergangenheit. Ebenso wie das prachtvolle **Oude Raadhuis,** das mit Turm und Türmchen je nach Blickwinkel schräg daherkommt. Kein Wunder: Fast 700 Jahre ist es alt. Das Alte Rathaus beherbergt einen Teil des **Stedelijk Museum** mit Ausstellungen zu Wasser, Rechtsprechung und Königshaus.

Oudestraat 133, stedelijkmuseumkampen.nl

Den Durchblick haben

Der **Nieuwe Toren** gegenüber dominiert mit seinen 65 m die Stadt. So hatten sich die Stadtväter des 17. Jh. das vorgestellt: Der freistehende Glockenturm ohne Kirche (!) sollte ihre Macht demonstrieren (Oudestraat 146, Carillon: Mo, Sa, Juli/Aug. auch Fr). Wer dem Glockenspiel lauschen mag, ein Werk von François Hemony, findet in der Idylle des **Hof van Breda** im Marktsteeg 7 den besten *luisterplaats.*

Die Gasse ist hübsch, ihre Verlängerung, der **Houtzagersteeg,** legt noch mal eins drauf. Schnell noch das **Gotische Haus** (Nr. 158, 15. Jh.) ›mitgenommen‹, das mit signalroten Fensterläden winkt, und dann geht's ans Wasser: zum *borrelen* auf der IJssel beim **Café 't Ponton** (IJsselkade 51, www.cafeponton.nl, oft Livemusik) oder am gegenüberliegenden Ufer auf der Terrasse des **Paviljoen Havenzicht** am Stadtstrand mit der Aussicht auf die historische Altstadt (Ing. B. P. G. van Diggelenkade 2, paviljoenhanzezicht.nl, April–Okt.).

KAMPER KOGGE – EIN HANSE-HIGHLIGHT

Die rund 120 ehrenamtlichen Helfer:innen sind stolz auf die ›Zwarte Dame‹, wie sie ›ihre‹ Kogge liebevoll nennen. Mit viel Liebe, Einsatz und Akribie ist ihnen die authentische Rekonstruktion eines Handelsschiffs von 1336 gelungen. Als ›Blaupause‹ diente ihnen ein 1981 im Flevopolder gefundenes Wrack. Mithilfe mittelalterlicher Techniken und Materialien entstand das Schiff aus massivem Eichenholz neu. Von 1994 bis 1998 dauerten die Arbeiten, einst brauchten die Zimmerleute nur vier Monate für den Bau. Rund 100 Koggen lagen zu Zeiten der Hanse alleine in Kampen vor Anker, insgesamt befuhren ca. 1000 die Weltmeere. Die Ehrenamtler:innen erzählen von Bau, Geschichte und Fahrten der Koggen. Ein Besuch der Koggenwerft mit Tischlerei, Schmiede, Näherei, Fischräucherei, Fischerhaus und Taverne macht Spaß!

Buitenhaven, Havenweg 7, kamperkogge.nl/english-information, Eintritt Werft frei, Segelsaison April–Herbstferien

Schlafen

Hip im historischen Gemäuer

B & B De Stadsboerderij: Sieben liebevoll eingerichtete Zimmer und Apartments in einem denkmalgeschützten Bauernhof. Zentral und ruhig gelegen. Extras: teils mit Kitchenette und Balkon/Gärtchen, **Sauna.**

Groenestraat 148, www.stadsboerderij.nl, für 1–7 Pers., leckeres Frühstück, €–€€€/F

Erschwinglicher Luxus

Boetik Hotel Kampen: In einem einzigartigen Jugendstilgebäude empfangen

Ineke und Jan ihre Gäste. Die elf liebevoll gestalteten Zimmer verbinden die ungezwungene Atmosphäre eines B&Bs mit dem Komfort eines echten Luxushotels.
IJsselkade 20–21, www.hotelkampen.nl, €€/F

Ein Versteck im Schilf

Ecostay De IJsvogel: Einmal über den Fluss, und Sie können auf einem echten Hausboot übernachten. Mit Altstadtblick.
Zwolseweg 1C, IJsselmuiden, www.ecostay.nl/de-ijsvogel-en, mit Küche u. Holzterrasse, €

Essen, Ausgehen, Einkaufen

Die größte Bierauswahl der Stadt

De Stomme van Campen: … und ausgezeichnete Fleischgerichte vom Holzkohlengrill sowie zwei vegane Optionen. Der Speisesaal besticht durch einen coolen Mix aus Vintagemöbeln und modernem Design. Im urigen **Biercafé** stehen 20 gezapfte und 175 Flaschenbiere auf der Karte, u. a. aus der eigenen Brouwerij De Wereld.
Oudestraat 218–220, www.destommevancampen.nl, Mi–So, €€

Super Lunchspot in alter Post

Posthuus: Im **Shop** gibt's originelle Dekoartikel und Geschenke, im Lunchcafé Suppen, *broodjes* und bunte Salate.
Oudestraat 137A, www.posthuuskampen.nl, Di–Sa, auch Kaffee und Kuchen, €–€€

H

HANSE-›FIETSEN‹

450 Radkilometer verbinden vier deutsche und zehn niederländische Hansestädte miteinander. Start ist in Neuss, Ziel in Harderwijk. Aus Anlass des 800-jährigen Hanse-Jubiläums 2023 entstand in jeder der Städte ein historisches Mural.
www.holland-hanse.de/hanzeroutes/radfahren/hanse-radweg

Einkaufen

Jahrhundertealter Käse …

Erf-1: Seit 1432 wird auf **Kampereiland** (schönes Ausflugsziel!) Käse gemacht.
Mandjeswaardweg 6, erf1.nl, Mo–Sa

Brauerei und Biermuseum

Kamper Trots: ›Kampens Stolz‹ wartet.
Voorstraat 20, biermuseumkampen.nl, Do–So

Gut gehen lassen …

De Eenhoorn: Gute Kaffees aus der eigenen Rösterei und (besondere) Tees, Zigarren von **De Olifant** (s. S. 189), edle Schokladen und regionale Delikatessen – dazu ein super Baristakaffee an der Theke.
Oudestraat 101–103, www.eenhoorn.eu, Mo–Sa, auch Kaffee-/Teeverkostungen und Führungen in der Tabakfabrik

Nur die besten Zutaten

Chocolaterie De Swaen: Roël und Sylvia sind stolz auf ihre handgefertigten Schokoladenprodukte. Super Souvenirs!
Oudestraat 164, www.chocolateriedeswaen.nl

Bewegen

Luxuriös auf dem Wasser

Veerman van Kampen: Zwei- bis elfstündige Touren auf schönem Salonboot.
IJsselkade (Höhe Heutszplein), April–Herbst, deveermanvankampen.nl

Auf eigene Faust im IJsseldelta

Kamper Events: Unterwegs in einer kleinen *vlet* mit Außenborder – macht Laune.
kamperevents.nl, Café 't Ponton, IJsselkade 51

Immer an der IJssel lang

Hanse-Radtour: 42 km von Kampen nach Zwolle und retour. Traumhafte Einkehr: **Theehuis Zalkerveer** (zalkerveer.nl).
www.holland-hanse.de/34431/1405/fahrradfahren-auf-der-hanseroute-zwolle-kampen

Lieblingsort

Gut gewickelt – die letzte von 120 Manufakturen

»90 Jahre ist er alt geworden, und bis fast zuletzt hat er hier gesessen und Zigarren gedreht«, erzählt uns Marjolijn Diesch über ihren Lehrmeister Tinus Vinke, auch ›Nicotinus‹ genannt. Bis zu 2400 Zigaretten pro Woche – und zwar die limitierten Editionen von **De Olifant**, der letzten Tabakfabrik **Kampens.** Das war um 1900 noch ganz anders, es gab gut 120 Tabakmanufakturen, und Hunderttausende Ballen Tabak wurden in Kampen damals zu Zigarren, Pfeifen- und Kautabak verarbeitet. Bereits in vierter Generation wird bei De Olifant Qualitätsware produziert. 3,5 Mio. Zigarren im Jahr, deren Banderole ein trompetender *olifant* (Elefant) ziert, werden in Zedernholzkisten gebettet – und danach riecht es auch: nach Zedernholz und Tabak. Zuerst führt uns Marjolijn ins Raucherzimmer im Old Style, das Kenne Grégoire 1990 mit plastischen, täuschend echten Malereien im Stil des 17. Jh. ausgeschmückt hat: »Es ist allen Genüssen gewidmet: Kunst, Essen und Trinken, Musik, Sex …« Und natürlich Zigarren! Dann geht es in die heiligen Produktionshallen. Für die Zigarreneinlage nehmen die Mitarbeiter:innen Java-, Kuba-, Brasil- und Sumatra-Tabake, als Umblatt kommt ein Java-Blatt bzw. das seltene Sumatra-Sandblatt zum Einsatz – 1 kg davon ist teurer als 1 kg Silber! Die teils sehr alten Maschinen machen ordentlich Krach, und die Mitarbeiter:innen tragen Kopfhörer. Sie sind sehr konzentriert, ihre Handgriffe routiniert, präzise, schnell. Nur ein Bruchteil der Zigarren wird mit der Hand gerollt, aber immerhin hat Tinus noch drei Gesell:innen ausbilden können. »Auch wenn wir wohl nie so schnell sein werden wie er!« (Voorstraat 101–103, Kampen, eenhoorn.eu/en, Führungen Mo–Sa 11/14 Uhr)

Infos

- **Tourist Info:** Oudestraat 216/Stadskazerne, visitkampen.nl/de, Di–So
- **ÖPNV:** Bahnhof in Fußnähe zum Zentrum; diverse Buslinien (www.9292.nl)
- **Parken:** kostenlos gegenüber vom Bahnhof (bei der Polizei), im Buitenhaven.
- **Full Color Festival:** Fr, Sa im Juni, fullcolorfestivalkampen.nl. Multikultifestival mit Musik, Food, Markt, Full Color Run im Park.
- **Ui(t)dagen:** Do Mitte Juli–Mitte Aug., visitkampen.nl/kamperuitdagen. Musik, Straßentheater, Flohmarkt etc. im Zentrum.
- **Kerst:** Sa, So im Dez., kerstinoudkampen.nl. Musik, Tanz, Theater, nostalg. Kirmes im weihnachtlich dekorierten Kampen.

Hasselt und Umgebung H5

›Klein-Amsterdam‹, so wird **Hasselt,** das seit 1252 Stadtrechte genießt und 100 Jahre später der Hanse beitritt, auch genannt – etwas übertrieben, aber mit Grachtenband, Brücken, Schleusen, Kais und historischen Giebeln ist das zwischen dem Zwarte Water ›eingeklemmte‹ Hasselt schon schön. Seit dem Mittelalter ist es bedeutender Wallfahrtsort am Jakobsweg. Einen Stempel für den Pilgerpass gibt's im spätgotischen **Oude Stadhuis** (April–Nov. Mo–Fr, mit Touristinfo) am Markt. Die gegenüberliegende **Grote Kerk** und ihr 41 m hoher Turm dominieren die Stadt seit 1497 (Orgelkonzerte, Turmbesteigung Di, Do: www.tiphasselt.nl). Im Norden Hasselts erinnern die beiden Kalköfen mit ihrer markanten Kegelform an Mensch-ärgere-dich-nicht-Figuren. Gut 400 Jahre war die Produktion von Muschelkalk ein wichtiger Wirtschaftszweig in der Hansestadt. Seit 1995 ist die renovierte Anlage öffentlich zugänglich.

Kalkovenwegje 3, www.kalkovenshasselt.nl, mit Museum, Mitte April–Okt. Mo–Sa

Staphorsts Schwarzstrümpfler

Im 10 km entfernten **Staphorst** wähnt man sich in einem Historienfilm: Oude Rijks- und Gemeenteweg säumen prächtige historische Bauernhöfe mit Reetdach, grünen Fensterläden und Spitzengardinen. Wenn dann noch die Staphorsterinnen in ihrer dunklen Tracht mit dem typischen Blaudruck *(Stipwerk)* unterwegs sind, ist die Zeitreise perfekt. Staphorst liegt im ›Bibelgürtel‹ des Landes, die meisten Bewohner gehören der orthodox-calvinistischen Kirche an und leben nach strengen Regeln. Im **Museumsbauernhof** erfährt man mehr.

Gemeenteweg 67, museumstaphorst.nl, April–Okt. Di–Sa, sonst Mi, Sa

Raubvögel und Rehe

Die knapp 1000 ha große **Boswachterij Staphorst** liegt 15 km östlich von Hasselt. Bis in die 1960er-Jahre stachen die Menschen hier Torf. In Heideflächen und viel Wald fühlen sich Raubvögel, Rehe und Dachse wohl. Der Mensch darf es auch, wenn er sich an die Spielregeln hält: auf Wanderwegen, MTB-Routen, im **Naturcamping Dassenburcht** und am **Badesee Zwarte Dennen.**

Übernachten: www.logerenbijdeboswachter.nl/kamperen/dassenburcht; Badesee mit Kiosk

Schlafen

Zeitreise in die Vergangenheit

B&B De Oude Jan: Übernachten auf einem gut 100 Jahre altem Frachtschiff bei den charmanten Skippern Inge und Henk.

Kalkovenswegje 4, luxemotoroudejan.nl, €/F

Essen, Einkaufen, Ausgehen

Hier stimmt einfach alles

De Linde: … die Lage an der Gracht, der Service, die leckeren Lunchgerichte, das freitägliche 3-Gänge-Menü und die soziale

Einstellung. Mit hübschem Geschenkeladen (auch Mo geöffnet).
Kalkovenswegje 1, Hasselt, www.delindehasselt.nl, Di–Sa 10–17, Fr Dinner, €–€€

Bauernschnitzel, Bier und Billard

Café Ad'vundum: Am Alten Rathaus serviert das nette Lokal Brasseriegerichte.
Hoogstraat 1, Hasselt, ad-vundum.nl, tgl., mit Billardtisch, abends Programm, €€

Bewegen

Ein Tag auf dem Wasser

Hanze bootverhuur: Größtmöglicher Luxus an Bord eines unsinkbaren Aluboots.
Passantenkade, Wilhelminalaan, www.hanzebootverhuur.nl, Mai–Herbst, Picknickkorb mögl.

25 km über gewundene Deiche

Zwartewaterland: Eine kürzere Route, die für alle machbar über gute Radwege und ruhige Polderstraßen führt, ist die **Rondje Zwartewaterland.** Über die Hafenstädtchen Zwartsluis und Genemuiden (Überfahrt mit der Fähre) und dann zurück am Zwarte Water entlang.
tiphasselt.nl/projects/type/fietsen

R

RIED, RUHE UND RAUM

Oeds ist Friese, fühlt sich aber in den Weerribben-Wieden pudelwohl und möchte, dass seine Gäste das auch tun. Ihm liegt aber auch die Natur am Herzen. Stolz ist er darauf, dass es ganz in der Nähe drei Eisvogelnester gibt und sich drei Otter angesiedelt haben. Mit dem **Recreatiecentrum De Kluft** hat er ein kleines Paradies geschaffen: mit energieeffizienten Tiny Houses und den luxuriösen Weerribbenlodges direkt am Wasser, Wanderhütten, Camping, Hotel, Restaurant und Jachthafen. Räder, E-Bikes, E-Schaluppen, Kanus und Kajaks kann man mieten und direkt in die Wasserwelt starten.
Hoogeweg 26, Ossenzijl, www.dekluft.de, April–Okt., Rundfahrtboot 75 Min./11 €, Häuser auch im Winter, €

Infos

- **TIP:** Markt 1, tiphasselt.nl, April–Nov. Mo–Sa, weitere Infos: hanzestadhasselt.nl

Nationaal Park Weerribben-Wieden und Giethoorn

G/H4/5

10 500 ha misst das größte zusammenhängende Niedermoor Nordeuropas – doch mit schnöden Zahlen ist dem Zauber der Landschaft nicht beizukommen. Ab Mitte des 16. Jh. waren die Torfstecher hier am Werk. Resultat: ein menschengemachtes Wasserlabyrinth aus Seen und Teichen, Kanälen und Sumpfwäldern, ausgedehnten Rietgebieten und blumenbestandenen Heuwiesen, die Heimat zahlreicher Insekten und Vogelarten sind. Dem Schutz der Natur wurde mit der Gründung des **Nationalparks De Weerribben-Wieden** Rechnung getragen. Alles dreht sich hier um Wasser – also, ab aufs Wasser: mit Segel- oder Ruderboot, (E-)Schaluppe oder Kanu, stehpaddelnd, mit EcoWaterLiner oder Rundfahrtboot. Die Brücken werden per Hand geöffnet, Seerosen und Wasserlilien gleiten vorbei, Libellen kreuzen den Weg, und vielleicht sieht man einen der wieder angesiedelten Fischotter. Wandern und *fietsen* geht natürlich auch, nur kommt man nicht so weit wie per Boot.
de.visitweerribbenwieden.com, Bezoekerscentrum De Wieden, Beulakerpad 1, Sint Jansklooster, Di–So, im Winter Di, Mi, Sa, Buitencentrum De Weerribben, Hoogeweg

27, Ossenzijl, Di–So, Juli/Aug. auch Mo, Nov.–März Do, So

Ein bisschen Venedig

Das bekannteste der *waterdorpen* ist **Giethoorn.** Das malerische Moordörfchen mit den reetgedeckten Häusern und Höfen, die auf zig Inselchen liegen, den Grachten, 177 (!) Brücken und Caféterrassen am Wasser ist ein Sehnsuchtsort. Wo früher Straßen fehlten und es ›bloß‹ Kanäle gab, locken diese heute Menschen aus Nah und Fern an. Am besten antizyklisch kommen oder eines der anderen Wasserdörfer besuchen, die nicht so überlaufen sind wie **Belt-Schutsloot, Dwarsgracht, Wanneperveen.** Wie es sich hier vor 100 Jahren gelebt hat, erzählt das **Museum ’t Olde Maat Uus.** Und jetzt eine Fahrt mit der **Giethoorner Gondel** (zwaantje.nl).

Binnenpad 52, museumgiethoorn.nl, April–Ende Okt. tgl., sonst Fr–Mo; Infos: giethoorn.nu

Hafenhopping

Wer mag, kann im Nationalpark jeden Tag einen anderen Hafen anlaufen: die Wasserdörfer Giethoorn und Belt-Schutsloot, das Wassersport- und Festungsstädtchen **Zwartsluis** am Zwarte Water, wo im Winter die Plattbodenschiffe der Braunen Flotte festmachen, die alte Zuiderzeestadt **Vollenhove** – wegen ihrer Land- und Rittergüter auch ›Palaststadt‹ genannt. Die Zeitreise ins 17. Jh. führt weiter nach **Blokzijl,** das wie Vollenhove bis zur Trockenlegung des Noordoostpolders am offenen Meer lag, und schlussendlich ins Festungsstädtchen **Steenwijk.**

Schlafen

Ein Paradies auf Erden

B&B De Imme: Das Auto bleibt auf dem Parkplatz, wo Marjo und Wim ihre Gäste mit dem Elektroboot abholen. Ihr B&B ist ein Idyll mitten in der Natur, ganz still und nachts sehr dunkel. Räder und Kajaks können kostenlos benutzt werden. 4 Zimmer und ein Gartenhaus für 2–4 Pers., Garten.

Oudeweg 113, Ossenzijl, www.weerribben.eu/de, Gemeinschaftsküche, Sternwarte!; €–€€/F

Macht ziemlich viel Laune: Bötchen fahren in den Weerribben-Wieden.

Versteckt im Reet

B&B De Vrijstaten: Ab und an sind Gänse, Schwäne und Kormorane zu hören – sonst ist es still. B&B, Apartment (3 Pers.) und Ferienhaus (4 Pers.) sind freundlich und hell mit bunten Akzenten eingerichtet.
Hoogeweg 7, Kalenberg, www.devrijstaten.nl, Frühstück 10 €, Kajak- u. E-Bike-Verleih, €–€€

Essen

Allein wegen der Aussicht aufs Wasser lohnt ein Besuch der **Café- u. Restaurantterrassen** in den Weerribben-Wieden. Eine Auswahl: **Theeschenkerij De Wieden** in Sint Jansklooster (theeschenkerijdewieden.nl), **Sluiszicht** in Blokzijl (sluiszichtblokzijl.nl), **An't Waeter** in Wetering (antwaeter.nl), **Fanfare** in Giethoorn (fanfaregiethoorn.nl), **Otterskooi** in Dwarsgracht (otterskooi.nl), **Paviljoen aan't Wiede** in Wanneperveen (aantwiede.nl) und **Otterswold** in Belt-Schutsloot (het-otterswold.nl).

Bewegen

Wie wär's mit **Eislaufen** oder **SUPpen?** Infos: de.visitweerribbenwieden.com. Tipps zum **Kanufahren:** kanoparadijs.nl. Wer sich eine kleine Auszeit mit dem Kanu gönnen möchte, ist bei **Kano & Bed** gut aufgehoben: Man kann die Route selbst bestimmen und jeden Tag in einem anderen B&B übernachten: kanoenbed.wandelreijk.nl.

Wasserlilien und Wasserenzian

Rund um Belt-Schutsloot: Vom Wasser aus die Natur erleben, z. B. auf dieser Rundstrecke (10 km). Start-/Endpunkt: Camping Kleine Belterwijde mit Kanuverleih. Unterwegs Fischotter und Rehe sehen, Sumpfvögel wie den Waldlaubsänger und Libellen auf den Heuwiesen.
www.campingkleinebelterwijde.nl/de/wassersport/kanuverleih (hier auch Download der Route), Kanus 15–20 €/Tag

Mit Fahrrad u. Fähre in der Idylle

Rondje om Giethoorn: Tipp – nicht in Giethoorn, sondern in Dwarsgracht starten, dann spart man sich die Parkplatzsuche. Knapp 32 km lange Route durch die Wasserdörfer Dwarsgracht, Jonen, Giethoorn und entlang von Kanälen und Seen. Das Highlight: eine Fahrradfähre – anders ist Jonen nicht zu erreichen! ›Knooppunten‹: 52-61-60-53-50-42-41-43-44-51-52
www.fietsknoop.nl/fietsroute/9648675/giethoorn-blokzijl-pontje-jonen-weerribben-wieden

Alle Facetten der Region

Weerribben-Wiedenpad: Auf neun Etappen mit einer Länge von insgesamt 150 km die gesamte Region kennenlernen. Die blau-weiße Markierung kennzeichnet die 15–20 km langen Strecken.
www.visitweerribbenwieden.com/routes-weerribben/weerribben-wiedenpad

Infos

- **Infos:** de.visitweerribbenwieden.com
- **ÖPNV:** Ein Intercity-Bahnhof liegt in Steenwijk. Von dort fahren Busse nach Giethoorn, Vollenhove, Blokzijl, Ossenzijl.
- **Giethoorn-Express:** Linie 270, April–Okt. halbstdl. 9–18 Uhr; giethoorn.com
- **Parken:** im Zentrum Giethoorns nicht möglich, Parkplätze am Dorfrand (P-Route)

Salland H6

Berge in den Niederlanden? Und dann gleich 16 an der Zahl im **Nationaal Park Sallandse Heuvelrug & Twents Reggedal** – wobei der höchste, der **Grote Koningsbelt,** ca. 75 m misst. Ansonsten ist die zwischen den Flüssen IJssel und Regge gelegene Region von Hügeln, Herrensitzen, Landgütern, Alleen und lila Heidemeeren geprägt. Und endlosen **Spargelanbaugebieten** im Sallandse

Flachland. Was ist noch erwähnenswert? Die Vergnügungsparks in **Slagharen** und **Hellendoorn** sind ein großer Spaß!

Slagharen: Zwarte Dijk 37, slagharen.com/de; Hellendoorn: Luttenbergerweg 22, avonturen park.nl/de, beide in der Saison tgl. geöffnet

›Schwarzwald der Niederlande‹

… wird der **Nationalpark** genannt. Die Landschaft ist ganz ›unholländisch‹ mit Bergen und Hügeln, Schluchten und Talmulden – der vorletzten Eiszeit zu verdanken –, weitläufigen Wäldern und dem größten zusammenhängenden Trockenheidegebiet Nordwesteuropas. Die vielen Schafe teilen sich den Park mit Wanderern und Radfahrern. Und wenn die Heide blüht (**Archemer-** u. **Lemelerberg**), explodiert die Landschaft schier. Auch die seltenen Birkhühner lieben Heide- und Torfmoore sowie Beerenvegetation.

Sternschnuppen schauen

Die Lichtverschmutzung im Nationalpark ist gering, am niedrigsten in Hellendoorn, wo dem **Besucherzentrum** eine **Sternwarte** angegliedert ist. Zuerst schiebt sich die markante Kuppel ins Bild, dann der 8 m hohe **Sky Walk.** Auch schön: das **Planetarium** und der 1,5 km lange **Planetenpad,** der nach Nijverdal führt.

Buitencentrum Hollandse Heuvelrug, staats bosbeheer.nl, Grotestr. 281, Nijverdal, tgl.; ster renwachthellendoorn.nl; Holten

Schlafen, Essen

Ganz natürlich!

De Lemeler Esch: Schlafen in der Natur – im Zelt, Tiny House (mit Whirlpool), Safarizelt, Schlaf-Fass oder in der Waldlodge.

Lemelerweg 16, Lemele, www.lemeleresch.nl/de, mit Fahrradverleih, Schwimmbad, Lädchen, Waldcafé, Green-Key-zertifiziert, €–€€

In aller Stille – Auszeit im Kloster

Klooster Nieuw Sion: … in Gästehaus oder Mini-Apartment und in inspirierender Natur runterkommen!

Vulikerweg 6, Diepenveen, www.nieuwsion.nl, Lunch und Dinner möglich, mit Café, Klosterbrauerei, Shop, Retreat buchen möglich, €/F

Bewegen

Infos: sallandseheuvelrug.de, verslingerd aansalland.nl, und dwarsdoorsalland.nl. Attraktiv sind die ›Berg‹-**Wanderungen** um Archemer- u. Lemelerberg (z. B. 12,5 km, Start: Natuurcamping Lemeler Esch); auch **MTB-Routen** und **Reitweg. Mountainbiker** werden auch auf der Route Holten–Nijverdal glücklich. Eine abwechslungsreiche Tour für *fietsers* ist die **Hellendoornse Waterroute** (35,4 km, mit Bötchenfahrt).

Infos

- **Infos:** sallandseheuvelrug.de
- **ÖPNV:** Bahnhöfe in Nijverdal und Holten; Infos/Fahrpläne unter www.9292.nl

Deventer

H6

Schnell beschleicht einen das Gefühl, dass die gut 100 000 Bewohner:innen einer der ältesten Städte des Landes zu leben und zu genießen verstehen! Mehr als 100 Lokale, die Stadtbrauerei, zahllose Läden, Boutiquen … Und die Deventenaren lieben es zu feiern! Dass die Stadt von schöner Natur wie dem Sallandse Heuvelrug und stadtnah von u. a. **Teugse Plas, Bolwerksplas** und **Ossenwaard** umgeben ist, setzt dem ›I‹ das Tüpfelchen auf.

Deventer liegt einmalig an der IJssel, was die ehemalige Hansestadt früh reich machte. Von der ruhmreichen Zeit berichten die vielen Kaufmannshäuser mit den stolzen Hansegiebeln. Auch das älteste Steinhaus der Niederlande, **De**

ZERO, NULL, NOTHING

Z

Das **Museum EICAS** zeigt moderne, zeitgenössische Kunst der niederländischen Nulgroep und der deutschen ZERO-Gruppe, abstrakten Expressionisten. Auf dem Dach findet sich das größte Kunstwerk des Landes: eine Montage aus 220 bedruckten Glaspanelen, die eine abstrakte Karte von Deventer formen.
Nieuwe Markt 23, www.eicas.nl, Di–So

Proosdij (1130) im Sandrasteeg 8, erzählt von alten Zeiten. Schauen wir das Ganze mal von oben an: vom 60 m hohen Turm der **Grote** oder **Sint Lebuinuskerk** (13./15. Jh.). Nach 220 Stufen entschädigt der Ausblick für die Mühen: auf Deventer, IJssel, **IJsselstrände** und **Worpplantsoen,** die grüne Oase der Stadt.

Grote Kerkhof 38, lebuinuskerk.nl, Turm: April–Okt. Sa, in den Ferien auch Mo–Fr

›Bologna an der IJssel‹

Gegenüber funkelt das moderne **Stadhuis** gülden, ein Mix aus historischen Gebäuden und Neubauten im Stil des Holländischen Klassizismus. Die Künstlerin Loes ten Anscher entwarf die Fassade aus Reliefelementen, 2264 an der Zahl, jedes einzelne der Fingerabdruck einer Bewohnerin, eines Bewohners. Den Säulengängen im Innenhof verdankt Deventer den Spitznamen ›Bologna an der IJssel‹.

Grote Kerkhof 1, Mo–Fr, Burgemeestershof, Sa

Stadt der Superlative

Auf zum **Brink,** dem größten Platz der Niederlande. Am atmosphärischsten ist es hier freitags und samstags, wenn der **Wochenmarkt** stattfindet. Doch stopp: Erst liegen noch Spielzeugmuseum und Waag auf dem Weg! Das **Speelgoedmuseum** ist in zwei historischen Kaufmannshäusern untergebracht und zeigt seine Schätze – historische, alte, neue – in hübsch dekorierten Zimmern, und zwar thematisch sortiert! Die spätgotische **Stadtwaage,** die älteste der Niederlande, mit ihrer beeindruckenden Freitreppe dominiert die Kopfseite des Brink-Platzes. Seit 1915 ist hier das **Museum De Waag** untergebracht, es beschäftigt sich mit der Stadtgeschichte.

Speelgoedmuseum: Brink 47, hetspeelgoedmuseum.nl, Di–So; Waag: Brink 56, museumdewaag.nl, Di–So; Do, So 14 Uhr Gratisführung, Gratis-Audiotour (dt.), Audiotour im historischen Zentrum mit App: www.3deventer.nl

Willkommen in Dickens' England

Das Treiben auf dem Brink lässt sich gut von einer der Terrassen beobachten oder aus dem **Koekwinkel**. In dem original im Dickens-Stil eingerichteten Laden wird seit 1593 der berühmte Deventer Gewürzkuchen hergestellt und verkauft. Wer mag, probiert ihn in der **Koffie- en Theeschenkerij** (deventerkoekwinkel.nl).

Über die malerische Walstraat ist das **Bergkwartier** erreicht, ein mittelalterliches Viertel mit abfallenden Straßen und Treppen, das für seine vorbildliche Restaurierung internationale Auszeichnungen einheimste. In der **Walstraat** fand 1991 das erste **Dickens Festijn** (s. S. 197) statt. Inzwischen hat sich das Festival zu einem Publikumsmagneten entwickelt und zieht jährlich im Dezember gut 125 000 Besucher:innen an. Das Viertel verwandelt sich dann in das England von Charles Dickens, mit verkleideten Schauspieler:innen, Musiker:innen und Chören, vor allem aber fast 1000 (!) Anwohner:innen. Im Mittelpunkt des Treibens thront die romanisch-gotische **Bergkerk** mit ihren beiden romanischen Türmchen auf einer alten Flussdüne (Bergkerkplein 1, Di–So). Sie wird heute für Ausstellungen genutzt.

Endlich am Wasser!

Der Hafen ist nah, und ein Abstecher ins **Hafenkwartier** macht Laune, denn dort haben sich Ateliers, das **Kunstenlab,** das

Idyllische Kulisse fürs Dickens-Festival

experimentelle zeitgenössische Kunst zeigt (Hafenplein 20, kunstenlab.nl), der eine oder andere nette Laden, ein **Skatepark** (Sint Olafstraat 6, www.burnside.nl) und Gastronom:innen mit pfiffigen Ideen wie dem **Zwarte Silo** oder **Punt** eingerichtet. Und wer auf Industriekultur steht, ist hier eh am richtigen Fleck.

Schlafen, Essen

Mit der Fähre ins Bett

Pillows Hotel aan de IJssel: Tolle Lage auf der anderen IJsselseite, direkt neben der Fähre, mit allem erdenklichen Luxus, 1a-Service, ausgezeichnetem Frühstück.

Worp 2, www.pillowshotels.com/deventer, sehr gutes Restaurant, Sauna und Gym, €€–€€€

Sich zu Hause fühlen

Finch – Hotel & Bar: Das hübsche Boutiquehotel mit seinem historischen Flair ist eine einzige Komfortzone. Der Service ist freundlich, die Atmosphäre luxuriös und kein bisschen steif. Die 24 hellen, modern eingerichteten Zimmer besitzen Superbetten, Bad, Plattenspieler und Platten, z. T. Balkon und Sitzecke. Ein Traum ist die **Bar.**

Keizerstraat 20, hotelfinch.nl/?lang=de, 5 Min. bis Bahnhof/Parkhaus, €€–€€€

In einer anderen Welt

Hotel Gaia: Nur 3 km von Deventer entfernt wähnt man sich in einer anderen Welt. Der Park und die waldreiche Umgebung sind still und schön, das Hotel gemütlich und gastfreundlich. Gute Küche.

Schapenzandweg 3, Diepenveen, www.hotelgaia.nl, mit Sauna, Massage- und Yogaangeboten, Restaurant, €–€€€

Essen, Ausgehen

Hier stimmt einfach alles!

Jackies NYC: … die schicke, dabei gemütliche Atmosphäre auf drei Etagen, der freundliche, sehr persönliche Service, das Preis-Leitstungs-Verhältnis und die ausgezeichnete Küche. Von New York inspiriert, mit Ausflügen nach Chinatown und Little Italy. Topper: Steak, Sushi, Austern, Hummer, Strawberry Cheesecake, Eisparfait. Auch veganes Menü. Samstags bietet auch **No.11 Inspired by Jackies** ein Dinner an.

Grote Poot 19, www.jackiesnyc.com, tgl., €€–€€€; No.11: Grote Poot 11, www.no11.nl, tgl., Sa auch Dinner, super Lunch, €–€€

Einmal rund um die Welt

Happerij Tapperij de Expeditie: Nach vielen Weltreisen kommt Evelines und Dylans kulinarische Erfahrung heute den Gästen zugute – in der gemütlichen Atmosphäre drinnen oder im schönen Innenhof!

Smedenstraat 9, www.htdeexpeditie.nl, Mi–So, viel Vegetarisches, super Service, €

›Ehrliche‹ Gerichte u. Hafenatmo

Zwarte Silo: Das Lokal mit seinem coolen Industrielook in einem alten Getreidespei-

cher passt gut ins Hafenviertel. Die (offene) Küche bietet Fleischgerichte vom Asado-Grill, aber auch viel Vegetarisches.
Zuiderzeestraat 2, zwartesilo.nl, Do–Sa, schöne Terrasse, gute *borrel*-Karte, €

LunchCafé und (freitags) mehr

Punt: Aus der (Corona-)Not heraus eröffneten Laurien u. Egbert das Café – hier war viel Platz. Seither boomt der Laden. Mo–Do Lunch mit leckeren *broodjes,* Salaten, Suppen, Fish 'n' Chips, div. *borrelhappen* (Highlight: *broodje bal*), Fr abends Eetcafé.
Scheepvaartstraat 7, www.locatiepunt.nl, Mo–Fr, auch Workshops, SUP-Kurse, Führungen, €

Begeisterte Bierbrauer am Werk

Stadsbrouwerij Davo: Der rustikale Industriecharme in der Lagerhalle passt gut zu Bier und Speisen wie Burger und Co.
Sluisstraat 6, www.davobieren.nl, tgl. bis spät, Bierproben Sa, €–€€

Bewegen

Street-Art spotten

Deventer Wandelinge: Mit Inge macht es echt Spaß, egal, ob Street-Art-Tour, Gänge- und Gässchen-, Natur-, Hafenkwartier- oder alternative Stadtwanderung.
www.deventerwandelinge.nl, ca. 1,5 Std., 10 €

Chillen an der IJssel

Stadtstrände: Mit tollem Ausblick! Nicht weit vom Anleger der **Fußgängerfähre** über die IJssel (ab De Welle) liegen die schönen **IJsselstrandjes** (Grillen erlaubt), etwas weiter südlich der **Stadsstrand Deventer** mit Strandpaviljoen Meadow (meadow-deventer.nl). Große Picknickwiese.
deventerstadsstrand.nl, April–Okt.

Leisureland

Recreatiegebied Bussloo: Mit dem Rad zum See, dort an einem der Strände abhängen, schwimmen, SUPpen und einkehren oder die **Thermen** genießen.
Fahrtzeit: 30 Min.; www.leisurelands.nl/de/entdecken/bussloo, www.thermenbussloo.de

Infos

- **VVV Deventer:** Brink 89, deventer.info
- **Deventer op Stelten:** Fr–So Anf. Juli, www.deventeropstelten.nl/index.php/english. Bekanntes Open-Air-Theaterfestival.
- **Dickens Festijn:** Sa, So Anf./Mitte Dez., dickensfestijn.nl/deutsch, Eintritt frei

Twente und Enschede J/K6

Landschaftlich hat die Region **Twente** im östlichen Zipfel der Niederlande rund um das Städtedreieck Enschede, Hengelo und Almelo einiges drauf: uralte Heidefelder, Hochmoore, dichte Wälder mit knorrigen Bäumen, Alleen, Holzwälle, Hecken, Weideland und weite, fruchtbare Ackerflächen. Und auch kulturhistorisch weiß die ›Kulissenlandschaft‹ zu überzeugen: mit gut erhaltenen Windmühlen, Landsitzen und Schlössern, die an die Textilbarone erinnern, und dem ›Kunststädtchen des Ostens‹, **Ootmarsum.** Die wichtigsten Textilstädte waren **Enschede** und **Hengelo,** die heute mit breitem Kunst- und Kulturangebot sowie den Wochenmärkten und zahlreichen Geschäften beliebte Ausflugsziele sind.
www.visittwente.de, ootmaarsum-dinkelland.nl

Kippen, Kaffee und Kultur

Enschede, mit gut 160 000 Einwohnern die größte Stadt der Provinz Overijssel, ist den Deutschen (nicht nur) wegen des Samstagsmarktes als Einkaufsparadies bekannt. Die durch die Textilindustrie reich gewordene Grenzstadt hatte 1862 einen herben Schlag zu verdauen, als bei einem Brand die gesamte Altstadt abfackelte – und hat sich heute zu einer lebendigen, jungen Universitätsstadt mit großem kulturellen Angebot und Parkanlagen gemausert. Neben dem einzigen historischen Gebäude, das das Feuer ohne ernsthafte Schäden überstand, der **Grote Kerk** (Grote Markt 32, www.grotekerkenschede.nl), ist ein weiteres Gotteshaus sehenswert: die **Synagoge van Enschede** aus dem Jahr 1928. Der Sakralbau mit den bezaubernden Kupferkuppeln gilt als schönste Synagoge Westeuropas (Prinsestr. 16, synagogeenschede.nl, So, Di–Do).

Wie Phönix aus der Asche

Tragischerweise traf Enschede am 13. Mai 2000 ein weiterer Brand, als im ehemaligen Textilarbeiterviertel Roombeek eine Feuerwerkfabrik explodierte. Unter Leitung von Städteplaner Pi de Bruijn ist ein inspirierendes neues Viertel, der **Roombeek Cultuurpark,** mit zahlreichen Kunst- und Kulturinstitutionen entstanden, ein Paradies für Architekturfans. Das Schöne: Mehr als die Hälfte der ehemaligen Bewohner kehrte ins Viertel zurück (Führungen: Huis van Verhalen, Roomweg 165-C, roombeekrondleidingen.info).

In einem der wenigen Gebäude, das den Brand überstand, hat die **Museumfabriek** Quartier genommen. Wo früher die Firma Rozendaal Putztücher herstellte, sind heute kleine Forscher Natur und Kultur, Wissenschaft und Technik auf der Spur. (Mit-)Machen ist angesagt. Das Haus arbeitet eng mit dem **Rijksmuseum Twente** zusammen, das die bedeutendste Kunstsammlung im Osten der Niederlande besitzt, und zwar vom 13. Jh. bis heute. Mehr als ungewöhnlich ist das **GOGBOT Museum of the Future,** das Besucher:innen mithilfe von Spielen, Filmen, Live-Acts, VR, Pop-Performances, Partys u.v.m. neueste Kunstformen und Technologien nahezubringen versucht.

Museumfabriek: Het Rozendaal 11, demuseumfabriek.nl, mit Sternwarte, Café; Rijksmuseum: Lasondersingel 129, rijksmuseumtwenthe.nl, Café; Museum of the Future: Stationsplein 1, motf.planetart.nl, Do–So, Winterpause, gratis

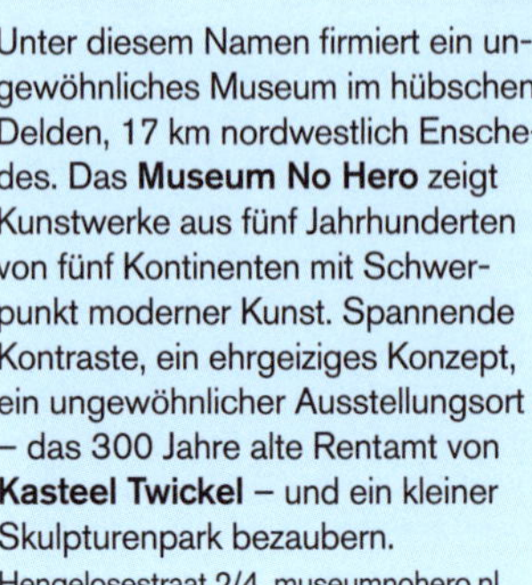

NO HERO

Unter diesem Namen firmiert ein ungewöhnliches Museum im hübschen Delden, 17 km nordwestlich Enschedes. Das **Museum No Hero** zeigt Kunstwerke aus fünf Jahrhunderten von fünf Kontinenten mit Schwerpunkt moderner Kunst. Spannende Kontraste, ein ehrgeiziges Konzept, ein ungewöhnlicher Ausstellungsort – das 300 Jahre alte Rentamt von **Kasteel Twickel** – und ein kleiner Skulpturenpark bezaubern.

Hengelosestraat 2/4, museumnohero.nl, Mi–So

Schlafen, Essen

B&B auf dem Bauernhof

Op 't Oorbeck: 6 km von Enschede entfernt betreiben die Overbeeks in ihrem stilvoll renovierten Gehöft ein schönes B&B. Highlight ist der Teegarten mit Blick in die Natur. Gemeinschaftsraum mit Lehmofen.

Gerinkhoekweg 31, Twekkelo, oorbeck.nl, auch Ecolodge für 4 Pers., €–€€/F

Essen

In der **Twentsche Foodhall** in der ehemaligen Polaroid-Fabrik können Gäste aus acht Küchen wählen. Die Gerichte sind aus nachhaltigen, regionalen Produkten zubereitet (Hoge Bothofstraat 39a, twentschefoodhal.nl, Do–So, €–€€).

Im (veganen) Himmel

Het Paradijs: Inez und Juliet servieren hausgemachte vegane Speisen, für die möglichst regionale und biologische Produkte verwendet werden. Die Speisekarte wird bewusst klein gehalten und alle drei Monate aktualisiert. Hohe Qualität und eine

nachhaltige Ernährungsweise stehen hier an oberster Stelle – bunt, lecker, gesund!
Nic. Beetsstr. 48, hetparadijs.com, Do–So, €€

Kreative Küche, ›lovely locals‹

Lovely Local: Mit Liebe führen Gijs und Clarissa ihr gemütliches Restaurant mit viel Wohnzimmerflair. Inspiriert von Reisen nach Ibiza, Asien und anderen Sehnsuchtsorten wird jeden Monat ein neues Menü mit Bio-Produkten aus möglichst nachhaltigem, regionalem Anbau zusammengestellt.
Walstraat 7, www.lovelylocal.nl, Do–Sa, €€

Bewegen

Ich Tarzan, du Jane?

Klimbos Rutbeek: Wie Eichhörnchen schwingen sich die Besucher von Baum zu Baum. Es gilt, sich in schwindelerregender Höhe möglichst geschickt über Netze, Seile und Balken zu hangeln – gesichert durch Klettergurt und doppeltes Sicherungsseil.
Blikkersmaatweg 15, www.skicentrummoser.nl/klimbos, April–Okt. Mi, Fr–So, Kinderparcours

H

HIGHLIGHTS DER REGION

Malerisch an der Dinkel liegt das **Landgut Singraven** mit Park, Kunst- und Antikensammlung sowie jahrhundertealter Wassermühle mit Terrasse am Wasser. Im **Lutterzand,** dem ›Canyon der Niederlande‹, kann man zwischen Wacholderbüschen, Heideflächen, tiefen Gehölzen und Sanddünen gut wandern und in der Dinkel baden. Auf spannende Weise bringt das interaktive **Museum Wonderryck Twente** die regionale Flora und Fauna nahe – durch die Augen von Dachs, Frosch und Turmfalke.
www.singraven.nl, de.visitdeluttelosser.nl, naturadocet.nl

Einkaufen

It's teatime!

Het Gouden Randje: Die Deutsche Jonny erfüllte sich 2011 ihren Traum von einem eigenen Teeladen – mit über 100 Teesorten und hochwertigen Kaffeeröstungen.
Zuiderhagen 21, www.goudenrandjeenschede.nl, Di–Sa, mit Café, schöner Hinterhof

Comics bis unter die Decke

Comicasa: Hier finden Geeks und Otakus allerlei Mangas, Comics, Brett- und Kartenspiele, DVDs und Collectibles wie Funko-Figuren oder Yu-Gi-Oh-Karten.
Zuiderhagen 35, www.comicasa.nl

An der Nadel hängen

Planet of Sound: *Die* Heimat für alle Vinyl-Fans. Auf der Suche nach den neuesten Releases oder gebrauchten LP? Hier ist genau die richtige Adresse.
Haverstraatpassage 54, www.planetofsound.nl, Di–So; So häufig DJs

Nur das Beste!

Manchet: Hüte und Mützen von Top-Marken, hochwertige Lederhandschuhe und -taschen, Manschettenknöpfe, Hosenträger, Seidenschals etc. – hier schlagen die Herzen moderner Gentlemen und Gentlewomen höher.
Haverstraatpassage 58, www.shopmanchet.nl, Mo geschl., Kooperation mit Galerie Alafran

Infos

- **Online:** www.stadtenschede.de
- **Enschede Promotie:** Langestraat 41, www.enschedepromotie.nl, Mo–Fr
- **Freshtival:** Fr–So Ende Mai, www.freshtival.nl. Electronic-Festival auf einer Insel.
- **Foodfestival Stoer Voer:** Fr–So Mai, stoervoerfestival.nl. Im Van Heekpark.
- **Popfestival:** Sa, So Anf. Juli, inhetvolkspark.nl. Bekanntes Popfestival im Park.

Gelderland

Apeldoorn

H6

Mit 162 000 Einwohnern ist die Stadt die elftgrößte niederländische Gemeinde. Doch durch die nahe Natur und die gemütliche Innenstadt fühlt sich Apeldoorn überhaupt nicht wie eine stressige Großstadt an. Vielleicht war sie ja deswegen lange Zeit der Wohnort der Königsfamilie.

Im Zweiten Weltkrieg kämpften vor allem Kanadier für die Befreiung der Stadt, daher befinden sich in den Zentren von Apeldoorn und Ottawa jeweils eine identische **Statue** mit dem Namen ›Der Mann mit zwei Hüten‹. In der Nähe liegen der Hauptbahnhof und die **Nettenfabriek,** die sich gerade in ein lebendiges Kulturviertel verwandelt (denettenfabriek.nl).

Kunst verbindet

In der **Asselsestraat** gibt es die meisten ausgefallenen Antiquitäten-, Kunst- und Alternativläden. Weiter in Richtung Norden beherbergt das Kulturzentrum **CODA** ein Museum mit Schwerpunkten auf Papierarbeiten und Schmuckdesign, ein Archiv, eine Bibliothek und ein ExperienceLab, in dem Veranstaltungen stattfinden (coda-apeldoorn.nl).

Zoorevolution und Kinderspaß

Müssen Tiere eingesperrt sein? Nein, meinte Wim Magers. 1971 gründete er einen besonderen Zoo, der heute ein aktives Primatenforschungszentrum ist. In **Apenheul** hüpfen die meisten Affen frei durch die Gegend, und man kann sich unseren Verwandten auf respektvolle Art und Weise nähern (apenheul.nl).

Gold, goldig, Het Loo

Der frisch renovierte Königspalast **Het Loo** zeigt über 300 Jahre königliche Wohnkultur, und der weitläufige Park lädt zum Spazieren ein. Das 1685 von König Willem III. errichtete Barockschloss ist seit 1984 für die Öffentlichkeit zugänglich.

Koninklijk Park 1, paleishetloo.nl

Schlafen, Essen

Vive la France

Hotel et le Café de Paris: In Restaurant und den kleinen, feinen Zimmern fühlt man sich wie in einem (guten) Hotel in Paris, und das auf dem Rathausplatz von Apeldoorn.

Raadhuisplein 5, paris.nl, €

Liebe zum Detail

ZenZez: Das Boutiquehotel besticht durch eine gemütlichen Lounge (Getränke, Frühstück) sowie hübsche Zimmer.

Canadalaan 26, zenzezhotelandlounge.nl, €€

Bewegen

Vergnügungsparks

Julianatoren: Bunter (Action-)Spaß mit Wasserbahn, Freifallturm, Achterbahnen.

Amersfoortseweg 35, www.julianatoren.de

Kinderparadijs Malkenschoten: Ziegen streicheln, mit dem Tretboot fahren. Minigolf spielen …

Im Süden der Stadt, Dubbelbeek 4, binky.nl

Seife selbst machen

Workshop Zep Marken: Ed beschäftigt sich mit ›Less Waste‹ und gibt Kurse in Seifenherstellung.

Molenmakershoek 1, workshopzeepmaken.nl

Ausgehen

Feiern met de Nederlanders

Café de Flierefluiter: In der urigen Bar finden Spiele, Jamsessions, Konzerte statt.

Marktstraat 22, cafedeflierefluiter.nl

Infos

- **VV:** im CODA Museum, Vosselmanstraat 299, uitinapeldoorn.nl, tgl.

Nationaal Park De Hoge Veluwe

Gründerpärchen des riesigen Nationalparks sind Helene und Anton Kröller-Müller. Neben der niederländischen Königsfamilie waren die Unternehmer die wichtigsten Grundbesitzer der Veluwe. Mit Schifffahrt und Erzhandel hatten die Kröller-Müllers ein Vermögen gemacht. Über Jahrzehnte kauften sie Landstücke und fügten sie wie ein Puzzle zusammen – zum heutigen **Nationalpark De Hoge Veluwe,** das größte Waldgebiet der Niederlande. Laub-, Nadel- und Mischwälder, Moore, Wiesen und Sandlandschaften wechseln sich ab. Rothirsche und mehr als 100 Arten bedrohter Tiere leben hier.

Natur und Kunst im Überfluss

Im **Kröller-Müller Museum** sind neben der exquisiten Vincent-van-Gogh-Sammlung Meister wie Claude Monet, Georges Seurat, Pablo Picasso und Piet Mondrian zu sehen, außerdem Kunstwerke von De Stijl-, Futurismus- und zeitgenössischen Künstler:innen in Häusern und Pavillons von van de Velde, van Eyck, Rietveld u. a., sowie der riesige **Skulpturengarten.**

Houtkampweg 6, Otterlo, krollermuller.nl, Tickets nur online

Was idyllisch aussieht, ist ein harter Job.

KÄNGURUS?

Anton Kröller-Müller liebte die Natur – vielleicht als Ausgleich zu seinem anstrengenden Leben als Unternehmer? Der Großgrundbesitzer und Gründer der De Hoge Veluwe ließ Rotwild, Wildschweine und Mufflons auswildern. Eine Weile lebten sogar Kängurus in der Veluwe.

Observieren geht über studieren

Rund um den Veluwe verteilt, stehen mehrere Observatorien. Einen besonders schönen Ausblick auf die mal sandige, mal hügelige, mal bewaldete Landschaft bieten **Wildkijkschirm,** (leider) direkt an der Autobahn gelegen, und der fast futuristisch anmutende **Uitkijktoren Kootwijkerzand.**

Bewegen

Höhenangst adé

Klimbos Veluwe: Gut gesichert klettert man hier in die höchsten Baumkronen.

Houtkampweg, klimbos.nl, ab 6 J. und einer Größe von 120 cm, mit Seilrutsche

Jean Dubuffets utopischer »Jardin d'émail« im Kröller-Müller Museum

Infos

- **www.hogeveluwe.nl/de:** Infos, Tickets; der Besuch des Parks ist nicht kostenfrei.

Arnhem

H/G 7/8

Wiederaufbau, das Thema – oder besser gesagt: das harte Schicksal – Arnhems wird allen Besucher:innen direkt auffallen. Die Stadt musste sich nach dem Zweiten Weltkrieg neu erfinden. Heute ist sie eine moderne Großstadt, und zur Erinnerung wurden einige der im Krieg zerstörten Gebäude wiederhergestellt.

In Mode gekommen

Arnhem, zu Deutsch Arnheim, hat seinen Ruf als Modestadt u. a. den berühmten Designern Viktor & Rolf zu verdanken, Absolventen der Arnhemer Modeakademie ArtEZ. Im **Modekwartier** zwischen Sonsbeeksingel und Klarendalseweg nördlich der Altstadt reihen sich über 60 Modeläden aneinander. Auch um die Modeakademie herum kann gut eingekauft werden. Das **Musikwartier** wiederum ist die Adresse für ein eher teures Shoppingerlebnis. Außerdem gibt es da noch die goldene Sieben, die sog. **7straatjes.** In den Seitenstraßen der Altstadt, mit den schönen Namen Kerkstraat, Zeanenstraat und Hemelrijk (Himmelreich) fühlen sich Einkaufende wirklich wie im Himmel.

Was zum Teufel?

Im autofreien Zentrum am Markt steht die rekonstruierte **Eusebiuskerk,** mit dem gläsernen Fahrstuhl steigt man nach oben und hat einen wunderbaren Ausblick (eusebius.nl). Das **Duivelhuis** (16. Jh.), zu Deutsch Teufelshaus, ebenfalls am Markt, verdankt seinen Namen den drei Satyrn an der Fassade, die von der Bevölkerung zu Teufeln gemacht wurden. Während des Zweiten Weltkiegs ist das Gebäude, ehemals Stadtschloss, als eines der wenigen nicht zerstört worden.

Traurige Vergangenheit

Wenige Meter weiter taucht am Rheinufer die im Krieg schwer umkämpfte **Brücke John Frost** auf, die durch die Schlacht um Arnhem 1944 weltbekannt wurde. Das **Museum Airborne at the Bridge,** das direkt am Ufer mit Blick auf die Brücke liegt, erzählt von der größten Luftlandeoperation des Zweiten Weltkriegs, die Thema des weltbekannten Films »Die Brücke von Arnhem« ist und bei der der britische Generalmajor John Frost eine tragende Rolle spielte (airbornemuseum.nl).

Kunst im Wasserfall

Frisch renoviert öffnete das **Museum Arnhem** 2022 wieder seine Tore. Es wurde vermisst! Denn das Museum zeigt in wunderschönen Gebäuden allerlei Kunstwerke. Besondere Schätze, wie zeigenössische Gemälde aus Indien, eine Kuppel als Knotenpunkt und wechselnde Veranstaltungen machen das Museum aus. Die Gegend rundherum ist gespickt mit weiteren Museen. Im **Park Sonsbeek** liegt außerdem der einzige Wasserfall Arnhems (einer der wenigen im Land). Hier kann man in der **Brasserie De Boerderij** schön am Wasser sitzen.

Grünes Viertel

Knapp 5 km südwestlich von Arnhem gibt es eine grüne Welt zu entdecken: **Meinerswijk** ist ein Überschwemmungsgebiet am Südufer des Niederrheins. In dem Naturschutzgebiet leben Konik-Pferde und andere Wildtiere. Außerdem finden hier Konzerte statt. Das Innovationsprojekt **Meinerswijk City Blocks** soll die Gebäude und alten Häfen kulturell aufwerten. Im Sommer kann man hier übrigens auch herrlich am Strand des Rheins faulenzen.

War früher alles beser?

Blickt man im **Nederlands Openluchtmuseum** drei Jahrhunderte zurück, erscheint das durchaus fragwürdig. Auf über 44 ha zeigt das Freilichtmuseum verschiedene Gebäude und Lebenssituationen aus der Vergangenheit, Handwerker:innen zeigen, wie damals produziert und gewirtschaftet wurde.

WELT DES WASSERS

Damit kennen sich die Niederländer:innen aus: mit Wasser. Mit dem steigenden Meeresspiegel, aber auch mit interaktiven Experimenten und weltweiten Perspektiven auf das kostbare Element beschäftigt sich das **Nederlands Watermuseum.**

Zijpendaalseweg 26–28, watermuseum.nl, Di–So

Hoeferlaan 4, ca. 5 km nördl. vom Zentrum, openluchtmuseum.nl, Mitmachaktivitäten

Schlafen, Essen

Besonders

Karel Hotel & Bar: Außergewöhnlich designte Zimmer und eine schicke Coffeebar. Das Highlight: die Dampfdusche.

Hertogstraat 40, barhotelkarel.com, €€€/F

Schönes Dach über dem Kopf

Design Hotel Modez: Stylishes Hotel. Besonders schön sind die Zimmer direkt unter dem Dach.

Elly Lamakerplantsoen 4, hotelmodez.nl, €€

Ein bunter schwimmender Palast

Drijf Paleis: Auf der Terasse direkt am Ufer frühstücken – ein toller Start in den Tag. In dem bunten und verrückt-schönen Hausboot wird man herzlich umsorgt und kann zwischendurch die Füße abkühlen.

Onderlangs 124, drijfpaleis.nl, €

Schlafen im Nationaldenkmal

B&B Adelaerthoeve: Ehemals ein Flugzeughangar, dann ein Bauernhaus und heute ein schön eingerichtetes Hotel.

Koningsweg 24B, adelaerthoeve.nl, €€

Im Wasserschloss-Turm

Kasteel Huis Bergh: Eines der schönsten und größten Wasserschlösser der Niederlande. ›Königlicher‹ Aufenthalt in dem riesigen Anwesen mit Schlafgemach im Turm. Auch eine gute Adresse zum Essen.

Hof van Bergh 8, 's-Heerenberg, huisbergh.nl, €€€

Ich glaub, ich schlaf im Wald

Buitenplaats Beekhuizen: Lodge, Zelte oder Pods aus Holz – Glamping mitten in der Veluwe kann so schön sein, und in dem großen Biergarten erst!

Bovenallee 1, Vep, buitenplaatsbeekhuizen.de, €€

Essen

Keine Hanswurst

Hans eten en drinken: Frisches Gemüse, viele verschiedene Biersorten und eine gemütliche Wohnzimmer-Atmosphäre.
Jacob Cremerstraat 95, hansetenendrinken.nl, Di–So, €€

Vegan welkom

Mantra: Das indische Restaurant bereitet die würzigen Klassiker zu – mit einer großen Auswahl an veganen Gerichten.
Janslangstraat 15, restaurantmantra.com, Di–So, €€

Mix & match

Goed proeven: Sie können sich nicht entscheiden? Dann einfach aus den vielen kleinen Gerichten wie Wraps, Calamari, Feta-Bitterballen u. a. ein Arrangement zusammenstellen und gemeinsam bestellen.
Klarendalseweg 536, goedproeven.nl, tgl., €€

Außergewöhnlich anders

The green rose: Je nach Saison ändert sich das Essen von Chefkoch Jin Hu. Um das einzgiartige No-Waste-Menü zu kosten, reisen Menschen von überallher an.
Koningstraat 50, thegreenrose.nl, Di–Sa abends, reservieren, Menü €€€

Einkaufen

Für jeden Gusto

Guts & Gusto: Kleidung und Accessoires, teils ungewöhnlich und schrill, teils klassisch und schick.
Weverstraat 9, gutsgusto.com, tgl.

Aufmöbeln

LOFT: *Die* Adresse für einzigartige Möbelstücke, von bekannten Designern bis zu Newcomern. Gute Beratung.
Weverstraat 39, loftloft.nl, tgl.

Das gibt's nur hier

TrixenRees: Die Gründerinnen lernten sich an der Arnhemer Modefakultät kennen und betreiben nun schon seit 1982 ihr eigenes Bekleidungsunternehmen.
Kerkstraat 23, trixenrees.nl, Di–Sa

Der Name der (neuen) Nijmegener Brücke »De Oversteek« erinnert an die ›Überquerung‹ der Brücke durch die US-Army 1944.

Infos

- **VVV:** Cityscore Arnhem, Kerkplein 1, de.visitarnhem.com, tgl.
- **ASM Festival:** Aug., asmfestival.nl. Musikfestival am Rhein mit lokalen Bands und lokalen kulinarischen Spezialitäten.
- **World Street Painting:** Juli, worldstreet painting.nl. Street-Art-Festival mit wechselnden Mottos, die Murals können danach den ganzen Sommer bewundert werden.
- **Fashion + Design Festival Arnhem:** Juni/Juli, fdfarnhem.nl. Klar, dass in der Modestadt ein pompöses Design-Festival nicht fehlen darf. Einen ganzen Monat lang Ausstellungen, Workshops und mehr.

Nijmegen

G8

Willkommen in der ältesten Stadt der Niederlande. Ulpia Noviomagus Batavorum nannten die Römer die Siedlung. 104 n. Chr. ließen sie sich an der Waal nieder und legten den Grundstein für das heutige Nijmegen. Viel hat sich seitdem verändert, doch die lockere, ungezwungene Art der Einwohner:innen ist wahrscheinlich ein ›italienisches‹ Erbe.

Sie ist ein Wahrzeichen der Stadt und begrüßt Ankommende, ob im Auto, mit dem Fahrrad oder zu Fuß: die **Waalbrücke.** Sie führt direkt ins Zentrum und überspannt die Waal, einen südlichen Arm des Rheins. Die Stahlbrücke wurde im Jahr 1936 von Königin Wilhelmina eingeweiht, damals ersetzte sie die Fähre.

Spuren aus allen Zeiten

Hinter der Waalbrücke liegt der bedeutsamste Ort der Stadt: der **Valkhofpark** mit der Bastei, der Sint-Nicolaaskapel und der Barbarossaruine. Der Park lädt zum Schlendern und Eintauchen in die Geschichte der Stadt. Denn nicht nur den Römern gefiel dieser Ort, sondern auch Kaiser Karl dem Großen, der im 8. Jh. seine nördlichste Residenz, die Burg im Valkhofpark, errichten ließ und sie zu einer blühenden Kaiserstadt machte. Wer sich sonst noch alles hier herumtrieb, kann bei einer Besichtigung des **Museums Valkhof** in Erfahrung gebracht werden.

valkhofmuseum.nl, das Museum wird renoviert, temporärer Standort: Keizer Karelplein 33, Fr

M

RÖMISCHE MASKE

Sie ist beliebtes Ausflugsziel und Instagram-Motiv: Seit 2020 steht die riesige bronzene Maske des Künstlers Andreas Hetfeld, Nachbildung einer eisernen Maske aus dem Museum Het Valkhof, auf der Landzunge Veur Lent. Nun soll sie verlegt werden: ins neue Stadtquartier Waalfront, wo einst die Römersiedlung Ulpia Noviomagus Batavorum stand. Doch es gibt Widerstand. Die gute Nachricht: Die Maske wird so oder so in Nijmegen bleiben.

Kontrastreich

Auch Nijmegen hat den Zweiten Weltkrieg nicht unbeschadet überstanden. So folgt im heutigen Stadtbild Alt auf Neu. Beim Spaziergang vom Valkhofpark zum **Grote Markt,** dem Herz der Stadt, verlässt man die alten Zeiten und Nijmegen zeigt sich als moderne Metropole. Am Grote Markt selbst wird es noch einmal geschichtlich. Er hat den Krieg fast unbeschadet überstanden, und nach einem Kaffee auf dem Platz kann man die 1612 erbaute Stadtwaage, die Fassade einer Lateinschule (16. Jh.) und die Stevenskerk bewundern.

Doppeldeckung

Über 400 Geschäfte tummeln sich im Zentrum, und viele davon befinden sich in der breiten Molenstraat. Sie führt vorbei am Konigplein und am **muZIEum** (s.

S. 207). Die doppelte Ladung Shopping verläuft parallel zur Molenstraat in der **Marikenstraat.** Das Einmalige hier: Die Straße ist zweistöckig. Auf den zwei Ebenen gibt es allerlei zu entdecken, Sonderaktionen oder kleine Straßenfeste.

marikenstraat.nl

Schlafen, Essen

Rundum versorgt

Manna Hotel: Schlafen im schicken Boutiquehotel und essen im exklusiven Fischrestaurant. Tipp: die kostengünstigen Pakete, die beides verbinden.

Oranjesingel 2C, manna-nijmegen.nl, €€

Bei den Blümchen und Bienchen

Van der Valk: Das Hotel und Restaurant setzt auf Nachhaltigkeit, mit begrüntem Dach und vielen anderen Innovationen.

Hertog Eduardplein 4, valknijmegen.nl, €€

Work and Life in Balance

Guesthouse Vertoef: Hotspot für Menschen, die Arbeit und Urlaub verbinden oder auf das Internet nicht verzichten wollen. Das Handy wird mit Solarenergie geladen.

Nassausingel 3, guesthousevertoef.com, €

Im Handwerks-Himmel

Restaurant und Hotel De Hemel: Hausgebraute Biere und selbst gerösteter Kaffee, dazu ein rustikales Ambiente und die Lage mitten im Zentrum.

Franseplaats 1, restaurantdehemel.nl, €

Wein im Glas und im Garten

Oortjeshekken: Restaurant und Hotel liegen mitten im Grünen. Wanderungen durch Weinfelder (!) oder Entspannung im Biergarten – beides ist möglich.

Erlecomsedam 4, Ooij, 15 km nordöstl. von Nijmegen, oortjeshekken.nl, €€

Unterm grünen Dach

Bistro Flores: Bei jedem Wetter führt an dem hübschen Restaurant mit der grünen Terrasse kein Weg vorbei – bei Regen oder Kälte gibt es einen Kamin und einen überdachten Patio, der angenehm warm ist.

Kelfkensbos 43, bistroflores.nl, Di–Sa, €

Historisch und überraschend

De blaauwe Hand: Im ältesten Restaurant der Stadt kann man gut essen und Bier trinken.

Achter de Hoofdwacht 3, indeblaauwehand.nl, Di–So

Einkaufen

Historisch

Kameleon: An gleich zwei Standorten ungewöhnliche, nachhaltige Damenmode.

Ziekerstraat 132 u. 85/87, kameleonnijmegen.nl, Mo–Sa

Infos

- **VVV Nijmegen:** Grote Markt 17, www.visitnijmegen.com

A

IM ACHTERHOEK

Fans von malerisch gelegenen Burgen, Schlössern und Bauernhöfen kommen in dieser Region voll auf ihre Kosten Eine Radroute führt auf 43 km durch die Landschaft, darunter als einer der Höhepunkte die mit 150 Einwohner:innen kleinste Stadt der Niederlande, **Bronkhorst,** die sich im Dezember während des Charles Dickens Festivals in ein zauberhaftes Weihnachtsdorf mit viktorianisch gekleideten Einwohner:innen verwandelt.

📍 H 7, achterhoekferien.de/Schlösser-Landgüter-im-Bronckhorst

Zugabe

›Sehen‹ in absoluter Dunkelheit

Fühlen, schmecken, riechen, hören Sie doch mal!

Ein Erlebnis: Im muZIEum sind Sie selbst ein wichtiger Part der ›Ausstellung‹.

Nein, diese Frau sieht durch ihre VR-Brille keine abgefahrene Simulation. Sie sieht rein gar nichts – oder nur sehr verzerrt, wie blinde und sehbehinderte Menschen. Begegnungen schaffen und in eine ganz andere Erfahrungswelt eintauchen, das ist die Idee von einem ganz besonderen Museum in Nijmegen: dem muZIEum (muSEHum).

In der verkehrten Realität des muZIEums treffen die Welten des Sehens und des Nicht-Sehens aufeinander. 40 blinde und sehbehinderte Menschen arbeiten hier u.a. als Guides. Besucher:innen müssen ihnen blind vertrauen – und entdecken dabei, was alles möglich oder nicht möglich ist. Ein Erlebnis, das ihnen die Augen öffnet! Plötzlich muss man sich auf seine anderen Sinne ›besinnen‹, erschließt sich in völliger Dunkelheit die Welt durch Hören, Schmecken, Riechen und Fühlen.

Riechen, Schmecken, Fühlen, Hören spielen plötzlich eine ganz andere Rolle.

Auf den beiden spannenden Führungen sehen Sie die Hand vor Augen nicht, es ist stockdunkel und Sie erleben ›einen Tag im Leben von …‹. Oder geraten ›auf Städtereise mit …‹ in Urlaubsstimmung. Ohne irgendetwas zu sehen!

Die Macher hinter dem muZIEum haben außerdem die Vision, durch Forschung, Mitbestimmung und Inspiration den Weg zu einer »sichtbar besseren Welt« zu ebnen (Ziekerstraat 6B, muzieum.nl/de, tgl., auch deutsche Führungen nach Voranmeldung möglich). ■

Die Mitte

Zum goldenen Kern — der Niederlande entführen Flevoland und Utrecht. Flevoland ist die jüngste Provinz, Utrecht die kleinste. Beide punkten mit viel Natur, Flevoland mit Architekturhighlights und Utrecht mit einer jungen, lebendigen Stadt.

Seite 211

Almere

Almere ist nicht nur eine grüne, sondern auch eine blaue Stadt. Kein Wunder, die Hälfte des Stadtgebiets besteht aus Wasser! Und auf den anderen 50 Prozent steht spektakuläre Architektur.

Seite 215

Oostvaarders-plassen

Das ausgedehnte Sumpfgebiet mit Schilfgürteln, Graslandschaften, Wäldern und Wasserlandschaften ist menschengemacht. In der neuen Wildnis leben die ›Big Five‹ der Niederlande: Konikpferde, Heckrinder, Rothirsche, Seeadler und Fuchs.

Kinder auf der ganzen Welt lieben Dick Brunas »Miffy«!

Seite 216

Boerkok in Lelystad

›Bauernkoch‹ Gerhard möchte uns auf seinem Hof zeigen, wie Flevoland schmeckt: herrlich frisch, pur und ausgesprochen lecker!

Seite 217

Weltkulturerbe Schokland

Eine Insel sitzt auf dem Trockenen und wird als Symbol für ein Leben mit dem Wasser von der UNESCO als Weltkulturerbe ausgezeichnet. Über Jahrhunderte führten die Bewohner einen Kampf gegen das Meer – und verloren ihn schließlich. Eine Spurensuche.

Seite 219

Utrecht ✪

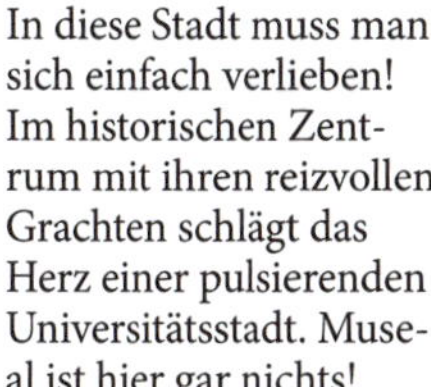

In diese Stadt muss man sich einfach verlieben! Im historischen Zentrum mit ihren reizvollen Grachten schlägt das Herz einer pulsierenden Universitätsstadt. Museal ist hier gar nichts!

Seite 224

SUPaddling in Utrecht

Die Aussichten vom Brett sind abwechslungsreich: vom Krummen Rhein über ein Fort bis zur Sternwarte.

Seite 228

Mondriaanhuis

Im Geburtshaus von Piet Mondrian befindet sich heute ein Museum für konkrete und konstruktive Kunst. Wer wissen will, was das so ganz konkret bedeutet, muss sich konstruktiv verhalten und ins Städtchen Amersfoort kommen.

Seite 229

Waterloopbos

Sie spazieren durch den Noordoostpolder – und stehen plötzlich vor dem Deltawerk, vor den Häfen Rotterdams und Bangkoks, vor dänischen und libyschen Häfen. Auf Weltreise in Flevoland.

Im Frühjahr steht Flevoland in Flammen: die Tulpen blühen! Tulpenrouten, -festivals, -pflückgärten und und und – eine Provinz sieht bunt.

Seit 2021 ist die Neue Holländische Wasserlinie (auch Utrechter Linie) mit Forts, Festungen und Schlössern UNESCO-Welterbe. Schnell konnten bis 1940 breite Landstriche unter Wasser gesetzt werden, für Kriegsmaterial zu tief, für Boote zu flach.

& erleben

Klein, aber oho – Flevoland und Utrecht

S

Sie sind nicht groß – Utrecht ist die kleinste Provinz der Niederlande, Flevoland die drittkleinste –, brauchen sich aber hinter den Schwesterprovinzen nicht zu verstecken! Auf eine ganz besondere Geschichte blickt Flevoland: Die jüngste Provinz des Landes (1986) ist von Menschenhand gemacht, entstand komplett auf dem Reißbrett, wovon die rechtwinkligen Straßen und Kanäle erzählen. Sie ist noch flacher als der Rest der Niederlande und liegt bis zu 6 m unter dem Meeresspiegel! Im größten Einpolderungsprojekt der Welt rangen die Niederländer dem Meer mühsam Noordoost- und IJsselmeerpolder (Ost- und Südflevoland) ab. Auf dem Meeresboden der einstigen Zuiderzee schufen sie fruchtbares Ackerland, ein riesiges Blumenanbaugebiet, moderne Städte und wilde Natur im neuen Nationalpark Nieuw Land, wo in den Oostvaardersplassen die ›Big Five‹ der Niederlande leben. Almere, die größte Stadt der Provinz, ist wegen ihrer Nähe zu Amsterdam, ihrer modernen, ungewöhnlichen Architektur und ihrem hohen Freizeitwert schwer angesagt – und wächst und wächst.

Utrecht, die kleinste Provinz im Bunde der Zwölf, weiß ebenfalls zu begeistern: mit einer abwechslungsreichen Landschaft, deren Höhepunkt der Utrechtse Heuvelrug ist, eine riesige Sandbank, Erbe der vorletzten Eiszeit. Mit dem wasserreichen Norden der Provinz mit unzähligen Mooren und Torfabbaugebieten. Und der gleichnamigen Provinzhauptstadt, die an Beliebthiet immer weiter zulegt und gerne als ›kleines Amsterdam‹ gehandelt wird. Einen Vergleich, den Utrecht gar nicht nötig hat, denn die mittelalterliche Studentenstadt bezirzt mit alten Grachten, historischen Giebeln, erstklassigen Museen, einer interessanten Kulturszene – und Nijntje! Dick Brunas Kultfigur, bei uns besser bekannt als ›Miffy‹, begegnet man in einer der bedeutendsten Universitätsstädte des Landes auf Schritt und Tritt. Kaninchenkult halt!

ORIENTIERUNG

O

Infos: www.visitutrechtregion.com/de; www.visitflevoland.nl/de, tulpenrouteflevoland.nl
Verkehr: Utrecht und Amersfoort sind mit dem ÖPNV gut zu erreichen, Almere und Lelystad ebenfalls.
Parken: Am besten das Auto außerhalb von Utrecht parken, sonst hilft parkbee.com mit günstigen Tarifen. In Almere liegen die Tiefgaragen direkt unter dem autofreien Shoppingzentrum.

Almere

F6

Der Name Flevoland erinnert ein wenig an Legoland – wie passend, dass Almere, die größte Stadt der Provinz und die jüngste des Landes (1975), etwas von einem Riesenbaukasten hat. Wie die Provinz ist auch die Stadt auf dem Reißbrett entstanden. In der mit fast 225 000 Einwohner:innen am schnellsten wachsenden niederländischen City hat sich die Crème de la Crème der Architekturszene ausgetobt, darunter Rem Koolhaas, Bjarne Mastenbroek, Jo Koenen – und tut es noch. Denn Almere ist noch längst nicht fertig und will »die nachhaltigste Stadt der Zukunft, ökologisch, sozial und wirtschaftlich, werden. Eine einladende, lebenswerte neue Stadt für heutige und künftige Generationen«, wie es Bürgermeisterin Bijleveld formulierte.

Ein Mekka für Architekturfans

Anfangs wirkt Almere eher steril, ist dominiert von einer nüchternen Sachlichkeit, doch je intensiver man sich mit seiner Architektur befasst, mit den Stilbrüchen, Durchsichten, Sichtachsen, verschiedenen Ebenen, Licht- und Schattenspielen, nachhaltigen Komponenten, umso bunter wird das Stadtbild. Rem Koolhaas entwarf das 800 x 800 m große **Centrum** mit seinen drei Etagen, unten Straßen und Parkplätze, getrennte Spuren für Radfahrer und Busse. Auf großzügigen Rolltreppen schwebt man nach oben, ins Shoppingcenter, zu den spektakulären Wohntürmen, zum Strand. Der Clou: Auf den begrünten, leicht gewellten Dächern der Ladenstadt stehen Reihenhäuser – jedes mit eigenem Garten! Überhaupt ist Almere eine Stadt für Genießer, die Zahl der Restaurants ist hoch, auf Holzpontons rekeln sich Büroangestellte und Studierende beim Lunch in der Sonne oder am Stadtstrand …

Sehr lohnenswerte Architekturführungen über vvvalmere.nl/citywalk zu buchen, ca. 2 Std., ab 7,50 €; auf eigene Faust unterwegs mit dem Architektur-Guide von Visit Almere (s. S. 213)

Von A bis Z

Auch die Stadtviertel richten sich nach den Bedürfnissen ihrer Bewohner:innen, in

Durchdacht: Dachgärten für Familien auf der Ladenstadt!

der **Eilandenbuurt** konnten sie ihre Häuser selbst entwerfen, das Kwartier **Duin** ist eine künstlich erbaute Dünenlandschaft mit Strand, Strandboulevard und Jachthafen, die **Regenboogbuurt** ist kunterbunt und trumpft mit den drei knatschroten Apartmenttürmen **Rode Donders** (›Rote Teufel‹) an der Grenze zum Polder so richtig auf, und im Ökoviertel **Oosterwold** leben nachhaltig orientierte Menschen, die Obst und Gemüse selbst anbauen.

Und im autofreien **Hortus** (›Garten‹), dem neuesten Stadtviertel, das aus der Floriade Expo 2022 (floriade.com) hervorging und in dem noch kräftig gewerkelt wird, entsteht ein Dschungel für Menschen – mit Gärten, Kanälen, kleinen Wäldern (auch auf dem Wasser), Brücken aus receycelten Materialien u. v. m.

Schlafen

Schlafen zwischen Weinranken

LCBT: Life Contains Beautiful Things, und das ist durchaus wörtlich zu verstehen! Am grünen Stadtrand von Almere liegt das schöne Weingut mit drei luxuriösen Tiny Houses mit Holzofen, überdachter Terrasse, Sauna und Schwimmteich.

Auguste Comteweg, Almere-Oosterwold, lcbt.nl, MTB-Verleih, Sauna (extra), €€–€€€

Am Strand vom IJmeer

Marina Parcs: Schön übernachten in der Marina Muiderzand – in Pipo-(Bau-)wagen, Tiny House (sog. Waterbubble) und Lodge auf dem Wasser, im Safarizelt am Strand, im Chalet oder Dünenhaus. Um die Ecke liegt das **Strandbad Duin** mit Pavillon.

IJmeerdijk 4, www.marinaparcs.nl, (€–)€€

Glamping in der Natur

De Kamphaan: Holzbungalows, Blockhütten, Tipis oder Pipowagen – auf diesem Naturcamping ist vieles möglich! Zelten natürlich auch. Mit Radverleih, **Tierpark** (www.aap.nl), Biomarkt. Nahe **Kletterpark.**

Kemphaanpad 5, Oosterwold, www.camping-almere.nl, €, Pfannkuchenrestaurant €

Essen

Karibische Vibes – ganz vegan

Neighbours Kitchen plantbased Caribbean: Maxime bringt leckerstes hausgemachtes veganes Soulfood mit karibischem Touch auf den Tisch. Hier vermisst niemand Fleisch oder Fisch!

Marie Curiestraat 3, auf Facebook, Do–Sa, €€

Von Burger bis Fisch

Brasserie Julia: Wer mag, fährt direkt mit dem Boot vor, denn die freundliche Brasserie mit Superservice liegt in Almere-Haven und serviert ausgezeichnete Gerichte von Burgern über Austern und Steaks bis zu Seezunge, mein absoluter Tipp!

Sluiskade 16–20, brasseriejulia.nl, Mi–Mo, reservieren, mit Terrasse, €€

Holiday Vibes von früh bis spät

Zuyder: … in den Dünen beim **Strandbad Duin.** Eine lichte, freundliche Oase mit viel Holz und großzügiger Terrasse, in der es frische, abwechslungsreiche Kost gibt, übrigens auch für Vegetarier.

Zeeduinweg 574, www.zuyder.nl, Mi–Mo ab 8 Uhr, gute *borrel*-Karte, Frühstück, €–€€

Hier geht die Sonne auf

The Black Cockatoo: Die Einrichtung des Lunchcafés in der City ist quietschgelb, der Service freundlich. Die vegane Küche überzeugt mit leckeren Bowls, Toasts und Burgern. Der Kaffee ist ein Traum, Bananenbrot, Torten, Brownies sind es auch.

Bottelaarpassage 89, www.theblackcockatoo.nl, tgl. bis 16/17 Uhr, super Vega-Kroketten, €

Bewegen

Almere und Umgebung sind top für Aktive (visitalmere.com/de/stadtfuhrer/natur).

Für Kletteraffen

Fun Forest: Alles da, von Routen für Kinder bis zum Extremparcours mit Bungee-Jump. Längste Zipline des Landes!
Kemphaanlaan 4, www.funforest.nl/de, 24 €

Am, im und auf dem Wasser

Eine Küste von 42 km, neun **Stadtstrände** (der neueste an der Esplanade!), der größte **Katamaranstrand** Europas (www.sail-today.nl), Angebote zum Segeln, Wasserskifahren und Surfen. Dazu kommen mehrere Strandfestivals (s. unten) und tolle **Strandpavillons** wie Poortdok (poortdok.nl), Sun Runners (www.sunrunners.nl), Loetje Noorderplassen (www.loetje.nl). Der beste Blick auf Wasser und Skyline bietet sich von der Terrasse des **View Almere** (www.viewalmere.nl). Über die **Blauwe As** von Gooimeer bis Markermeer kann selbst fahren, wer Boot (www.allyboating.nl) oder **Kanu** leiht (www.outdoorparkalmere.nl).
almeerderstrand.nl, www.visitalmere.com/de/entdecken/natur, vareninalmere.nl

Per pedes und per ›fiets‹

Der **Almerepad** bietet 18 Wanderrouten u. a. um die Naturgebiete Noorder- und Lepelaarsplassen, an Marker- und Gooimeer. Das Tolle: Alle Touren sind an den ÖPNV angebunden. Insgesamt zählt Almere mehr als 400 Fahrradkilometer! Auf 57 km führt die **Architektourroute** zu spannenden Highlighs (*fietsknooppunten* 75–53–54–70–87–85–75). Am Naturerlebniszentrum de Oostvaarders (s. S. 215) und Stadslandgoed de Kamphaan (s. S. 212) kann man gratis parken, findet nette Lokale und Rad- und Wandertouren.
almerepad.nl, oostvaardersplassenalmere.nl/en, www.kemphaan.nl

Ausgehen

Ordentlich was los!

Die Almeerders sind ausgehfreudig und u. a. in der **Bierfabrik** zu finden, Brauerei, Restaurant und Bar mit DJs und Livemusik in einem. Zu den abendlichen Highlights gehören die Open-Air-Shows der Theatergruppe **Vis à Vis** am Almeerderstrand genauso wie ein Besuch im **Kunstlinie-**Theater, das für sein abwechslungsreiches Programm aus Musik, Tanz und Theater wie seine moderne Architektur bekannt ist. Diese drei Sparten bedient auch das engagierte **Corrosia Theater, EXPO & Film,** ergänzt um bildende Kunst, Film und Literatur. Langweilig wird's in Almere eher nicht …
www.bierfabrik.com, www.visavis.nl, www.kunstlinie.nl, www.cultureelcentrumcorriosa.nl

MEHR ALS EIN MUSEUM

»M. ist ein Pilotmuseum für immersive Kunst und Landschaftskunst«, so der offizielle Text. Aber M. ist viel mehr. Das einzige Museum Almeres und ein architektonisches Statement mit drei rosanen schwimmenden Kreisen: dem Hafen mit ringförmiger Promenade, Bühne und Aussichtsplattform. Im Pavillon, der zur Floriade eröffnete, sind alle Sinne gefragt, die (moderne) Kunst ist oft großformatig und der Mensch mittendrin. Die Message dahinter: Du bist M.!
Melica 200, jijbentm.art, Mi, Fr–So

Infos

- **Online:** www.vistialmere.com/de, www.almerecentrum.nl/de, almeerderstrand.nl
- **Visit Almere:** De Diagonaal 199, tgl.
- **Verkehr:** super mit **ÖPNV** angebunden; **Parken:** www.prettigparkeren.nl/kaart/#!Almere
- **Summerpark Festival:** So im Juni, www.summerparkfestival.nl. Musik am Strand.
- **Strandfestvial ZAND:** Sa im Aug., www.strandfestivalzand.nl. NL-Musik am Strand.

De Groene Kathedraal F6

Gut 30 Fahrradminuten liegt Almeres Kathedrale vom Stadtzentrum entfernt. Seltsam? Nein, gar nicht. Konzeptkünstler Marinus Boezems Idee hinter dem Land-Art-Kunstwerk (1996): Jede Stadt braucht eine Kathedrale. Die gotische Form ist für ihn der Höhepunkt »eines durch menschlichen Einfallsreichtum gegliederten Raums«, vergleichbar mit der Anlage der Flevolandpolder. 178 Pappeln markieren auf einem Acker den Grundriss der Kathedrale von Reims. Der Wind pfeift durch das Kirchenschiff, Blätter wehen über den Kirchenboden. Nicht weit entfernt liegt die ›Contrakathedraal‹ zwischen Buchenhecken, ihr Umriss wurde ausgespart – das Negativ zum Positiv!

Über Kathedralenpad, www.landartflevoland.nl

Lelystad F5

1957 fiel das Land trocken, auf dem dann die noch recht junge Provinzhauptstadt Flevolands enstand. Von **Lelystad-Haven** aus führt der 26 km lange **Houtribdijk** ins nordholländische Enkhuizen; er trennt das Marker- vom IJsselmeer. Dieses älteste Viertel der Stadt, in dem auch die **Pionierinsel** mit der Siedlung der Arbeiter liegt, die den Deich, der eigentlich ein Damm ist, gebaut haben, erschließt der ›Spaziergang Werkeiland‹ (www.wijkradenlelystad.nl/images/lelystadhaven/2013/06/werkeiland-klein-wandelroute.pdf). Tipp: **B & B De Pionier** im Ex-Arbeiterhaus (de pionierlelystad.nl).

V

VOC-FLAGGSCHIFF

Stolz des Museums ist die Replik des Ostindienseglers **Batavia,** die bereits auf ihrer Jungfernfahrt 1629 vor der australischen Küste gesunken ist. Über zehn Jahre wurde der Dreimastsegler in liebevoller Detailarbeit originalgetreu wieder aufgebaut, komplett aus dänischer Eche gefertigt und mit Hunderten handgeschnitzten Statuen und Ornamenten verziert. Das Bemerkenswerteste: Alle Mitarbeitenden waren Ehrenamtler:innen!

Gestickte Geschichte

Die nüchterne, ›moderne‹ Architektur Lelystads ist etwas in die Jahre gekommen. Während Almere rasant wächst, nicht zuletzt dank seiner Nähe zu Amsterdam, hält sich die Einwohnerzahl Lelystads relativ konstant bei um die 80 000. Das Kapital der Stadt liegt in der reizvollen Umgebung wie dem NP Nieuw Land und den Oostvaardersplassen. Die Attraktion der Stadt selbst ist **Batavialand** mit der Bataviawerft, dem Dreimastsegler **Batavia** und dem **Museum,** das Einpolderung und Landgewinnung gewidmet ist. Wunderschön ist die gestickte **Flevowand,** die, nach Art des Teppichs von Bayeux, auf 60 m die Geschichte der Zuiderzee zeigt.

Absolutes Highlight aber ist die **Bataviawerf,** wo in Schnitzerei, Schmiede, Seilerei, Segelmacherei, Bierbrauerei und der Modellbauabteilung ausschließlich Ehrenamtler am Werk sind. Zuschauen und fragen ist ausdrücklich erwünscht! Um die Ecke liegt mit **Batavia Stad Fashion Outlet** eine besondere Attraktion: eine attraktive Einkaufsstadt mit mehr als 150 Geschäften (bataviastad.nl/de).

Batavialand: Oostvaardersdijk 01-13

Der kackende Mann an der Küste

Ähm, wie bitte? Tatsächlich steht da ein *poepende man* am Markermeer. Wer den Houtribdijk nach Enkhuizen nimmt, kommt daran vorbei, und viele machen

TOUR
Den ›Big Five‹ auf der Spur

Radeln in der ›neuen Wildnis der Niederlande‹, den Oostvaardersplassen

Infos

F5
Start/Ziel: Buitencentrum Oostvaardersplassen, Kitsweg 1, Lelystad, www.oostvaarder splassen.nl

Radtour: 35 km, reine Fahrtzeit ca. 2 Std.

Aktivitäten: www.nationaalparknieuwland.nl/nl/het-park/oostvaardersplassen
Tipps: Im Infozentrum Routenkarte mitnehmen. Hier können auch echt spannende **Landcruiser-Safaris** mit einem Ranger gebucht werden.

Ein gutes halbes Jahrhundert ist das einzigartige Naturgebiet zwischen Almere und Lelystad alt, das zum Nationalpark **Nieuw Meer** und damit zum größten menschengemachten Naturpark der Welt gehört. Wo sich eigentlich Industrie breitmachen sollte, wucherte schnell die Natur. Graslandschaften, Schilfsümpfe, Seen und Weidewälder entstanden, unzählige Wasservögel, Graugänse, Schmetterlinge und (seit 2006 auch) die seltenen Weißkopfseeadler ließen sich in dieser Wildnis nieder, die wir prima vom Rad aus beobachten können.

Start ist am **Infozentrum,** das uns darüber aufklärt, das wir hier 4 m unter Normalnull radeln. Nach Deich und Wald ist ein erster Stopp am **Grote Praambult** angesagt, einem Aussichtspunkt mit Blick auf Wildvögel, Zottelrinder und Pferde. Dazu muss man wissen, dass hier Große Graser wie Konikpferde, Heckrinder und Rothirsche sozusagen als lebende Rasenmäher ausgewildert wurden, drei der fünf niederländischen ›Big Five‹, zu denen noch Seeadler und Fuchs gehören. Immer parallel zu Lage Vaart und Bahnschienen bis zum Deich mit spannenden Aussischten weiterradeln. Am **Natuurbelevingscentrum De Oostvaarders** gibt's lecker Kaffee und Kuchen und mit Glück die Aussicht auf große Hirschrudel. Nun führt der Radweg quasi durchs Wasser und vorbei an u. a. einer riesigen Löfflerkolonie. Rechts ab auf den **Vogelboulevard** und zurück zum Infozentrum, mit kurzem Stopp am meistbesuchten **Vogelbeobachtungspunkt** des Landes, wo es Reiher, Graugänse, Kormorane u. v. m. zu spotten gibt.

sich eigens zu Fuß auf den Weg zu dem sympathischen Stahlriesen, der, obowhl er hockt, was den Spitznamen erklärt, immer noch 25 m misst. Antony Gormlys sinnender *waterreus* (Wasserriese), der offiziell den Titel ›**Exposure**‹ trägt, ist nicht nur groß, er ist mit 44 000 kg auch schwer – und dabei mit gut 1800 Stahlstäben doch recht filigran. Der englische Bildhauer ließ sich vom Zusammenspiel all der geraden Linien Flevolands, Straßen, Kanäle, Hochspannungsdrähte, inspirieren.
Beginn Houtribdijk, www.landartflevoland.nl

Das Abenteuer kann beginnen

Lelystad besitzt nicht nur einen Flughafen, sondern mit dem **Aviodrome** auch ein beliebtes Flugzeugmuseum. Wer alte und neue Fluggeräte (mehr als 100!) liebt, an den Flugsimulator oder in die Luft gehen möchte, ist hier bestens aufgehoben.
Pelikaanweg 50, www.aviodrome.nl, Di–So

DAS JÜNGSTE STÜCK NIEDERLANDE …

… ist eine Inselgruppe im Markermeer, die **Marker Wadden,** Teil des Nationalparks Nieuw Land, und mit der Fähre von Lelystad aus zu erreichen. Neben Vögeln dürfen sich auf einer der Inseln auch Menschen tummeln. Noch ist die weitläufige, unberührte Landschaft recht leer, aber von den Beobachtungshütten sieht man schon, wie die Natur das Land übernimmt. Wer mag, bleibt über Nacht, und zwar in den nachhaltigen **Eilandhuisjes** von Landal. Der Erlös fließt zu 100 % an die Naturschutzbehörde zurück! Ein **Strandpavillon** ist auch schon da.
www.natuurmonumenten.nl; www.bootmarkerwadden.nl, Mai–Nov., 30 Min., 21 €; www.landal.de/parks/marker-wadden, €€

Schlafen

Campingplatz mit Pool

Buytenplaets Suydersee: Zwischen Eichen und Obstbäumen gemütlich in Tipi, Safarizelt, Hütte, Zirkuswagen, Seecontainer oder Baumhaus übernachten – cool.
Badweg 1, buytenplaets-suydersee.nl/de, Kantine, Grillplatz, MTB-Verleih, Tierwiese, €

American Style und viel Ruhe

Door's Logies: B & B im rustikalen Holzhaus im Grünen. Die freundliche Door serviert im Gemeinschaftsraum ein üppiges Biofrühstück. Toll: die überdachte Terrasse.
Bronsweg 18, doorslogies.nl, mit Mini-Campingplatz zwischen Obstbäumen, €/F

Essen

Ein Abend am Meer

De Brass: Französische Brasseriegerichte mit einem kreativen Twist in erlesener Atmosphäre – den Blick auf den Jachthafen gibt's gratis. Super Fischgerichte.
Houtribhaven 2, debrass.nl, Mi–So, super Cocktails, Tipp: Vorspeisenplatte, €€–€€€

Fein abgestimmt

Gordiaan: Im Mittelpunkt stehen bei Lars regionale Bioprodukte, Gemüse aus dem eigenen Garten und Früchte von der eigenen Obstplantage.
Neringpassage 1, www.de-gordiaan.nl, Di–Sa abends, Menü wechselt wöchentlich, €€

Slow-voed & slow-mood

Boerkok: Wie schmeckt Flevoland? Das möchte uns der sympathische *boerkok* (Bauernkoch) Gerhard zeigen. Er wertschätzt frische, pure Produkte aus nächster Poldernähe und zaubert daraus auf seinem Hof ebensolche Gerichte.
Meerkoetenweg 9, www.boekok.nl, Sa 12–17 und ab 18.30, So Brunch & Co. 11–17 Uhr, €€

Infos

- **Online:** visitlelystad.nl, www.lelystad.nl
- **Info:** Stadhuisplein 2, Mo–Fr, tgl.
- **Verkehr:** super mit **ÖPNV** angebunden

Noordoostpolder

Schokland und Nagele G5

Unterschiedlicher können zwei Orte kaum sein und doch verbindet sie der Kampf gegen das Wasser: Nagele, das ihn um 1300 verlor und in der Zuiderzee verschwand, und Schokland, das vielen als Symbol des niederländischen Kampfes gegen das Wasser gilt, dessen Bewohner aber dennoch 1859 die Insel verlassen müssen, weil beständig die Gefahr der Überflutung besteht. **Nagele** stand in den 1950er-Jahren aus dem Morast des Noordostpolders wieder auf, als einziges Dorf weltweit, das komplett nach den Prinzipien des Neuen Bauens entstand – hypermodern damals (Ring 23, museumnagele.nl, Do–So).

Schokland ist eine alte Insel auf jungem Polderland und UNESCO-Welterbe. Der Hafen ist trockengefallen, die drei Warften ragen erhöht aus der Landschaft. Auf der mittleren liegt das **Museum Schokland,** das eine spannende Geschichte vom mühsamen Leben der Inselbewohner zu erzählen hat. Dieser Ort ist nicht nur wegen seiner Bodenschätze besonders und verdient besondere Andacht (schokland.nl/de, www.museumschokland.nl).

Urk G5

Auch das nur knapp 15 km entfernte Städtchen Urk war einst eine Zuiderzeeinsel und als solche stets im Kampf gegen die oft wütende Zuiderzee. Am schönsten lässt sich das umtriebige Fischerdorf, das voll auf Tourismus eingestellt ist, auf einer **Ginkies-Tour** erwandern – auf eigene Faust oder besser noch mit einem Guide (www.ginkiestocht.nl). *Ginkies* heißen hier die schmalen hübschen Gassen, die den Ort wie ein Labyrinth durchziehen. Im **Hafen** trocknen Fischernetze, liegen Boote im Trockendock, wird zweimal die Woche Seezunge und Scholle versteigert.

Insel der Gläubigen

Das **Museum Het Oude Raadhuis** ist der Fischereigeschichte und den Traditionen Urks gewidmet: Trachten sind zu sehen, schwarze Kittel und Hosen, wallende Unterröcke, Hauben, Holzschuhe. Bis heute sind diese Utensilien im Straßenbild gegenwärtig, die Urker gelten als besonders religiös, zumindest zum Gottesdienst tragen Frauen und Mädchen Rock und Kleid.

Selbstverständlich steht *auf (!)* Urk Fisch auf der Speisekarte, etwa im exzellenten Bistro **De Zeebodem** (Wijk 1-67, dezeebodem.nl, €–€€) oder im Imbiss bei den **Jongens van de Fant,** wo es den leckersten *kibbeling* von Flevoland geben soll (Breehorn 2a, jongensvandefant.nl, €). Für den Nachtisch lohnt es bei der Oude Bakkerij auf einen *Urker Dikkoek* vorbeizuschauen (Wijk 4-20, oudebakkerij-urk.nl). Wer sich die Kalorienbombe für morgen aufsparen möchte: ein wundervoller Unterschlupf für die Nacht ist das **B&B De Roos** direkt an der Kade mit Superfrühstück und Blick auf Hafen und IJsselmeer (Wijk 1-44, benbderoos.nl, auch 2 Apartments, €/F).

Infos

- **Online:** touristinfourk.nl
- **Touristinfo:** Dormakade 1, Mo–Sa
- **Fähre nach Enkhuizen:** im Nieuwehaven, www.de-zuiderzee.nl

Lieblingsort

Für Menschen gemachte Natur

Erst Chicorée, dann Brennnesseln, jetzt Bambus – so könnte die Geschichte vom Piratenparadies **Netl de Wildste Tuin** im Noordoostpolder bei **Kraggenburg** (📍 G 5) skizziert werden. Fehlt noch die Familie Crébas! Mutter, Vater und zwei Söhne, die das 48 ha große Gebiet, auf dem in schnurgeraden Reihen Chicorée gepflanzt war, 2004 erwarben, um hier ›in Brennnesseln zu machen‹. Dem vorausgegangen war der Verkauf ihres Online-Portals maarktplaats.nl für 224 Mio. € an eBay. Die Crébas wollten mit den Brennnesseln eine umweltfreundliche Alternative zur Baumwolle schaffen. Der Brennnesselfaser war indes kein Erfolg beschieden. »Der Markt war noch nicht bereit dafür«, erzählt Frank Crébas, »und so haben wir den Fokus von nachhaltiger Kleidung auf einen nachhaltigen Park verlegt.« Die Idee dahinter sei immer gewesen, ergänzt sein Bruder Robin: »Wie bringen wir die Menschen in die Natur?« Das ist ihnen mit dem ›Wilden Garten‹ eindeutig gelungen, der seit seiner Eröffnung 2008 eine Erfolgsstory ist. Naturverbundene Menschen fühlen sich in diesem Erholungsgebiet pudelwohl, campen auf einem der Campingplätze, grillen am Strand oder essen gesund und lecker im Strandpavillon, machen Sport, gehen schwimmen, gleiten über die Super-Modderbahn ins Wasser, powern sich auf dem Hindernisparcours aus oder wandern – Achtung – durch den riesigen Bambuswald. (Leemringweg 19, Kraggenburg, www.netl.nl, April–Ende Sept., Tagesticket 7,50 €, Übernachten auf dem Campingplatz, in Safarizelten, im Bauwagen, in Containern, Holzhütten oder im Hotel, €–€€, Restaurant, Fr–Mo bis 17 Uhr, in der Nebensaison nur am Wochenende, €)

Utrecht

F7

Mit Superlativen geht es los: Denn das Wahrzeichen der Stadt ist zugleich der höchste und älteste Kirchturm des Landes. 112 m hoch ist der Turm des **Domes 1**, 456 Stufen gilt es zu erklimmen (Domplein 9, www.domtoren.nl/de, mit Lift). Bei klarem Wetter reicht die bombastische Aussicht bis nach Amsterdam. Doch warum steht der Turm so allein? 1674 fegte ein Tornado durch die Stadt und trennte Turm und Kathedrale. Im **DOMunder 2** können wir Archäolog:in spielen, die Gesteinsschichten kennenlernen und mit einer Taschenlampe die Schätze ausspähen. Dieser Audiowalk ist etwas gruselig, aber erlebenswert (www.downunder.nl/en). Nur wenige Meter entfernt liegt der ruhige **Pandhof van de Dom 3**. Der komplett ummauerte Klostergarten ist eine kleine Oase im Zentrum.

Vorbei am Hauptgebäude der Universität, dem **Academiegebouw 4**, geht es fromm weiter. Dem einzigen Papst der Niederlande, Papst Hadrian VI. (1522/23), setzten die Utrechter:innen mit dem **Paushuize 5** ein imposantes Denkmal, das heute als Eventlocation dient (www.heirloom.nl). Jeden letzten Sonntag im Monat kann es kostenlos besichtigt werden.

Die Kirche im Dorf lassen

Wenige Meter weiter grüßt die **Pieterskerk 6**. Die romanische Kirche hat eine bewegte Geschichte hinter sich und wird von einer kleinen wallonischen Gemeinde auch heute noch für Gottesdienste genutzt (Pieterskerkhof 5, pieterskerk-utrecht.nl). Die ›Krumme Gracht‹ plätschert gemächlich, bei der Abzweigung rechts gelangt man zum Janskerkhof. Hier steht die Namensgeberin, die **Janskerk 7**. Auf dem Platz findet jeden Samstag der berühmte Blumen- und Pflanzenmarkt statt.

Leicht zu übersehen, aber immer einen Besuch wert, ist das **AG 8**, der Ausstellungsraum der Kunststudierenden der HKU (Hogeschool voor de Kunsten Utrecht). Hier gibt es spannende Veranstaltungen und eine Galerie (Minrebroederstraat 16, ag.hku.nl, Mi–Sa).

Grachtenstadt: Übers Wasser wurden die Waren direkt ins Haus gebracht.

0
150
300 m
Oudenoord
Kaatstraat
Hopaker
Valkstraat
Koekkoekstraat
Kievitstraat
Weerdsingel Oostzijde
Weerdsingel Oostzijde
Stadsbuitengracht
Stadsbuitengracht
Nieuwekade
Van Asch
van Wijkskade
Wijde Begijnestraat
Kapelstraat
Breedstraat
Voorstraat
Wittevrouwenstraat
Oostzijde
Biltstraat
Wittevrouwensingel
Waterstraat
Sint-Jacobsstraat
Oudegracht
Oudegracht
Voorstraat
Jansveld
Drift
Lucasbolwerk
Stadsschouwburg Theater
Janskerkhof
Catharijnekade
Viebrug
Potterstraat
Nobelstraat
Lucasbrug
Lange Viestraat
Vredenburgkade
Minrebroederstr.
Domstraat
Kromme Nieuwegracht
Maliesingel
Catharijnesingel
Vredenburg
Oudegracht
Stadhuis
Oudkerkhof
Pieters Kerkhof
Steenweg
Dom-plein
Hoog Catharijne
Zadelstraat
Trans
Herenbrug
Maliesingel
Park Lepelenburg
Rijnkade
Mariaplaats
Station Utrecht centraal
Herenstraat
Springweg
Wilhelms-plantsoen
Oudegracht
Oudegracht
Hamburgerstr.
Nieuwegracht
Stadsbuitengracht
Haverstraat
Lange Nieuwstraat
Schalkwijkstraat
Laan van Puntenburg
Springweg
Zuilenstraat
Maliesingel
Servasbolwerk
Korte Smeestr.
Nieuwegracht
Catharijnesingel
Geertebolwerk
Lange Smeestraat
Oudegracht
Sterrenbos
Springweg
Lange Nieuwstraat
N. Beetsstraat
Dichtersbaan
Agnietenstraat
Nikolaïkerk
Kruisvaart
A. Hartingstraat
Niklaskerkhof
Stadsbuitengracht
Absteredijk
Pelmolenweg
Oudegracht
Twijnstraat
van Schendelstraat
Catharijnesingel
Tolsteegsingel
Notebomenlaan
Croeselaan
P.C. Hofdstraat
Da Costakade
Bijlhouwerstraat
Abstederdijk
Dichtersbaan
Westerkade
Oosterkade
Venuslaan

Utrecht

Ansehen
1 Dom
2 DOMunder
3 Pandhof van de Dom
4 Academiegebouw
5 Paushuize
6 Pieterskerk
7 Janskerk
8 AG
9 Oude Gracht
10 Stadtschloss
11 Zwaansteeg
12 Abraham Dolehof
13 Wilhelminapark
14 Rietveld Schröderhuis
15 Botanischer Garten
16 De Nieuwe Jutter
17 Nijntje Museum
18 Centraal Museum Utrecht
19 Museum Speelklok
20 Sonnenborgh

Schlafen
1 The Hunfeld
2 BUNK Hotel
3 Mother Goose
4 Eye Hotel
5 MUZE

Essen
1 Le Jardin
2 The Streetfood Club
3 Fico
4 Syr
5 De Zagerij

Einkaufen
1 Nukuhiva
2 live today
3 c r i s herenkleding
4 It all starts with a postcard

Bewegen
1 Trajectum Lumen
2 De Ping Pong Club

Ausgehen
1 TivoliVredenburg
2 Beers & Barrels
3 De Helling
4 Beatrix Theater

High Class Norden
Die **Vriebrug** quert die **Oude Gracht** 9 (Alte Gracht), eines der städtischen Wahrzeichen. Läuft man Richtung Norden, erreicht man ein schickes Wohnviertel. Der **Weerdsingel** kreuzt hier die Oude Gracht. Prunkvolle Gebäude schmücken das grüne Ufer. Wer der Gracht an der Vriebrug Richtung Süden folgt, dem wird sofort auffallen, was sie weltweit einzigartig macht: die Gewölbe unten am Wasser.

Als man die Gracht 1122 anlegte, lag sie tief und wurde als Hafen benutzt. Findige Kaufleute verfielen auf eine gute Idee: Die niedriger gelegenen Kaianlagen waren direkt mit den Kellern der Grachtenhäuser verbunden. Die Ware konnte also ganz einfach in die Häuser transportiert werden. Von Gemüse, Getränken und Stoffen bis hin zu Tieren – alles Mögliche wurde hier verkauft und gelagert. Heute sind die Gewölbe anders genutzt, Cafés und Restaurants sind eingezogen, und direkt am Wasser ist hier immer etwas los.

Trubelig geht's weiter!
Hingucker auf der anderen Seite der Gracht ist das alte **Stadtschloss** 10, welches heute ein Restaurant beherbergt. Nur wenige Meter enftfernt liegen **Nijntje Museum** (Oude Gracht 167, nijntjemuseum.nl) und das alte **Spieluhrenmuseum** (Steenweg 6, www.museumspeelklok.nl), das angeblich heiterste Museum des Landes. In südlicher Richtung ist die kleinste Gasse der Stadt erreicht: Durch den **Zwaansteeg** 11 passt garantiert immer nur einer! Oder noch besser: Vorher die Gracht an der **Hamburgerbrug** noch einmal queren. Im Abraham Dolesteeg versteckt sich der **Abraham Dolehof** 12, in dem es plötzlich herrlich still ist. Benachbart findet sich eine kleine **Fotogalerie** im Keller der Stiftung Fotodok (www.fotodok.org).

Eine Oase der Ruhe
Baron Van Boetzelaer van Oosterhout verkaufte der Stadt 1888 seine großzügi-

gen Ländereien – mit der Auflage, einen Park anzulegen. Dieser Forderung verdanken wir heute den **Wilhelminapark** ⓭, benannt nach der damaligen Königin. Die Trauerweiden hängen tief über dem Wasser, die große Liegewiese wird zum Picknicken genutzt.

Klare Linien und Primärfarben

Wenige Minuten vom Park entfernt steht in der Prins Hendriklaan 50 ein Gebäude, das ganz anders aussieht als seine Nachbarn: das **Rietveld Schröderhuis** ⓮ **(1924),** architektonischer Höhepunkt der De-Stijl-Gruppe und eine Ikone Utrechts, außerdem UNESCO-Weltkulturerbe. Das Wohnhaus von Truus Schröder kann auch von innen besichtigt werden. Die alleinerziehende Mutter beauftragte den bekannten Utrechter Architekten und Designer Gerrit Rietveld mit dem Bau des Hauses. Gemeinsam gelang ihnen eine höchst unkoventioneller Wurf.

rietveldschroderhuis.nl, Audiotour vorher online buchen, mit Café und Shop

Am Rande bemerkt …

Nun ist der äußere Stadtrand und mit ihm der **Botanische Garten** ⓯ der Universität erreicht, der von März bis Oktober Besuchern offensteht. Studierende experimentieren hier seit Jahrzehnten mit unterschiedlichsten Gewächsen (www.uu.nl/en/utrecht-university-botanic-gardens).

Neuer Lieblingsort der Locals ist das ehemalige Industrieviertel **Rootsord,** wo sich das Leben am Ufer des Vaartse Rijn abspielt. Essen und Drinks gibt es in umgenutzten Industriebauten wie dem alten Sägewerk **De Zagerij** 5. Das romantische Postkarten-Utrecht liegt gefühlt weit weg, doch eine Entdeckungstour am Vaartse Rijn bleibt spannend und lohnt sich. Auf der gegenüberliegenden Seite liegt das Gemeindezentrum **Buurthuis De Nieuwe Jutter** ⓰, hier gibt es mit Abstand den günstigsten Kaffee der Stadt (Amerhof 66, denieuwejutter.nl).

Museen

⓱ **Nijntje Museum:** Dick Bruna und seine Ikonenfigur Nijntje (Miffy) sind allgegenwärtig in Utrecht. Ganz im Zeichen des niedlichen Kaninchens ist dieses Museum etwas für die Kleinsten. Denn hier kann durch Miffys Welt getobt, gespielt und gerannt werden.

Oudegracht 167, nijntjemuseum.nl, Di–So

Kunst im Überfluss

⓲ **Centraal Museum:** Von alten Meistern bis zu zeitgenössischer Kunst – das Centraal Museum ist ein vielfältiges Kunstmuseum, das man kaum an einem Tag komplett betrachten kann. Es ist außerdem das älteste Stadtmuseum der Niederlande. Am besten zwischendurch im netten Café eine Pause einlegen.

Agnietenstraat 1, www.centraalmuseum.nl, Di–So

Spiel mir das Lied von …

⓳ **Museum Speelklok:** Im Museum der Geschichte und Technik von Spieluhren werden riesige Spieluhren zum Klingen gebracht. Musik erfüllt das alte Gebäude. Ein Highlight ist die kleine Werkstatt, in der man seine eigene Melodie stanzen kann.

Steenweg 6, museumspeelklok.nl, Di–So

In die Sterne gucken

⓴ **Sonnenborgh:** Fünf Teleskope (das älteste ist über 150 Jahre alt) laden dazu ein, im Rahmen von Abendveranstaltungen die Sterne zu betrachten. Und auch am Tage ist die Geschichte von Astrologie und Meteorologie einfach spannend.

Zonnenburg 2, sonnenborgh.nl, Di–Fr, So

Schlafen

Altbaucharme

1 **The Hunfeld:** Inspiriert von der Vergangenheit und mittem im Zentrum. Am

schönsten sind die Zimmer mit den großen Erkerfenstern. Das Frühstück wird in einem Korb aufs Zimmer gebracht und enthält regionale Köstlichkeiten.
Mariaplaats 4, thehunfeld.com, €€

Schlafen in der Kirche

2 **BUNK Hotel:** In der alten Kirche gibt es ausgefallene Schlafmöglichkeiten, z. B. Kajüten.
Catharijnekade 9, bunkhotels.com, €

Ab in die Federn

3 **Mother Goose:** Das schicke Boutiquehotel ist in einem Gebäude des 18. Jh. untergebracht, woran der Kamin in der ersten Etage, die hölzerne Wendeltreppe und eine Eichenholzluke erinnern.
Ganzenmarkt 26, mothergoosehotel.com, €€€

Was fürs Auge

4 **Eye Hotel:** Einen kleinen Sehtest kann man hier selbst in jedem Zimmer machen. Egal, wie der ausfällt, die geschmackvolle Einrichtung ist sicher nicht zu übersehen.
Wijde Begijnestraat 1–3, eyehotel.nl/de, €€

Familie von der Muse geküsst

5 **MUZE:** Die 6 Zimmer des liebevoll geführten Hotels sind in tollen Farben eingerichtet. Als Utrechter Familie kennen die Besitzer die besten Tipps und Hotspots der Stadt. Über die besondere Entstehungsgeschichte des Hotels wurde eine Serie gedreht, die auf der Website zu finden ist
Tolsteegsingel 34, muzehotelutrecht.com, €€

Essen

Grüne Oase

1 **Le Jardin:** Die Besitzerin kommt aus Deutschland, das Essen ist französisch inspiriert, vorn werden niederländische Pflanzen verkauft. Ein grüner Mix, der gut schmeckt und gut tut: Die Zutaten sind frisch, lokal und von bester Qualität!
Mariaplaats 42, lejardinutrecht.nl, Di–Sa, €€

Verkehrsknotenpunkt und Architektur-Highlight: Utrecht CS

Die Straßen der Welt

2 **The Streetfood Club:** Dieser hippe Club setzt auf Internationalität. Streetfood-Gerichte von Thailand bis Peru stehen auf der Karte. Die Portionen sind relativ günstig, dafür aber etwas klein. Also am besten nach dem Tapas-Prinzip mehr bestellen.
Janskerkhof 9, thestreetfoodclub.nl, €

Des Chefkochs Spezialitäten

3 **Fico:** Etwas außerhalb der Stadt direkt am Wasser kredenzt dieses Restaurant auf zwei Etagen 4-Gänge-Menüs. Die Zutaten sind ungewöhnlich, und der Laden immer gut gefüllt (unbedingt vorab reservieren).
Veilinghavenkade 14, ficoutrecht.nl, Mi–So, €€€

Kultureller (Gaumen-)Austausch

4 **Syr:** Das hübsche Restaurant ist Ergebnis von zwei Crowdfunding-Kampagnen. Menschen, die ihr Heimatland Syrien

TOUR
Einmal quer durch die Stadt SUPpen

Mit dem Stand-up-Paddle durch Utrecht

Infos

Cityplan: Utrecht s. S. 221

Start/Ziel: Oost, Weg naar Rhijnauwen 2

Dauer: ca. 2,5 Std.

Verleih: Bretter gibt es z. B. am Startpunkt bei De Rijnstroom, rijnstroom.nl, tgl.

Stand-up-Paddling (stehend auf einem Surfbrett durch die Gegend paddeln) hat sich in den letzten Jahren wie ein Lauffeuer verbreitet. Wer es noch nicht probiert hat, wunderte sich vielleicht schon über die vielen ulkigen Wasserläufer. Doch probieren geht über belächeln! Beim SUP auf jeden Fall, denn es ist eine Sportart, die es Anfängern leicht macht und dennoch Ganzkörpertraining beinhaltet. Und der größte Pluspunkt: Auf nachhaltige und ruhige Art und Weise kann die Gegend erkundet werden.

Direkt am **Kromme Rijn,** etwas außerhalb der Innenstadt im Viertel Oost, liegt der Kanuverleih **De Rijnstroom**. Besonders schön ist es, nachts ein Kanu auszuleihen und damit loszuziehen, doch heute geht es aufs Bord. Am ›krummen Rhein‹ gibt es einen gemütlichen Einstieg. Zum Glück hat man auf den breiten Brettern einen stabilen Stand und kann so in Ruhe das Ufer betrachten. Das wird hier von den Bahnschienen und einer Straße begleitet und ist ansonsten grün und ruhig. Nach wenigen Metern biegen Bahn und Autos nach links ab, und es wird ein Park und Erholungsgebiet durchSUPpt. Auf der linken Seite liegt das Fort Lunet und, man ahnt es schon, die Stadt kommt näher.

Unter der großen Brücke hindurch, über welche die Wasserlinienstraße saust, beginnt der **Krommerijnpark** auf der rechten Seite und der **Park Rond Prinsenbrug** auf der linken Seite. Als Utrecht wegen des fehlen-

denAbwassersystems eine stinkende Stadt war, war dies fernab vom Mief eine beliebte Wohngegend für die wohlhabenden Bürger. Am grünen Ufer sitzen Paare auf den Bänken, und die Blätter der Bäume wehen im Wind. Einfach der Nase nach, was heißt: dem Wasserverlauf folgen.

Auf dem SUP-Board durch die Domstadt – immer schön das Gleichgewicht halten!

Über sieben, nein, unter drei Brücken musst du fahren, und der äußere Rand der Innenstadt ist erreicht. Nun nach rechts gepaddelt und unter einer weiteren kleinen Brücke hindurch, da taucht auf der linken Uferseite die Sternwarte **Sonnenborgh** auf. Die charakteristische Kuppel ist ebenfalls von einem grünen Park umringt. Es geht weiter gen Norden, rechts und links gefolgt vom grünen Uferstreifen. Die Innenstadt befindet sich auf der linken Seite, und da steht auch schon die große, renommierte **Stadsschouwburg,** die aufs Wasser blickt. Das seit 2009 als Rijksmonument geschützte Theater (1941) ist von schönen alten Bäumen eingerahmt.

Der Grünstreifen wird schmaler, Hausboote dümpeln auf dem Wasser, und der Fluss macht eine Kurve nach links, dieser folgen. Nun schlängelt sich der Verlauf ganz schön und nach zwei weiteren kleinen Brücken: Achtung! Denn hier geht es nach links in die schmalere **Oudegracht.** Es geht, oder besser: es paddelt mitten durch die Innenstadt. Am Wasser schmausen Menschen in den Cafés und Restaurants und die charakteristischen, einzigartigen **Gewölbe** am Ufer können in aller Ruhe betrachtet werden. Einst Lagerräume, kann man nun mal nachschauen, wie die Umnutzung aussieht.

Am **Stadhuis** (Rathaus) vorbei, unter vielen kleinen Brücken hindurch ist irgendwann die Innenstadt durchquert. Die **Oudegracht** endet, und es taucht, einmal links und direkt wieder rechts, der **Kromme Rijn** auf. Hier nun in entgegengesetzer Richtung den Weg zurückpaddeln, und schon ist man wieder am Startpunkt angekommen.

verlassen mussten, sind hier die Hauptakteure. Das Essen ist ein einmaliger Mix aus europäischer und syrischer Küche.
Lange Nieuwstraat 71, restaurantsyr.nl, Di–Sa, €€

Ganz viel Industrieflair

5 **De Zagerij:** Das ausgediente Sägewerk ist *der* Hotspot in Rootsend. Kleine und superfeine Karte mit viel Frischem.
Rotsoord 7a, dezagerijutrecht.nl, Mi –Sa, €€

Einkaufen

In Utrecht gibt es zahlreiche Boutiquen und kreative Lädchen. Außerdem ist ein Besuch des Stoffmarkts **Lapjesmarkt** (Breedstraat, Sa) und des **Flower Market** (Janskerkhof, Oude Gracht, Bakkerbrug) eine schöne Aktivität.

Fairlieben

1 **Nukuhiva:** Inhaberin Floortje Dressing hat bei der sorgfätig ausgewählten Kleidung ihrer Boutique vor allem eins im Blick: Nachhaltigkeit in allen Bereichen.
Zadelstraat 36, nukuhiva.nl, tgl.

Zeitlose Möbel

2 **live today:** Was haben Dänen und Niederländer gemeinsam? Einen sehr guten Geschmack in puncto Inneneinrichtung.
Minrebroederstraat 6, livetodayutrecht.nl, Di–So

Für die Herren der Schöpfung

3 **c r i s herenkleding:** Die Boutique konzentriert sich ganz auf das männliche Klientel.
Springweg 7A, cris.nu, tgl.

Karten wird es immer geben

4 **It all starts with a postcard:** Egal, wie viele Fotos in Utrecht auch geknipst wurden, es geht nichts über eine besondere Postkarte.
Twijnstraat 38, T +31 302 74 65 00, tgl.

Bewegen

Lichterlauf im nächtlichen Utrecht

1 **Trajectum Lumen:** Dieser Lichtkunstspaziergang macht Spaß.
Route und Infos: trajectumlumen.nl, discover-utrecht.com/lumen; gratis

Hin und her und her und hin

2 **De Ping Pong Club:** Bisher der einzige Ort in den Niederlanden, der sich ganz dem Tischtennis widmet.
Concordiastraat 80, depingpongclub.nl, Mi–So

Lachen und laufen

3 **Comedy Walks:** Bei diesen Touren werden gleich mehrere Muskeln trainiert. Die Guides sind Comedians und haben neben den besten Orten der Stadt auch die lustigsten Storys parat.
comedywalks.com/locations/utrecht

Ausgehen

Unter einem Dach

1 **TivoliVredenburg:** Von klassischen Klängen bis zu Heavy Metal. *Die* Adresse für großartige Konzerte oder einen Drink.
Vredenburgkade 11, tivolivredenburg.nl

Selbst verzapft

2 **Beers & Barrels:** An gleich zwei Orten ist diese beliebte Utrechter Bar zu finden. An der Oude Gracht liegt sie in einem der schönen Gewölbe. Das Besondere: Der Bierzapfhahn ist direkt auf dem Tisch montiert – Selbstbedienung neu gedacht.
Oudegracht a/d werf 125 u. Veilinghavenkade 177, beersbarrels.nl, tgl.

Eigenwillig

3 **De Helling:** Underground Indiebands, Poetryslam oder populäre Singer-Songwriter, für das Konzerthaus De Helling wird ausgewählt, wer sympathisch ist.
Helling 7, dehelling.nl

Magische Momente

4 **Beatrix Theater:** für Musicalfans!
Jaarbeursplein 6A, stage-entertainment.nl

Infos

- **VVV:** Domplein 9, discover-utrecht.com
- **SPRING:** Mai/Herbst, festivalaandewerf.nl. Spannende Performancekunst.
- **Nederlands Film Festival:** Okt., filmfestival.nl. Kurz- und Spielfilmfestival.
- **Le Guess Who:** Nov., leguesswho.nl. Indie-Festival.
- **Oudemuziek:** Spätsommer, oudemuziek.nl. Musik von vor 1750.

Kasteel de Haar E7

Nordwestlich von Utrecht überrascht die größte Burg des Landes. Dornröschen wäre zufrieden gewesen, denn P. J. H. Cuypers (Architekt des Amsterdamer Rijksmuseum) hat ein Märchenschloss mit Zinnen und Türmchen entworfen. Durch eine 100 ha große Parkanlage und über einen Burggraben ist das *kasteel* mit seinen 200 Zimmern erreicht. Drinnen geht die Pracht im Rahmen einer Führung weiter.
Kasteellaan 1, kasteeldehaar.nl, tgl.

Nationaal Park Utrechtse Heuvelrug F/H7

Der Utrechter Hügelrücken stammt aus der vorletzten Eiszeit. Die gigantische Sandbank bietet heute Lebensraum für mehrere kleine Gemeinden wie **Zeist, Doorn, Amerongen,** die aufgrund ihrer Lage im Nationalpark zu den teuersten Wohnorten der Umgebung gehören. Vom **Uitkijktoren De Kaap** bei Doorn haben Sie Wälder, Heide, Schlösser und Burgen wie **Kasteel Amerongen** oder **Huis Doorn** gut im Blick.
besuchheuvelrug.de, opdeheuvelrug.nl, www.kasteelamerongen.nl/de, www.huisdoorn.nl

Tienhovense Plassen E/F6

Ganz im Norden an der Provinzgrenze wird es richtig nass: Bei Tienhoven beginnt mit den Tienhovense Plassen ein großes, von Kanälen durchzogenes Landschaftsschutzgebiet, an das sich in Nordholland die Loosdrechtse Plassen (s. S. 88) anschließen. Die Spuren des Torfabbaus sind in den Landschaftsmustern noch deutlich erkennbar. Bei Teckop liegt idyllisch **Buitenplaars Kameryck.** Hier kann man einkehren (€–€€), ein Kanu ausleihen oder einfach spazierengehen.
www.natuurmonumenten.nl/natuurgebieden/tienhovense-plassen, Oortjespad 3, Kamerik, kameryck.nl

Amersfoort F6

Die Amersfoorter Innenstadt ist arg gemütlich, und alle wichtigen Sehenswürdigkeiten sind bequem zu Fuß erreichbar. In der Innenstadt atmet man das Mittelalter, denn beim Schlendern durch den fast kreisrunden Stadtkern taucht man unweigerlich in diese Zeit ein. Die pittoreske **Koppelpoort** von 1425 ist Amersfoorts Postkartenmotiv Nr. 1, es kombiniert Land- und Wassertor und markiert den Ring um das Zentrum. Direkt am Wasser liegt als Teil der Stadtmauer auch das **Museum Flehite.** Dort kann man tief in Kunst und Historie der Stadt eintauchen (Westsingel 50, museumflehite.nl, Di–So).

Fun vor historischer Kulisse

Oasen und Ruhepausen

Etwas Besonderes ist die kopfsteingepflasterte Straße **Muurhuizen** (›Mauerhäuser‹): Auf ihr lässt sich die gesamte Altstadt umrunden. An der Ecke Kamperbinnenpoort den äußeren Kanal überqueren und zum **Hofje De Armen de Poth** weiterschlendern. Das großzügige Hofje steht auch Besuchern offen. Über einen QR-Code, der an einigen Stellen als Pflasterstein platziert ist, kann eine Tour zu weiteren Innenhöfen aufs Smartphone geladen werden. Über www.amersfoortsegidsen.nl lassen sich auch geführte Rundgänge buchen (Pothstraat 16, www.armendepoth.nl). Um die Ecke in der Connickstraat 60 wartet ein echter ›Kunstblock‹: **Flint** mit Theater, Theaterschule, Restaurant (€) und Galerie (flint.nl; Galerie: deploegh.nl).

Wegbereiter abstrakter Malerei

In Amersfoort führt kein Weg an Piet Mondrian (1872–1944) vorbei, der hier geboren wurde. Das Geburtshaus des Begründers der abstrakten Kunst liegt an der Kortegracht und beherbergt heute das prächtige **Museum Mondriaanhuis.**

Kortegracht 11, mondriaanhuis.nl/de, Di–So

Schlafen

Gar nicht so klösterlich …

Leerhotel Het Klooster: Im beeindruckenden Klosterkomplex kann sehr komfortabel übernachtet werden.

Daam Fockemalaan 10, leerhotelhetklooster.nl, €€

In den Schlaf geschaukelt

B&B Woonship Robbedoes: Frühstück gibt es neben dem Steuerrad mit einem tollen Blick aufs Wasser.

Havenweg 19K, woonschiprobbedoes.nl, €€€

Mittendrin und preiswert

De Tabakplant: In einem historischen Gebäude gelegen, ist dieses Hotel mit schick eingerichteten Zimmern und Garten perfekt für einen Städtetrip.

Coninckstraat 15, hoteldetabaksplant.nl, €

Essen

Von allem etwas

Voor Iedereen: Ein geselliges Restaurant, das jedermann und -frau gefallen wird. Bei Entscheidungsschwierigkeiten kann einfach von allem etwas bestellt werden.

Bloemendalsestraat 5, restaurantvooriedereen.nl, tgl., €€

Bewegen

Virtuell abtauchen

The VR room: Wer denkt, man säße bei VR nur im Sessel, der hat sich hier getäuscht. Es geht durch 10 lebensechte virtuelle Welten …

Piet Mondriaanplein 6, thevrroom.nl

Zugabe
Die Natur hat übernommen

Im Wald Waterloopbos bei Marknesse wurden die Deltawerke getestet.

Und nicht nur das. Auch der Hafen von Rotterdam, ein libyscher Ölhafen, die Maasvlakte, der Hafen von Bangkok – all diesen Projekten kommt man im denkmalgeschützten Waterloopbos auf die Spur, insgesamt 32 Projekten in 32 Modellen. Von 1951 bis 1996 befand sich hier das Waterloopkundig Laboratorium, so der offizielle Name des Delfter Hydrauliklabors. Mit dieser ›Versuchsanstalt für Wasserbau‹ zementierten die Niederländer ihren Ruf als weltweit führende Nation in der Wasserwirtschaft. Denn in diesem Waldstück konnten Forscher und Wasserbauplaner an größeren Testmodellen experimentieren. In mehreren 100 m langen Betonbecken untersuchten sie Wellenbewegungen, im Wald wurden Häfen, Schleusen, Flussabschnitte nachgebaut. Hier gewannen sie wichtige Erkenntnisse über den Bau der Deltawerke, aber auch für große internationale Projekte wie einen libyschen Ölhafen oder den Hafen von Bangkok, für den Salzwasser benötigt wurde, das sie in einem riesigen Silo lagerten, in dem heute Fledermäuse überwintern. Denn die Natur hat im Waterloopbos längst die Regie übernommen. Moose, Flechten, Sträucher und Bäume überwuchern die Überbleibsel der hydraulischen Modelle und haben ein mystisches Paradies entstehen lassen, das Heimat unzähliger Pflanzen und Tiere ist. Zu den festen Bewohnern zählen Libellen und Schmetterlinge, Eisvögel, Salamander und Frösche – und im Herbst mehr als 400 Pilzarten! Den Auftakt zu diesem Märchenwald macht das 240 m lange Modell des Deltawerks. Künstler sägten riesige Betonteile aus der Deltarinne heraus, drehten sie und stellten sie in unterschiedlichen Winkeln wieder auf. Licht und Schatten spielen hier ihr eigenes Spiel, die Lücken geben freie Sicht auf den Wald (📍 G 5, www.natuurmonumenten.nl, mit Infocenter, Café, div. Routen). ■

Der Süden

Limburg, Noord-Brabant, Zeeland — im Süden des Landes weiß man zu leben. ›Burgundisch‹ nennen das die Niederländer, was bedeutet, dass man hier gerne isst und trinkt, Kultur zu schätzen und Natur zu genießen weiß.

Seite 233

Maastricht ✪

Die südlichste Großstadt und älteste Stadt des Landes überrascht mit viel französischem Flair, studentischem Leben, innovativen Stadtentwicklungsprojekten, leckerem Essen und ganz viel Kultur. Und gut shoppen lässt es sich hier auch!

Seite 241

Grottenbiken in Valkenburg

Eine Radtour in einem alten Kalksteinstollen machen? Verrückt, oder? Nein, gar nicht. Erfahrene Guides führen die Gruppe sicher durch das insgesamt 70 km lange Grottensystem in 40 m Tiefe.

95 % der Spargelernte kommen aus Limburg und Noord-Brabant.

Eintauchen

Seite 238

Street-Art in Heerlen

Die einst so graue Bergarbeiterstadt hat ordentlich Farbe aufgelegt!

Seite 242

Maasplassen

Ganz viele große und kleine Seen und natürlich die Maas formen diesen Sehnsuchtsort, der sich an, auf und unter dem Wasser entdecken lässt.

Seite 244

Eindhoven

Eindhoven punktet mit ungewöhnlichen (Kunst-)Orten und einer spannenden Szene.

Seite 246

Strijp-S

Leerstand! Und dann kommen die Kreativen. So geschehen in Strijp-S, wo sich spannende Galerien und Ausstellungsorte angesiedelt haben.

Seite 247

Van-Gogh-Radweg

Durch ganz Noord-Brabant zieht sich diese schöne Radtour – näher kommen Sie dem Meister nicht! Und bei Nuenen wartet ein Highlight!

Seite 263

Yerseke

Die Liebe zum Meer schmecken: Der Fischerort ist für Miesmuscheln und Austern berühmt.

Seite 260

Deltawerke

Spektakulär: das größte Sturmflutwehr der Welt.

Seite 256

Het Zwin

Grenzüberschreitend kann der Besuch hier sein, denn der größte Teil des Naturschutzgebiets liegt in Belgien. Im NSG fühlen sich nicht nur Austernfischer, Säbelschnäbler und Störche wohl, sondern auch knuddelige Schafe. Unser Tipp: Nach Knokke weiterradeln und bei Cuines 33 oder Caillou sündhaft lecker speisen.

Der Oosterschelde-Hummer ist einzigartig. Von Anfang April bis Mitte Juli ist er zu haben.

»Wasser ist immer Bedrohung – und wir sind nicht so mächtig, wie wir denken. In Holland leben wir mit dem Wasser, die Hälfte unseres Landes besteht aus Poldern und Deichen.« Schritstellerin Margriet de Moor in der Stuttgarter Zeitung

GENUSSvoll – Limburg, Noord-Brabant, Zeeland

N

Nirgendwo im Lande weiß man so gut zu leben wie in den drei Provinzen im Süden! Die Atmosphäre in Limburg und Noord-Brabant wird gerne als *bourgondisch* beschrieben – die Nähe zu Belgien und Frankreich und historische Ereignisse lassen grüßen. Im zerklüfteten Zeeland waren über Jahrhunderte heftige Kämpfe mit dem Wasser auszufechten – vielleicht deshalb und weil das Meer ja auch reichlich gibt, wissen die Zeelanders das Leben zu schätzen. Allein ein Blick in die Provinzküchen verspricht ungetrübten Genuss – mit heimischem Wein und selbst gebrauten Bieren, Spargel und Obst, Käse, Sardellen und Wildgerichten, und in Zeeland Muscheln, Austern, Garnelen, Krebsen, Plattfischen und Salzgemüsen. Süßmäuler locken *Limburger Vlaai, Bossche Bollen* und *Zeeuwse Bolussen.*

In den Niederlanden ist es nirgends so hügelig und kalkreich wie in Limburg, nirgends ist das Land so schmal wie hier, bevor man es merkt, ist man in Belgien oder Deutschland. Im südlichsten Zipfel des Landes ist der Einfluss der Maas groß, und der Maas-Radweg lädt ein, die schönsten Flecken zu entdecken. Die Provinzhauptstdt Maastricht geht auf eine römische Siedlung zurück und ist eine ausgesprochen junge Stadt mit viel Kultur und spannenden neuen Entwicklungen.

Noord-Brabant ist eine facettenreiche Provinz, in der viele Kulturen ihre Spuren hinterließen. Heute wirkt die Provinz wie ein Puzzle, bei dem die Teile nicht so recht zusammenpassen wollen. Die Designhauptstadt der Niederlande, Eindhoven, entzieht sich stur jedem niederländischen Postkartenklischee und ist gerade deswegen ein spannendes Ziel. Die Natur liegt immer nur einen Steinwurf entfernt – mit allein vier Nationalparks.

Zeeland zählt die meisten Sonnenstunden und bezirzt mit endlosen Sandstränden und hübschen Städtchen. Mit dem Bau des Deltawerks zeigten die Zeelanders, was sie im Wasserbauingenieurwesen drauf haben, und im größten Nationalpark der Niederlande, der Oosterschelde, steht auch Wasser im Mittelpunkt!

ORIENTIERUNG

O

Infos: www.inlimburg.com/de, www.visitbrabant.com/de, www.zeeland.com/de-de
Maas-Radweg: lfmaasroute.nl/de
Verkehr: Limburg und Noord-Brabant sind gut mit dem Zug angebunden, schwieriger wird es da schon in Zeeland. Doch hier sind Busse und (öffentliche) Fähren unterwegs.

Maastricht  G11

Willkommen in einer der ältsten Städte der Niederlande und gleichzeitig einer jungen Stadt: Ein Fünftel der 120 000 Einwohner:innen sind Studierende. Zugreisende werden in ›das kommende Viertel Maastrichts‹, **Wyck,** entlassen, einen Stadtteil mit viel Flair. In den fein renovierten Stadthäusern haben sich Boutiquen, Cafés, Restaurants eingerichtet. Insbesondere **Wycker Brug-, Recht-** und **Hoogbrugstraat** zeigen sich hip!

Aus Alt mach Neu

Mit dem von Jo Coenen entworfenen **Plein 1992,** einer Reminiszenz an die Unterzeichnung des Vertrags von Maastricht 1992, ist das avantgardistische **Kwartier Céramique** erreicht. Lange dominierte die Steingutfabrik Société Céramique das Viertel, das Coenen ab 1990 neu schuf. Das **Centre Céramique,** ein nahezu gläserner Solitär, erinnert an Maastrichts Vergangenheit als bedeutende Industriestadt mit großen Keramik- und Glasfabriken. Eine andere Ausstellung erinnert an ihren Ursprung als römische Siedlung (50 v. Chr.) und widmet sich den archäologischen Funden der Provinz (Ave. Céramique 50, centreceramique.nl, Ausblick aus der 4. Etage). Der **Charles Eyck Park** schlägt den Bogen zum **Bonnefantenmuseum** im Süden, einem Ikonenbau von Aldo Rossi (1992), dessen an eine Rakete erinnernder Turm am Fluss als Erstes ins Auge fällt. Innen geht es spektakulär mit großzügigen, hellen Räumen und einer einmaligen Sammlung alter Meister sowie moderner und zeitgenössischer Kunst weiter (Ave. Céramique 50, bonnefanten.nl/en).

Von Fritten und Eifersüchteleien

Die Maas lädt mit Aussicht auf das mittelalterliche Zentrum auf der anderen Flussseite zum Schlendern ein. Früh schieben sich die sieben Bögen der **Sint Servaasbrug** in den Blick; die 1280 vollendete Brücke ist die älteste des Landes. Vorbei an den Rundfahrtbooten (stiphout.nl) und

Das Bonnefantenmuseum ist für mache Überraschung gut!

dem Einkaufszentrum Mosae Forum ist der **Markt** erreicht. Nicht nur an Markttagen (Mi, Fr) ist es hier trubelig, dann lohnt ein Besuch am *oliebollen*-Stand. Die Teigkrapfen sind eine Versuchung. Ebenso wie Fischstand (Di–Sa) und die *frites* bei Reitz (reitz.nl). Lange Schlangen künden davon, wie lecker die Pommes hier schmecken.

Schmökern in heiligen Hallen

Im Hintergrund baut sich das klassizistische **Stadhuis** (Rathaus, Mo–Fr) auf, das im 17. Jh. als Tuchhalle konzipiert war. Am Platz erinnert die **Ewige Flamme** an einen Sohn der Stadt, Jan Pieter Minckeleers (1748–1824), Erfinder von Leuchtgas und Gaslampe. Vor allem abends ist die Statue mit der brennenden Fackel ein Hingucker. Rings um den Marktplatz in der *Binnenstad* locken Einkaufssträßchen und Entre Deux zum Geldausgeben. Um die Ecke dieses Einkaufszentrums liegt mit dem **Boekhandel Dominicanen** ein Highlight der Stadt, ›a bookshop made in heaven‹!

Nachdem die gotische Dominikanerkirche des 13. Jh. u. a. als Pferdestall und Schlachthaus diente, wurde 2006 die Nutzung als Buchhandlung beschlossen. Nach Restaurierungsarbeiten und dem Entwurf des mehrstöckigen begehbaren Bücherschranks verbindet das Innere der Kirche ihr wichtiges kunsthistorische Erbe mit einer charmanten Qualitätsbuchhandlung (libris.nl/dominicanen, tgl., mit Café).

Im Wiegeschritt des Walzerkönigs

Der benachbarte **Vrijthof** ist eine einzige Caféterrasse! Der größte Platz der Stadt bildet die Kulisse von André Rieus Konzerten, von **Preuvenemint,** dem größten kulinarischen Open-Air-Festival der Benelux-Länder (preuvenemint.nl, Aug.), und vom Weihnachts-Event **Magisches Maastricht** (www.magischmaastricht vrijthof.nl). Doch der ehemalige Friedhof hat noch einiges mehr zu bieten: die älteste Kirche des Landes, die Sint Servaasbasiliek, die Sint Janskerk, das **Spaans Gouvernement,** in dem ein hochspannendes **Fotografiemuseum** untergebracht ist (fotomuseumaanhetvrijthof.nl), die **Hoofdwacht** (ehemalige Kaserne) und das **Generaalshuis,** heute ein Theater.

Religiöses Zentrum

Im Mai sind Vrijthof und umliegende Straßen Schauplatz der Prozession zu Ehren des hl. Servatius. Die mächtige romanische **Sint Servaasbasiliek** mit schönem Kreuzgang, farbenprächtigen Kirchenfenstern und der Schatzkammer mit den Reliquien des Bischofs (4. Jh.) wurde um 1000 errichtet (www.sintservaas.nl/en, tgl., 5 €). Fahlrot ist der Kirchturm der zweiten Kirche am Platz, der **Sint Janskerk.** Der auffällige Turm des gotischen Gotteshauses kann erklommen werden und verspricht nach 218 Stufen aus 70 m Höhe eine atemberaubende Aussicht über die alten Stadtviertel (www.stjanskerkmaastricht.nl).

Die Dritte im Bunde, die **Onze Lieve Vrouwebasiliek,** ist die zweite bedeutende romanische Kirche Maastrichts. Die Liebfrauenkirche war Teil der Festungsanlagen. Berühmt ist die Seitenkapelle, in der die Gnadenstatue Marias (15. Jh.), ›**Stern des Meeres**‹, verehrt wird. Sie ist Ziel vieler Tourist:innen, die hier eine Kerze entzünden (sterre-der-zee.nl, tgl.).

Shoppen und Kaffeetrinken

Auf dem **Onze Lieve Vrouweplein** sind die Caféterrassen bis auf den letzten Platz gefüllt. Der großzügige Platz versprüht ordentlich französisches Flair. Hier enden fast alle Straßen des kleinen, exklusiven **Stokstraat-Einkaufsviertels.** Über Havenstraat (ausgezeichnetes Restaurant Rozemarijn, restaurant-rozemarijn.nl) und Kleine Staat vorbei an unzähligen Geschäften – Maastricht gilt als beste Shoppingstadt des Landes –, ist die Touristinfo erreicht. Sie residiert in einem spektakulären gotischen Gebäude (1470), dem **Dinghuis,** in dem früher Recht gesprochen wurde.

Französisches Flair …

… satt hat's auch im **Jekerkwartier.** Das Viertel mit seinen vielen Straßencafés (**Koestraat**!), ungewöhnlichen Läden, Kunstgalerien, der Uni und der so gar nicht musealen Studentenstadt-Atmo bezaubert. Nicht zu vergessen die Reste der massiven **Stadtmauern** und mittelalterlichen **Festungsanlagen!** Das Flüsschen Jeker schlängelt sich durchs *kwartier* und sorgt für idyllische Momente, sei es am **Poortgebouw** (Verwerhoek 40), einem Torhaus über dem Fluss, oder dem **Huys op den Jeker** (Bonnefantenstraat 5), das über die Jeker gebaut wurde, weil in der Stadt kein Platz mehr war.

Etwas Besonderes ist die **Bisschopsmolen** an der Jeker, die älteste aktive Wassermühle im Land, die seit dem 7. Jh. ihren Dienst tut. Die gleichnamige Traditionsbäckerei produziert hier seit 2005 leckere Brote und *Limburgse Vlaai*, angeblich die beste der Stadt. Die flachen Hefefladen mit einer Füllung aus Kirschkompott sind untrennbar mit Limburg verbunden und werden hier im **Smaaklokaal** serviert (Stenenbrug 3, www.bisschopsmolen.nl, Di–So, €, auch B&B, €€, Mühlenführung).

Grün sind alle meine Farben

Vorbei am **Helpoort** (Höllentor) aus dem 13. Jh., heute Festungsmuseum (Sint Bernardusstraat 24b, Di–So), lockt das stimmungsvolle Grün des **Stadspark.** Im Park wird gepicknickt, gespielt, getrunken, gelacht. Wer nichts fürs Picknick dabei hat: Im Parkwesten lockt mit der **Brasserie Tapijn** eine ungewöhnliche Location. In der Ex-Kantine der alten Kaserne und auf der großzügigen Terrasse kann man es bei leckerem Essen und dem Bier der Jungs der Brouwerij Zuid gut aushalten (Tapijnkazerne 20, www.tapijn.nl, €–€€).

Grün geht's weiter in **Sint Pieter** im Süden, schon fast in Belgien. In diesem Viertel liegt die **Grube ENCI** mit türkisfarbenem See (Schwimmen verboten!), in der bis 2018 Mergel abgebaut wurde. Super-Rundumsicht vom Aussichtsplateau. Mitten in der Grube wartet das **Bistro Hoffmanni** mit kleiner Karte auf Gäste (bistrohoffmanni.nl, €). Vom Luikerweg geht es auf den **Sint Pietersberg,** ein 8 km langes Kalksteinmassiv mit Ausblicken über die Hügellandschaft Südlimburgs.

Ab in die Unterwelt

Die berühmten **Grotten Sint Pietersberg,** in denen seit dem 16. Jh. Mergel gewonnen wurde, sind zu besichtigen. Das 200 km lange unterirdische Labyrinth besteht aus mehr als 20 000 Gängen und diente der Bevölkerung in Kriegszeiten als Versteck – ebenso wie im Zweiten Weltkrieg bedeutenden Kunstwerken. Auf der Führung durch die Unterwelt entdecken wir Wandmalereien, erfahren, dass in den permanent 10 °C warmen Grotten 15 Fledermausarten zu Hause sind und Chicorée und Champignons gezüchtet werden.

Wer ein Kombiticket für Grotten und **Fort Sint Pieter** oder die **Kazematten Waldeck** erwirbt, spart 20 % bei den tollen Führungen. Das trutzige Fort an der Nordseite des Bergs entstand um 1700 und war bis 1867 Teil der Festungsanlagen der Stadt. Das kilometerlange Netz unterirdischer Gänge und Stollen (1575–1825) diente in Kriegszeiten dazu, sich dem Feind von unten zu nähern (bis auf 600 m im Gelände) und ihn zu überraschen. Im Zweiten Weltkrieg versteckte sich die Bevölkerung während der deutschen Bombenangriffe in den engen Gängen.

Führungen (engl., 60 Min.): www.exploremaastricht.nl/de, Grotten/Fort: Luikerweg 80, Kasematten: Waldeckpark, nahe Tongerse Plein

Schlafen

Modernes Design in alten Mauern

Kruisherenhotel: Das Luxushotel im Stadtzentrum verbindet die beeindruckende Architektur eines Klosters aus dem 15. Jh. mit modernstem Design und

Lieblingsort

Savoir-vivre im Sphinxkwartier

Wo die Penitentenpoort früher den Blick auf ein Kloster freigab, liegt heute ein atemberaubendes neues altes Viertel: das Sphinxkwartier. Alt, weil hier 1834 mit der Gründung der Kristall-, Glas- und Keramikfabrik Sphinx durch Petrus Regout die Industrialisierung der Niederlande startete. Neu, weil es der Stadt **Maastricht** gelungen ist, verlassene Gebäude und brachliegendes Gelände in ein lebenswertes, zukunftsweisendes Viertel umzugestalten. Die überdachte **Sphinxpassage** (s. Bild oben) widmet sich auf 120 m der Firmengeschichte und zeigt in den gefliesten Wandbildern Highlights daraus, spart aber auch Themen wie Kinderarbeit nicht aus. Sie führt zum **Eiffelgebouw** im Stil der Neuen Sachlichkeit, wo einst bis zu 2000 Arbeiter schufteten und heute u. a. **The Social Hub** residiert, mit Hotel, Fitnessstudio, Bar, Café-Restaurant, Workspace, Fahrradverleih u. v. m. – für internationale Studierende, aber auch für jede und jeden zugänglich (s. S. 237). In der 8. Etage wartet mit der **Bold Rooftopbar** eine fantastische Aussicht. Schnell ein Abstecher zum **Frontenpark,** einer schönen, rauen Parkanlage, dann geht es vorbei an der **Muziekgieterij,** wo einst Töpferwaren gelagert wurden und heute ein Livemusikpodium sein Zuhause gefunden hat, zum historischen Binnenhafen **The Bassin.** In den alten Lagerkellern hat sich spannende Gastronomie und in einem ehemaligen Kraftwerk das **Lumière Cinema** mit hippem Café-Restaurant eingerichtet. Und im September feiert sich das Viertel mit Musik, lecker Essen und viel guter Laune selbst! (sphinxkwartier.nl/en, www.boldrooftopbar.com, lumiere.nl/en, Les 3 Seaux im Hafen, les3seaux.nl – super Seafood!! (€€–€€€), SPHINXNIGHT, Sa Anf. Sept., auf Facebook)

Annehmlichkeiten wie einer Bibliothek, einer Weinbar und einer exzellenten Küche.
Kruisherengang 19/23, kruisherenhotel.nl, €€€

Stilvolle Scheunen am Stadtrand

Cour 8 Lofts: Schönes historisches Bauernhaus mit charmanten Lofts und Suiten im modern-minimalistischen Landhausstil.
Postbaan 8, www.cour8.nl, €€–€€€

Hip, preiswert und bequem

The Social Hub: Im hippen Sphinxkwartier lockt das moderne Hotel mit Industrial-Flair Studierende, Backpacker …
Sphinxcour 9A, www.thesocialhub.co, €–€€

Übernachten auf dem Wasser

Maastricht Marina Hausboote: Mit dem Rad ist man in wenigen Minuten im Stadtzentrum oder man genießt den Ausblick auf Hafen und Sint Pietersberg von der privaten Sonnenterasse an Bord.
Maastricht Marina, Hoge Weerd 20, www.maastrichtmarina.nl/reserveren-bootovernachting.html, Hausboote ab 2 Pers., €–€€

Essen

Casual Fine Dining an der Maas

Beluga Loves You: Lässiges Zwei-Sterne-Restaurant. Die Kreationen von Hans van Wolde sind atemberaubend – komplizierte Aromen und unterschiedlichste Texturen werden mutig miteinander kombiniert.
Plein 1992 12, www.belugalovesyou.com, Mi–Sa, unbedingt reservieren, €€€

The place to be

Brandweerkantine: In der alten Feuerwache trifft sich Jung und Alt zum Lunch, Kaffeklatsch oder auf ein Gläschen Wein. Die Halle wurde im Industrial-Stil aufgehübscht, eine Büchertausch-Ecke samt WLAN steht für Studiernde und Freelancer bereit. Auch das Angebot der Kantinenküche bewegt sich zwischen bodenständig und schick (meist) mit regionalen Zutaten.
Capucijnenstraat 21, brandweerkantine.nl/en, Di–So, So abends nur Kleinigkeiten, €–€€

Traumhafte Tapas

Café Madrid: Von Klassikern bis zu monatlich wechselnden Überraschungskreationen (auch Vegetarisches).
Bredestraat 18, www.cafemadrid.nl, tgl., €–€€

Hotspot für Schokoladenfans

DARQ: In der Schokoladenbar ist Meister-Chocolatier Ralph Hagen am Werk!
Maastrichter Smedenstraat 2, www.darqmaastricht.com, auch Frühstück, Di–So, €

Einkaufen

Outlet mit Fabrik-Flair

Loods 5: Schicke Möbel, außergewöhnliche Wohnaccessoires – die Zusammenarbeit mit zahlreichen Herstellern ermöglicht eine ständig wechselnde Produktpalette.
Sphinxcour 5, www.lookds5.nl, tgl.

Von Rokoko bis Art déco

Van Eyck Art & Antiques: Mit 50 Jahren Erfahrung in An- und Verkauf von Kunsthandwerk u. Antiquitäten ist dies kein verstaubtes Geschäft für Nippes und Billigware. Die Sammlung reicht von Möbeln über Glas-, Metall- und Silberarbeiten bis hin zu antiken Andachtsbildern und anderen religiösen Kunstobjekten.
Boschstraat 74, www.vaneyckantiques.com, Mo–Mi n. V., Do–Sa

Ausgehen

Speakeasy

Mr. Smith: Wer spannende Cocktailkreationen und den ultimativen Retro-Charme in Maastricht genießen will, sollte unbedingt bei Mr. Smith vorbeischauen … Falls man den Eingang nicht übersieht.
Rechtstraat 55, www.mrsmithmaastricht.com, um Reservierung wird dringend gebeten, tgl.

Unters Volk mischen

Take Five: Tagsüber ein hippes Studi-Café, verwandelt sich das Take Five abends in einen beliebten Treffpunkt für After-Work-Drinks oder zum Vorglühen mit Freunden. Der freundliche Service, niedrige Preise und das stylische Ambiente ganz in Schwarz machen die Jazz-Bar zu einem der Hotspots für junge Locals.
Bredestraat 14, auf Facebook, tgl.

Wo sich die Musikszene trifft

Muziekgieterij: Junge Talente, aufstrebende Künstler, aber auch etablierte Bands und Resident-Artists sind Teil des musikalischen Programms – von Indie, Metal, Pop-Rock, Disco und Urban bis hin zu hochwertiger elektronischer Musik.
Boschstraat 5, www.muziekgieterij.nl

Infos

- **VVV:** Kleine Staat 1, www.besuchemaastricht.de, Di–So
- **TEFAF:** 10 Tage im März, www.tefaf.com. Eine der bedeutendsten Kunst - und Atiquitätenmessen der Welt.
- **Jazz Maastricht Masters:** Ende März, www.jazzmaastricht.com. Jazz am Vrijthof.
- **TREK:** 4 Tage im Mai, festival-trek.nl. Beliebtes Streetfoodfestival im Stadspark.
- **FASHIONCLASH:** Juni, www.fashionclash.nl. Interdisziplinäre Modemesse.

Zuid-Limburg

G/H 11

›Unser Stückchen Ausland‹ nennen die Limburger den Provinzsüden mit seiner hügeligen Landschaft (*Heuvelland*), Weinbergen, Fachwerkdörfchen und der ›burgundischen‹ Lebensart. Eines der Highlights ist der **Drielandenpunt** in Vaals: Auf den **Wilhelminatoren** klettern und vom gläsernen Skywalk in 35 m Höhe das 360-Grad-Panorama der Niederlande, Belgiens und Deutschlands genießen (Viergrenzenweg 230, skywalkvaals.nl, tgl., 3,50 €, mit Lift, Restaurant). Der **Vaalse Berg** ist mit 322 m übrigens der höchste der Niederlande!

Mergelstadt

Sattgrüne Hügel umgeben **Valkenburg** mit mittelalterlichem Stadtkern, durch den sich idyllisch die Geul schlängelt. Dominiert wird der Ferienort von der **Kasteelruine,** die seit dem 12. Jh. über dem Tal thront. Spannend sind hier die Geheimgänge zur **Fluweelengrot,** in der die Menschen in unsicheren Zeiten Schutz suchten, zuletzt im Zweiten Weltkrieg.

Unter die Erde geht es auch in den **römischen Katakomben** mit kleiner Kapelle, dem von Menschenhand angelegten Höhlenlabyrinth der **Gemeentegrot,** der **Steenkolenmijn Daalhemergroeve,** einem Modellbergwerk, und mit dem Rad in die Sibbergroeve (s. S. 241). Oberirdisch locken Thermalbad Thermae 2000, Casino (hollandcasino.nl) und Märchenwald mit Wildwasserbahn (sprookjesbos.nl/de). Und im Winter natürlich die Weihnachtsmärkte der **Kerststad Valkenburg** – allerdings ist die Stadt dann hoffnungslos überfüllt. Ihr größtes Potenzial liegt sicher in der wunderschönen Umgebung, die zum Wandern und Radfahren einlädt (z. B. auf der mergellandroute-limburg.nl).
Kasteel: Grendelplein 13, kasteelvalkenburg.nl, April–Okt. tgl., Kombikarte mit Grotte; Grotte: Daalhemerweg 47, fluweelengrot.nl, Führungen April–Okt. tgl.; www.romeinsekatakomben.nl, Plenkertstraat 55, tgl. 3 Führungen; gemeentegrot.nl, tgl. Führungen zu Fuß oder per Zug; steenkolenmijn.nl/de, tgl. mehrere Führungen

Street-Art-Hauptstadt …

… der Niederlande nennt sich **Heerlen** heute und hat damit endgültig sein Image als verrußte Bergarbeiterstadt abgelegt. Auf einer Führung oder auf eigene Faust (streetartheerlen.nl) entdeckt man große Namen wie Troy Lovegates, Collin van der Sluijs & Super A oder Inti. Dass Heerlen an seiner Zukunft baut, merkt man auch am **Heerlen Rooftop Project:** Ungenutzte Dachflächen sollen Raum für Veranstaltungen und Landwirtschaft bieten.

Einer der Förderer des Projekts ist **SCHUNCK,** eine multidisziplinäre Kultureinrichtung mit Museum für moderne und zeitgenössische Kunst und Architektur, Bibliothek und Filmsälen, in spektakulärem, denkmalgeschütztem Gebäude, dem von Frits Peutz entworfenen modernistischen Glaspaleis (www.schunck.nl, Bongerd 18, tgl.).

Römische Badekultur

In die Vergangenheit entführt das außergewöhnliche **Thermenmuseum,** in dem Groß und Klein eine interaktive Reise in das Südlimburg vor 2000 Jahren unternehmen. Highlight ist das hervorragend erhaltene Badehaus, das älteste Gebäude des Landes. Heerlen wurde als Coriovallum im 1. Jh. n. Chr. am Kreuzungspunkt mehrerer römischer Heeresstraßen gegründet.

Coriovallumstr. 9, thermenmuseum.nl, Di–So

Technik und Tiere

Eine Reise durch die Vergangenheit, aber auch durch Gegewart und in die Zukunft macht man im überraschenden **Discovery Museum** der ehemaligen Bergarbeiterstadt **Kerkrade.** In diesem großzügig angelegten, interaktiven Museum dreht sich alles um Wissenschaft und Technik (Museumplein 2, discoverymuseum.nl/de, Di–So).

Der **GaiaZOO** in Kerkrade ist einer der wenigen erst im 21. Jh. erbauten Tierparks Europas und hat seine mehr als 150 Tierarten in großzügigen, naturnahen Gehegen untergebracht. Sein Konzept basiert auf dem Gaia-Gedanken, bei dem Lebensräume als Ganzes betrachtet werden – Tier, Landschaft, Mensch (Gaiaboulevard 1, www.gaiazoo.nl/de, tgl.).

Kultur und Natur im Überfluss

Auf dem Weg nach Sittard den Abzweig zum **Kasteel Hoensbroek** nehmen. Das 700 Jahre alte, traumhaft gelegene Wasserschloss ist eines der schönsten Europas, und birgt noch heute so manches Geheimnis wie Burgverlies und Geheimgemach. Ein Besuch lohnt auch in Kellerküche oder Restaurant **De Blauwe Dame** (Klinkertstraat 118, www.kasteelhoensbroek.nl/de, tgl., mit Ritterspielen etc.).

6 km westlich liegt mit der **Brunssummerheide** das größte Heidegebiet Limburgs – besonders im August ein Spektakel, wenn es in allen Lilatönen explodiert (Besucherzentrum, Schaapskooiweg 99, Heerlen, natuurmonumenten.nl).

›Burgundisch‹ genießen

Im schmalsten Teil Limburgs grenzt **Sittard** an den deutschen Selfkant. Die einstige Festungsstadt blickt auf eine bewegte Geschichte zurück. Sie gilt als ›burgundische‹ und gastfreundliche Stadt, in der man zu leben versteht. Sittards schön erhaltenes historisches Zentrum ist kompakt und lässt sich gut erlaufen. Historische Giebelhäuser u. Stadtmauern, Kirchen u. Museen, Plätze u. Parks sind auf **Festungs-, Giebelstein-** und **Geheime-Gärten-Route** (geheimetuinen.nl; Touren VVV) zu entdecken.

Genuss darf in Sittard natürlich nicht zu kurz kommen, am besten am zentralen **Markt** mit seinen vielen Cafés und Restaurants einkehren. Tipp: das Bruin Café **Tapperie de Gats,** das in einem zauberhaften Fachwerkhaus von 1535 residiert (Nr. 20, tapperiedegats.nl, Di–Sa, €–€€, *zuurvlees*). Genussvoll geht es auf der **Route des Vins Sittard** weiter, die auf 10 km drei besondere Weingüter miteinander verbindet (Downloads, Info unter visitlimburg.nl).

Wilde Natur am Fluss

Zwischen Maastricht und Roosteren bildet die hin- und herschlingernde Maas auf 40 km die (wilde) belgisch-niederlän-

dische Grenze. Hier ist der **Rivierpark Maasvallei** entstanden, ein Wander- und Radelparadies. **Elsloo** mit schmuckem Dorfkern, Schloss, englischem Garten und schattigen Sträßchen nicht verpassen!
www.rivierparkmaasvallei.eu/de, www.hartvandemaasvallei.nl/omgeving/allermooiste-dorp

Schlafen, Essen

Romantische Mühle im Zentrum

De Oude Molen: Hohe Decken und Details lassen auf die frühere Nutzung als Wassermühle schließen. Möbel von Rietveld und die offene Küche schaffen eine moderne Wohlfühlatmosphäre.
Sint Pieterstraat 4, Valkenburg, hendrickdekeyser.nl/overnachten/oude-molen-valkenburg, €€

Limburger Luxus

Kasteel TerWorm: Herrschaftlich übernachten lässt es sich im großzügigen Rokoko-Wasserschloss mit feiner Küche.
Terworm 5, Heerlen (5 Automin. vom Zentrum), www.terworm.nl/de, div. Arrangements, €€

Abhängen auf dem Hof

B&B Hof van Ophoven: Das hübsche Bauernhaus von Karin und Arno ist umgeben von Gärten und Obstbäumen.
Ophoven 183, Sittard, www.hofvanophoven.nl, ab zwei Nächten, mit Pool und Sauna, €€/F

Zwischen Weinranken nächtigen

Domein Holset: Im Limburger Hügelland liegt das hübsche Weingut mit sieben liebevoll gestalteten Gästezimmern.
Holset 34–36, Lemiers (bei Vaals), www.domeinholset.nl, auch Workshops, Führungen, Sekt- und Weinverkostungen; €–€€

Wie aus dem Märchen

Kasteel Erenstein: Schlossgarten, Burggraben, Springbrunnen – das historische Schloss dient heute als gehobenes À-la-Carte-Restaurant. Wer nach dem kulinarischen Verwöhnprogramm über Nacht bleiben will, kann sein Haupt in den Zimmern eines authentischen Limburger Gehöfts aus dem 18. Jh. betten.
Kerkradersteenweg 4, Kerkrade, www.kasteelerenstein.nl/de, €

Eine Ode an die Sinne

Brut172: Eine andere Welt betritt der Gast bei Hans van Wolde, der mit seiner kreativen Küche verzaubert. Der Koch schwört auf Produkte aus dem Mergelland. Im alten Bauernhof ist Platz für zwei Traumsuiten.
Reijmerstokkerdorpsstraat 143, Rijmerstok, brut172.com, Terrasse, Suiten €€€; Do–Sa, Mo nur Lunch, €€€, im Voraus reservieren!

Auf einen Kaffee ins Château

Burgemeester Quicx, Coffee & More: Als Teil des Schlosshotels von **Château St. Gerlach** profitieren Café und Lunchrestaurant vom besonderen Ambiente.
Joseph Corneli Allée 1, Valkenburg, www.oostwegelcollection.nl/chateau-st-gerlach/restaurants/burgemeester-quicx-coffee-more, Wellnesshotel €€€; Küche: tgl., €€

Wer im Glashaus sitzt …

Mijn Streek: Die fünfte Etage des ikonischen Glaspaleis' bietet nicht nur den schönsten Blick über die Stadt, sondern auch eine ausgezeichnete Küche! Man setzt auf regionale, saisonale (Bio-)Zutaten. Erstklassige Gerichte auch für Vegetarier.
Bongerd 18, Glaspaleis Heerlen, www.mijn-streek.nl, Mi–So, €€

In der historischen Wassermühle

De Vief Heringe: In uriger Atmosphäre wird deftige Hausmannskost serviert. Um die Ecke liegt der schöne **Stadtpark.**
Molenweg 56, Sittard-Ophoven, www.deviefheringe.nl, tgl., auch High Tea (reserv.), €€

Sharing is caring

Café SuuS: Das gemütliche Café serviert ›Bites‹ aus aller Welt, Häppchen, die nach Belieben kombiniert und geteilt werden können. Mit Blick auf den Marktplatz.

TOUR
Unter Tage

Radtour durch die Mergelgrotten von Valkenburg

Infos

G 11

Start: Sibbergroeve, Daalhemerweg 150

Länge/Dauer: 8–12 km, 1,5–2,5 Std.

ASPadventure: www.aspadventure.nl

Infos: Equipment von ASP; man sollte keine Rücken-/Kreislaufprobleme haben; warm anziehen!

Es ist eng, es ist dunkel, es ist feucht, es ist kalt (12 °C), es ist schweißtreibend – und macht einen Höllenspaß: Grottenbiken unter der Erde in einem alten **Kalksteinstollen bei Valkenburg.** Unser Abenteuer beginnt in einem recht unscheinbaren Häuschen mit zwei Fahnen davor. Eine Wendeltreppe führt nach unten, dann noch einer Mergeltreppe folgen – und wir befinden uns in einer Tiefe von 40 m. Hier warten schon unsere beiden professionellen Grottenführer und erzählen uns etwas zu den **Mergelgrotten,** die übrigens noch aktiv sind, und zur Tour. Dann stellen sie die Sättel der Cardanbikes für uns ein, Mountainbikes mit innen liegender Antriebswelle. Die Luftfeuchtigkeit ist hier unten so hoch, dass ein Rad mit außen liegender Kette sehr wartungsintensiv wäre. Die Guides haben ein cooles System entwickelt, das hilft, niemanden zu verlieren: Sie legen fest, wer ganz hinten fährt, und rufen wähend der Fahrt immer wieder den Namen. Dieser wird von Biker zu Bikerin nach hinten weitergegeben, bis es heißt: »Compleet!«

Lampe an, los geht's. Die Decke ist niedrig, nur 1,80 m hoch. Auch an die schnellen Richtungswechsel muss ich mich gewöhnen. Links, rechts, links … Anfangs schleiche ich um die Kurven. Das Tempo der Gruppe ist nicht ohne – oder kommt es mir nur so vor? Doch auch ich werde schneller, sause um die Kurven und genieße die Fahrt. Einmal heißt es ›bukken‹, Kopf einziehen, einmal ›afstappen‹, weil es zu niedrig ist, um sitzen zu bleiben. Mir geht jedes Zeitgefühl verloren, und viel zu schnell ist die wilde Sause zu Ende. 40 m treppauf – und das Tageslicht hat uns wieder!

Ordentlich Speed drauf: Radler im Stollen

Unterwegs auf den Maasplassen

Markt 56, www.cafe-suus.nl, Kerkrade, Do–So, hausgemachtes *zuurvlees*, €–€€

Haute Friture an der Burgruine

Pommes Valkenburg: Leckere Pommes kombiniert mit Toppings wie Trüffelmayonnaise, Parmesan oder Rindergulasch.
Berkelstraat 6, pommesvalkenburg.nl, tgl., €

Bewegen

Schlammpackung gefällig?

Thermae 2000: Zwei jahrtausendealte Quellen versorgen die Hallen- und Freibäder des Kurorts mit warmem Heilwasser. Im Tagespreis inkl. ist die Nutzung des Saunaparks (9 Saunen, 2 Dampfbäder).
Cauberg 25–27, Valkenburg, de.thermae.nl, auch Massagen, Kosmetikbehandlungen etc.

Wandern und schmausen

Kulinarische Wanderung Vijlen: Fünf Restaurants aus dem Bergdorf Vijlen haben eine Wanderung ausgearbeitet, auf der Sie den Ort und die hügelige Umgebung kennenlernen und sich zwischendrin mit Leckerbissen versorgen können.
tgl. 10–13 Uhr ab Hotel-Restaurant Vijlerhof in Vijlen, T 043 306 1710 (reserv.), buchbar auch über VVV-Limburg-Shops der Region

Infos

- **Infos online:** www.visitzuidlimburg.nl.de, www.weihnachtsstadtvalkenburg.de, www.vvvheerlen.nl, www.visitkerkrade.nl, www.insittardgeleen.nl/de
- **Cultura Nova:** 10 Tage Ende Aug./Anf. Sept., cultura-nova.nl/de. Das größte Kulturfestival Limburgs mit Theater, Tanz, Film, Musik, Installation und bildender Kunst.

Midden- und Noord-Limburg

G/H9/10

So langsam wird es wieder flacher, dafür mit den **Maasplassen** wasserreicher. Auf einer Fläche von gut 3000 ha bilden die großen und kleineren Seen das größte zusammenhängende Wassersportgebiet des Landes. Anlegen lohnt sich im hübschen Dörfchen **Ohé en Laak,** in der Festungsstadt **Stevensweert** und im wunderhübschen weißen Städtchen **Thorn.**
Infos: www.hartvanlimburg.nl/de

Gemütliche Wasserstadt

Roermond ist vielen als Outlet-City bekannt (outlets.mcarthurglen.com), doch die Bischofsstadt darauf zu beschränken, wäre falsch. In der historischen Innenstadt ›drängeln‹ sich die Sehenswürdigkeiten: Munsterplein mit romanisch-gotischer **Munsterkerk, Cuypershuis,** das ehemalige Wohnhaus des berühmten Architekten Pierre Cuypers (cuypershuisroermond.nl), mit dem knallroten Zirkel davor, die **Sint Christoffelkathedraal,** Wahrzeichen der Stadt, und der **Rattenturm,** ein Überbleibsel der alten Festungsanlagen.

Um die Ecke lockt die **Roerkade,** ein Hotspot der *Roermondenaren,* denn hier an der Rur liegt Café an Restaurant (unser Tipp: Zinc Wine & Dine, Nr. 4, zincroermond.nl) – am schönsten mit Blick auf die Stenen Brug! Und bei **Sloep Huren Roermond** Bötchen leihen und ab auf die Maasplassen (sloephurenroermond.nl)!

Stadt am Fluss

Auch ins grenznahe **Venlo** fahren die Deutschen zum Einkaufen, der samstägliche Wochenmarkt lockt. Mit einem historischen Stadtkern kann die ehemalige Festungs- und Hansestadt nicht aufwarten – sie wurde im Zweiten Weltkrieg zerbombt. Wohl aber mit stadtnaher Natur und einigen Perlen wie dem Renaissance-**Rathaus** am Markt und der wiederaufgebauten **Sint Martinuskerk** des 15. Jh. Wer sich die Stadt und den Fluss von oben anschauen möchte, ist auf der traumhaften Dachterrasse **Scheuten Terras** des Restaurants Cabillaud am Oude Markt richtig (cabillaud.nl, Mi–Sa, €€–€€€).

In wenigen Schritten ist die Maas erreicht. In den letzten Jahren hat sich hier viel getan, und mit dem **Maasboulevard** ist ein hipper Ort entstanden, an dem spaziert, gegessen und am **Grasstrand The Catwalk** gefaulenzt und gesonnt wird. Oder bei **IJsco Fantastico** (ijscofantastico.nl) Eis geschlemmt. Doch lieber gesund ernähren? Dann bei **STEK** in der Stadtbücherei einkehren, wo mit lokalen Produkten und ohne raffinierten Zucker gekocht wird (Begijnengang 2, stekvenlo.nl).

Geheimnisse …

200 m entfernt bietet im alten Postamt das **Museum van Bommel van Dam** zeitgenössischen Künstlern ein Podium. Unbedingt einen Blick aus dem skulptural gestalteten Kunstfenster tun (Keulsepoort 1, vanbommelvandam.nl/de). Zwei absolute *aanrader*: **De Genuujerie** im alten Bauernhof an der gleichnamigen Kapelle (www.waardevolgenieten.rendiz.nl) und **De Oelespot** beim Kloster Emmaus in Tegelen (ulingsheide.nl), beide am Fernwanderweg **Pieterpad** gelegen. Für den Abend das kuriose **Brouwerij-Café De Klep** (cafedeklep.nl) vormerken Das Bier ist gut, die Stimmung auch!

Ab nach draußen – Landpartien

Spargel stechen bei **Oppe Haes** in Roggel (Facebook) – schließlich sind wir hier im Spargelparadies! Oder die **Kasteeltuinen** von **Schloss Arcen** (17. Jh.) besuchen. Die Blütenpracht ist umwerfend (kasteeltuinen.nl/de, April–Okt. tgl.). Oder einfach in der Nähe bleiben und in die weite, mystische **Groote Heide** östlich von Venlo eintauchen (imburgs-landschap.nl).

N

NATUR ERLEBEN

Gleich drei Nationalparks liegen in Limburg: Der die Grenze nach Deutschland überschreitende **NP De Meinweg** ist von einer eiszeitlichen Terrassenlandschaft mit Höhenunterschieden von bis 80 m geprägt. Sumpfig wird's im **NP De Groote Peel** an der Grenze zu Noord-Brabant. Dieser kleinste Nationalpark, in dem einst Torf abgebaut wurde, ist eines der vogelreichsten Gebiete Westeuropas. Im Norden zieht sich der **NP De Maasduinen** als lang gestreckter Sandrücken (und längster Binnendünengürtel des Landes) zwischen Maas und deutscher Grenze, mit Flugsandgebieten, Heide, Mooren, Seen und Wäldern.

www.npr-meinweg.eu, Visitor Centre in Herkenbosch; www.natuurparkenlimburg.nl/np/de-groote-peel, Buitencentrum De Pelen in Ospel-Nederweert; www.natuurparkenlimburg.nl/np/de-maasduinen, Bezoekerscentrum De Maasduinen in Well

Noord-Brabant

Eindhoven F9

Eindhoven hat andere Qualitäten als Grachten und historische Häuser. International bekannt ist die Stadt als Design-Mekka, was vor allem an der Dutch Design Week liegt, die jedes Jahr Besucher:innen aus der ganzen Welt anzieht. Lange Zeit war Eindhoven fest in der Hand des Unternehmens Philips, seitdem dessen Hauptsitz nach Amsterdam gezogen ist, entstand viel Freiraum, der durch Kunst und Kultur gefüllt wurde.

Von bunt zu grün

Rings um die neugotische Kirche im Zentrum, **St. Catharina,** finden sich Einkaufsstraßen mit den typischen Ketten, viel Fastfood und Trubel. Auf dem Catharinaplein findet jeden Samstag von 10 bis 17 Uhr der Wochenmarkt statt. Die restlichen Viertel sind kreisförmig um das Zentrum angeordnet. Gen Süden spaziert, wird es direkt ruhiger. An der Dommel liegt das berühmte **Kunstmuseum Van Abbe.** Im Innern geht es experimentell zu, und die Besucher werden zum Mitmachen aufgefordert. Doch auch berühmte Klassiker verstecken sich in den Mauern (vanabbemuseum.nl, Di–So).

Die Gegend rundherum ist eine eher gemütliche Wohngegend und einfach dem Flusslauf gefolgt, dauert es nicht lange und eine grüne Parklandschaft ist erreicht. Trauerweiden wehen am Ufer, und der Pfad an der Dommel mündet im Naturschutzgebiet **Dommelplatsoen** mit Wäldchen und netten Plätzen am Wasser.

Mit Pauken und Posaunen

Auf dem Rückweg zum Zentrum den Stadswandelpark durchqueren. Wer hier im Mai, Juni oder September unterwegs ist, wird im **Muziekkiosk** von 14 bis 17 Uhr in den Genuss klassischer Musik im Freien kommen. Doch auch sonst ist der beschauliche Park ein schönes Ausflugsziel. An seinem äußeren Rand ist das große **Parktheater** erreicht, und direkt dahinter liegt die **Pennings Foundation,** die erste Galerie in den Niederlanden, die Fotografie ausgestellt hat (penningsfoundation.com).

Urban livin'

An der belebten Vestdijk Straße liegt auf der rechten Seite das **VDMA-Gelände,** auf dem es mal eine Ausstellung, mal einen Foodmarket, mal eine Hüpfburg … gibt. Weiter die Straße hoch ist der **Hauptbahnhof** fast erreicht. Den Eingang zur Innenstadt markiert hier der **Blob,** ein kugelförmiger Glasbau, in dem die Modekette America Today beheimatet ist. Im Hauptbahnhof selbst steht ein Klavier zum freien Spiel, und es gibt ein Café mit Ausblick auf die Stadt und vielen Sonnenplätzen (hinter der Glasfront).

Schon dumm gelaufen?

Aus den 70ern und einfach kultig: Das Ministerium für alberne Gangarten ist ein Sketch der Comedy-Truppe Monty Python. Etwas versteckt, wenn man auf den Hauptbahnhof schaut, rechts, liegt der **Silly-Walk-Tunnel.** An seinen Wänden vollführt John Cleese den Silly Walk. Direkt hinter dem Tunnel links steht das Kunstwerk **Flying Pins** – berühmter, aber weniger witzig.

Schlafen

Beim Design-Vater

Piet Hein Eek Hotel: Neben Fabrik, Galerie und Restaurant besitzt der Designer Eek auch ein Hotel. Jeder Raum ist hier von einem anderen Künstler, einer anderen Künstlerin gestaltet.

Beeldbuisring 201, hotelpietheineek.nl, €€€

Mittendrin

Hotel Nassau: Ohne jegliches Tamtam, aber bequem und mittendrin.

Wilhelminaplein 13, aubergenassau.nl, €€

Außergewöhnlich

Kazerne: Mit viel Holz und ungewöhnlichem Dekor sind die Zimmer gestaltet, ein Restaurant und Design-Ausstellungen laden zum Verweilen ein.

Paradijslaan 2–8, kazerne.com, €€€

Schwarzer Schwan

De Zwaan: Das gemütliche Budgethotel im schwarzen Eckhaus bietet verschiedene Zimmergrößen an, das Bad wird geteilt, dadurch ist der Preis ungleich günstig.

Wilhelminaplein 4, budgethotel.nl, €

Essen

Die Geschmäcker der Welt

DownTown Gourmet Market: In dem großen Streetfood Market kann von Sushi über Tacos bis hin zu deftigen Hot-Dogs wirklich alles bestellt und geteilt werden.

Smalle Haven 2–14, nur Karte, Di–So, €–€€

(Noch ein) Geheimtipp

The Corner: Inhaber Yamani Bounnou verwöhnt mit internationaler Küche und setzt auf gute Produkte zu guten Preisen.

Großer Berg 22, auf Facebook, tgl., €

In den Kessel geschaut

Ketelhuis: Neben großen Kesseln aus den 1930ern wird exquistes Essen und Wein serviert – mit Industrie-Flair.

Ketelhuisplein 1, ketelhuis.com, Do–So, €€

Geniale chinesische Erfindung

Hot & Hot: Alle sitzen um den kochenden Topf – Hot Pot – und können hineintun und wieder aus dem Wasser fischen, was ihnen schmeckt. Gesellig und lecker!

De Rungraaf 106, hotandhot.eu, tgl., Mo–Fr nur abends, €€

Einkaufen

Kreativ, nachhaltig und ethisch

Yatva: Ein absoluter Kultladen mit einem Mix aus Secondhandkleidung und Designs aus Westafrika, Besitzerin Yetunda ist Eindhovens Trendsetterin.

Hurksestraat 19, yatvavintage.com, Fr, Sa

Kein altes Brot

Bakkerij Renders: Ein Familienbetrieb, der seit 1944 in Eindhoven täglich frisches Brot und Delikatessen backt.

Aalsterweg 55, bakkerijrenders.nl, Di–Fr

Ausgehen

Snacks, Drinks, Kultur

Pand P: Draußen in der Sonne ein Bierchen trinken, drinnen finden Theater, Tanz, Film, Vorträge, Partys statt.

Leenderweg 65, pand-p.nl, Biergarten Mi–So

Grenzerfahrungen

United Cowboys: Für ungewöhnliche Performancekunst ist die Truppe international bekannt (s. S. 287).

Kleine Berg 62, www.unitedcowboys.net/home

Dance in Pink

Thomas Eindhoven: In dem pinken Raum legen verschiedene DJs auf, oft zu elektronischer Musik. Außerdem gibt es Food und Drinks all week long.

Stratumseind 23, thomaseindhoven.nl, tgl.

Filmkunst und mehr

LAB-1: Sympathisches Kino für Perlen der Filmkunst und ein Ort für Ausstellungen, Livemusik, Stand-up-Comedy, auch die DutchDesignWeek ist hier jedes Jahr vertreten. Auch im Foyer, ohne Sonderveranstaltung, kann man sich gut aufhalten, denn es gibt zahlreiche Karten- und Brettspiele und natürlich Drinks und Popcorn.

Keizersgracht 19, lab-1.nl

TOUR
Ein Viertel für die Kreativität

Mit dem Rad durchs Designviertel Strijp-S

Infos

F9
Start: am Bahnhof Eindhoven

Länge/Dauer: knapp 10 km, mit Besuch von MU und Piet Hein Eeks Showroom sowie der einen oder anderen Einkehr locker eine Halbtagestour

MU: Torenallee 40-06, www.mu.nl/en, tgl., bei Ausstellungen

Piet Hein Eek Showroom: Halvemaanstraat 30, pietheineek.nl/en, Showroom und Shop tgl.

Über Jahrzehnte wuchs Tech-Gigant Philips in Eindhoven stetig und veränderte maßgeblich das Stadtbild. Doch erst die Umsiedlung nach Amsterdam und in andere Orte Anfang der 2000er führte dazu, dass die Stadt richtig aufblühte. Denn mit viel freiem Raum kam viel Potenzial.

Los geht's am **Bahnhof,** von hier führt die PSV-laan direkt nach Strijp-S. Kunstwerke begleiten unseren Weg, Street-Art schmückt die gesamte Straße. Vorbei am **Philips-Stadion,** das man bei einem Spiel des erfolgreichen Erstligisten mitunter eher hört als sieht, geht es die Straße hinab. Nur noch wenige Meter, und das Designviertel ist erreicht. Der von futuristischen Hochhäusern umstandene **Ketelhuisplein** ist mit Bars, Cafés, Restaurants und Galerien ein Hotspot des Viertels. Um die Ecke liegt das **MU.** Das hat nichts mit Kühen zu tun, sondern ist ein hybrides Art Centre, das immer anders genutzt wird.

Wir biegen nach rechts in die **Edisonstraat.** Wer entdeckt hier einen besonders ungewöhnlichen Garten? Diesmal steht tatsächlich eine blaue Kuh vor dem Haus. Am Ende der Straße nach links radeln und den **Philips de Jongh Park** rechts liegen lassen. Schon wartet der nächste Stopp: Designstar **Piet Hein Eeks Showroom** plus Werkstätten, Restaurant, Shop, Hotel. Hier ist immer etwas los. Vorbei an den typischen ehemaligen Arbeiterhäusern taucht das Konferenzzentrum **Evoluon** (Noord Brabantlaan 1A) auf, das an ein Ufo erinnert. Nun ist der **Ketelhuisplein** nicht mehr weit, und die Tour kann hier gemütlich ausklingen. Oder auch beliebig um weitere kreative Entdeckungen verlängert werden.

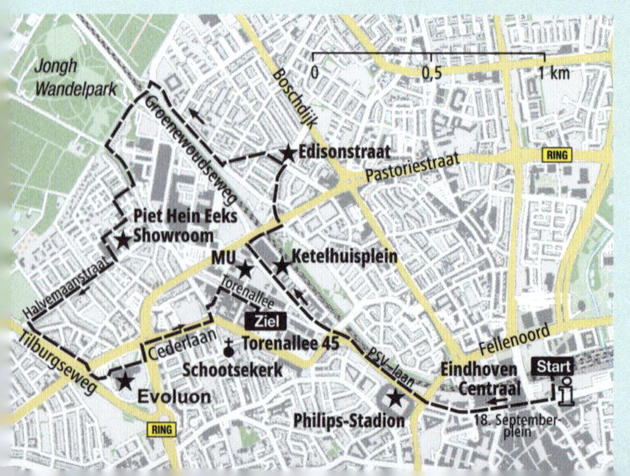

Infos

- **thisiseindhoven.com:** Alle Events, Shops, Highlights (auch deutsch).
- **VVV:** im Hauptbahnhof, Stationsplein 23-02, T 040 297 91 15, tgl.
- **DutchDesignWeek:** Okt., ddw.nl. Die ganze Stadt wird zur Ausstellungsfläche, das größte Design-Festival Nordeuropas.

Nuenen G9

Vincent van Gogh lebte und arbeitete in Brabant. In der damals bettelarmen Gegend zog er umher und porträtierte viele Menschen. Über ein Viertel seiner Werke malte er im kleinen Ort Nuenen, in dem noch heute vieles an ihn erinnert. Außerdem gibt es hier ein besonderes Highlight für Radfahrer: Als Hommage an das Gemälde »Sternennacht« funkeln nach Dämmerung Tausende in den Boden eingelassene fluoreszierende Elemente auf dem Radweg **Van Gogh-Roosegaarde** zwischen Nuenen und Eindhoven. Sie sind Teil des **Van-Gogh-Radwegs,** der ganz Brabant durchzieht und in s'-Hertogenbosch beginnt.

www.visitbrabant.com/de/routenubersicht/1855441382/van-gogh-radtour-eindhoven

's-Hertogenbosch F8

Die gemütliche Provinzhauptstadt, oft kurz Den Bosch genannt, ist vor allem für den provokanten Maler des Mittelalters Hieronymus Bosch bekannt. Hier verbrachte er die längste Zeit seines Lebens und hinterließ viele Spuren.

Anders eintauchen

Zur Einstimmung könnte eine Entdeckungstour (auf eher ungewöhnliche Art) an der **Tramkade** starten. Dort stehen einige Gebäude, die früher zu einer Mehl- und Viehfuttermühle gehörten. Heute finden sich hier Restaurants und Cafés, das große Theater **Verkadefabriek** und das viel kleinere **Blauwgras,** eine Skatehalle und die großen **Silos,** die mit Motiven von Hieronymus Bosch bemalt wurden. Die Tramkade grenzt außerdem direkt an den Wasserweg Binnendieze.

Überquert man hier den Fluss und hält sich rechts, kann man das Wasser direkt wieder über die Fußgängerbrücke Sortiebrug überqueren und die **Zitadelle** erreichen, darin das Zentrum für Geschichte von Noord-Brabant. Wenige Schritte weiter ist die City schon erreicht mit den üblichen Geschäften und dem Marktplatz. Hier steht die berühmte reich verzierte **St.-Johannes-Kathedrale** aus dem Spätmittelalter.

Von viel Kultur zu viel Ruhe

Hinter der Kirche beginnt das **Museumsviertel,** wo sich Het Noordbrabants Museum mit Kunst, Kultur und Geschichte Nordbrabants und das Stedelijk Museum 's-Hertogenbosch mit Werken von Picasso, Cocteau und Mendini ein Dach teilen.

Weitere Museen sind **Design Museum Den Bosch, Kunstmuseum Slager, Jheronimus Bosch Art Center** oder das hübsche **Haus der Schwanenbrüder,** außerdem einige sehenswerte Galerien. Im

SCHÜTZENDER SUMPF S

Während des Achtzigjährigen Krieges gegen Spanien erhielt 's-Hertogenbosch den Spitznamen ›Sumpfdrache‹, uneinnehmbar wegen des Sumpfes, der die Stadt umgab. Immer wieder wurde er bei Angriffen geflutet. Dadurch entstanden die Naturschutzgebiete **Moerputten** und **Bossche Broek.**

Auf der Design Week: Lidewij van Twillert stellt ihre mittels einer 3D-Bodyscanning-Technologie maßangefertigte BH-Kollektion vor.

Zuiderpark finden Museumsmüde Erholung. Noch ein Stückchen weiter lockt der **Heempark** mit einem Strand am Zuiderplas. Auf der Halbinsel in Sternform stand einst die Festung **Pettelaarse Schans.** Dort, wo früher das umkämpfte Fort war, markieren heute eine Reihe von Bäumen den Standort.

www.visitbrabant.com/de/wohin/s-hertogenbosch/museen

Das Tor zur Neustadt

Zurück über die Dommel erreicht man die **Paleisbrug,** die zweite Parkbrücke der Welt, die Alt- mit Neustadt verbindet. In der Neustadt lockt das **Paleis-Viertel,** ein Ausgehort mit Restaurants und dem schönen, wasserreichen **Westerpark.**

Schlafen

Street-Art als Nachbarn

Wikkelboat: Zwei Holzboote mit Top-Ausstattung liegen direkt auf dem Wasser neben den bemalten Silos an der Tramkade.

Tramkade 43, wikkelboat.nl, €€€

Juwel in der Altstadt

Hotel Haverkist: Stylishes Hotel im historischen Gebäude mit leckerem regionalen Frühstück und eigenem Parkplatz.

Kruisstraat 28, hotelhaverkist.nl, €€

Himmlisch schlafen

Keershuys: Zimmer mit außergwöhnlichem Design und luxuriöser Ausstattung. Zu empfehlen ist das Paket mit 3-Gänge-Menü und Frühstück.

Lepelstraat 45, keershuys.nl, €€€

Essen

Arabische Moderne

Yalla Yalla: Arabische Küche von klassisch bis ungewohnt – einfach perfekt zum Teilen.

Postelstraat 4, yallayallafoodbar.nl, tgl., €

Das gibt's nur hier

Bossche Bollen: Bei Jan gibt es die Bossche Bollen, einen kalorienreichen, mit Schokolade überzogenen Teig-Sahne-Traum, den es nur in Den Bosch gibt.
Stationsweg 24, bosschebollen.nl, Di–Sa, €

Entspannt

Bistro BON: In geselliger Atmosphäre gibt es von morgens bis spätabends eine große Speisekarte mit Gerichten aus aller Welt. Besonders der Snickers Cheesecake zum süßen Abschluss ist *lekker.*
Lepelstraat 39, bistrobon.nl, €€

Bewegen

Flüster, flüster

DagjeDenBosch: Auf dieser Website gibt es Stadtführungen, und die mit Abstand schönste unter ihnen ist eine Fahrt mit dem *fluisterboot* durch die Kanäle.
Parade 12, dagjedenbosch.com

Infos

- **VVV:** Markt 77, visitdenbosch.nl
- **Boulevard:** Anf. bis Mitte Aug., festival boulevard.nl. Theaterfestival mit außergewöhnlichen Performances.

Breda

E9

Auf mehr als 750 Jahre Stadtgeschichte schauen die Einwohner:innen Bredas zurück. Die historische Alstadt umkreist und durchschlängelt der Fluss Mark. Sie kann bestens zu Fuß erkundet werden – zu großen Teilen ist sie autofreie Zone.

An der **Havenkade** zeigt sich Breda von seiner vielfältigen Seite. Am Wasser gibt es viele Restaurants, und von hier legen einige Wassertaxis ab, von denen die Altstadt aus einer besonders schönen Perspektive erkundet werden kann. Nicht weit hinter dem Fischmarkt liegt das imposante **Schloss** von Breda, das für das Königshaus historisch bedeutsam ist. Da sich das Schloss auf Militärgelände befindet, kann es nur mit einer Führung (www.gildebaronie.nl) besucht werden.

Historie und Street-Art

Weiter zum Kern der Altstadt, tauchen Grote Kerk und Marktplatz auf. Lässt man diesen erst mal links (in diesem Fall rechts) liegen und läuft die Catharinenstraat weiter, befinden sich dort der **Begijnhof** (tgl.), eine Oase der Ruhe, dahinter eine noch größere Oase der Ruhe – der **Stadtpark Valkenberg.** Von hier aus ist der Bahnhof nicht weit und auf dem Weg liegt das Büro der **Blind Walls Gallery.** Hier gibt es Auskunft und Führungen zu den vielen Murals. Sie erzählen wie ein Outdoor-Museum viel über die Vergangenheit und die Gegenwart Bredas.
Terheijdenstraat 1, blindwalls.gallery

Schlafen

Mit Traubengewächshaus

Huize Druivelaar: Der 120 Jahre alte Bauernhof ist ein besonderes grünes Paradies mitten in der Stadt mit luxuriösen Zimmern und leckerem Frühstück.
Haagweg 386, huizedruivelaar.nl, €€/F

Essen

Kartoffelenthusiasten

Zand & Klei: Hier gibt es außergewöhnliche und leckere Kartoffelkreationen.
Veemarktstraat 76, zandenklei.nl, Mi–So, €€

Auf dem Wasser

BAAI: Dieser bunte Hotspot mit schwimmender Terrasse ist gut für einen Happen oder einen Drink. Oft auch Livemusik.
Markkade 1AB, baaibreda.nl, Do–So, €

NATIONALPARKS

Große Vielfalt in Noord-Brabant: **Nationaal Park De Biesbosch,** eines der wenigen Süßwasser-Gezeitengebiete weltweit (s. auch S. 56), **Nationaal Park De Loonse en Drunense Duinen** mit den größten Binnendünen Westeuropas und **Nationaal Park Grenspark De Zoom – Kalmhoutse Heide,** ein abwechslungsreiches Naturgebiet mit Heidelandschaften, Moorseen und Wäldern, das zu den beliebtesten Wandergebieten der Region zählt.
np-deloonseendrunenseduinen.nl, np-debiesbosch.nl, grensparkkalmthoutseheide.com

Einkaufen

Ein Ort für die Zukunft

Parrels: Ausgefallene 2nd-Hand-Artikel sowie neue Möbel und Deko, außerdem Workshops und Veranstaltungen mit dem Thema zirkuläres und nachhaltiges Breda.
Houtmarktpassage 33, parelsbreda.nl, Di–Sa

Tilburg

F9

Einst Hochburg der Textilindustrie, heute eine quirlige kleine Studentenstadt. Tilburg ist touristisch wenig bekannt, ein Grund mehr, der Stadt einen Besuch abzustatten. Direkt oberhalb des Bahnhofs beginnt die **Spoorzone,** hier haben sich viele hippe Cafés und Restaurants angesiedelt. Südlich und auch direkt am Bahnhof liegen außerdem der **Tivolipark** und das berühmte **Poppodium 013.** Es beherbergt die größte Popbühne im Süden der Niederlande. Von außen ist es ein Hingucker, es sieht aus als ob Hunderte von CDs an dem Gebäude kleben.

Im auffälligen weißen **Rathaus** von 1847 erhielt Vincent van Gogh seinen ersten Zeichenunterricht. In dessen Fußstapfen zu treten, lädt **Vincents Tekenlokaal** (Stadhuisplein 130, vincentstekenlokaal.nl) ein: Hier werden Zeichenworkshops angeboten.

Kleider machen Leute

Im **Museum De Pon,** einer ehemaligen Wollspinnerei, wird spektakuläre Kunst gezeigt (Wilhelminapark 1, depont.nl, tgl.). Und in unmittelbarer Nachbarschaft vermittelt das **Textielmuseum** vom Entwurf bis zum Endprodukt hautnahe Einblicke in die Mode- und Designindustrie (Goirkestraat 96, textielmuseum.nl, Di–So).

Schlafen, Essen

Die Mischung macht's

Villa la Vida: Vom Restaurant bis zu den Zimmern ist die Villa eine tolle Mischung aus Farben, Kulturen, Aromen und Düften.
Hoevenseweg 2, am Piushaven, villa-la-vida.nl, €€

Vive la France

Auberge du Bonheur: Hier werden Sie wirklich glücklich, denn es gibt exquiste Speisen und luxuriöse Zimmer.
Bredaseweg 441, www.bonheurhorecagroep.nl/auberge-du-bonheur, €€€

Bewegen

Zur Schneidermeisterin werden

TextielLab: Ein wirklich außergewöhnlicher Besuch wird es, wenn man einen Workshop im Textielmuseum bucht.
Goirkestraat 96, textielmuseum.nl/en/textiellab-visitors, Workshops ganzjährig in mehreren Sprachen

Middelburg

B9

Gut 1100 denkmalgeschützte Gebäude zählt die zeeländische Hauptstadt! Kaum verwunderlich, war die Hansestadt im 17. Jh. doch die zweitgrößte Stadt nach Amsterdam. Hier wurden mehr als 300 VOC-Schiffe gebaut. Erstaunlich indes ist, dass wir den kreisförmigen **spätmittelalterlichen Stadtkern** mit seinen kopfsteingepflasterten Gassen und hübschen Altbauten heute noch erleben können: Deutsche Fliegerbomben legten Middelburg am 7. Mai 1940 in Schutt und Asche. Dass die Stadtväter entschieden, das von Kanälen und Grachten durchzogene Zentrum nach alten Plänen wiederherzustellen, ist ein Glücksgriff!

Zu Füßen des Lange Jan

Heute zeigt sich Middelburg als heitere, geschäftige Stadt. Das historische Zentrum dominiert die 1127 gestiftete **Abtei** mit dem **Lange Jan,** Wahrzeichen Middelburgs. Der 91 m hohe Abteiturm bietet herrliche Ausblicke bis zum Oosterscheldedam (s. S. 260; Onder de Toren, langejanmiddelburg.nl, Sa). Am **Abdijplein** mit uralten Linden liegt das **Zeeuws Museum,** dessen bedeutendster Schatz, kunstvoll gearbeitete Wandteppiche, die Seeschlachten gegen die Spanier zum Thema hat (Abdijplein, zeeuwsmuseum.nl, Di–So). Hinter den beiden roten Türen am Platz verstecken sich mit dem **Kreuzgang** und dem **Kräutergarten** mit mittelalterlichen Gewächsen zwei Oasen der Ruhe.

Kuiperspoort: Zeitreise ins 17. Jh.

Im Osten des Lange Jan verheißt die kurze **Reigerstraat** weitere glückliche Momente: Im Sommer ist die Straße mit bunten Regenschirmen geschmückt. Instagrammable! Um die Ecke lädt **Jells Lunchcafé** zu einer Pause; ein schmaler Durchgang führt ins beschauliche **Hofje onder de Toren** im Stil der Delfter Schule und ins Terrassenparadies des Cafés. Doch auch im liebevoll dekorierten Gastraum schmecken Avocadoburger, Lachsschnittchen und Selleriesalat (Nieuwe Kerkgang 1, www.jellslunchcafe.nl, Mo–Sa, €).

Spätgotik meets Moderne

Über den **Markt** wacht das mächtige historische **Stadhuis,** dessen Wiederherstellung nach der Bombardierung 1940 eine Herausforderung für die Stadtväter gewesen sein muss. Das über und über verzierte Rathaus gilt als als einer der schönsten Profanbauten der flämischen Gotik (Infos zu Führungen: Touristinfo, s. S. 253). In der angegliederten Fleischhalle ist eines der interessantesten Museen der Region untergebracht, das **Museum Vleeshaal,** Zentrum für zeitgenössische Kunst (vleeshal.nl, Mi–So, Ausstellungen wechseln zweimonatlich).

Am Markt fällt ein weiteres Gebäude ins Auge, **De Drukkerij.** Eine Glasfassade ist dem eigentlichen Gebäude vorgesetzt, die wie eine Art Pinwand genutzt wird. Eine Druckerei gibt es nicht mehr, dafür nutzen den lichtdurchfluteten Raum mit der knallroten Stahlkonstruktion und dem Glasdach Touristinfo, Brasserie und eine gute sortierte Buchhandlung (Markt 51, drukkerijmiddelburg.nl, Mo–Sa, 1. So im Monat, leckere Küche €, super Kuchen).

Marktgänger sollten sich den Donnerstag (Wochenmarkt) und den Samstag (Obst und Gemüse) vormerken; beide auf dem Marktplatz. Der *snuffelmarkt,* ein besonders schöner Flohmarkt (auch) für Antikfans (Juli/Aug. Do), findet hingegen auf dem Vismarkt (Damplein) statt.

Brote und Boote

Wir schlängeln uns auf dem Weg vom Markt zu den Rundfahrtbooten vorbei am **Plein 1940,** der an das deutsche Bombardement erinnert, und durch die Korte Geere. Efeu und Blauregen lassen die Fassade von Nr. 20 fast völlig verschwinden. Dahinter verbirgt sich ein Kleinod: **Pluk de Dag,** was übersetzt so viel wie ›Nutze den Tag‹ heißt. Blumen- und Interieurladen nebst Brasserie sind liebevoll eingerichtet (plukdedag.org, Mi–Sa, Toast, belegte Brote, Salate €, super Kaffee!).

Auf der **Langevielebinnenbrug** fällt der Blick auf das monumentale Gebäude mit flämischem Giebel und hübschen Fensterläden. Die **Kloveniersdoelen** (1611) waren einst Sitz mehrerer Schützengilden, später von Gasthof und Hospital, heute von einem Kino (cinemamiddel burg.nl)und Grandcafé **De Houttuinen.** Im traumhaften Cafégarten laden Liegestühle unter schattigen Bäume zur Rast, Bäume zum Klettern, das Gras zum Ausstrecken. Die Atmosphäre ist locker, die Karte übersichtlich, aber ausgezeichnet (Achter de Houttuinen 30, dehouttuinen. nl, Mo–Sa bis 20 Uhr, €).

Superrelaxed ist es auch auf der Grachtenrundfahrt. Skipper Roland von **Rondvaart Middelburg** erzählt gerne und interessant über die Geschichte der VOC-Stadt. Unterwegs heißt es mehrmals *bukken,* einige der Brücken sind echt niedrig. Die knappe Stunde vergeht wie im Flug. Wer mag, kann bei Roland auch Kanu oder SUP-Board ausleihen (Achter de Houttuinen 39, rondvaartmiddelburg. nl/de, ab Ende März, 9 €, auch auf Dt.).

Zeitreise

Im Osten erinnern zwei schmale Straßen daran, dass Middelburg auch die Stadt der engen Gassen ist. Der schmale Einlass im Kuiperstor (Rouaansekaai 23) öffnet sich auf den nur 150 m langen **Kuiperspoort.** In dem Sträßchen waren früher Böttcher angesiedelt, die Fässer und Bottiche herstellten. Die Treppengiebel der Häuser des 17. und 18. Jh. scheinen sich freundlich zuzunicken, es ist friedlich hier. Die parallel verlaufende **Schuddebeursstraat** ist die schmalste Gasse der Stadt – und gar nicht so einfach zu finden. Im **Jachthafen** hat uns das Hier und Jetzt wieder, auch wenn schön renovierte Packhäuser der VOC-Zeit die Kais schmücken.

Schlafen

Mehr als ein Zimmer im Zentrum

ApartHotel Waepen van Middelburg: Wie der Name schon andeutet, mietet man hier ein ganzes Apartment und kann sich komplett selbst versorgen – und genießt doch den Komfort eines (Familien-)Hotels!

Stationsstraat 15, www.waepenvanmiddel burg.nl/de, mit Garten, €€–€€€

Juwel in der Innenstadt

Boutique Hotel The Roosevelt: Das ungewöhnliche Hotel besticht durch individuelle Luxuszimmer. Auch Hotelbar und Lounge haben ihren speziellen Stil und laden auf einen Drink oder zum Frühstück ein.

Nieuwe Burg 42, www.hoteltheroosevelt.com/ de, mit Sauna, teils mit Whirlpool, €€/F

Folgt Brunos Einladung!

Hotel Bruno: Brunos Zimmer sind ganz unterschiedlich – ob schlicht mit smarten japanischen Designinnovationen und

MINIATURWELTEN

Mini Mundi ist ein beliebtes Ausflugsziel für Familien. Neben dem Vergnügungspark mit verschiedenen Fahrgeschäften und dem riesigen Indoor-Spielplatz lieben sie vor allem **Miniatur Walcheren,** wo die schönsten Sehenswürdigkeiten der Insel im Maßstab 1:20 nachgebildet sind.
Podium 35, minimundi.nl/deutsch

Stockbetten oder komplett in Rosa gestaltet. Cool sind auch die Insidertipps!
Varkensmarkt 1, hotelbruno.nl/en, €

Essen

›Burgundischer‹ Lebensstil, olé!

Basalt: Um die Ecke vom Vismarkt führen Albert und Patricia ihr gemütliches Restaurant mit großer Passion für Fisch und Wein.
Sint Janstraat 34, restaurant-basalt.nl, tgl., gute Lunchplatte zum Ausprobieren, €€–€€€

Von A bis Z alles selbst gemacht

De Gouden Bock: Die bodenständige und gleichzeitig feine Küche hat sich auf Fisch und (saisonal) Wild spezialisiert. Besonderen Wert legt Martijn dabei auf die Qualität der Produkte und gute Weine.
Damplein 17, degoudenbock.nl, Di–Sa, €–€€

Ökologisch und korrekt?

Koffiepand: Ja! Das Café ist ist nicht nur bio, es arbeitet auch mit lokalen Produkten und ohne Müll zu produzieren. Bunt – lautet die Devise hier, und sie zeigt sich in Frühstück, Lunch, Kuchen und Snacks.
Korte Geere 19, www.koffiepand.nl, Di–Sa bis 17.30 Uhr, ›slow breakfast‹, frische Säfte, €

Leckerschlecker …

IJssalon Fresco: Die Kunst, traditionelles italienisches Eis herzustellen, hat die Mutter der Betreiber einst von Gino gelernt und ihren eigenen Senf hinzugegeben. Das Resultat? Besondere Eiskreationen aus regionalen Zutaten. Auch vegane Kuchen.
Langeviele 39, ijsmiddelburg.nl, tgl.

Einkaufen

Middelburg ist eine kleine, feine Einkaufsstadt. Eine der schönsten Straßen zum *winkelen* ist die **Sint Janstraat.** Gut aufgehoben ist man auch in Segeersstraat, Korte Delft, De Korte Geerte und am Damplein.

Kleidung und Kuriositäten

Lieve Hemel: Das Ladenlokal ist ein Mix aus Secondhandshop, Flohmarkt und Antiquariat. Wie wäre es mit einem gebrauchten Kleid, einer kleinen Skulptur, einem alten, neu aufgearbeiteten Sessel?
Kleine Vlaanderen, Do, Fr 12–17 Uhr

Ausgehen

Bier und Bites

Vliegende Hollander: Im einmaligen Biercafé-Ambiente sollte man sich durch die Karte probieren: 42 Fass- und noch viel mehr Flaschenbiere.
Plein 1940 5, biercafemiddelburg.nl, Mi–So

Infos

- **Infos:** www.uitinmiddelburg.nl
- **Touristinfo:** Markt 51, De Drukkerij, Mo–Sa und 1. So im Monat
- **ZeelandJazz:** 3. Juni-WE, www.zeelandjazz.nl. Gratiskonzerte kreuz und quer in der Stadt (2. Juni-WE in Terneuzen).
- **City of Dance Festival:** WE Mitte Julii, www.cityofdancefestival.nl. Crossover-Musikfestival auf tollem Gelände am Kanal.
- **Muschelfest:** letztes Juli-WE, www.mosselfeestmiddelburg.nl. Musik, Straßenkunst, Muscheln am Vlasmarkt.

Vlissingen

B9

Die frühere Garnision im Mündungsdelta der **Westerschelde** ist nicht nur bedeutende Hafenstadt, sondern auch beliebtes Seebad mit einer langen, von Hochhäusern gesäumten **Strandpromenade.** Der zentrale **Badestrand** ist dünenlos, während der **Nollestrand** im Westen von Dünen begrenzt ist und mit der **Windorgel** aus 30 Bambusröhren am Nollehoofd bezaubert.

Der Verkehr auf der Wasserstraße ist rege und lässt sich am besten vom **Loodsensteiger** am Boulevard De Ruyter, benannt nach dem hier geborenen berühmten Seehelden, aus beobachten. Der Blick auf die großen Pötte ist genial, und das Gewimmel der Schiffe, die Lotsen zu den Ozeanriesen bringen, beachtlich. Mehr als 70 000 Schffe passieren Vlissingen jährlich, es ist das Einfallstor zu den Seehäfen von Terneuzen und Antwerpen.

Auf See

An die bewegte Vergangenheit erinnert **Fort Rammekens** (10 km östl.), im 16. Jh. zum Schutz der VOC-Schiffe erbaut. Die älteste Seefestung Westeuropas war im Zweiten Weltkrieg Teil des Atlantikwalls und liegt heute eingebettet in zwei Naturreservate (Rammekensweg, Ritthem, entdecke-walcheren.de, April–Okt. Sa, So).

Die **Kasematten,** die Teil des **Zeeuws maritiem muZEEum** sind, können aus Sicherheitsgründen zzt. nur von außen besichtigt werden. Sie sind Teil der Verteidigungsanlagen von 1548. Zugänglich aber ist das Marinemuseum, das sich ab Mitte 2023 in völlig neuem Look präsentiert. Es ist der Seefahrtsgeschichte Zeelands gewidmet und erzählt in sehr persönlichen Geschichten vom Schicksal der Seeleute – und natürlich vom bekanntesten Sohn der Stadt, Admiral Michiel de Ruyter (Nieuwendijk 11, muzeeum.nl).

Schlafen, Essen

Die letzte Mahlzeit

De Gevangentoren: Früher haben hier Häftlinge eingesessen, heute wird in dem einst zur Befestigungsanlage gehörenden Turm direkt an der Promenade luxuriös gespeist und übernachtet! Der Küchenplan reicht von mediterran bis heimatlich und ist immer exquisit. Die Suite mit Aussicht aufs Wasser ist der Hammer! Und das alles in romantischem, sehr privatem Ambiente.

Bd. de Ruyter 1A, gevangentorensuite.nl, restaurantdegevangentoren.nl, Suite €€€/F (400–500 €/Nacht), Restaurant €€

28 m² Glück am Strand!

Strandhuisjes: Am Strand vom Sonnenaufgang geweckt werden, um dann den restlichen Tag weiter in der Natur zu verbringen, bis man von seiner Terrasse den Sonnenuntergang bewundern kann.

Nollestrand, www.roompot.de (Beach House), nur Mo–Fr, Fr–Mo oder wöchentl., 2–4 Pers., sehr früh buchen!, mit Küche/Bad, €€–€€€

Schlafen im Hafen

Hotelboot Königin Emma: Das renovierte Schiff (1933) beherbergt zehn Deluxesuiten. Das Frühstück wird in der **Gastrobar de Timmerfabriek** serviert.

Houtkade 1, Hotelschiff u. Gastrobar: kloegcollection.com/de, Tee-/Kaffeekocher, €–€€/F

Bei der Konkurrenz schlafen …

De Concurrent: Über dem gleichnamigen traditionellen **Bruin Café** kann nun auch übernachtet werden. Und die Zimmer sind mindestens so cool und entspannt wie die Atmosphäre unten im Cafe.

Bellamypark 22, www.conc.nl, €, Küche (Lunch, Burger, Salate, Gambas), €–€€

Infos

- **Infos:** vlissingen.com/de

- **Fähre nach Breskens:** westerscheldeferry.nl, 20 Min., Fußgänger-/Fahrradfähre
- **Rommelmarkt:** Flohmarkt im Sommer auf dem Oude Markt, Mi 13–17 Uhr
- **Veranstaltungen:** Die Vlissinger verstehen zu feiern! Ein Event folgt aufs nächste, vlissingen.com/de/veranstaltungen.php.

Zeeuws-Vlaanderen

B9

Mit Breskens ist Zeeuws-Vlaanderen erreicht, ein abwechslungsreicher Landstrich, der einst aus vielen großen und kleinen Inseln bestand. Der südlichste Teil Zeelands grenzt im Süden und Westen an Flandern, Belgien. Er ist von unterschiedlichen Landschaften und Naturgebieten geprägt. Im Osten liegt das Gezeitengebiet Verdronken Land van Saeftinghe (NSG), dann folgen Inlandspriele, Polder und Deiche mit Kopfweiden und ganz im Westen das Marschland 't Zwin (NSG).

Von Fischen und Fischern

Sie sind gerade in **Breskens** angelandet und haben Hunger? Kein Problem, das Städtchen an der Scheldemündung ist ja nicht nur beliebter Bade-, sondern auch ein mehr als 500 Jahre alter Fischerort! Im Jachthafen lädt **Spetters** zu finessenreicher Küche mit Meeresfrüchten und Fisch. Wer mag, kann auch übernachten (Kaai 5, restaurantspetters.nl, Mi–So, €€; Bootshaus, Suite €€€). Günstig und gut ist der Fisch nebenan bei **De Dukdalf** oder im **Imbiss an der Promenade** (Ecke Duinstraat). Das **Visserijmuseum** informiert über die Fischereigeschichte Breskens in all ihren Facetten, und im **Aquarium** tummelt sich die Nordseefauna (Kaai 1–103, museumbreskens.nl, April–Okt. Di–Sa).

Noch Energie? Über den **Panoramaweg** geht es in einer halben Stunde zu Fuß zum hübsch schwarz-weiß geringelten **Vuurtoren,** dem ältesten gusseisernen Leuchtturm des Landes (1867; vuurtorenbreskens.nl, April–Okt. Sa, So, im Juli, Aug. auch Fr). Und jetzt ab an den Strand!

»UND DER HAIFISCH …

… der hat Zähne und die trägt er im Gesicht.« Oder auch nicht. Zwischen Cadzand und **Nieuwvliet-Bad** im Osten scheint er sie nämlich alle verloren zu haben. So stehen die Chancen nicht schlecht, bei einem Strandspaziergang den einen oder anderen zu finden. Sie sind übrigens schwarz. Nicht weil des Hais Zahnpflege so mies war, sondern weil sie Jahrmillionen alt sind.

Brackwasser-Wildnis

Über das spätmittelalterliche Festungsstädtchen **IJzendijkje** und die Kleinstadt **Philippine,** die mit gleich acht Muschelrestaurants aufwartet (fast alle Köche sind miteinander verwandt und ihr Muschelrezept ist nach wie vor Verschlusssache), ist, schon fast in Belgien, **Hulst** erreicht. Die »flämischste Stadt der Niederlande« überrascht mit fast 4 km langen Festungswällen. Im Norden, am Ufer der Schelde, liegt das Naturschutzgebiet **Verdronken Land van Saeftinghe.** Das Ebbe und Flut ungehindert ausgesetzte Salzwiesengebiet, wo sich salziges Nordseewasser mit dem Süßwasser der Schelde mischt, ist u. a. bei Störchen, Nonnengänsen und Wasserbüffeln sehr beliebt.

www.saeftinghe.eu/de, Führung buchen

Eine Ode an Zeeland

Ebenfalls schon fast in Belgien liegt der südlichste niederländische Badeort ganz im Westen, Cadzand. **Cadzand-Bad** lockt mit Hotels und Restaurans, einem traumhaften Strand, Dünen und Wellen.

Im Kurort, der das Gütesiegel ›Bad‹ des Europäischen Heilbäderverbandes trägt, verbirgt sich etwas ganz Besonderes: das **Pure C.** Syrco Bakker, Ziehsohn des berühmten Sternekochs Sergio Herman, hat sich in der traumhaften Location mit ihrer relaxten Atmosphäre, den bodentiefen Fenstern und dem direkten Dünenblick inzwischen zwei Sterne erkocht. Seine kreative Küche huldigt den Produkten des Meeres und der zeeländischen Polder (Bd. de Wielingen 49, www.pure-c.nl, Mi–Sa, €€€).

Grenzüberschreitend

Ein Besuch in **Het Zwin** kann schnell grenzüberschreitend sein, denn der größte Teil des Naturschutzgebiets liegt in Belgien. Dünen umschließen das sog. Inter-Gezeiten-Gebiet, das über einen Zugang zum Meer, das **Zwinpriel,** bei Flut zweimal am Tag vollläuft. Im NSG fühlen sich unzählige gefiederte Zeitgenossen wohl, und die Belgier sprechen nicht umsonst vom ›Internationalen Flughafen für Vögel‹. Tipp: Auf dem Deich nach **Knokke** weiterradeln und bei Cuines 33 oder Caillou sündhaft lecker speisen. Im Sommer ist der Radweg allerdings so etwas wie ein *fiets-highway* …

4 km lange Wanderung ab Parkplatz an Gerrit van Hoekestraat 2, Retranchement, ausgeschildert, Holzterrassenweg und Barfußpfad; Besucherzentrum in Knokke-Heist (BE), Graaf Léon Lippensdreef 8, www.zwin.be, Panoramaturm

Ganz und gar bizarr …

… wird es in **Sluis,** 8 km südlich von Het Zwin, und zwar im **Bizarium,** einer einzigartigen Wunderkammer. Lust auf ein Flugfahrrad? Ein laufendes U-Boot? Eine Furztrompete? Es sind aber auch ›ernst gemeinte‹ Erfindungen, etwa von Leonardo da Vinci oder Nikola Tesla, zu sehen (Hoogstraat 35, bizarium.com/de).

Das gut erhaltene Festungsstädtchen Sluis besitzt den einzigen **Belfried** des Landes (Grote Markt 1, belfortsluis.nl, Mi–So); diese hohen, schlanken Glockentürme finden sich sonst nur in Belgien. Shopaholics werden sich in Sluis wohlfühlen, hier kann man stundenlang durch die Läden ziehen, sogar sonntags. Und zur Erholung geht es dann zum Picknicken (Tipp: Fieret's Vishandel, Kaai 18–20) an

Strandhäuschen in Groede: aufwachen und aufs Meer schauen!

die **Damse Vaart** oder im Tretboot auf den Kanal (Verleih: Hoogstraat 15, tgl.).

Infos

- **Infos:** www.bezoekwestzeeuwsvlaanderen.nl/de, www.breskens-online.de, www.inulst.nl, cadzand-online.de, nieuwvliet-online.de, sluisonline.nl, routesinzeeland.nl

Walcheren und Zuid-Beveland C9

Zurück nach Walcheren oder durch den **Westerscheldetunnel** bei Terneuzen nach Zuid-Beveland. Zeeland ist ein Inselreich mit 650 km Küstenlinie und heute noch sechs (Halb-)Inseln. Sie sind durch Meeresarme getrennt: **Wester-** und **Oosterschelde, Grevelingen** und **Haringvliet.** Nicht umsonst sprechen die *Zeelanders* von einem Land im Meer (= *zee*) und vom Land der gegenüberliegenden Ufer, denn ›der Horizont ist hier nie leer‹.

Zeeuwsche Riviera

Neben den Städten Vlissingen und Middelburg ist **Walcheren** vor allem für seine Badeorte bekannt, die sich wie Perlen an einer Kette von Vlissingen im Süden über Zoutelande, Westkapelle, Domburg und Oostkapelle bis nach Vrouwenpolder im Nordosten ziehen. **Zeeländische Riviera** wird die Küste zwischen Dishoek und Westkapelle auch genannt. Langen, nach Süden ausgerichteten Sandstränden, unzähligen Sonnenstunden und den höchsten Dünen Zeelands ist's geschuldet. Letztere liegen südlich vom beliebten Ferienort **Zoutelande** und erreichen am Aussichtspunkt **Duintop Zoutelande** mit knapp 50 m ihren höchsten Punkt. Keine 5 Min. entfernt erinnert das in zwei Bunkern des Atlantikwalls untergebrachte **Bunkermuseum** an die Landung der Alliierten im Zweiten Weltkrieg (gegenüber von Duinweg 38A, bunkerbehoud.com, Mai–Okt. So).

Vorbei an **Westkapelle,** dem westlichsten Punkt des Landes, das sich hinter einem kilometerlangen Deich duckt, und mehreren Leuchttürmen, ist mit **Domburg** das älteste niederländische Seebad erreicht. Wer Strandspaziergang und Shoppingtour verbinden möchte, ist hier genau richtig! Auf die noblen Badegäste, die ab 1837 zur Sommerfrische kamen und denen unzählige Villen und Landhäuser zu verdanken sind, folgten berühmte Maler wie Piet Mondrian und Jan Toorop. Sie machten das heutige Heilbad ab 1870 zu einer wahren Künstlerkolonie

EIERLEGENDE WOLLMILCHSAU

Eric van Damme hat einiges vor. Der Besitzer des **Standcamping Groede** hat u. a. in zirkulären Häuserbau investiert, so sind seine wunderbaren **Strandhäuschen** aus gebrauchten Materialien und nachhaltig gebaut. Den Campingplatz hat er mit einem Landschaftsarchitekten geplant, an alles ist gedacht. Sein Herzensprojekt ist das NSG **Waterduinen,** das sich im Osten an den Campingplatz anschließt. Sein jüngstes Projekt, ein Ferienhaus in einem Bunker einzurichten, ist abgeschlossen. Der **Spiel-** und **Bunkerpark Groede Podium** in den Groede Polders ist auch einer seiner Pläne: Der coole Spielturm ist aus Recyclingmaterial.
Zeeweg 1, Groede, strandcampinggroede.nl/de, 3 Strandpavillons, Strandhäuser €€€, Küstenbunker f. 5 Pers. €–€€, www.groedepodium.nl, www.zeeland.nl/waterdunen

– angelockt von dem einmaligen Licht an der Küste. Der Künstlerkolonie kommt man im **Marie Tak van Poortvliet Museum** auf die Spur (Ooststraat 10a, marietakmuseum.nl/de, tgl.).

Sommerfrischen

Wem es in Domburg zu trubelig ist, der ist mit dem gemütlicheren **Oostkapelle** gut beraten. Die Strände sind genauso breit und schön, die Natur ist es auch. Knorrige, vom Winde verwehte Eichen überraschen im verwunschenen Waldgebiet **De Manteling.** Highlight des Heilbades ist **Kasteel Westhove.** Die Burg (ca. 13. Jh.) liegt idyllisch hinter der Dünenkette und beherbergt neben einer bezaubernden Jugendherberge das ungewöhnliche Museum **Stella Maris**, das sich mit der heimischen Fauna befasst (Duinvlietweg 6, de.terramaris.nl, April–Okt. tgl.).

Relaxed zeigt sich auch das kleine **Vrouwenpolder** am Rand des Veerse Meers, das vor allem bei Familien beliebt ist. Vor dem wohl breitesten Strand Zeelands zeichnen sich schon die Deltawerke am Horizont ab. Schön (nicht nur) für Kids: Im NSG **Oranjezon** leben in Dünentälern und Wald Wildpferde (www.hetzeeuwselandschap.nl).

Hoher Romantikfaktor

Ein Besuch im malerischen **Veere** ist ein Traum! Damit er nicht zum Albtraum wird, sollten Sie frühmorgens kommen bzw. das Wochenende meiden. Denn auch andere wissen um den Charme des alten Festungsstädtchens am **Veerse Meer** (www.versemeer.com). Highlights sind der **Hafen** mit den auf dem Wasser schaukelnden Bötchen, die schmale Zugbrücke, die seltsam überproportionierte **Grote Kerk,** die vom einstigen Reichtum als Handelsstadt zeugt, die von stattlichen Wohn- und Packhäusern gesäumten Kaianlagen sowie der mittelalterliche, kanonenbestückte **Campverse Toren,** heute Hotel-Restaurant (Kaai 2, campveersetoren.nl, Küche €€, Turmzimmer, Suite €€€). Wer doch in den Trubel gerät: Ein Spaziergang auf den mehr als 500 Jahre alten Befestigungsanlagen geht immer.

Schlafen

Grünes Hotel in den Dünen

Duinhotel Tien Torens: Etwas ganz Besonderes ist das in Form einer Pyramide angelegte und fast komplett von Schilfgras bewachsene, nachhaltige Hotel mit den traumhaften Luxus-Lodges, das sich perfekt in die Dünenlandschaft einfügt.

Duinweg 36, duinhoteltientorens.zeayouzeeland.nl/de, Zoutelande, Terrasse, €€–€€€

Am Strand chillen …

Strandhuisje Stranddroom: … die Füße im Sand und morgens mit Blick aufs Meer aufwachen. Im Privathaus mit Terrasse am Strand. Ein Traum!

Schelpweg 17a (Camping Noordduin), Westkapelle, www.stranddroom.nl/de, €€

Gute Nacht in der Kirche

Nachtje in de Kerk: B&B in einer besonderen Location, der Kirche von Vrouwenpolder, mit vier hippen, geschmackvoll eingerichteten Zimmern (mit Bad, WC).

Fort den Haakweg 16, Vrouwenpolder, www.nachtjeindekerk.nl, €€/F

B&B unter dem Leuchtturm

Frankrijk-Noord: Neben ihrem Bauernhof haben Lille und Edith in der renovierten Scheune 4 zauberhalte Zimmer u. eine offene Gemeinschaftsküche eingerichtet.

Prelaatweg 5, Westkapelle, frankrijk-noord.nl, Yoga-Angebote, ›Dutchtub‹, Barbecue, €/F

Schlossherr:in für eine Nacht

Stayokay Hostel Domburg: Die Location, Schloss Westhove aus dem 13. Jh., ist der Hammer, die Nähe zum Strand auch.

Duinvlietweg 8, Oostkapelle, stayokay.com/de, Restaurant, Räder, 2- bis 6-Pers.-Zimmer €/F

Alles so schön bunt hier – Ibiza-Feeling am Strand von Domburg

Essen

Geschmacksrevolution

Mezger: Michelinsternverdächtige Küche im coolen, stylishen Ambiete der Orangerie. Luxus pur in den **Lodges** mit Pool.

Domburgseweg 26, Domburg, restaurantmezger.nl, Mi–So, Küche €€–€€€, Lodges €€€

Asiatisch angehaucht

Het Badpaviljoen: Gourmetküche mit Blick aufs Meer genießen! Große Auswahl an Fisch und Meeresfrüchten. Gute Weine.

Badhuisweg 21, Domburg, www.hetbadpaviljoen.nl, super Bouillabaisse, tgl., €€

Einkehren auf der Radtour

Theetuin Tante TaSi Aagtekerke: Supernettes Café im hübschen Dorf **Aagtekerke,** super Möhrenkuchen!

Oude Grintweg, Aagtekerke (3 km südl. von Domburg), Facebook, Fr–Mo bis 17 Uhr, €

Alles bio!

Domburgsche Bier en Melksalon: Lecker frühstücken, lunchen, Kaffee trinken, Geschirr und Wohnaccessoires shoppen.

Weststraat 11, Domburg, de.bierenmelksalon.nl, tgl., super Kaffee u. *Zeeuwse bolussen,* €

Bewegen

Yoga inmitten der Natur

Yogabee Retreat Center: Yoga u. Wellness in prächtiger Villa oder im Bauernhof mit Sauna und überdachter Außenküche.

Domburgseweg 48, Domburg, yogabee.nl, div. Kurse mit Übernachtung €€

Infos

- **Infos:** www.walcherenvakanties.com/de
- **Zeeland Nazomerfestival:** 9 Tage Ende Aug., theaterproductiehuiszeeland.nl. Theater, Tanz, Konzerte und Performance in Middelburg,Veere, De Manteling, Nollebos.

Zuid-Beveland

In Walcheren ist zu viel los? Ab nach **Zuid-Beveland,** wo die Uhren etwas lang-

Lieblingsort

Ein Ort der Katastrophe wird zur fröhlichen Oase

Ende Januar 2023 jährt sich eine der furchtbarsten Katastrophen zum 70. Mal: In der Nacht zum 1. Februar 1953 rollt die schwerste Nordseesturmflut des 20. Jh. auf die niederländische Küste zu. Als die Flutwellen das Land erreichen, brechen die Dämme.1836 Menschen und 200 000 Tiere sterben. *De Ramp,* ›die Katastrophe‹, macht den Niederländern klar, wie fragil ihr Küstenschutz ist. Eine Kommission plant ein technisches Wunderwerk, die Deltawerke. Auf 1000 km werden Deiche erhöht, bis 1997 zwei Schleusen, elf Dämme und Flutwehre gebaut. Das **Oosterschelde-Sturmflutwehr** (📍 B 8) zwischen Noord-Beveland und Schouwen-Duiveland ist das größte Projekt des Deltaplans: 62 gigantische hydraulische Stahlschütten können binnen einer Stunde abgesenkt werden. Es macht Spaß, über den 9 km langen **Oosterscheldedam** zu radeln und diese Ingenieursleistung zu bestaunen. Unbedingt einen Zwischenstopp auf der ehemaligen Arbeiterinsel **Neeltje Jans** einlegen. Hier ist mit dem **Deltapark** ein ganz besonderer Freizeitpark entstanden. Wie schön, dass es den Zeeländern gelungen ist, den Ort der Katastrophe in eine fröhliche, lebensbejahende Oase für Mensch und Tier (Seehunde, Seelöwen, Vögel) zu verwandeln! (Faelweg 5, Vrouwenpolder, www.neeltjejans.nl/de, mit Seehundbecken, Wasserspielplatz, Aquarium u. v. m., tgl., Führungen durch die Sturmflutanlange, Besuch in der Delta Experience mit Ausstellung und Film ›Katastrophe 1953‹; Besucherzentrum des NP Oosterschelde, tgl. bis 17/21 Uhr)

samer ticken! Die Halbinsel ist touristisch noch nicht so erschlossen, was Vorteile hat. Zu einer Landpartie lädt der **Zak van Zuid-Beveland,** der mit den Poldern, blumenbestandenen Dämmen, Tümpeln, Weißdornhecken, Salzwiesen und Obstgärten nicht nur von großem landschaftlichem, sondern auch kulturhistorischem Wert ist. Die geschützte Polderlandschaft mit dem Rad zu entdecken, macht Laune (zakvanzuidbeveland.info). Start ist der geschichtsträchtige Marktflecken **Goes,** eine der beliebtesten Einkaufsstädte der Region und mit dem kleinen Stadthafen und der fotogenen weißen Zugbrücke **Sint Maartensbrug** sowie dem kompakten historischen Stadtzentrum rund um das **Rathaus** am **Grote Markt** Ziel doch einiger Besucher:innen. Wer keine Lust aufs Radeln hat: Der **Stoomtrein Goes-Borsele** zuckelt dampfbetrieben bis zum Zak van Zuid-Beveland (Van Doornestraat, destoomtrein.nl, April–Okt.).

Auf Austernsafari

Seit Generationen lebt man in **Yerseke** von der Muschel- und Austernzucht. Hierher kommt, wer lecker essen, eine Kutterfahrt auf der Oosterschelde machen oder Seehunde gucken will. Der 37 000 ha große **Nationalpark Oosterschelde** ist zusammen mit Grevelingen nach dem Wattenmeer das größte Muschel- und Austernzuchtgebiet des Landes – und ein super Tauchspot (ontdekdeoosterschelde.nl).

Die **Oesterij** am Havendijk 12 gilt Gourmets als die beste Adresse für einen Muscheltopf oder zum Austernschlürfen. Von der Terrasse des Familienbetriebs blickt man auf die alten **Austernbecken** (oesterij.nl/en, tgl. bis 18 Uhr, €€–€€€).

Schlafen

Bett und Brasserie

Katoen: Fantastisches Hotel in ehemaliger Baumwollspinnerei (*katoen* = Baumwolle) in der historischen Altstadt von Goes mit modernen Zimmern u. Spa. Super Service.
Bleekveld 9, Goes, www.katoengoes.nl, auch Suiten, Luxusloft, Brasserie; €€–€€€

Strandfeeling

Chez sur Mer: Hell und freundlich eingerichtetes Ferienhaus an der Oosterschelde direkt hinterm Deich mit Terrasse für 4 Pers.
Oude Zeedijk 1, Kattendijke, chezsurmer.nl, €€; auch B&B: Jachthuisstraat 2, Kloetinge, €

Heute back ich, morgen brau ich

B&B bij KA: Mitten im Naturschutzgebiet im alten Backhaus im eigenen Obstgarten übernachten – geht es noch schöner?
Oud Ovezandseweg 30, Ovezande bei Goes, www.bijka.nl, mit eigener Terrasse, €€

Essen

Mit Liebe und Leidenschaft

De Kleine Toren: Traumhafte Location in renovierter Kirche im NSG. Lokale Produkte wie Oosterschelde-Hummer und Wild.
Nieuweweg 3, Baarland, www.dekleinetoren.nl, Do abends, Fr–So, Hummermenü; €€€

Delikatessen aus dem Meer

Oesterbeurs: Spitzengastronomie für Freunde von Austern, Hummern, Muscheln.
Wijngaardstraat 2, Yerseke, oesterbeurs.nl, Do–So, ausgezeichnete Bouillabaisse, €€€

Speisen in historischen Mauern

Slot Oostende: Modernes Konzept in altem Gemäuer (12. Jh.): Restaurant, Café, Hotel, Brauerei, Biershop mitten in Goes.
Singelstraat 5, Goes, www.slotoostende.nl, Di–Sa, große *borrel*-Karte, Küche €–€€; farbenfrohe Zimmer und Suiten €–€€

Infos

- **Infos:** www.goesisgoes.nl, touristinfo yerseke.nl

• **Mosselfestival Yerseke:** 3 Tage Ende Aug. im Hafen, yersekepromotie.nl/mosselfestival. Yerseke feiert – Muscheln u. Musik.

Noord-Beveland und Tholen

C9

Inselfeeling pur! Die Insel **Noord-Beveland,** geografisches Zentrum Zeelands, und die mit dem Brabanter Festland ›verwachsene‹ Halbinsel **Tholen** sind touristisch eher unbekannte, grüne Polderlandschaften, Radel- und kulinarische Paradiese. Während Noord-Beveland im Westen am Sturmflutwehr einen langen Noordseestrand hat, locken in Tholen kleine, gemütliche Strände an Oosterschelde (u. a. Poortvliet, Gorishoek) und Krabbenkreek (Sint Annaland, Seehundfahrten!).

Im Auenland

Im nördlichen Noord-Beveland soll das **Oosterschelde-Sturmflutwehr,** ein technisches Wunderwerk (s. S. 260), dem Meer Einhalt gebieten – bislang mit Erfolg. Auf der ehemaligen Arbeiterinsel **Neeltje Jans** ist ein vielfältiges, dynamisches Naturgebiet entstanden, eine Oase für Möwe, Seeschwalbe und Alkenvogel. Ein Paradies anderer Art liegt westlich: der breite, kilometerlange **Banjaardstrand,** der besonders bei Familien beliebt ist (banjaardstrand.nl, mit Strandpavillon). Auf der 36 km langen Radtour **Ontdek Noord-Beveland** können Sie die ganze Insel erradeln. Die Radtour führt auch an **Colijnsplaat** vorbei. Besonders donnerstags lohnt der Besuch, wenn die Fischkutter, die auf Krabben, Kabeljau und Hering fahren, in den hübschen Hafen von ›Colijn‹ heimkehren.

Radtour: allyourz.nl/de/zeeland-entdecken/entdeckt-nord-beveland-mit-dem-fahrrad

Ruhe und Weite

Noch ein paar Dezibel leiser geht es auf Tholen zu, das mit einer ordentlichen Portion Landschaft lockt: Polder, Marschwiesen, Blumendeiche. Wie auf Noord-Beveland gibt es hier viel Wassersport – ein super Surfspot findet sich am **Oesterdam,** dem mit 10,5 km längsten Damm der Deltawerke. Auch ein wenig Fischfang betreiben die Insulaner:innen, so in **Stavenisse** im westlichsten Inselzipfel (super Sonnenuntergänge). Im malerischen Hafen erinnert das **Watersnoodhuis** an die Katastrophe von 1953. In dem ehemaligen Rathaus konnten sich Hunderte Menschen vor den Flutwellen retten (Voorstraat 42, watersnoodhuisstavenisse.nl, Mi, Sa). Auch im hübschen Hauptort der Insel, dem Festungsstädtchen **Tholen** (13. Jh.) am Schelde-Rhein-Kanal, erinnert noch vieles an die Vergangenheit des Fischerdorfs, u. a. die alten Austernbecken.

Schlafen, Essen

Auf beiden Inseln gibt es zahlreiche **Campingplätze,** auf Noord-Beveland vor allem rund um Kamperland, auf Tholen an der Oosterschelde bei Sint-Maartensdijk.

Aussicht auf die Oosterschelde

Residence Oude Haven: Modern eingerichtete Luxuszimmer und -ferienwohnungen direkt am Hafen.

Oude Haven 1–4, Colijnsplaat, N-Beveland, www.residenceoudehaven.nl.de, mit Sauna, Whirlpool, Fahrradvermietung, Frühstücksbox; €€–€€€

Mit Wonne am Wasser liegen

Waterfront Tholen: Der Name ist Programm – und die Aussicht gigantisch! Sowohl vom B&B als auch vom Ferienhaus. Die beiden B&B-Zimmer teilen sich Wohnzimmer, Küche und Wintergarten.

Schelde-Rijnweg 36, Tholen-Stadt, www.waterfronttholen.nl, Fahrradverleih, €–€€

TOUR

Jagd nach dem ›schwarzen Gold‹

Mit dem Muschelkutter auf der Oosterschelde

Infos

C9

Start: Prinses Beatrixhaven Yerseke, Meerpaalweg 20

Länge: ca. 2 Std.

Infos: Oesterbaron, oesterbaron.nl, Ende Mai–Ende Sept. (meist) Mi, Fr, Sa, So um 15 Uhr, 20 €, reservieren; Toilette an Bord, Getränke und Austern können bestellt werden!

Wir sind der *Mytilus Edulis* auf der Spur, der **gemeinen Miesmuschel,** der Krönung der zeeländischen Kulinarik. Mehr als 50 Mio. t werden pro Jahr in Zeeland rund um die sechs zeeländischen Binneninseln geerntet und dann an der weltweit einzigen Muschelbörse, **Mosselmijn,** in Yerseke vermessen, gewogen, umgeschlagen.

Im traditionellen Fischerdorf **Yerseke,** das vor allem für seine Muschel- und Austernzucht bekannt ist, gehen wir an Bord der YE-7, der **C'est la Vie.** Zunächst manövriert Skipper Jesse zu den **Austernbänken,** die gut 2 km vor der Küste in der Oosterschelde liegen. Sein Kollege klettert im Ölzeug ins Wasser und hievt einen Gitterkorb an Bord, aus dem das Wasser in Strömen läuft. Aus dem geöffneten Korb entlädt sich die Ernte auf die Planken. Jesse erklärt uns, dass Austern und Miesmuscheln hier besonders gut wachsen können, weil die **Oosterschelde** durch riesige Sperrwerke vor der Küste vor den Fluten geschützt ist.

Nun tritt ein **Schleppnetz** in Aktion, mit dem der Meeresboden ›abgegrast‹ wird. Auch diese Fracht landet schließlich an Bord, und Jesse gibt Auskunft über Miesmuscheln und Beifang. So hübsch der Seestern auch sein mag, ist er doch ein großer ›Fressfeind‹ der Muschel, ebenso wie der Krebs, der sich auch im Netz findet. Neben einer Seespinne, Krabben, Seescheiden (»kopflose Meeresbewohner«, nennt Jesse sie), Austern, Algen. Alles landet wieder im Wasser, bis auf einige **Miesmuscheln,** die wir roh verkosten. Ja, das schmeckt nach Meer!

Ins Netz gegangen!

Rustikal

Landgoed Rijckholt: Übernachten in einem reizenden B&B mit **Brasserie** in Wassernähe. Cool: die Zimmer im Bootshaus.

Provincialeweg 2, Geersdijk, N-Beveland, landgoedrijckholt.nl, €–€€/F; Küche tgl., €–€€

Das ›grünste Hotel der Insel‹

Het Kosthuys: Zehn 15–30 m² große, schlicht, aber schön eingerichtete Zimmer in historischem Treppengiebelhaus des 16. Jh. Mit **Brasserie** (kleine Karte) und Terrasse direkt am Marktplatz.

Markt 58, Sint-Maartensdijk, Tholen, www.het-kosthuys.nl, €–€€; Brasserie Di/Mi–Sa, €

Pipowagen an der Oosterschelde

Minicamping Zeelucht: Ungewöhnlich übernachten? Kein Problem: der Pipowagen (mit Toilette und Terrasse) steht bereit.

Keihoogteweg 6, Wissenkerke, N-Beveland, minicampingzeelucht.nl/de, Chalets €–€€; Pipowagen f. 4 Pers. m. Kochmöglichkeit, €

Essen, Einkaufen, Ausgehen

Bio-Fisch mit Blick aufs Wasser

Seafarm: Adri und Sohn Dave züchten ASC-zertifizierten Steinbutt (weltweit als Erste) – mit Quellwasser und *ohne* Zusatz von Antibiotika. Muscheln, Strandschnecken, Austern, Krabben, Hummer, Langusten und Salzgemüse erweitern das Sortiment. Alles ist bio und nachhaltig gezüchtet bzw. gefischt und kann im Restaurant direkt verkostet oder im **Shop** gekauft werden.

Jacobhaven 4, an den Deltawerken, Kamperland, N-Beveland, www.seafarm.nl/en, tgl., mit Shop/Webshop, kreative Küche €–€€€

Tholse Top-Location

Restaurant & Bar JuNa: ›Die leckerste Küche Tholens‹ will man servieren – im warmen, puristischen Ambiente des großzügigen Gastraums beim Hafen. Mit ›klassischen Gerichten im neuen Gewand‹ und Fokus auf regionalen Erzeugnissen. Fisch, Fleisch und vegetarische Gerichte sowie superleckere Desserts. Mit Terrasse.

Kaaij 2, Tholen-Stadt, Fr–Di, coole Bar; €–€€

Ein ganz besonderes Konzept

Nellie's Private Dining: Gar nicht alltäglich ist ein Besuch in Oma Nellies Bauernhof. Vor den Gästen bereiten Tochter Paula und Enkel Roman (Sternekoch) das Menü aus regionalen Produkten zu. Das Schöne – alle kommen ins Gespräch miteinander!

Oudelandsedijk 6, Tholen, Fr–So abends, wechelndes 6-Gänge-Menü, reservieren, €€

Mensch und Hund essen gesund!

Restaurant de Brouwerij: Klassische Küche mit Ausflügen nach Thailand. Und auch an den besten Freund des Menschen ist in der ehemaligen Brauerei gedacht – mit eigenem Hundemenü! Genuss für alle!

Nieuweweg 7, Kamperland, Do/Fr–So, €–€€

Bewegen

214 km ist die **Delta-Experience** lang. Die Radtour verbindet auf 13 Etappen Schleusen, Dämme und Flutwehre der **Deltawerke** miteinander. Der Radfernweg ist über Knotenpunkte (*fietsknooppunten*) verbunden. Unterwegs laden **Fahrradcafés** zur Einkehr (*fietsers welkom*).

zeeland.com/de-de/visit/2897_de/erlebnisroute-3a-delta-expeditio, Download-Route (GPX)

Infos

- **Infos:** zeeland.com/de-de/visit/inseln/noord-beveland, eilandtholen.nl/de
- **Fahrradfähren:** Kamperland–Veere, www.rondje-pontje.nl; Kortgene–Wolphaartsdijk, hoopsportvisserijfietsveer.nl,
- **EEF – Eindeloos Eiland Festival:** letztes Juni-WE, eeffestival.nl. Theater-, Tanz-, Musik- und Filmfestival in Kortgene, N-Beveland (Landgoed Rijckholt, s. oben).

Schouwen-Duiveland

📍C8

Schouwen-Duiveland ist eine Art Zeeland im Kleinen. Schouwen, wie die Einheimischen es nennen, eingerahmt von Nordsee, Oosterschelde umd Grevelingen, litt am stärksten unter der Hochwasserkatastrophe 1953, woran das sehenswerte **Watersnoodmuseum** in Ouwekerk erinnert – und in die Zukunft blickt. Im Rahmen des Deltaplans ist die einst isolierte Insel über zwei Dämme, Oosterschelde-Sturmflutwehr und Zeelandbrug fest ans Umland angebunden und etwa Rotterdam in einer Stunde erreicht.

Weg van de Buitenlandse Pers 5, watersnood museum.nl (www.deramp.nl), Nov.–April Di–So, sonst tgl., Brasserie, digitales Museum online

Am Vogelboulevard des Südens

Auf dem Weg zum denkmalgeschützten Zierikzee folgt an der Küste ein Naturschutzgebiet mit alten Kögen, Poldern und Feuchtgebieten auf das nächste (natuur monumenten.nl/natuurgebieden/zuid kust-van-schouwen) – ein Vogelparadies.

600 Baudenkmäler, darunter drei **Stadttore** des 14.–16. Jh. und viele Patrizierhäuser, der mittelalterliche Hafen mit **Museumhaven** u. **-werft** sowie zwei weiße **Zugbrücken,** schmale Gassen und *gezellige* Plätze, zig Geschäfte und Caféterrassen – das ist **Zierikzee,** Verwaltungssitz der Insel. Den 58 m hohen Sint Lievens Monstertoren von 1454 nicht zu vergessen, der bewegte Zeiten hinter sich hat. Eigentlich hätte der **Dikke Toren,** Wahrzeichen der Stadt, dreimal so hoch werden sollen, doch dann war das Stadtsäckel leer (Kerkplein 2, April–Nov. Di–So 10–16/17 Uhr).

Kulinarisches

Während auf der rechten Seite die **Zeelandbrug** über 5 km einen Spagat über die Oosterschelde schlägt, wenden wir uns den kulinarischen Dingen zu – denn ›Schouwen-Duiveland schmeckt fantastisch‹! Und da zu einem gutem Essen ein guter Wein gehört, ist **Weinhoeve de Kleine Schorre** ein attraktiver Zwischenstopp. Das bekannte Weingut baut 5 m unter NN Auxerrois, Grauburgunder und Riesling von bester Qualität an (Zuiddijk 4, Dreischor, www.dekleineschorre.nl, Mo–Sa, Führungen/Verkostungen, Lunchcafé). Wer zu tief ins Glas geschaut hat, kann bleiben und campen oder in einem der Weinfässer übernachten (€€€).

Im Fischerdorf **Bruinisse** unbedingt ins Restaurant **De Vluchthaven** gehen. Herr über Küche und Keller ist D. P. Der Koch mit Zottelbart und Hippiefrisur ist bekannt für seine kreativen Eskapaden. Alles ist bio, lokal und von hoher Qualität (Zijpe 1, vluchthaven.com, Di–So, reservieren, tolle Terrasse, €€€). An vergnügliche und weniger vergnügliche Zeiten der Fischerei erinnert **Brusea, Visserijmuseum** nebst ältestem Haus des Dorfs, **'t Vissersuusje.** Liebevoll gemachte, kleine Ausstellung (Oude Straat 23, www.brusea.nl, Mitte April–Anf. Okt. Mo–Sa).

Das Dünendorf

Burgh-Haamstede und Renesse sind beliebt, **Renesse** vor allem beim Partyvolk, **Burgh-Haamstede** bei Familien. An den breiten, feinsandigen Stränden der beiden Badeorte verläuft man sich, in den **Meeuwen-** und **Zeepeduinen** (wilde Shetlandponys) südlich von Burgh begegnet man über Stunden keiner Menschenseele und im riesigen **Waldgebiet Kop van Schouwen** laden farbig markierte Wanderrouten, eine 8 km lange Mountainbikestrecke und ein Kletterwald zum Auspowern (Infos: Kraaijensteinweg, Westenschouwen 140; klimbos-zeeland.nl/de).

Im hübschen Ortsteil **Burgh** warten in der Bäckerei **Zonnemans** die besten *Zeeuwse Bolussen!* In vierter Generation bereitet die Bäckersfamilie die süßen

Zimtschnecken u.v.m, zu. Seit Kurzem kann man nebenan auch ganz romantisch nächtigen (Hogeweg 13, Bäckerei Fr–So, Hotel bij de Bakker, hotelbijdebakker.nl/de, €€/F, mit Teegarten, kl. Museum).

Party feiern und auspowern

In **Renesse** schwappt die Woge der meist jüngeren Gäste gegen Abend von den Stränden in die Nachtklubs, Discos, Kneipen. Doch selbst in der Hochsaison findet jede:r an den 17 km langen Stränden ein relaxtes Plätzchen. Kapital des Ortes ist eindeutig die schöne Natur in der Umgebung, die man etwa auf einer **Fatbike-Tour** entdecken kann. Leo ist Fahrradfananiker, und so sieht auch sein cooles B&B im Industrielook aus! Selbstverständlich kann man hier Räder leihen, und Leo steht als kundiger Guide zur Verfügung (**LEO B&B**: Mauritsweg 8, www.leobbb.nl, €€/F, super Frühstücksbuffet).

Um die Ecke liegt am **Brouwersdam** ein **Wassersportparadies** besonderer Güte: Blokarten, Kitesurfen, Segeln, Stand-up-Paddling, Tauchen (im Grevelingen). Neuestes Highlight ist der Waterjump von einer 25 m hohen Rutsche. Das Gefühl unbegrenzter Freiheit setzt sich beim Abhängen in einem der Strandcafés fort; den Robben an der **Spuisluis** am Damm geht's ähnlich (brouwersdam.nl/de).

Akkus aufladen in der Natur

Steurshoeve: Im Naturschutzgebiet und fast an der Oosterschelde sind die stylishen Lodges in die Natur eingebettet. Den Alltag loslassen, dem Gesang der Vögel lauschen – einfach traumhaft! Um die Ecke liegt das **Restaurant** 't Oliegeultje am Hafen (oliegeultje.nl, super Muscheln, €€).

Steursweg 3, Burgh-Haamstede, steurshoeve.nl, mit Saunanutzung, max. 2 Pers., €–€€€

Zauberhaft nächtigen

B&B De Theetap: Caroline hat beim Alten Hafen einen wunderbaren Rückzugsort geschaffen, Zimmer und Suite mit fast bodentiefen Fenstern sind stylish und gemütlich eingerichtet. Gefrühstückt wird in der angeschlossenen **Theegallery.**

Hafenpark 20, Zierikzee, dezeeuwsehemel.nl, mit Galerie, Shop, Café, Dachterrasse, €€/F

In authentischer Atmosphäre

De Zeeuwse Hemel: Die drei Zimmer in einem Gebäude des 15. Jh. mag man gar nicht mehr verlassen. Die teils historische und dann wieder sehr moderne Einrichtung entzückt ebenso wie die kleine, aber feine Karte des **Restaurants,** Kaffee, Kuchen u. Snacks im **Café,** der Delikatessenladen und vor allem der traumhafte (Bier-)Garten!

Melkmarkt 8, Zierikzee, www.dezeeuwsehemel.nl, €€/F; Restaurant tgl., €€; Shop Fr, Sa

Schlafen, Essen

Zahlreiche **Campingplätze** zwischen Burgh-Haamstede und Brouwersdam.

Super Service am Grevelingen

Hotel Bru: 14 schlicht, aber komfortabel eingerichtete Zimmer in Hafennähe. Freundlicher Service und super Frühstück. **Restaurant** Petit Kitchen&Bar (burgund. Küche mit kreativem, modernem Touch).

Oudestraat 4–6, Bruinisse, hotelbru.de, bijpetit.nl, Frühstücksbuffet, mit Straßen- bzw. Gartenterrasse, €€–€€€/F; Küche Do–Mo, €–€€

Infos

- **Infos:** toerist.info/de, zeeland.com/de-de/visit/inseln/schouwen-duiveland, www.zierikzee-monumentenstad.nl, bruinissemosseldorp.nl/de, burghhaamstedeaanzee.nl, renesseaanzee.nl/de
- **Fahrradfähren:** Bruinisse–Anna Jacobapolder, Zierikzee–Sint Annaland, Zierikzee–Kamperland, Brouwershaven/Den Osse–Stikken van Flakee
- **Concert at Sea:** Do–Sa Ende Juni, concertatsea.nl. Bekanntestes Musikfestival Zeelands (Rock, Pop, Indie), Brouwersdam.

Zugabe
Sieht so die Zukunft aus?

Philips will mit dem GrowWise Center die Landwirtschaft revolutionieren.

Keine surrenden Bienchen, kein warmes Sonnenlicht und auch kein Wind – hier fehlt doch etwas? Die Niederlande sind konstant bedroht vom steigenden Meeresspiegel. Der Anbau von Getreide und anderen Lebensmitteln ist also ebenfalls in Gefahr bzw. wird die Fläche schon heute immer kleiner. Gleichzeitig wird die Menschheit immer größer. Weltweit widmen sich Forscher:innen daher Lösungen für den Anbau von Lebensmitteln. Mit guter alter Landwirtschaft hat das nicht mehr viel zu tun. Immer wieder sieht man stattdessen vertikale Gärten, die in pinkem Licht wachsen – so auch im Philips GrowWise Center in Eindhoven. Hier wird an der Indoor-Landwirtschaft geforscht. Blattgemüse, Kräuter und Beerenobst sollen hier wachsen – und sie wachsen sogar schon. Dabei werden sie strengstens überwacht und geprüft. Einst entwickelte Philips in Eindhoven Glühbirnen, und nach wie vor wird an Licht geforscht und gearbeitet. Denn das Obst und Gemüse benötigt eine optimale ›Light-Rezeptur‹, wie Philips es nennt. Diese Forschung dient aber nicht nur dem guten Zweck, sondern die Firma verfolgt dabei vor allem ein wirtschaftliches Interesse: »Unser Ziel ist es, quantitative und qualitative Wachstumsergebnisse zu bieten und sie auf ein optimales Geschäftspotenzial hin auszurichten.« ■

Das Kleingedruckte

»De poepende man« in Lelystad/Flevoland, ein Werk von Antony Gormly (s. S. 214), blickt sinnend übers Meer. Woran er wohl denkt? Warum der ›Wasserriese‹ seinen Spitznamen, »Der kackende Mann« erhielt, ist auf den ersten Blick ersichtlich.

Anreise

... mit dem Flugzeug

Von Deutschland, Österreich und der Schweiz bestehen Flugverbindungen nach Amsterdam-Schiphol. Alle paar Minuten besteht eine Bahnverbindung nach Amsterdam-Centraal, von 1–5 Uhr nur im Stundentakt.

www.schiphol.nl/en; Zugverbindungen: www.9292ov.nl; Shuttlebus: www.connexxion.nl; Taxi: schipholtraveltaxi.nl

... mit der Bahn

Für viele Reisende die bequemste (und umweltfreundlichste) Möglichkeit. Der ICE International Amsterdam fährt bis zu acht Mal am Tag zwischen Berlin/Frankfurt und Amsterdam. Die Fahrtzeit der Strecke Berlin–Amsterdam liegt bei sechseinhalb Stunden, von Frankfurt aus sind es sogar nur vier Stunden. Das Bahnnetz im Land ist gut ausgebaut, Utrecht und Arnhem sind große Verteilerbahnhöfe. Der Nightjet der ÖBB verbindet Innsbruck und Wien mit den Niederlanden (Stopps u. a. München, Nürnberg, Frankfurt, Köln, Arnhem, Utrecht, Amsterdam).

ns.nl (Niederlande), bahn.de (Deutschland), oebb.at (Österreich, sbb.ch (Schweiz)

... mit dem Auto

Autoreisende erreichen die Niederlande unkompliziert und schnell über verschiedene Autobahnen und Fernstraßen. Es gibt keine Autobahngebühren, wohl aber ein generelles Tempolimit von 100 km/h tagsüber und nachts von 130 km/h.

... mit dem Bus

Fernbuslinien wie FlixBus (flixbus.de), Eurolines (eurolines.de) und Co. sind eine günstige Alternative zum eigenen Auto oder der Anreise per Zug. Angefahren werden verschiedene Großstädte. Die Mitfahrzentrale BlaBlaCar ist ebenfalls zu empfehlen (blablacar.de).

S

STECKBRIEF

Lage: Das Königreich der Niederlande ist durch die Nordsee im Norden und Westen, durch Belgien im Süden und durch Deutschland im Osten begrenzt.
Größe: 41 543 km^2. Die Inseln Bonaire, Sint Austasius und Saba sind ›Besondere Gemeinden‹ des Landes.
Einwohner: 17,5 Mio. Die Niederlande zählen zu den am dichtesten besiedelten Ländern weltweit.
Hauptstadt: Amsterdam, Sitz der Regierung ist jedoch Den Haag.
Staat und Politik: parlamentarische Monarchie. Der König ist Staatsoberhaupt ohne ausübende Gewalt. Über Gesetze stimmt das Parlament ab, über politische Fragen die demokratisch gewählte Regierung.
Amtssprache: Niederländisch
Regionale Sprache: Friesisch

Bewegen, Entschleunigen

Angeln

Beliebte Gebiete zum Süßwasserangeln sind das Hinterland von Rotterdam und das IJsselmeer, nahe der deutschen Grenze die Maas bei Venlo und der Twentekanaal.

Rund um Sneek sowie in den Poldern und Kanälen von Zeeland warten Karpfen, Brassen und sogar Hechte. Wer das Angeln an der Brandung oder auf hoher See bevorzugt, besucht am besten die Strände und Jachthäfen der Küste und der Nordseeinseln. Zum Hochseeangeln kann man kleine Angelboote (mit oder ohne Kapitän) mieten oder einen Platz auf einem Fischkutter reservieren. Angeln vom Kutter aus und Brandungsangeln am Strand erfordern keine Lizenz, sonst wird der niederländische Angelschein (der sog. VISpas, visplanner.nl.) benötigt.

Fahrradfahren

Die Radelnation Nummer eins punktet mit einem hervorragend ausgebauten Radwegenetz. Wer kein eigenes *fiets* (›Fahrrad‹) mitbringen will, wird in nahezu allen Orten mit Leihrädern versorgt. Radrouten, Infos und Karten: hollandfahrradland.de, fietsen wandelweb.nl, www.fietsknoop.nl/talen/deutsch und anwb.nl/fiets (nur auf Niederländisch).

Golf

Es gibt zahlreiche Golfanlagen, die teils an Golfclubs, teils an Luxus-Hotels angeschlossen sind. Der Holländische Golfverband (NGF) informiert über die Adressen der öffentlich zugänglichen Golfplätze (ngf.nl). Ein gültiger Golfausweis muss vorliegen.

Segeln

Kleinere Tagestouren oder auch mehrtätige Segeltörns können entweder mit dem eigenen Boot oder einem gemieteten Schiff (mit oder ohne Skipper) unternommen werden. Das IJseelmeer zählt zu den beliebtesten Segelrevieren; auch die Provinz Zeeland und Friesland sowie die Watteninseln bieten hervorragende Bedingungen für Hobbysegler. Vor allem in Friesland besteht ein breites Angebot an Segelschulen und -kursen. Traditionelle Segelschiffe über: hollandsail.de.

Surfen, SUP, Kitesurfen & Co.

Surfschulen und -brettverleih lassen sich an zahlreichen Küstenorten und Seen finden. Besonders beliebte Surf- und Wassersportreviere sind die Gewässer an Waddenzee (hohe Wellen und starke Winde), Frieslands IJsselmeerküste, friesischer Seenplatte und die Gewässer der Provinz Zeeland. Aufgrund vorgelagerter Sandbänke, die einen besonders seichten Wellengang garantieren, sind die Strände von Zandvoort und Noordwijk gut für Anfänger geeignet. Infos übers Wetter: windfinder.com, über Surfreviere: surfspot.de.

Reiten

Zahlreiche Wald- und Wiesenwege sowie Strände und Dünen sind für Ausritte geeignet. Reiten ist nur auf ausgewiesenen Reiterwegen erlaubt. In manchen Unterkünften stehen Gastboxen für Pferde zur Verfügung, zahlreiche Reitställe vermieten aber auch Pferde oder organisieren begleitete Reittouren. Teilweise wird ein ›Pferdeführerschein‹ verlangt; Infos zum Reiterschein: srr-nederland.nl.

Wandern

Vielseitige Naturlandschaften und die vielen Nationalparks laden zum Wandern ein. Durchs Land führen die Europäischen Fernwanderwege E8, E2, E9 und E11. Infos über Wandergebiete, Routen und hilfreiche Tipps sowie Sicherheitshinweise auf www.route.nl und wandel.nl (beide auf Niederländisch) sowie auf outdooractive.com und niederlande-aktiv.de. Wanderkarten und -führer sind in den Touristinfos erhältlich. Sehr gut sind die Wanderkarten von Staatsbosbeheer, die online auch super Infos bieten: www.staatsbosbeheer.nl.

Wellness

Viele große Wellnesszentren sind zwar an Hotels angeschlossen, können in der Regel aber auch von Tagesgästen genutzt werden. Zu empfehlen sind beispielsweise das Amadore Wellness in Zeeland (amadore.

nl), die Thermen La Mer in Almere (thermenlamer.nl) oder die Thermae 2000 mit eigener Heilwasserquelle im limburgischen Valkenburg (thermae.nl).

Drogen

Die Niederlande, das Kiffer- und Drogenparadies? Nicht ganz! Es wird eine klare Trennung zwischen sog. harten und weichen Drogen (vor allem Cannabisprodukte wie Haschisch und Marihuana) gemacht. Der Konsum weicher Drogen ist straffrei, der Besitz von Cannabis (bis zu 30 g) gilt zwar als Ordnungswidrigkeit, wird in der Regel jedoch toleriert. Lediglich in lizenzierten Coffee- und Smartshops dürfen weiche Drogen verkauft werden. In grenznahen Städten ist ausländischen Tourist:innen der Kauf weicher Drogen untersagt, in Amsterdam darf nicht auf der Straße konsumiert werden.

Einreisebestimmungen

Reisende aus Deutschland, Österreich und der Schweiz können sich mit einem gültigen Reisepass/Personalausweis bis zu drei Monate in den Niederlanden aufhalten, ohne sich anzumelden. Seit 2012 muss jedes deutsche Kind unabhängig vom Alter eigene Ausweispapiere haben.

Zoll

Zollkontrollen werden bei Einreise aus einem EU-Land gemäß dem Schengener Abkommen nicht mehr durchgeführt. Stichproben sind jedoch jederzeit möglich.

Essen und Trinken

Essen gehen

Das Angebot an Restaurants ist reichhaltig und bunt. Vor allem in größeren Städten reicht die Auswahl von typisch niederländischer Hausmannskost über Spezialitäten aus dem Ausland bis hin zu raffinierter Fusion- und Sterneküche. Ein Boom an Zuwanderer:innen und nicht zuletzt auch die Vergangenheit des Landes als Kolonialmacht sorgen für eine vielfältige gastronomische Landschaft, die insbesondere von der französischen, chinesischen, indonesischen und surinamischen Küche geprägt ist. Ein Highlight ist die französisch-burgundische Cuisine, die besonders im Süden fest etabliert ist. Im Trend liegen auch japanische, arabische, lateinamerikanische sowie Bio-, Vegan-, Slow-Food- und Zero-Waste-Restaurants. Im Vordergrund der neuen Dutch Cuisine steht eine regionale, lokale und saisonale Küche. Neben urigen Kneipen und Pannenkoekenhuisjes verstecken sich auch etliche Michelin-Restaurants in der Provinz. Die Dichte der Michelin-Sterne in den Niederlanden ist hoch; am meisten Sternerestaurants pro Einwohner finden sich in der Provinz Zeeland.

Niederländische Spezialitäten

Die regionale Küche ist maßgeblich von bodenständiger Hausmannskost geprägt. Deftige Eintöpfe, Kartoffeln, Braten, Speck und Wurst sind typische Speisen. Wintergerichte sind etwa Erbsensuppe mit Speck oder *stamppot*, ein Eintopf aus gestampften Kartoffeln und Gemüse, häufig mit Wurst. Besonders in Meernähe steht fangfrischer Fisch auf dem Speiseplan. Meeresfrüchte und Nordseefische wie Kabeljau, Schellfisch, Seezunge, Heilbutt oder Scholle sind im ganzen Land verbreitet. Hering glänzt als Star unter den Seefischen und kommt meist als Matjes (*Hollandse Nieuwe*) daher. Während der Muschelsaison gibt es außerdem frische Miesmuscheln. Typisch niederländisch ist *hagelslag* (Schokostreusel), der gerne zum Frühstück aufs Brot gestreut wird. Mittags und nachmittags können die *broodjes* dann durchaus nahrhafter ausfallen, gerne raffiniert und modern mit trendigen

Zutaten wie Pastrami, Feigensenf, Hummus, Kaviar oder veganem Karotten-Räucherlachs. Als Snack zwischendurch oder beim Feierabendbier stehen schmackhafte *borrelhapjes* bereit. In der Regel kann aus verschiedenen Häppchen wie *bitter-* und *gehaktballen* (frittierte gefüllte Bällchen und Frikadellen) mit Senf, *frikandel* (eine Art Hackfleischwürstchen), Käsewürfeln, Nüssen und Co. gewählt werden. Absolute Klassiker der Küche sind *poffertjes* (eine Art Mini-Pfannkuchen mit Puderzucker) und *pannenkoeken* (Pfannkuchen)!

Käse

Was den Deutschen ihr Brot, ist den Niederländern ihr Käse. Millionen Tonnen des schmackhaften ›gelben Goldes‹ werden jährlich in niederländischen Molkereibetrieben produziert. Die historischen Käsemärkte von Alkmaar, Gouda und Edam sind bei Touristen und Locals gleichermaßen beliebt; wer noch tiefer in die Materie eintauchen will, kann sich in den Käsemuseen informieren.

Feiertage

1. Januar: Neujahr (Nieuwjaarsdag)
Karfreitag (Goede Vrijdag)
Ostern (Pasen)
27. April: Koningsdag (Feier zum Geburtstag des Königs)
1. Mai: Dag van de Arbeid (Tag der Arbeit)
4. Mai: Dodenherdenking (Gedenken der Toten des Zweiten Weltkriegs)
5. Mai: Bevrijdingsdag (Tag der Kapitulation der deutschen Besatzer 1945)
Christi Himmelfahrt (Hemelvaartsdag)
Pfingsten (Pinksteren)
5. Dezember: Nikolaus (Sinterklaas)
25./26. Dezember: Weihnachten (Kerst)
31. Dezember: Silvester (Oud en Nieuw)

In touristischen Gebieten sind Geschäfte in der City an Feiertagen wenigstens ein paar Stunden geöffnet, Museen geschlossen.

Informationsquellen

Im Internet

holland.com
Homepage des Niederländischen Büros für Tourismus (NBTC). Allgemeine Infos, praktische Tipps, Wissenswertes zu Museen, Veranstaltungen und Aktivitäten.
ns.nl
Homepage der niederländischen Bahn mit Reiseplaner, Fahrplänen, Sonderangeboten und Ticketshop (auch auf Engl.).
anwb.nl
Infos vom niederländischen Automobilverein ANWB zum Autofahren im Land mit aktuellen Verkehrswarnungen, Reiseplaner usw. (auf Niederländisch).
hollandfahrradland.de
Infos über die Fahrradkultur und allerlei Tipps zum Radfahren mitsamt Radwegen, Routen und Übernachtungsmöglichkeiten.
nach-holland.de
Simone lebt seit Langem in den Niederlanden und betreibt einen umfangreichen Blog mit spannenden Ausflügen, praktischen und teils lustigen Infos rund um den Alltag und Erfahrungsberichten.
hotels.nl
Hotel-Angebote in den Niederlanden mit Fotos und Bewertungen.
naturhaeuschen.de
Ferienwohnungen und -häuser in den schönsten Naturgebieten. Wer auf der Suche nach einer Unterkunft in ruhiger Lage oder auch einer spannenden Übernachtungsmöglichkeit im Baumhaus oder Tiny House ist, wird hier garantiert fündig!
origineelovernachten.nl
Dieses Portal stellt die originellsten Unterkünfte im ganzen Land vor: vom Iglu über den Pipowagen bis zum Baumhaus.
bedandbreakfast.nl
Mehrsprachiges Such- und Buchungsportal für B & Bs.
buurtaal.de
Informative und amüsante Beiträge über sprachliche Eigenheiten und Unterschiede

zwischen dem Deutschen und Niederländischen. Neben spannendem Hintergrundwissen zu Redewendungen, Aussprache, Rechtschreibung werden auch Buchrezensionen und Alltagsberichte veröffentlicht.

dutchreview.com
Artikel zu verschiedenen Themen des Alltags und der Kultur, Tipps zu Veranstaltungen, Orten und Events. Auf Englisch und meist an Expats gerichtet.

www.niederlande-aktiv.de
Janna gibt auf ihrem schönen Blog super Wander-, Radel- und Draußentipps für die Provinzen Drenthe, Friesland, Groningen, Limburg, Noord-Holland und Zeeland.

boardingcompleted.me
Ralf schreibt zwar über die ganze Welt, aber seit er in Amsterdam zu Hause ist, hat man das Vergnügen, noch mehr spannende Reisegeschichten über sein Lieblingsland zu lesen.

Vor Ort

Lokale Fremdenverkehrsbüros (VVV) gibt es nahezu überall. Hier werden Broschüren, Karten und Reiseführer angeboten. Auch bei der Buchung von Unterkünften, Ausflügen und Tickets ist das Personal behilflich. Infos zu den VVVs und alternativen Büros sind im Reiseteil vermerkt.

Kinder

Die Niederlande sind absolut kinder- und familienfreundlich! Davon zeugen öffentliche Wickelräume, Spielplätze und Spielecken. Auch Sparangebote für Familien gehören dazu, etwa kostenlose oder vergünstigte Eintrittspreise für Kinder. Viele Museen haben kindgerechte Angebote. Campinghütten und Jugendherbergen sind hervorragend auf Familien eingestellt. Die Zahl der Freizeitparks im Land ist hoch. Hier nur ein paar Highlights: Efteling, eine Welt voller Märchen und Magie, mehrfach als bester Vergnügungspark ausgezeichnet (www.efteling.com/de; bei Tilburg), Duinrell bei Den Haag mit dem berühmten Tikibad (www.duinrell.de), der Wild-West-Park Slagharen bei Zwolle (www.slagharen.com/de), Toverland mit magischen Themenwelten (www.toverland.com/de, bei Venlo), Drievliet, ein Park *wirklich* für die ganze Familie (www.drievliet.nl) in Den Haag und Walibi Holland in Flevoland, der u. a. für die schnellste, höchste und längste Achterbahn Europas bekannt ist (www.walibi.nl/de).

Klima und Reisezeit

Nicht zu heiße Sommer und milde Winter kennzeichnen das gemäßigte Klima der Niederlande, die sie der Lage an der Nordsee und der Nähe zum Golfstrom zu verdanken haben. Im Sommer laden Seen, Kanäle, Flüsse und die Nordsee (Wassertemperatur 18/19 °C) zum Schwimmen. Doch gerade am Meer kann sich der Himmel blitzschnell zuziehen, und der Regengott gießt ordentlich Wasser übers Land aus. Wasserdichte Klamotten und Gummistiefel gehören unbedingt ins Gepäck. Ebenso schnell, wie sie gekom-

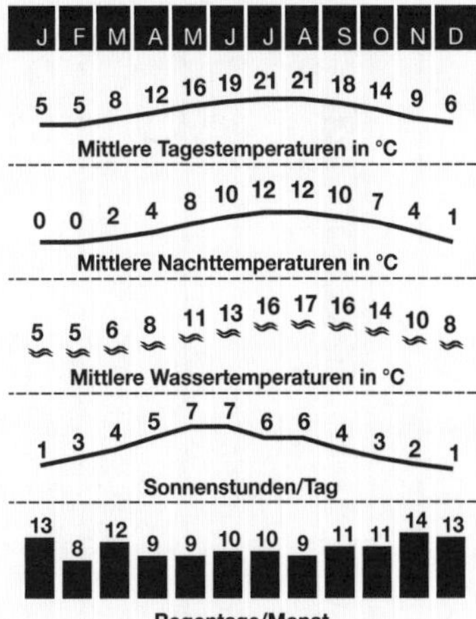

So ist das Wetter in Amsterdam.

Jan | Feb | Mär | Apr | Mai | Jun | Jul | Aug | Sep | Okt | Nov | Dez

Hauptsaison (Jan) – Nebensaison (Jan–Feb) – Vorsaison (Mär–Apr) – Hauptsaison (Mai–Aug) – Nachsaison (Sep) – Hauptsaison (Okt) – Nebensaison (Nov) – Hauptsaison (Dez)

Amsterdam und Rotterdam sind das ganze Jahr über eine Reise wert!

Hunderte von Festivals und Konzerten (Mai–Okt)

Schlittschuhlaufen? (Jan–Feb) – Tulpenblüte (Mär–Apr) – Pack die Badehose ein … (Jun–Sep) – Schlittschuhlaufen? (Dez)

Muschelsaison im Land (Jan–Mär) – Hummersaison in Zeeland (Apr–Jun) – Muschelsaison im Land (Jul–Dez)

›Kom in de Kas‹: an einem Frühjahrswochenende öffnen Züchter ihre Gewächshäuser. (Mär–Jun) – Welthafentage Rotterdam (Sep) – Weihnachtsmärkte (Dez)

div. Blumencorsos im Land (Mär–Apr) – Beste Zeit zum Radfahren! (Apr–Sep) – Regenjacke nicht vergessen! (Nov–Dez)

Dark Sky Week (Apr) – Hollandfestial (Jun) – Sneekweek, Segelregatta (Aug) – Dutch Design Week Eindhoven (Okt) – Eisskulpturenfestival Zwolle (Dez)

Amsterdam Light Festival (Jan) – Der Keukenhof ist geöffnet, der größte Blumenpark der Welt. (Mär–Mai) – De Parade – das fahrende Theaterfestival reist kreuz und quer durch die Niederlande. (Jun–Sep) – Amsterdam Light Festival (Dez)

Surfen, Kitesurfen und Drachen steigen lassen – Wind gibt es das ganze Jahr über.

- **1. Januar** ›Nieuwjaarsduik‹: Sprung ins kalte Wasser
- **Februar bis Anf. April** Im Süden wird Karneval gefeiert.
- **27. April** Koningsdag
- **4. Mai** Dodenherdenking, nationaler Trauertag, um 20 Uhr werden zwei Schweigeminuten gehalten.
- **5. Mai** Bevrijdingsdag, das Ende der deutschen Besatzung im Zweiten Weltkrieg wird gefeiert.
- **15. Juni** Vlaggetjesdag Feier zur Ankunft des Herings
- **1. Juli** Keti Koti, es wird der Abschaffung der Sklaverei gedacht
- **Ende Juli** Karneval in Rotterdam
- **3. Di im Sept.** Prinsjesdag, Eröffnung des parlamentarischen Sitzungsjahres durch den König.
- **5.12.** Sinterklaasavond/ Pakjesavond (Nikolausfeier)

men sind, können sich die Wolken auch wieder verziehen, und die Sonne strahlt. Bei einem Strandspaziergang, vor allem in Herbst und Winter, sollten Sie sich gut einpacken, der Wind am Meer ist frisch!

Lesetipps

Mädchen mit Perlenohrring, Tracy Chevalier: Vor der Kulisse Delfts im ›glorreichen‹ 17. Jh. trifft der angesehene Maler Jan Vermeer auf seine ›Muse‹ Griet, eine Dienstmagd.

Die Zwillinge, Tessa de Loo: Zwei Zwillingsschwestern, die eine in den Niederlanden, die andere in Deutschland aufgewachsen, müssen durch den Sumpf der Geschichte während der Nazizeit – mit gegenseitigen Vorwürfen, Kontaktabbruch, bis sie sich mit über 70 endlich aussöhnen.

Sturmflut, Margriet de Moor: Ergreifend und spannend erzählt die Autorin anhand der Schicksale zweier Schwestern über die verheerende Flutkatastrophe von 1953.

Das Jahrhundert meines Vaters, Geert Mak: Der Historiker verknüpft auf mitreißende Weise die Geschichte der Niederlande im europäischen Kontext und der ostindischen Kolonie mit der seiner Familie vom Ende des 19. bis zum Ende des 20. Jh.

Kleine Geschichte der Niederlande, Geert Mak: Einfühlsam erzählt Mak die Geschichte seiner Heimat mit all ihren Licht- und Schattenseiten und reflektiert dabei über das besondere Verhältnis zwischen Niederländern und Deutschen.

Gebrauchsanweisung für die Niederlande, Kerstin Schweighöfer: Eine literarische Reise durch das nahe und scheinbar so vertraute Nachbarland der Deutschen.

Das Wüten der ganzen Welt, Maarten 't Haart: Liebevoll zeichnet der Schriftsteller das Leben in einem Provinzstädtchen nach, zeigt gleichzeitig aber auch die Begrenztheit seiner Bewohner auf und widmet sich den schwierigen Themen Widerstand und Kollaboration während des Zweiten Weltkriegs.

Duell, Joost Zwagerman: In seiner rasanten Satire verteilt Zwagerman herrliche Seitenhiebe auf den eitlen Amsterdamer Kunstbetrieb und gleichzeitig auf unser aller Umgang mit Kunst. Sehr vergnüglich.

Der Skandal, Gijs IJlander: Klug spielt der Autor mit dem Thema tradierte Werte contra moderne Moralauffassungen in der Idylle Noord-Hollands zu Beginn des 19. Jh. – mit Picasso in einer Hauptrolle.

Reisen mit Handicap

Enge Gassen, Kopfsteinpflaster und Bürgersteige erschweren den Alltag mit Handicap. Was Museen, Kinos und Theater sowie den ÖPNV betrifft, hat sich in den letzten Jahren viel getan, um die Zugänglichkeit für Menschen im Rollstuhl oder mit motorischen Einschränkungen zu verbessern. Gerade in großen Städten sind die neueren Busse und Bahnen häufig für alle nutzbar. Hinweise auf barrierefreie Restaurants (»Toegangelijk voor rolstoelen«) unter: thefork.nl. Services der niederländischen Bahn: ns.nl/en/travel-information/traveling-with-a-functional-disability.

Infos: accessibletravelnl.com

Reiseplanung

Stippvisiten

Insbesondere Städte wie Groningen, Maastricht oder auch Rotterdam eignen sich hervorragend für einen Kurzbesuch. Die Niederlande besitzen eine Vielzahl an noch weitgehend unentdeckten Städten, die mit kulturellen Highlights, tollen Museen und spannenden Einkaufs- und Einkehradressen daherkommen wie Alkmaar, Haarlem, Leeuwarden, Arnhem, Utrecht u. v. m. Das perfekte Fortbewegungsmittel für einen Städtetrip ist das Fahrrad. Da in den Niederlanden alles nah beieinander liegt, können an einem Wochenende mehrere Orte mit ÖPNV kombiniert werden.

Overtourismus in Amsterdam?

Der Amsterdamer Grachtengürtel ächzt weiterhin unter den zahlreichen Touristen. Daher hier lieber andere Viertel erkunden, bewegt man sich nur wenige Meter weg, bleibt es genauso spannend und wird viel ruhiger. Und den Grachtengürtel schaut man sich dann morgens früh, an einem Wochentag oder spätabends an, wenn die Grachten wunderbar beleuchtet sind.

Noch unentdeckte Perlen

Eigentlich kennen wir in unserem Nachbarland vor allem Amsterdam, die Nordseeküste und vielleicht noch die Watteninseln, allen voran Texel. Doch die wenigsten kennen Schiermonnikoog, die östlichste der Nordseeinseln. Oder die Provinz Overijssel mit ihren bezaubernden Hansestädten, die Loosdrechtse Plassen in einer unbekannten Ecke Nordhollands, den Westfriese Omringdijk südlich von Alkmaar oder das Waterland, eine wasserreiche Idylle, keine 30 Min. von Amsterdam entfernt. Und und und. Wir haben uns bemüht, wenig bekannte Ziele mit Ihnen zu teilen.

Schlafen

Hotels

Ausstattung und Service entsprechen in der Regel deutschen Standards. Viele Hotels sind außerdem nach den offiziellen Hotelklassifizierungsnormen der BeNeLux-Staaten in die bekannte Skala von ein bis fünf Sternen eingeteilt. In Großstädten und touristischen Hotspots sind die Zimmer schnell ausgebucht und die Preise überdurchschnittlich hoch. Eine frühzeitige Buchung kann viel Geld sparen.

B & Bs

B&Bs sind eine gute Alternative zu herkömmlichen Hotels (www.bedandbreakfast.nl/de). Die Ausstattung kann stark variieren: von spartanisch eingerichteten Zimmern mit einem schmalen Bett bis zu luxuriösen Unterkünften mit Vollpension und Whirlpool.

Campingplätze

Campingfans und Wohnmobilreisende finden in den Niederlanden ihr Eldorado. Die großen Zeltplätze sind familienfreundlich, sauber und besitzen teilweise ein breites Angebot an Unterhaltungsmöglichkeiten, Spielplätzen, Fahrradverleih, Schwimmbad oder Restaurants. Zu den bekanntesten Campingplatzketten des Landes zählen z. B. die sehr familienfreundlichen Holland-Tulip-Parks (hollandtulipparcs.nl) oder die Zeltplätze in Stadtnähe von City Camps (citycamps.com). Weitere Campingplätze lassen sich auch über den niederländischen Automobilclub (anwb.nl/kamperen) finden.

Ferienhäuser

Eine Auswahl schöner Ferienhäuser bieten holland.com, heerlijkehuisjes.de, ferienhausniederlande.de und natürlich einschlägige Buchungsportale wie Belvilla (belvilla.de), FeWo-direkt (fewo-direkt.de) und Casamundo (casamundo.de). Die Plattform Naturhäuschen bietet außerdem besonders charmante Ferienhäuser und -wohnungen in abgelegenen Naturgebieten an (naturhaeuschen.de). Beliebt sind auch Bungalowparks, die oftmals mit eigenen Spielplätzen, Schwimmbädern und verschiedenen Freizeitangeboten ausgestattet sind.

Hostels und Jugendherbergen

Viele Jugendherbergen stehen ohne Altersbegrenzung offen, das Angebot

NOTFALLNUMMERN 

Notruf: 112
Feuerwehr, Rettungsdienst: 112
Zentraler Sperr-Notruf für Bank- & Kreditkarten, Online-Banking, Handykarten, neue Personalausweise: T +49 116 116, +49 30 4050 4050

an Zimmern (Schlafsaal, Einzelzimmer, Doppelzimmer) und Ausstattung variiert. Die Hostels der Stayokay-Kette (www.stayokay.com) sind vielerorts vertreten und trotz ihrer Schlichtheit durchaus komfortabel. Eine gute Übersicht über verschiedene Hostels bietet Hostelling International auf hihostels.com.

Sicherheit und Notfälle

Fahrrad- und Taschendiebstahl, insbesondere im ÖPNV, sind nicht selten. Wer über eine deutsche/österreiche Krankenkasse versichert ist, hat bei einem medizinischen Notfall Anspruch auf ambulante/stationäre Behandlung. Schweizer Reisende sollten vorab ihre Krankenkasse kontaktieren und ggf. eine Auslandskrankenversicherung abschließen.

Diplomatische Vertretungen

Deutschland: www.den-haag-diplo.de
Österreich: bmeia.gv.at
Schweiz: eda.admin.ch

Verkehrsmittel

Zug

Das Eisenbahnnetz der Nederlandse Spoorwegen (NS) ist bestens ausgebaut und wird fortwährend modernisiert. Fahrkarten erhält man an Bahnhöfen, Fahrkartenautomaten oder online. Um möglichst preiswert zu reisen, lohnt es, sich vorab über die verschiedenen Ticketoptionen zu informieren. Neben den Einzelfahrkarten gibt es zahlreiche Sondertarife und Abos. Ein Tagesticket für 58,80 € beispielsweise ermöglicht unbegrenzte Fahrten durch das gesamte Land an einem Tag, für die Maas-Rhein-Region könnte sich evtl. das Euregio-Ticket für 20 € lohnen. Kinder bis zu drei Jahren fahren kostenlos mit, solange sie keinen eigenen Platz besetzen. Ältere Kinder (4–11 Jahre) können mit dem Railrunner-Ticket für 2,50 € in der zweiten Klasse fahren. Für die Fahrradmitnahme wird ein Zusatzticket für 7,50 € benötigt. Infos, Reiseplaner und Tickets: ns.nl.

Bus und Bahn

Im ÖPNV und teilweise auch im innerstädtischen Zugverkehr wird die elektronisch aufladbare OV-Chipcard genutzt. Teilweise können beim Fahrtpersonal auch Einzeltickets gekauft werden, die Anschaffung einer OV-Chipcard lohnt sich in der Regel aber. Bei Fahrtbeginn wird sie entweder direkt beim Fahrer oder an entsprechenden Automaten ›entwertet‹ und beim Aussteigen erneut vorgezeigt. Der Fahrpreis wird anhand der gefahrenen Kilometer berechnet, also nicht das Auschecken vergessen! An Automaten, Bahnhöfen, Ticket- und Touristenbüros können div. Chipkarten erworben werden (persönlich, anonym, nicht aufladbare Wegwerf-Variante).
Infos: ov-chipkaart.nl, gvb.nl.

Fähren

Fähren gehören in einigen Regionen und Städten zu den ganz alltäglichen öffentlichen Verkehrsmitteln. Infos online oder bei den lokalen Informationszentren.

Taxis

Wagen von offiziell anerkannten Taxiunternehmen sind an einem Schild auf dem Dach und einem blauen Nummernschild zu erkennen. Sie stehen in beinahe allen Orten zur Verfügung und sind mit einem Zähler ausgestattet. Zusätzlich zu den Kosten für die Fahrtdauer wird ein Anfahrttarif von 7,50 € fällig. Alternative Taxidienste wie Uber haben noch keine landesweite Deckung, sind aber in einigen Großstädten unterwegs (über Smartphone-App buchbar).

Verkehrsregeln

Die Höchstgeschwindigkeit auf Autobahnen variiert zwischen 80 und 100 km/h, von 19–3 Uhr darf teilweise auch 130 km/h gefahren werden.

Sprachführer Niederländisch

A

AUSSPRACHE

Niederländisch	Deutsch
ei z. B. in plein	wie äi in Lady, aber kurz
eu z. B. in deur	wie ö in dösen
oe z. B in boek	wie u
ou z. B. in oud	wie au
u z. B in nul	wie ü
ui z. B. in uit	etwa öi
ij z. B. in lijn	wie ei
g z. B. in tegel	etwa wie ch in fluchen
sch z. B. in schaap	s + ch getrennt sprechen

In der niederländischen Schriftsprache stößt man manchmal auf ein Trema wie z. B. in Indië oder drieëntwintig, d. h. beide Vokale müssen einzeln gesprochen werden.

Allgemeines

Guten Morgen	Goedemorgen!
Guten Tag	Dag! Goedendag!
Guten Abend	Goedenavond!
Auf Wiedersehen	tot ziens
Entschuldigung	sorry, pardon
Hallo/Grüß dich	hallo/dag
bitte	alstublieft
Vielen Dank	dank u wel
ja/nein	ja/nee
bis später	tot straks
wie bitte?	Hoe bedoelt u?
Wann?	Wanneer?

Unterwegs

Haltestelle	bushalte, tramhalte
Bus	bus
Auto	auto, wagen
Ausfahrt/Ausgang	uitrit/uitgang
Tankstelle	benzinepomp
Benzin	benzine
rechts/links	rechts/links
geradeaus	rechtdoor
Alle Richtungen	alle richtingen
Auskunft	inlichtingen/ informatie
Telefon	telefoon
Postamt	postkantoor
Bahnhof	station
Flughafen	luchthaven/ vliegveld
Hafen	haven
Stadtplan	plattegrond
geöffnet	open
geschlossen	gesloten
Kirche	kerk
Museum	museum
Rathaus	stadhuis
Platz	plaats, plein
Straße	straat
Brücke	brug

Zeit

Stunde	uur
Tag	dag
Woche	week
Monat	maand
Jahr	jaar
Montag	maandag
Dienstag	dinsdag
Mittwoch	woensdag
Donnerstag	donderdag
Freitag	vrijdag
Samstag	zaterdag
Sonntag	zondag
Feiertag	feestdag

Notfall

Hilfe!	Help!
Polizei	politie
Arzt	dokter
Zahnarzt	tandarts
Apotheke	apotheek
Krankenhaus	ziekenhuis

Unfall	ongeval
Schmerzen	pijn
Zahnschmerzen	kiespijn, tandpijn
Halsschmerzen	keelpijn
Fieber	koorts
Insektenstiche	insektenbeten

Übernachten

Hotel	hotel
Pension	pension
Einzelzimmer	eenpersoonskamer
Doppelzimmer	tweepersoonskamer
Doppelbett	tweepersoonsbed
Einzelbetten	eenpersoonsbed
mit/ohne Bad	met/zonder bad
Toilette	toilet
Dusche	douche
mit Frühstück	met ontbijt
Gepäck	bagage

Einkaufen

Geschäft	winkel
Markt	markt
Geldautomat	geldautomaat
Bäckerei	bakkerij
Lebensmittel	levensmiddelen
Kleidung	kleding
teuer	duur
billig	goedkoop
Größe	maat
bezahlen	betalen, afrekenen
Preis	prijs
Rechnung	rekening

Zahlen

0	nul	18	achttien
1	een	19	negentien
2	twee	20	twintig
3	drie	21	eenentwintig
4	vier	30	dertig
5	vijf	40	veertig
6	zes	50	vijftig
7	zeven	60	zestig
8	acht	70	zeventig
9	negen	80	tachtig
10	tien	90	negentig
11	elf	100	honderd
12	twaalf	200	tweehonderd
13	dertien	1000	duizend
14	veertien		
15	vijftien		
16	zestien		
17	zeventien		

WICHTIGE SÄTZE

Allgemeines

Sprechen Sie … Deutsch/Englisch?	Spreekt u Duits/Engels?
Ich verstehe nicht.	Ik begrijp het niet.
Ich heiße …	Ik heet...
Wie heißt Du/ heißen Sie?	Hoe heet je/u?
Wie geht's?	Hoe gaat het?
Danke, gut.	Goed, dank u wel.

Unterwegs

Wie komme ich zu/ nach …?	Hoe kom ik bij/ naar ...?
Wo ist …?	Waar is …?
Könnten Sie mir bitte … zeigen?	Kunt u mij alstublieft ... laten zien?

Notfall

Können Sie mir bitte helfen?	Kunt u me alstublieft helpen?
Ich brauche einen Arzt.	Ik heb een dokter nodig.

Übernachten

Haben Sie ein freies Zimmer?	Heeft u een kamer vrij?

Einkaufen

Wie viel kostet …?	Hoeveel kost …?

Im Restaurant

Die Rechnung, bitte.	De rekening, alstublieft.
Prost!/Zum Wohl!	Proost!/Op uw gezondheid!

Das

›Trockenfallen‹ kann auch Spaß machen, beispielsweise auf einer Wattwanderung.

Magazin

Dorf unter der Skyline

›Nooddorpen‹ — nach dem Bombardement Rotterdams als Übergangslösung gebaut und noch immer da, Wielewaal und Landzicht. Doch warum leben Menschen noch Jahrzehnte nach dem Krieg in Notdörfern, die aussehen wie Center Parcs?

Am 14. Mai 1940 bombardierte die deutsche Luftwaffe das Rotterdamer Stadtzentrum: Zwischen 800 und 900 Rotterdamer:innen verloren ihr Leben, eine Fläche von 2,6 km² mit 25 000 Wohnungen wurde binnen weniger Minuten dem Erdboden gleichgemacht. Für die 80.000 Menschen, die bei den Ereignissen ihr Zuhause verloren hatten, wurden sog. Notdörfer (*Nooddorpen*) errichtet: große Blöcke aus gleichmäßigen Reihen einstöckiger Bungalows. Insgesamt wurden sieben dieser Siedlungen gebaut. 50 Jahre nach ihrem ›Verfallsdatum‹ existieren noch immer zwei Notdörfer im Schatten der höher und höher werdenden Skyline von Rotterdam: Landzicht und Wielewaal. Obwohl überall in den Niederlanden neue, größere und komfortablere Häuser gebaut wurden, blieben die Menschen in den *Nooddorpen.* Der erschwingliche Preis spielte dabei eine große Rolle. Doch das Argument, das man von den Bewohner:innen am häufigsten hört, ist die einzigartige, dörfliche Atmosphäre.

Früher war es besser

Im Rahmen einer Kunstausstellung 2021 wurde ich neugierig auf die kleinen Dörfer und begann, ihre Bewohner:innen zu befragen. Alle sprachen davon, dass es früher besser war – und dabei ging es nicht um Nostalgie. Weil Stadt und Wohnungsbaugesellschaften diese Viertel abreißen wollen, haben sie sie aktiv verslumt. Ein Anwohner erinnert sich und zeigt auf eine Häuserreihe, deren Fenster mit Brettern vernagelt sind: »Jedes Jahr Halloween kamen Leute aus der ganzen Stadt her, um mit uns zu feiern. Ganz Wielewaal war beteiligt. Das war großartig, wirklich großartig. Jetzt ist das anders. Ich habe nichts dagegen, dass sie alles abreißen, die Häuser sind zu alt, aber die Art und Weise, wie das läuft, ist hässlich.« Ein anderer älterer Herr erzählt von seinen Erinnerungen: »Hinter den Häusern gab es Gräben, auf denen wir im Winter Schlittschuh gelaufen sind. Ich habe es hier als Kind geliebt! Wir waren immer draußen und kannten hier jeden. Wenn irgendwer vor dem Mittagessen nicht rauskam, wussten wir, dass er wahrscheinlich krank war und wir gingen mit etwas Suppe vorbei. Das passierte einfach, man musste nicht einmal darüber reden.«

Ein berühmtes Feriendorf?

Gäste sagen oft: »Das sieht hier aus wie in den Center Parcs!« An diesem Vergleich könnte etwas dran sein. Der Architekt der bekannten Ferienparks, der Rotterdamer Jaap Bakema, kannte den einfachen, aber effektiven Baustil der Notstandsdörfer, die aus billigen, schnell zu beschaffenden Baumaterialien entstanden waren. Und er wusste von den Grünflächen, die die Häuser umgeben, und den großen Fenstern, die den größten Teil der hinteren Wohnzimmerwand einnehmen. So kursiert das Gerücht hartnäckig, dass Wielewaal nicht wie Center Parcs aussieht, sondern

Rotterdams Skyline präsentiert sich inzwischen ganz modern.

Center Parcs wie Wielewaal. Bakema hatte für die Parks das Konzept von versetzt in die Landschaft integrierten Ferienhäusern entwickelt. Die Terrassen waren mit der Natur verbunden, und die Gäste genießen größtmögliche Privatsphäre. Selbst wenn der eindeutige Beweis fehlt, sind sich die Bewohner:innen Wielewaals doch sicher, dass sie im Vorbild der Center Parcs leben.

Es geht dem Ende entgegen

Aber alle Ferien müssen zu Ende gehen, auch wenn Wielewaal schon viel länger besteht als geplant. Angepeilt waren 25 Jahre – das war vor 70 Jahren. Nun hat man trotz massiver Proteste mit dem Abriss begonnen. Auf der Südseite sind die Häuser bereits verlassen, im Norden ist das Bild gemischt. Einige Straßen sind jedoch noch komplett bewohnt, die Gärten gepflegt. In zehn Jahren wird das anders sein. Es wird neue Häuser geben, neue Gärten, andere Bewohner. Jede:r kann sehen, dass die Bausubstanz Wielewaals in so schlechtem Zustand ist, dass sich eine Restaurierung nicht mehr lohnt. Es ist immer traurig, Dinge gehen zu sehen. Aber was mich schmerzt, ist, wie absolut langweilig die neuen Häuser sein werden; die neuen Viertel werden aussehen wie jedes andere Viertel, das in den letzten 20 Jahren gebaut wurde. Hat man eines gesehen, hat man alle gesehen. Mit dem Verlust Wielewaals wird Rotterdam etwas Bedeutendes verlieren. Es ging nach dem Krieg nicht darum, etwas Größeres und Besseres zu schaffen, sondern darum, mit dem auszukommen, was man hat. Dieses Rotterdam blickt nicht nur in die Zukunft, sondern auch in die Gegenwart. Ein Rotterdam, dem es egal ist, ob es etwas seltsam, unbequem oder unpraktisch ist.

Bleibt doch noch etwas?

An einem bitterkalten, nebligen Tag bin ich mit dem Fahrrad unterwegs und stoße auf Landzicht – das einzige Notdorf neben Wielewaal, das noch steht. Keines der Häuser hier ist mit Brettern vernagelt, es gibt kaum Leerstand. Das Dorf erinnert auf unheimliche Weise an Wielewaal, bis hin zu der Tatsache, dass das einzige Geschäft eine Imbissbude ist. Ich sehe eine Frau, die mit ihrem Hund spazieren geht, und frage sie, wie es ist, hier zu leben. Ich bekomme die gleichen Geschichten zu hören wie von den Bewohnern Wielewaals. Dann frage ich sie, wie lange sie hier noch bleiben kann und wann der Abriss geplant ist. »Abreißen? Sie werden das Haus nicht abreißen. Landzicht wird bleiben!« ■

Von Roël Neuraij – aus dem Englischen übersetzt von Lucia Oiro

Einblicke garantiert: Ein abendlicher Spaziergang im Amsterdamer Grachtengürtel macht auch mit dem Alltag der Grachtenbewohner:innen bekannt!

Nichts zu verbergen

Von offenen Gardinen und Spionagelaternen — Unsere Nachbarn sind bekannt für ihre Offenheit. Ob Drogenpolitik aus Den Haag oder sexuelle Diversität in Amsterdam. Doch es gibt auch Schattenseiten dieser Mentalität.

Die Niederlande beeinflussen weltweit liberale und progressive Gesellschaftsstandards. Das freiheitliche Flair ist mehr als touristischer Verkaufsschlager, es ist Teil einer Lebensphilosophie. Nirgendwo wird diese deutlicher als beim schonungslosen Blick durch gardinenlose Glasfronten, hinein in die Intimität ihrer Haushalte.

Tiefe Einblicke in den Alltag

Wer schon einmal durch die Grachtenstraßen Utrechts oder über das Kopfsteinpflaster Maastrichts geschlendert ist, dem wurden ungefragt auch Ausschnitte aus dem Alltag ihrer Bewohner zuteil. Unberührt vom Treiben auf der anderen Seite der Scheibe, kochen Pärchen *stamppot* oder fläzen Familien vor dem Fernseher. Dabei sind die Fenster meist deutlich größer als im europäischen Durchschnitt.

Nach Vorlesungsende an der Amsterdamer Uni wird Austauschstudent Jakob Hinger regelmäßig Zeuge desselben Schauspiels. Im hell erleuchteten Zimmer auf der anderen Seite der Straße sind die Vorhänge zur Seite geschoben: »Da sitzt mein Nachbar Abend für Abend mit entblößtem Oberkörper vor dem Fernseher, eine Flasche Bier in der Hand.«

Spinksen erlaubt

Aber warum sind unsere Nachbar:innen so locker, wenn es um ihre Privatsphäre geht? Erklärungsansätze gibt es etwa so viele wie Fahrradwege am IJsselmeer, einige davon ranken ins Mythische. Zum Beispiel die Mär von der Gardinensteuer, die sich hartnäckig hält. Viele Interpretationen sprechen dagegen von einem Überbleibsel calvinistischer Mentalität. Der rechtschaffene Christ ist fromm, tüchtig und sparsam.

»Wir brauchen keine Gardinen, wir haben ja nichts zu verbergen.« So wie Marijke de Boer aus Groningen sehen es viele Niederländer:innen, auch wenn sie eher ein agnostisches Leben führen. Marijke fühlt sich vom fremden Blick nicht auf dem Präsentierteller vorgeführt. Vielmehr ist ihr suspekt, wer einen Sichtschutz braucht. Andersherum gilt es aber als unhöflich zu gaffen. Nur spinksen ist erlaubt. Es geht eben doch auch ganz klassisch ums Sehen und Gesehen-Werden. Das beweist allein das stilvollendete Interieur manch einer Wohnung. Darüber hinaus veranstalten Städte wie Delft, Leiden oder Venlo sogar regelmäßig Events, bei denen Leute in den eigenen vier Wänden musizieren

»Die Fenster dienen als Lupe auf das alltägliche Leben.«

»Die Niederländer:innen zeigen gerne, was sie haben, und verbergen kaum, wer sie sind.«

und ihre Nachbarn dazu einladen (z.B. glurenbijdeburen.nl).

Ganz offen – auch online?

Weitere Erklärungsversuche konzentrieren sich stärker auf Relikte der Seefahrernation. Die gemeinsame Zeit auf den Schiffen ohne Privatsphäre soll auf das Wohnen in der Heimat abgefärbt haben und während die Männer auf See waren, sollen offene Fenster zusätzlich zur Kontrolle der Ehefrauen durch die Gemeinschaft gedient haben.

Ganz simpel ist die Erklärung, dass es in einem maritim-verregneten Ort wie den Niederlanden große Fenster braucht, um viel Sonnenlicht hereinzulassen. So haben Altstadtwohnungen in Amsterdam beispielsweise häufig geräumige Wohnzimmer mit dem klangvollen Namen ›Doorzonkamer‹, frei übersetzt ›Sonnenzimmer‹. Was bei Möbel-Voyeuristen und Hobbyanthropologen aus dem Ausland helle Begeisterung auslöst, ist für Einheimische gelebte Normalität. Aber wie ist es im Land um die Privatsphäre in anderen Bereichen bestellt? Online zum Beispiel?

Als das Parlament 2017 »Wiv« beschloss, ein Gesetz, das dem nationalen Geheimdienst breite Rechte zum Abhören und dreijährigen Speichern jedweder Kommunikation seiner Bürger:innen im Netz einräumte, blieb die große Empörung zunächst aus. Dabei war der Gesetzestext vage formuliert. Die einzige Voraussetzung für eine Lauschoffensive in der gesamten Nachbarschaft: Der Geheimdienst musste Terroristen im Umkreis vermuten. Fünf Studierende der Universität Amsterdam starteten daraufhin eine Petition für ein Referendum. Eine Abänderung des Gesetzes konnte schließlich erwirkt werden.

Die Datenkrake füttern

In einem anderen Fall schrieb das Distriktgericht von Den Haag Geschichte. Die Richter:innen erklärten SyRi, einen Algorithmus der Regierung, der eigenständig Sozialbetrug aufdecken sollte, für rechtswidrig. In den Niederlanden wöge das Recht auf Privatsphäre und Menschenwürde im digitalen Raum schwerer als das öffentliche Interesse, urteilten sie. Während sie laut Datenschützer:innen mit ihrer Entscheidung weltweite Maßstäbe definierten, werden in Eindhoven Wifi-Tracker, Kameras und Mikrofone an Straßenlaternen angebracht. Diese sollen aggressives Verhalten erkennen und die Polizei frühzeitig alarmieren. Auch Enschede arbeitet mit digitalen Überwachungstechnologien. Digitalrechtsorganisationen kritisieren, dass die Menschen oft gar nicht darüber informiert werden, wenn jemand Daten von ihnen erhebt.

Wenn es um ihre Privatsphäre geht, sind unsere konsensfreudigen Nachbar:innen insgesamt also sowohl im analogen als auch im digitalen Raum relativ entspannt. Welcher Erklärungsansatz auch stimmen mag, die Niederländer:innen zeigen gerne, was sie haben, und verbergen kaum, wer sie sind. Auf der anderen Seite ist der Aktivismus für Privatsphäre und Menschenwürde im digitalen Raum stark ausgeprägt und beispielhaft für andere Länder der Erde. Darüber hinaus lässt die Mehrheit der Gesellschaft aber auch im Cyberspace gerne mal die Vorhänge offen. ■

Von Florian Vitello

Szene in Bewegung

Ein Mekka für die zeitgenössische Kunst — Wieso kommt so viel Neues und Provokantes aus diesem kleinen Land? Die Arbeit der Performancekünstler:innen von United Cowboys gibt Einblicke in die ungewöhnliche Kunstszene der Niederlande.

Wer das Art House in Eindhoven betritt, muss sich erst einmal an einer riesigen, mit Luft gefüllten Plastikblase vorbeimanövrieren. In ihrem Innern befindet sich eine Tänzerin, die jeden Blick sofort einfängt und strahlt. Einige Menschen im Publikum interagieren fasziniert und erfreut mit ihr.

Es folgt eine Art Parcours, ein älterer Herr, ebenfalls Performer, sitzt am Schreibtisch. Ein Schokoladenbrunnen plätschert neben ihm. In einem mit glitzernden Perlen gefüllten Aquarium bewegt sich ein anderes junges Geschöpf, während ein maskiertes Wesen in den typisch niederländischen Holzschuhen umherklackert. Im nächsten Raum bereitet eine nackte schwangere Frau Sushi zu, während im Hintergrund ein Film mit politischen Rednern wie John F. Kennedy läuft. Und beim nächsten Hingucken ist alles schon wieder ganz anders …

BIOTOPE, eine einzigartige Performance und ein Markenzeichen des Künstlerkollektivs United Cowboys, wurde bereits an vielen Orten der Welt aufgeführt. Das Publikum kann sich dabei frei bewegen und in einen skurrilen, provokanten und berührenden Organismus eintauchen. Bei der Aufführung in Eindhoven drängten sich die Zuschauenden im Art House, in dem die Perfomance lief.

SEASONINGS

Markenzeichen der Performancegruppe United Cowboys sind viermal jährlich stattfindende »Seasonings«. Zu diesen Events werden Kunstschaffende aus aller Welt eingeladen, ihre Werke im Art House in Eindhoven zu präsentieren. Oft sind es junge oder experimentelle Arbeiten, die gezeigt werden. Über diese und auch eigene Aufführungen der Cowboys kann man sich auf der Website www.unitedcowboys.net informieren.

Mehr Toleranz?

Die Niederlande sind bekannt für ihre diverse Kunstszene. Für viele internationale Kunstschaffende ist das Land ein beliebtes Ziel. So gibt es beispielsweise im zeitgenössischen Tanz mehr Ausbildungsmöglichkeiten als in Deutschland. Außerdem heißt es, das niederländische Publikum sei viel offener und immer auf der Suche nach etwas Neuem.

Fragt man Kunstschaffende wie United Cowboys selbst, wird das nicht immer so empfunden. Auch sie mussten sich ihr Publikum in Eindhoven erst aufbauen. Auch sie müssen Förderanträge stellen und teilweise um den Fortbestand ihrer

Arbeit bangen. 30 Jahre sind sie schon im Geschäft und haben einige Höhen und Tiefen hinter sich. Und auch in den Niederlanden sind 30 Jahre eine sehr lange Zeit im Kunstsektor. Was ihr Geheimrezept ist? »Wir sind verrückt genug und wollen nichts anderes. Das Bedürfnis und der Wille dazu sind grundlegend, so haben wir einen längeren Atem bekommen. Außerdem ist uns die Stabilität egal. Wir geben nicht vor Ungewissheit auf. In der Kunst muss man immer abwarten, daran sind wir völlig gewöhnt und auch gewachsen. Wir erkennen, wie privilegiert wir sind mit diesem schönen Ort und den Menschen, mit denen wir arbeiten.«

Paradies der Rebellen

Austausch, Austausch, Austausch. In der Arbeit von United Cowboys steht nicht selten die halbe Welt auf der Bühne, ihre Performances sind von Internationalität und auch Inklusion geprägt. Denn auch unterschiedliche Körperlichkeiten zeichnen die Performenden aus. Es sind keineswegs nur im Tanz ausgebildete, junge Athlet:innen, sondern Menschen aller Altersklassen und mit ganz verschiedenen Hintergründen. »Eine Gruppe von Individuen«, so nennen es Pauline und Maarten, die Gründer von United Cowboys. So wollen sie ihre Formate gestalten und vermitteln. Und auch in der Vergangenheit pflegten die Cowboys einen engen Austausch mit Kunstschaffenden, die eher als ungewöhnlich und provokant gelten – wie Marina Abramović, Bildhauer Paul McCarthy oder Fotografin Nan Goldin.

Das lässt sich durchaus auf die Geschichte der Niederlande beziehen: Es ist ein Land mit vielen Migrant:innen und damit geprägt von unterschiedlichen Ansichten und Kulturen. Viele Menschen suchten hier in der Vergangenheit Zuflucht vor politischer oder religiöser Verfolgung. Immerhin herrschte in den Niederlanden des 17. Jh. – mit gewissen Einschränkungen – Religionsfreiheit. Damit kam der Ruf als Paradies für Freidenker:innen und Kreative: Menschen, die fliehen mussten, um sie selbst zu sein, quasi ein Land voller Rebell:innen. In der jüngeren Zeit hat sich dies auch in Gesetzen niedergeschlagen, die den ›Status quo‹ herausforder(te)n. Als eines der ersten Länder legalisierten die Niederlande Prostitution, gleichgeschlechtliche Ehe, das Recht auf selbstbestimmtes Sterben.

Leben und leben lassen

Schon Goethe ließ sich vom Toleranzverständnis der Niederlande inspirieren. In seinem ›Egmont‹ stellte er das Schicksal Wilhelm von Oraniens dar. Zusammen mit dem niederländischen Adel trat dieser für religiöse Freiheit ein und stellte sich gegen die Einführung der Inquisition im Land. Nach einer Spaltung der Niederlande konnte Wilhelm in seinem Teil Religionsfrieden herstellen. Vielen gilt er als wichtiger Begründer der Toleranz.

Kürzlich erst stellte die niederländische Regierung 1 Mio. Euro bereit, um Vertreter:innen der ›kreativen Intelligenz‹ aus der Ukraine zu unterstützen. Dennoch wackelt es auch immer wieder ganz schön im niederländischen Haus der lang gelebten Toleranz und der Offenheit. Vielleicht ist die Kunstszene in den Niederlanden gerade deshalb so aktiv und fordern Kollektive wie United Cowboys immer wieder die Normen und gesellschaftlichen Grenzen heraus. Schließlich wissen die Kunstschaffenden, aus der Geschichte und aus der eigenen Vergangenheit, wie wertvoll der Austausch und das Motto ›leben und leben lassen‹ sind. ■

»Es ist dem Publikum überlassen, wie es BIOTOPE erleben will: Aus der Nähe oder aus der Ferne. Und einzutauchen in einen lebendigen Organismus.«

Das zählt

Zahlen sind schnell überlesen — aber sie können die Augen öffnen. Nehmen Sie sich Zeit für überraschende Einblicke und lesen Sie, was in den Niederlanden zählt.

3

Begrüßungsküsschen auf die Wange gibt man sich in den Niederlanden und übertrumpft damit die Französ:innen, die sich nur zweimal küssen. Doch aufgepasst: Nicht zu nahe kommen, ein Luftkuss knapp am Ohr vorbei ist völlig ausreichend!

23

Millionen Fahrräder besitzen die Niederländer:innen; bei circa 17 Millionen Einwohner:innen macht das 1,3 pro Person. Kein Wunder, dass das Fahrradnetz so gut ausgebaut ist – 37.000 Kilometer Radwege zählt das Land. Autos gibt es ›nur‹ 9,2 Millionen.

1/4

des Landes liegt unter dem Meeresspiegel – um genau zu sein: 26 Prozent. Der tiefste Punkt liegt mit 6,76 Metern bei Nieuwekerk aan den IJssel.

49

Prozent wollen die Niederlande zur Bekämpfung des Klimawandels bis zum Jahr 2030 an Treibhausgasen einsparen. Bis zum Jahr 2050 sollen es sogar ganze 95 Prozent werden. Ein ambitioniertes Ziel!

322,4

Meter über NN misst der höchste ›Berg‹ der Niederlande, der Vaalserberg. Alles eine Frage der Perspektive …

24.624

Asylanträge wurden im Jahr 2021 in den Niederlanden gestellt. Die meisten Asylbewerber:innen kamen aus Syrien, Afghanistan und der Türkei. Bei den Erstanträgen wurden insgesamt 14.177 Entscheidungen gefällt. Davon sind 73 Prozent positiv beantwortet worden.

12.500

fietsen können im Utrechter Fahrradparkhaus am Hauptbahnhof geparkt werden. Damit ist es die größte Fahrradgarage der Welt.

183,8

Zentimeter messen niederländische Männer im Durchschnitt, 170,4 die Frauen. Damit sind die die größten Menschen auf der Welt.

2

Milliarden Tulpen, Tendenz steigend, werden in den Niederlanden jährlich produziert, und mehr als die Hälfte davon nach Deutschland exportiert. Das wichtigste Exportgut der Niederlande sind jedoch Erdöl und Erdölerzeugnisse.

1.152

durch Erdgasförderung induzierte Erdbeben verzeichnete die Niederländische Meteorologiebehörde seit Aufzeichnungsbeginn 1986. Am häufigsten bebt es in der Provinz Groningen Auch wenn die meisten Beben nur leicht waren, erklärt die hohe Zahl, warum so viele Groninger gegen die Erdgasförderung protestieren.

30

Prozent der Babys werden zu Hause geboren – damit sind die Niederlande Spitzenreiter in Sachen Hausgeburt.

1.281

Brücken zählt Amsterdam, das sind mehr als Paris hat. Und mit über 165 Grachten besitzt die niederländische Hauptstadt mehr Wasserstraßen als Venedig.

230

Kilometer ist das Grottensystem unter dem Sint Pietersberg in Maastricht lang. Das Labyrinth besteht aus Tausenden Gängen. Satte 20 Kilometer mehr messen die Grotten im benachbarten Valkenburg. Das Coole hier: Auf Strecken von acht bis zehn Kilometern können Sie diese auf speziellen Mountainbikes durchcruisen!

94

Prozent der niederländischen Bevölkerung spricht mindestens zwei Sprachen, damit liegen sie deutlich über dem europäischen Durchschnitt von 54 Prozent.

8.

Weltwunder – als solches werden die Deltawerke in der Provinz Zeeland gerne bezeichnet. Nicht ganz zu Unrecht: Nach der veerheerenden Flutkatastrophe 1953 wurden auf mehr als 1000 Küstenkilometern Deiche verstärkt, Dämme, Brücken und Flutschutzwehre angelegt.

100

Stundenkilometer beträgt das Tempolimit auf den Autobahnen seit 2020. Von 19 Uhr abends bis 6 Uhr morgens darf wie vorher maximal 130 Stundenkilometer gefahren werden. Pauschal kann man sagen, dass das Limit von der Bevölkerung begrüßt und eingehalten wird. Einige hätten es sogar gerne noch strenger. Der Hintergrund für die Einführung von Tempo 100 war nicht etwa die Verkehrssicherheit, sondern die CO_2-Einsparung.

Über Gott und die Welt

Die Wege des Herrn (und der Dame) — sind mitunter unvorhersehbar. Traf eine, die der Kirche den Rücken gekehrt hat, auf einen Pater in Warfhuizen und erlebte ein kleines Wunder.

»Darauf habe ich keine Lust«, meint Brigitte Kellner. Wir wollen die Einsiedelei in Warfhuizen in der Provinz Groningen besuchen. Dort lebt Pater Hugo als einziger Eremit der Niederlande. Für mich klingt das fremd und spannend, daher freue ich mich auf den Besuch. Doch meine Mitreisende hat nach eigener Aussage »mit der Kirche gar nichts mehr am Hut« und ist entsprechend unmotiviert. An diesem sonnigen Morgen betreten wir die kleine Kirche der Einsiedelei. Weihrauchduft liegt in der Luft, und schon taucht Pater Hugo auf. Eine lange Kutte, ein freundliches Gesicht – und ein Gespräch über die Kirche, Gott und die Welt entsteht, bei dem Brigitte und der Geistliche immer mehr Gemeinsamkeiten entdecken:

Und Sie möchten einen anderen Blick auf Religion vermitteln?

Ich bin Einsiedler, ich wollte anfangs, vor 20 Jahren, gerne einfach allein sein, in Ruhe gelassen werden. Dann bekam die Kirche die Statue der Muttergottes aus Sevilla geschenkt, und plötzlich und unerklärlicherweise entstand eine Wallfahrt. Pro Saison kommen 20 000 Leute. In den Niederlanden ist das ein mittelgroßer Wallfahrtsort. Von Anfang Mai bis Mitte September herrscht hier also die Atmosphäre einer großen Wallfahrt.

Oh, da war Ihre Ruhe futsch! Das Bedürfnis nach Ruhe kann ich gut verstehen. Ich wohne alleine in einem Wald.

Ah! Wie schön! Am Waldrand bin ich aufgewachsen, in Drenthe. In der Ruhe fühle ich mich Gott sehr nah – oder im Gesang. Hier bete ich das Stundengebet, alles ist gesungen, wir haben die alte Liturgie, gregorianisch, die Leute mögen diese Atmosphäre. Ja, selbst Leute, die nicht katholisch sind, mögen das! Die setzen sich hierhin und lassen den Alltag ein bisschen wegspülen. Ich bin nicht nur hier für die Katholik:innen, alle, die sich hier wohlfühlen, sind willkommen.

Was suchen die Menschen denn hier?

Schwer zu erklären. Es hat hier kein Wunder gegeben. Doch natürlich gibt es mittlerweile viele Gebetserhörungen. Das ist überall so, wo viele Menschen gemeinsam beten. Die Gläubigen haben dann eine Bruderschaft gegründet, die sich darum kümmert, die Leute zu versorgen. Die meisten sind alleine hier, sie sorgen sich um kranke Angehörige. Das ist die Hauptgruppe, und dann natürlich die normalen Gläubigen.

Haben Sie sich mit den vielen Besucher:innen tatsächlich arrangiert?

Ja, ich möchte nur nicht den ganzen Tag plaudern und mich wie im Zoo fühlen. Menschen, die hier einfach klingeln und keinen Grund haben, das mag ich nicht. Im Juli und August ist das etwas anderes. Für mich ist es dann wie ein Naturgeräusch, im Wald hat man Vögel und hier hat man Pilger:innen. Großmütter, die Kerzen anzünden, das stört mich nicht.

Das verstehe ich. Wie darf man Sie denn respektvoll besuchen?

Es gibt jeden Tag eine Messe: wochentags um 10, sonntags um 11 Uhr. Das sind noch die richtigen mittelalterlichen Messen, so wie sie bis ins 15. Jh. waren. Man muss es schon mögen, sonst denkt man: oje, oje. Es gibt einen richtigen Fanclub dieser alten Liturgie, und der fährt jeden Tag zig Kilometer. Anfangs denken viele, die Liturgie sei langweilig, doch dann mögen sie sie. Sie ist still und hat eine gewisse Atmosphäre. Die Messe lädt ein zum Gebet, zur Kontemplation, zur Meditation. Leute, die minimalistische Musik lieben, mögen das.

Und vor allem Kinder, das verwundert mich oft! Eineinhalb Stunden dauert eine Sonntagsmesse, und ich dachte, für Kinder müsse das schrecklich langweilig sein. Aber sie lieben diese alte Liturgie. Es gibt die ganze Zeit etwas zu sehen, viel Bewegung, und ja, es ist schwer zu erklären, aber man ist eigentlich in einem völlig anderen Zeit-Raum-Gefüge, könnte man sagen. Ich versuche es hinzubekommen, dass man den Alltag für einen Moment draußen lassen kann.

Wahrscheinlich sind Sie deswegen so eine faszinierende Persönlichkeit. Vielleicht fehlt vielen Menschen genau diese Ruhe und sie möchten sie hier von Ihnen erfahren. Viele Menschen haben mit der Kirche nichts mehr zu tun und suchen diese Spiritualität woanders, im Buddhismus, in der Esoterik … Und finden sie auch dort. Oder bei Ihnen! ■

Lichterprozession zur Einsiedelei Unserer-Lieben-Frau vom verschlossenen Garten

Das ›Denkmal der 11 000 Namen‹ beim Keti-Koti-Festival in Amsterdam, das der Abschaffung der Sklaverei gedenkt. Die auf den Tafeln gelisteten Nachnamen gaben die niederländischen Kolonialherren den Menschen, die am 1. Juli 1863 durch die Abschaffung der Sklaverei befreit wurden. ›Keti Koti‹ bedeutet im Surinamischen ›zerbrochene Ketten‹.

Reise durch Zeit & Raum

›Klein, aber tapfer‹ — diese Devise bestimmt das historische Selbstbild der Niederländer:innen. Auch wenn das Land eine Nation der Minderheiten und Gegensätze seien, wenn es darauf ankäme, stehe man zusammen und zeige nicht nur eine enge nationale Zusammengehörigkeit, sondern auch einen hohen moralischen Anspruch.* Was es zu überprüfen gilt!

Erste Sippen im Sumpf

8000 bis 200 v. Chr.

Das Wattenmeer entsteht an der Nordseeküste, während das Landesinnere ein von Seen durchsetzter Sumpf ist. Das älteste erhaltene Boot der Welt, das *kano van Pesse,* ein 8500 Jahre alter Einbaum, zeugt von der Aktivität der ersten Menschen hier. Diese werden um 4000 v. Chr. auch sesshaft, betreiben Landbau und Viehzucht. Während der Eisenzeit (ab 800 v. Chr.) ziehen die Kelt:innen durch ganz Südwesteuropa und erreichen auch den Süden der Niederlande, während im Norden German:innen siedeln.

Zum Anschauen: Prähistorisches Dorf in Eindhoven, prehistorischdorp.nl

Von Julius bis Karl

57 v. Chr. bis 1477

Ein halber Laib Brot ist besser als keiner, heißt es bei Asterix und Obelix. Das werden sich auch die Römer:innen gedacht haben, als sie unter Julius Caesar die Südniederlande einnehmen. Doch sie wollen weitere Gebiete erobern, was zunächst auch gelingt. 9 n. Chr. verlieren sie im Teutoburger Wald allerdings die berühmte Schlacht und es bleibt beim südlichen Teil. Siedlungen wie Ulpia Noviomagus Batavorum (Nijmegen) entstehen. Nach dem Niedergang des Römischen Reichs nehmen die Fränk:innen ab dem 2. Jh. vermehrt Einfluss auf den Süden. Unter Bischof Servatius von Maastricht beginnt im 4. Jh. die Christianisierung der Niederlande. Im Frankenreich folgt auf das merowingische das karolingische Königsgeschlecht unter Karl dem Großen, der das Herrschaftsgebiet ausweitet. Unter seinen Enkeln entsteht Niederlothringen, welches jedoch vom 10. bis 14. Jh. zerfällt: Die Grafschaften Flandern, Hennegau, Limburg, Luxemburg, Brabant, Geldern und das Bistum Utrecht entstehen. Gleichzeitig dehnen auch die Burgunder ihr Reich bis zum IJsselmeer aus.

Zum Anschauen: Nijmegen, Römische Maske, S. 205; Maastricht, Sint Servaasbasiliek, S. 234

Ein Land im Widerstand

1482 bis 1648

Durch eine Erbschaft kommen die reichen burgundischen Niederlande in die Hand der Habsburger:innen und werden 1555 schließlich mit dem Königreich von Spanien vereint. Der Protestantismus beginnt sich im 16. Jh. in Europa und auch in den nördlichen Niederlanden auszubreiten. Philipp II. von Spanien verfolgt die Protestant:innen mit großer Brutalität und verlangt gleichzeitig hohe Abgaben von seinen Untertan:innen. Armut, Hungersnöte und abgewiesene Bittschriften, auch von Adligen, treiben

* Siehe: uni-muenster.de/NiederlandeNet/nl-wissen/geschichte/erinnerungskultur/vergleich.html

die Menschen in den Widerstand. Tausende Rebell:innen werden getötet oder fliehen ins Ausland. Prinz Wilhelm I. von Oranien, Philipps ehemaliger Statthalter in Zeeland und Holland, wird der Anführer im Kampf gegen Spanien. Der Einfall seiner Rebellenarmee in die Niederlande markiert den Beginn des Achtzigjährigen Krieges. 1576 schließen sich ihm fast alle Provinzen an. Doch Philipp gelingt eine Spaltung des Bündnisses. Daraufhin sagen sich die sieben nördlichen Provinzen in der ›Union von Utrecht‹ 1579 von Spanien los. Prinz Wilhelm I., der glühendste Verfechter einer Einheit der gesamten Niederlande, wird ermordet, und es dauert noch ganze 64 Jahre bis Spanien die Souveränität der Niederlande anerkennt und endlich Frieden herrscht.

Zum Anschauen: Grab von Wilhelm I. in der Nieuwe Kerk und Museum Prinsenhof in Delft, S. 32; Feierlichkeiten zum Sieg von Alkmaar über die spanische Armee am 8. Okt.

Es ist nicht alles Gold, was glänzt

16. und 17. Jahrhundert

Im ›Goldenen‹ Zeitalter sind die Niederlande eine der fühenden Seemächte. Dies bringt Reichtum und neue Einwohner:innen. Was allerdings auch von anderen Umständen begünstigt wird. Denn nachdem die Spanier Antwerpen eingenommen haben, flüchten Tausende in den Norden. Auch aus Spanien und Portugal vertriebene Jüd:innen zieht es her, herrscht doch weitgehende Religionsfreiheit. Sie bringen Wohlstand, Wissen und ihre Künste mit. 1602 wird die Vereinigte Ostindische, 1621 die Westindische Kompanie gegründet. Auf dem Rücken ihrer Kolonien häufen die Handelsvereinigungen unermessliche Reichtümer an. Die Malerei erlebt u. a. mit Rembrandt und Veermer eine nie dagewesene Blüte. Die brutale Ausbeutung der Kolonien steigt ins Unermessliche, wovon die Niederländer:innen selbst natürlich mehr Vor- als Nachteile zu spüren bekommen.

Zum Anschauen: Rijksmuseum in Amsterdam, S. 82; Hafenstädte am IJsselmeer, S. 155

Niedergang und Neuanfang

18. Jahrhundert

Die Niederlande werden in mehrere Seekriege mit England verwickelt, eine französische Invasion droht und die ehemals gewaltigen Finanz- und Kraftreserven nehmen ab. 1748 versenkt die englische Seemacht die Kriegsflotte der Republik der Sieben Vereinigten Niederlande. Nach der Besetzung des Landes durch Frankreich gründen revolutionäre Niederländer:innen mit französischer Hilfe die Batavische Republik, den ersten niederländischen Einheitsstaat. Der Wiener Kongress 1814/15 bringt die Vereinigung der nördlichen und südlichen, ›belgischen‹, Provinzen zu einem Königreich unter König Wilhelm I., bis Belgien 1830 eigenständig wird. Ab 1850 greift die Industrielle Revolution nun auch verspätet in den Niederlanden, die ersten Zugstrecken und der Nordseekanal werden gebaut. Besiegelt wird die neue Epoche 1890 mit der Krönung von Wilhelmina, der ersten Frau auf dem Thron.

Zum Anschauen: Rathaus (Königspalast) in Amsterdam, S. 67; Zaanstreek, S. 92

»Ich halt' mich da raus« …

Ab 1914

Zwei Kriege erschüttern die Welt. In beiden bleibt das Land neutral, was ihm im Zweiten Weltkrieg wenig hilft. 1940 greifen die Nazis an. Rotterdam und der Flughafen Schiphol werden zerstört, die Niederlande sind von deutschen Truppen besetzt, Königin und Regierung fliehen nach London. Die Menschen im Land erleiden schlimmste Repressalien, Hunger setzt ihnen zu, Jüd:innen werden in den Konzentrationslagern ermordet. Am 5. Mai 1945, wenige Tage vor der Kapitulation Deutschlands, befreien alliierte Streitkräfte Amsterdam, das im Krieg Zentrum des Widerstands gegen die Nazis war.

Zum Anschauen: Anne Frank Huis, S. 80; Fries Verzetsmuseum in Leeuwarden, S. 145; Kamp Westerbork, S. 179

Ein offenes Land

1954–1980

Nach den Kriegswirren ist auch in den Niederlanden Wandel angesagt. 1948 besteigt Königin Juliana nach der Abdankung ihrer Mutter den Thron. Nach und nach werden die alten Kolonien selbstständig, 1949 Indonesien, 1975 schließlich Surinam. Viele Bewohner:innen der Ex-Kolonien ziehen in die Niederlande. In den 1950er-Jahren erholt sich die geschwächte Wirtschaft langsam, der Wohlstand kehrt zurück. Zeitgleich entstehen politische Forderungen: *provos* (eine anarchistische Bewegung), aufständische Studierende und *kraker* (Hausbesetzer:innen) protestieren gegen Umweltverschmutzung, Konsumterror, Wohnungsnot und für Frieden, Gleichberechtigung der Frauen und gleiche Rechte für Schwule und Lesben. 1980 wird Beatrix Königin. Die Unruhen verklingen langsam, hinterlassen aber ein Land, das für eine liberale, offene Politik steht.

Zum Anschauen: Nationaldenkmal gegen die Sklaverei im Oosterpark in Amsterdam

Auf dem rechten Weg?

2002 bis 2018

Die Regierung erkennt ein großes Versagen im Zusammenhang mit dem Massaker von Srebenica im Bosnienkrieg 1995 an und tritt 2002 zurück. Unter Jan Peter Balkenende (CDA) folgt daraufhin ein Rechtsruck in der Politik. Im gleichen Jahr wird ein Attentat auf die Königsfamilie verübt, fünf Unbeteiligte sterben. Auch zehn Jahre später gewinnt eine rechte Partei vorgezogene Neuwahlen, die VVD, Regierungschef ist nun der Liberale Mark Rutte. 2013 dankt Königin Beatrix ab, und ihr Sohn, Prinz Willem-Alexander, wird König, an seiner Seite ist die beliebte (nun Königin) Máxima. 2015 kommt es vermehrt zu Protesten gegen die Aufnahme von geflüchteten Menschen. Diese Stimmung schlägt sich auch in den Wahlen von 2017 nieder, die VVD bleibt Sieger und zweitstärkste Partei ist die rechtspopulistische PVD von Geert Wilders.

Zum Anschauen: Regierungsstadt Den Haag, S. 36, Nieuwe Kerk, Amsterdam, S. 67

Auf und ab

2019 bis heute

Den ersten Coronafall verzeichnen die Niederlande Anfang 2020. Die Coronabeschränkungen sind liberaler als etwa in Deutschland. Dennoch herrscht zeitweise ein strenger Lockdown, gegen den massiv protestiert wird. Mitten in der Pandemie finden 2021 Wahlen statt, bei denen die VVD zum vierten Mal gewinnt, die PVD Stimmen einbüßt. 2022 wird die größte Seeschleuse der Welt in IJmuiden eröffnet; sie bildet das Tor von der Nordsee nach Amsterdam. Allerdings sind auch die Baukosten rekordverdächtig. Bereits 2019 definiert die Regierung neue Ziele gegen den Klimawandel (Klimaneutralität bis 2050), und im Land entstehen immer mehr Projekte bzw. erhalten Förderungen, um diese zu verwirklichen. 2022/23 empfinden viele Landwirt:innen die Maßnahmen als nicht tragbar, durch die Auflagen zur Schadstoffreduzierung sehen sie ihre Existenz bedroht. Im ganzen Land gibt es Bauernproteste, die Straßen oder Supermärkte lahmlegen. Die umgedrehte niederländische Flagge wird zum Protestsymbol. Bei den Provinzwahlen 2023 erhält die Regierungskoalition unter Rutte einen historischen Denkzettel: Die rechtspopulistische Bürger-Bauer-Bewegung BBB wird in vielen Provinzen mit Abstand stärkste Partei. Am 9. Dezember 2022 schon bittet Rutte offiziell um Entschuldigung für die Sklaverei. 2024/2025 feiert Amsterdam sein 750-jähriges Bestehen.

Zum Anschauen: Schleusenkomplex in IJmuiden, S. 107; Green Citys, S. 115

Ich bin dann mal weg!

Wo andere Urlaub machen — leben Alexandra, Teresa und Wolfgang. Drei Wahl-Niederländer:innen im Gespräch.

Ich treffe Alexandra Johnen bei Kapitein Zeppos in Amsterdam. Das Restaurant liegt am Ende einer idyllischen Gasse, in der man schön sitzt. Die gelernte Journalistin (49) arbeitet seit Mai 2020 als Communication Manager bei der Deutschen Zentrale für Tourismus in Amsterdam.

Waren die Niederlande dein Traumland, als du dort hingegangen bist?

Ja, das kann man so sagen. Wobei ich nicht blauäugig à la ›Auswandererin-zieht-nach-einem-einzigen-Urlaub-nach-Malle‹ hergekommen bin, sondern das Nachbarland durch lange private und berufliche Bande sehr gut kannte.

Was war der Anlass für den Umzug?

Ein Jobangebot.

Bist du mit der Idee losgezogen, ach, das wird ja wie in Deutschand sein?

Nein, ich kannte die Niederlande ja, auch durch fast zwölf Jahre Tätigkeit für das Niederländische Büro für Tourismus. Ich wusste also, dass es trotz der geografischen Nähe viele kleine und größere (kulturelle) Unterschiede gibt.

Und wie war es dann wirklich?

Das meiste hat sich bewahrheitet, aber manche Aspekte waren mir vorher nicht so bewusst. Zum Beispiel, dass die Niederlande doch ein großes Problem mit der Integration von Migranten haben; dass die Gesellschaft recht gespalten ist. Auch empfinde ich die Rahmenbedingungen als recht hart verglichen mit Deutschland, z. B. bezogen auf Sozialleistungen oder medizinische Versorgung. Auch das Umweltbewusstsein hätte ich höher eingeschätzt. Es gibt hier z. B. kaum Pfandflaschen, und im Supermarkt ist praktisch alles in Plastik eingeschweißt. Ich halte die Deutschen inzwischen doch für umweltbewusster als die Niederländer.

Und was hat dich positiv überrascht?

Die Grundfreundlichkeit! Jeder grüßt jeden, die meisten begegnen einem mit einem Lächeln. Und ihre grundsätzlich positive Haltung, ihre ›Stehaufmännchen‹-Mentalität. Die deutsche Düsternis und Neigung zum Schwarzsehen vermisse ich wirklich nicht.

Welche Klischees hast du mit den Niederlanden verbunden?

Das Fahrradland! Grundsätzlich stimmt das natürlich. Aber es tummeln sich auf den Radwegen auch jede Menge anderer Fahrzeuge, was das Radeln zuweilen stressig macht. Beispielsweise rattern total nervige und stinkende *bromfietsen* über die Radwege, meist illegal, denn in der Innenstadt sind sie auf den Radwegen verboten – das schert aber nicht wirklich viele, und kontrolliert wird kaum.

Das bringt mich zum nächsten Punkt, nämlich der Nichtbeachtung von Regeln hier. Das kann schon recht anstrengend sein, wenn jede:r mehr oder weniger macht, was er will. Und es auch nicht geahndet wird. Diese Haltung ist auch gepaart mit einer gewissen Nonchalance den Mitbürgern gegenüber …

Du spielst auf die viel gepriesene Toleranz unserer Nachbarn an?

Ja, dieser Wesenszug wird oft fälschlicherweise als tolerant ausgelegt: Man korrigiert einander nicht öffentlich. Das kann natürlich auch ganz angenehm sein, und bei uns wird es auch etwas übertrieben mit der sozialen Kontrolle, aber manchmal fände ich es doch ganz gut, wenn Mitbürger:innen Missverhalten anprangerten.

Bevor ich jetzt total negativ rüberkomme, möchte ich betonen, dass das Leben hier wirklich easy ist und Spaß macht. Die Lebensqualität ist hoch, das Angebot an Kultur enorm, und ich finde es auch reizvoll, dass man in der Randstad so viele kleine und größere Städte hat. Vieles ist auch einfach sehr praktisch geregelt und weniger umständlich als in Deutschland. Man nehme nur die OV-Chipkarte, die Fahrkarte für den gesamten ÖPNV im ganzen Land. Ich kann auch dem bargeldlosen Zahlungsverkehr hier viel abgewinnen. Man kann wirklich alles mit der EC-Karte zahlen.

Was beeindruckt dich am meisten?

Auf jeden Fall die Positivität und die gewisse Leichtigkeit, mit der man hier durchs Leben geht. Und den Willen, immer mal wieder etwas Neues auszuprobieren – gepaart mit Pragmatismus!

Vermisst du etwas in den Niederlanden? Ganz banal: vielleicht Brot?

Brot auf jeden Fall! Wobei es hier in Amsterdam inzwischen auch sehr gutes, schweres Sauerteigbrot gibt, allerdings zu stolzen ›Juwelier‹-Preisen.

Mir fehlt die Weite Deutschlands, dass man in der Natur mal niemandem begegnet, wenn man wandern geht. Hier ist es doch recht überlaufen, es ist halt ein kleines, sehr dicht besiedeltes Land.

Auch vermisse ich das – ich nenne es mal – ›Heimat-Gefühl‹: also komplett dazuzugehören, sich schlafwandlerisch auszukennen, auch in allen Gebräuchen.

Oben: Jahrelang betreute Alexandra die deutsche Pressearbeit für den Keukenhof – jetzt hat sie ihn um die Ecke.

Unten: Geschafft! Teresa (re.) und eine Freundin feiern den Bachelorabschluss vor historischer Kulisse in Leiden.

Hier bin ich auch aufgrund der Sprache immer ein bisschen eine Außenseiterin, werde sofort als Ausländerin identifiziert.

Wie siehst du heute das Verhältnis Niederlande–Deutschland?

Nachbarschaftlich-entspannt, freundlich, einander zugewandt. Man blickt oft rüber zum großen Nachbarn: Wie läuft das da? Die Deutschen hingegen könnten auch öfter rüber in die kleinen Niederlande gucken …

Klar ist das Verhältnis auch etwas klischeebehaftet, Deutsche werden von den Niederländern z.B immer noch als steif oder humorlos angesehen – aber sie lassen sich bei einem importierten Kölsch gerne vom Gegenteil überzeugen.

Alles so schön bunt hier! Oder doch nicht?

Teresa Petruschkes Traumland waren die Niederlande nicht: »Ich habe den Studiengang online gefunden und fand es cool, in einer anderen Sprache zu studieren, also auf Englisch. Es ist zwar Ausland, aber nicht so weit weg.« Die Niederlande kannte die heute 24-Jährige schon, war am Meer, auf Texel, zum Shoppen in Venlo. Sie lebt seit 2019 in Leiden, hat den Bachelor in ›Cultural Anthropology and Development Sociology‹ gemacht und ist jetzt im Masterstudiengang. Alles auf Englisch! »An der Uni haben sie uns in der Einführungswoche getrennt, also die niederländischen und die internationalen Studierenden. Nicht förderlich für das Verhältnis zueinander. Ich habe dort nämlich alle meine Leute kennengelernt!«

Die Sprachkurse an der Uni findet sie teuer, außerdem gingen sie nur bis Level 1. »Einkaufen geht auf Niederländisch, die Floskeln kann ich. Ausgehen läuft auf Englisch. Aber Leiden ist natürlich auch eine Bubble, da wissen alle, dass es ganz viele internationale Studierende gibt, und es ist total okay, auf Englisch zu reden.«

Teresa schätzt den ÖPNV in den Niederlanden, das WLAN in den meisten Zügen, das kontaktlose Bezahlen mit der Karte. »Hier ist alles sehr viel digitaler, sehr viel schneller, effizienter.« Und dass gerade in ihrer Region, also in der Randstad, alles so nah beieinander liegt, gefällt ihr. »Die Nähe zum Meer ist unglaublich! Du kannst einfach mit dem Rad zum Strand fahren.« Apropos Rad: Seit Teresa in den Niederlanden lebt, geht sie kaum noch zu Fuß. Selbst ihren Umzug macht sie mit dem *fiets* – »das ist normal hier«.

An Deutschland schätzt sie die WG-Kultur. »Man fühlt sich dort wirklich wie zu Hause. Hier ist es eher Zweck-WG-mäßig, zumindest bei den internationalen Studierenden. Die Niederländer wohnen oft in den Häusern der studentischen Verbindungen. Davon gibt es echt viele, das ist krass!«

Ist ihr sonst noch etwas aufgefallen? »Die Niederländer sind verspielter, kollegialer. Nach der Arbeit in der Gastro gibt's immer noch Drinks, alle sollen eine gute Zeit haben. Es ist auch wichtig, dass alle Bock auf den Job haben. Die Kollegen sollen eine Community sein. An Sinterklaas beispielsweise haben alle Geschenke mit auf die Arbeit gebracht.«

Wolfgang (60)* ist seit zehn Jahren als ›Expat-Psychiater‹ im Land, erst in Enschede, dann in Venlo. Sein Traumland sind die Niederlande nie gewesen, er wollte sich beruflich verändern. Er kannte das Land auch kaum. »Klar hatte ich Klischees im Kopf, dass die Menschen super locker sind, viel Hasch geraucht wird, alle immer Vla essen und so Sachen. Und auch das Klischee von der Offenheit und dass man sich sehr niederschwellig begegenet.« Was sich aus seiner Sicht nicht bestätigt hat. Er fand eine stark reglementierte Gesell-

Wolfgang auf Sendung! Bei Künstlerin Tara Down in ihrer ›Radiophonic Hut‹, die dieses Mal temporär in der NDSM-Werft in Amsterdam steht.

schaft mit engen sozialen Regeln und einem hohen Grad an Bürokratie vor. »Das Wichtigste ist, dass alles immer ordentlich und sauber geregelt wird – eigentlich etwas, dass man den Deutschen sonst gerne zuschreibt. In Deutschland sind ja gerade die Grenzregionen teilweise richtig verwahrlost. Und sobald du über die Grenze fährst, ist alles schön.«

Im Umgang mit der Arbeit findet Wolfgang die Menschen sehr locker, sodass man schnell glauben könnte, Freunde fürs Leben gefunden zu haben. Aber bis man da so richtig reinkommt, braucht es dann doch. Andererseits, so erzählt er, sei es erstaunlich wie viel mit den Kolleg:innen geteilt werde. Oder auch den Nachbar:innen. »Wenn hier z. B. der Vater oder die Mutter von Kollegen krank ist, dann weiß man nicht nur, dass er oder sie krank ist, sondern in welchem Behandlungsstadium der Krebs gerade ist und so weiter. Das hat mich am Anfang geschockt – das kannte ich nicht. Hier rückt man schneller und enger zusammen.«

»Sie rücken schneller und enger zusammen.«

Bei seiner ersten Stelle hatte Wolfgang viel Kontakt zu älteren Menschen. Natürlich kam die Sprache auch auf den Krieg, und er fürchtete, es könne schwierig werden, weil er Deutscher ist. Das hat er aber nie erlebt. »Natürlich gibt es auch eine andere Seite. In der Regel streiten die Niederländer nicht. Aber wenn sie dann mal sickig sind, kriegt man das als Deutsche:r durchaus ab. Das mit dem ›Heil Hitler‹? Irgendwann kommt es garantiert.«

Doch eigentlich findet er die Menschen sehr freundlich. Das habe wohl damit zu tun, dass sie eine Händlernation seien. »Das Klischee ist ja, dass alle total offen sind, aber häufig geht (und ging) es auch einfach darum, Handel zu treiben. Was wirklich anders ist und worauf dieses Klischee vielleicht auch gründet, sind die niederländischen Frauen. Schon die spanischen Eroberer haben beschrieben, wie frech und selbstbewusst sie sind. Schon junge Mädchen treten ganz anders auf als deutsche Frauen; die lassen sich nichts vorschreiben.« Wolfgang hat in den Niederlanden sein Zuhause gefunden, übrigens mit einer (frechen) Limburgerin! ■

* Das Interview mit Wolfgang führte Carlota Citoler.

Nicht genug?

Das problematische Verhältnis der Niederlande zu ihrer Kolonialgeschichte — die Regierung hat sich für die Sklaverei entschuldigt, der König auch. Ist damit alles getan?

In den Niederlanden hat ein Paradigmenwechsel im Umgang mit der Kolonialgeschichte stattgefunden. Fast 150 Jahre nach Abschaffung der Sklaverei entschuldigte sich die Regierung am 19. Dezember 2022 für die Taten ihrer Vorfahren. Premier Mark Rutte hatte eine Entschuldigung stets abgelehnt, auch weil es zu lange her sei, um sich dafür zu entschuldigen. Als er diese Ansicht 2021 im Abgeordnetenhaus vertrat, gab ihm die surinamischstämmige Politikerin Sylvana Symons zur Antwort, die Großmutter ihrer Mutter sei noch in die Sklaverei hineingeboren worden – so lange sei es also noch nicht her. Wie Rutte in seiner Rede hervorhob, brachte ihn das zum Nach- und schlussendlich zum Umdenken.

Die ehemals drittgrößte Kolonialmacht der Welt erzielte im ›Goldenen‹ Jahrhundert durch die brutale Versklavung von Plantagenarbeiter:innen unermessliche Gewinne. Trotzdem kündigte Rutte an, eine Entschädigung für die Nachkommen versklavter Menschen werde es nicht geben. Wohl aber werde man 200 Mio. Euro auf den Weg bringen für Forschungen und den Bau eines Museums – das gilt vielen Nachkommen als ein geradezu lächerlicher Betrag, sie fordern Milliarden zur Wiedergutmachung.

In seiner Weihnachtsansprache schloss sich König Willem-Alexander der Regierung an: Indem sein Land anerkenne, dass die Sklaverei ein Verbrechen gegen die Menschlichkeit gewesen sei, würde die Grundlage für eine gemeinsame Zukunft geschaffen. Ein erster von vielen Schritten ist gemacht, jetzt muss auf die Betroffenen zugegangen werden. ■

Deadline 2050 ?!

Eine komplett zirkuläre Kreislaufwirtschaft — soll bis dahin etabliert sein. Ein sportliches Ziel? Beim Blick auf den steigenden Meeresspiegel vor allem dringend nötig!

»Ziel ist es, dass die niederländische Wirtschaft bis 2050 vollständig zirkulär ist. Bis 2030 soll der Verbrauch an Primärrohstoffen um die Hälfte reduziert werden«, steht in der Regierungserklärung von 2019 zur Klimapolitik. Zwei Jahre später wurden Ziele und Pläne neu überdacht, die Deadline 2050 beibehalten. Wie steht es heute um die Kreislaufwirtschaft? Von Wasserwirtschaft über Energiesektor bis zu Architektur gibt es viele Lösungsansätze. Zwei besonders ungewöhnliche sind The Great Bubble Barrier und Kitepower.

Blubberblasen machen Flüsse sauber

Gut 50 % des Plastiks, das im Meer landet, gelangt über Flüsse dorthin. Die Niederlande als das Land der Wasserwege überhaupt, speisen einiges an Plastik ins Meer ein. Und dort setzt die Barriere aus Blubberblasen an, eine Idee, an der seit 2016 in Amsterdam gefeilt wird. Klingt komisch? Ist aber äußerst effektiv! Ein Schlauch mit Löchern wird auf dem Flussgrund installiert, mit Hilfe eines Kompressors Luft hindurchgepumpt. So entsteht ein Vorhang aus nach oben steigenden Luftblasen, der den Plastikmüll auf seinem Weg stoppt und an die Wasseroberfläche befördert. Indem die Barriere diagonal positioniert wird, fließt der Müll dann wie von Geisterhand in Container am Flussufer. Fische und andere Lebewesen können die Blasen durchschwimmen, Schiffe manövrieren ungehindert hindurch. So kann eine Anlage 24/7 in Betrieb sein.

Der Müll wird aufgefangen, sortiert, analysiert, dokumentiert, recycelt. Die Analyse gibt wertvolle Hinweise darauf, warum es überhaupt zum Wegwurf kam. So können effektive Maßnahmen gegen die Ursachen der Verschmutzung formuliert werden. Seit 2019 ist in Amsterdam die erste Bubble Barrier im Einsatz.

»Beide Systeme sind so einfach, wie es nur geht!«

Vom Winde verweht

Windräder für die Energiegewinnung zu nutzen, ist kein neuer Ansatz. Doch das Delfter Start-up Kitepower entwickelte eine innovative und kostengünstige Alternative zu bestehenden Windkraftanlagen. Die Zahlen klingen gut: Kitepower verbraucht bis zu 90 % weniger Material und kann bei gleicher Leistung doppelt so effizient sein wie herkömmliche Anlagen. Das System sei außerdem in der Lage, stärkere und anhaltendere Winde in höheren Lagen zu nutzen. Wie das funktioniert? Ein Drachen steigt in die Luft, wie man ihn vom Kitesurfen kennt. Der Clou ist eine Bodenkonstruktion, die die Windenergie in Strom umwandelt und einspeist. Erst vor Kurzem wurde ein Kite für drei Wochen auf Aruba installiert. Dauerhaft im Einsatz ist bisher noch kein Drachen, doch das Unternehmen ist dran. ■

Essen aus dem Meer

Alle Zutaten, die Daan Kappert in seinem Restaurant Oudeland in De Koog verwendet, stammen von der Insel, vieles aus seinem eigenen Gemüsegarten! Aus Möhren und Seetang zaubert er etwa Beignets, serviert mit hausgemachter Chilisauce auf Cranberry-Basis.

Vom Meer auf den Teller

— die niederländische Küche begeistert nicht immer. Doch eine neue Generation von Köchen schreibt Erfolgsgeschichte. Sie setzen auf ausgezeichnete lokale Produkte und Zutaten aus dem Meer. Neben Fisch und Meeresfrüchten auf Salzgemüse wie Algen, Strandaster, Queller, Meeresfenchel …

Galten Algen früher als Arme-Leute-Essen, sind sie längst in den Kochtöpfen der Haute Cuisine angekommen. Diese Küche macht Lust auf Meer! Sie schmeckt salzig, erdig und ein wenig streng – und ist nebenbei auch noch ausgesprochen gesund.

Die jungen Wilden …

Syrco Bakker vom Sternerestaurant Pure C in Cadzand baut das Salzgemüse selbst in seinem Dünengarten an, er schätzt die regionale Meeresküche und kombiniert sie mit der Aromenvielfalt Indonesiens.

Mit Aromen spielt auch Joram Timmerman vom Kook Atelier op Oost auf Texel – und den süßen und salzigen Köstlichkeiten des Wattenmeers, etwa beim Rochen mit Queller und Shrimps an Rhabarbersauce. Seinen ›Acker‹ hat er vor der Tür, und salzige Kräuter und Gemüse holt er dort. »Wild plukken« ist sein Ding! Und wer mag, kann mitgehen.

Um die Ecke, bei Boy Schuiling im Visrestaurant 't Pakhuus, gibt es den Queller sogar im Drink. »Darauf schwöre ich, statt Gurke«, erklärt der gut 30-Jährige, der auf nachhaltige regionale Produkte, aber auch Salzgemüse aus dem Meer wie Seekohl, Eiskraut und Meeresfenchel setzt. ■

Der Besuch bei Boy scheint nicht ungefährlich und die Austern schon beim Servieren zu explodieren (rechte Seite) – doch keine Angst, der Texelaar ist nicht nur ein Meister am Herd, ihm liegt auch daran, seine Kreationen ins beste Licht zu rücken. Bei den Austern eben mit viel Rauch!

Fisch spielt die Hauptrolle in Boy Schuilings (re.) Küche im Fischereihafen Oudeschild auf Texel. Salzgemüse wie Queller, Meerkohl und Strandastern geben die kapriziöse Begleitung.

Grün, glitschig, geil und gesund. Das Powerfood Alge erobert die (Spitzen-) Gastronomie.

›Lamsoren‹ (li.) und ›zeekraal‹ (re.) gehören zu den ›zilte groenten‹, Wildgemüsesorten, die im Salzwasser der Nordsee gedeihen. Waren sie früher ein Arme-Leute-Essen, sind Strandastern und Queller heute aus der Dutch Cuisine nicht mehr wegzudenken. Sie können sie selbst am Meeressaum sammeln und daheim zubereiten – ist einfach und ›echt lekker‹!

DAS KLIMA IM BLICK

Reisen bereichert und verbindet Menschen und Kulturen. Wer reist, erzeugt auch CO_2. Der Flugverkehr trägt in erheblichem Maße zur globalen Erwärmung bei. Wer das Klima schützen will, sollte sich für eine schonendere Reiseform (z. B. die Bahn) entscheiden – oder die Projekte von atmosfair unterstützen. Atmosfair ist eine gemeinnützige Klimaschutzorganisation. Die Idee: Flugpassagiere spenden einen kilometerabhängigen Beitrag für die von ihnen verursachten Emissionen und finanzieren damit Projekte in Entwicklungsländern, die dort den Ausstoß von Klimagasen verringern helfen. Dazu berechnet man mit dem Emissionsrechner auf www.atmosfair.de, wie viel CO_2 der Flug produziert und was es kostet, eine vergleichbare Menge Klimagase einzusparen (z. B. Berlin – Amsterdam – Berlin 10 €). Atmosfair garantiert die sorgfältige Verwendung Ihres Beitrags.

Abbildungsnachweis
Christa Marek, Köln: S. 236 **Christoph Kirchhoff,** Vechta: S. 95 **Daan Roosegaarde/Studio Roosegaarde** (www.studioroosegaarde.net), Rotterdam (NL): S. 140 o. re. (Pim Hendriksen) **DuMont Bildachiv,** Ostfildern: S. 20, 164 (Rainer Kiedrowski); 7 li., 69, 77, 60 li. (Thomas Linkel) **Het muZIEum,** Nijmegen (NL): S. 173 re., 207 **iStock.com,** Calgary (CA): S. 116 re. (Anjo Kan Fotografie); 196 (Sjo); 219 (Tpopova); 143 (venemama) **Kerstin Suhre,** Bissendorf: S. 208 li., 218, 209 re., 229 **Laif,** Köln: S. 241 (Achim Multhaupt); 90 (ANP/Hollands Hoogte/Tineke Jongewaard); Titelbild (Bernd Jonkmanns); 14 re., 40, 63, 259 (Gregor Lengler); 27, 283 (Gulliver Theis); 14 li., 17 (hemis.fr/Philippe Blanchot); 302 (Hollands Hoogte/Berlinda van Dam); 251 (Hollands Hoogte/Flip Franssen); 248 (Hollands Hoogte/Gerlo Beernink); 231 re. (Hollands Hoogte/Kim van Dam); 230 li. (Hollands Hoogte/Marcel van

Lucia Oiro zieht es immer wieder in die Niederlande. Ob für Kunstprojekte oder einfach zum Urlauben, das Land lässt sie nicht los und macht ihr Leben bunter. Sie schätzt die kreative Kunstszene etwa in Eindhoven, die relaxte Atmosphäre auf Ameland und den ungeschliffenen Diamanten Rotterdam.

Susanne Völler bereist die Niederlande seit Langem immer wieder, anfangs nur privat (ein erster Urlaub führte sie als Kind zum Campen nach Vrouwenpolder), später auch beruflich. Sie liebt die spannende Museumslandschaft, die Grachten von Alkmaar und Leiden sowie ihre zweite Heimat Texel.

Anne Winterling hat das Amsterdam-Kapitel beigesteuert. Sie fährt die niederländische Hauptstadt oft mit dem Zug von ihrer Heimatstadt Köln aus an. Zusammen mit Susanne Völler ist sie Autorin des Reise-Taschenbuchs Amsterdam.

Hoorn); 260 (Hollands Hoogte/Sandra Uittenbogaart); 307 M. (Hollands Hoogte/SIESE VEENSTRA); 132 (Hollandse Hoogte); 61 M., 99 (Hollandse Hoogte/ Ramon van Flymen); 225 (Hollandse Hoogte/Egbert Hartman); Umschlagklappe vorn, 104, 117 M., 135, 167 (Hollandse Hoogte/Frans Lemmens); 60 re. (Hollandse Hoogte/Guus Dubbelman); 233 (Hollandse Hoogte/Jean-Pierre Geusens); 52 (Hollandse Hoogte/ Maarten Boersema); 201 (Hollandse Hoogte/Rob Voss); 228 (Hollandse Hoogte/Sabine Joosten); 102 (Jean Pierre JANS/REA); 12/13 (Malte Jaeger); 185 (Martin Kirchner); 280/281 (Michael Amme); 59, 284 (Miquel Gonzalez); 209 M., 223 (Obie Oberholzer); 117 re. (robertharding/Mark Doherty) **Lookphotos,** München: S. 161 (age fotostock) **Lucia Orio,** Köln: S. 23, 33, 267, 289 o. **Mauritius Images,** Mittenwald: S. 15 M. (age fotostock/Ton Koene); 140 li., 141 re., 171 (Alamy Stock Photos/Frans Lemmens); 186 (Alamy Stock Photos/Marcel van den Bos); 2/3 (Hans Blossey) **Nathan Dreessen,** Bonn: S. 289 u. **NBTC** (Niederländisches Büro für Tourismus & Convention), Köln: S. 208 re. (Tom Silent) **Nederlands Mosselbuerau,** Yerseke (NL): S. 263 **Paula Völler,** Köln: S. 6 li., 79 **Provincie Zeeland,** Middelburg (NL): S. 307 u. (Ria Overbeeke) **Ralf Johnen,** Amsterdam (NL): S. 299 o. **Shutterstock.com,** Amsterdam (NL): S. 173 M., 204 (Bernhard Klar); 128 (Chris Rinckes); 175 (Henk Vrieselaa); 268 (IURII BURIAK); 202 (Marieke van der Horst); 178, 172 li. (Photodigitaal.nl); 172 re., 192 (Rini Kools); 141 o. M. (Rudmer Zwerver); 157 (TVGD) **Susanne Troll,** Köln: S. 8, 125, 139, 306 o. li, 306 re., 306 u. li., 307 o., 311 u. **Susanne Völler,** Köln: S. 7 re., 15 re., 47, 73, 84, 113, 61 re., 115, 116 li., 122, 183, 189, 211, 230 re., 242, 256, 294, 301, 304/305, 311 o. **Teresa Petruschke,** Leiden (NL): S. 299 u. **Visit Friesland,** Leeuwarden (NL): S. 147, 152 (Hoge Noorden/Jacob van Essen) **Visit Groningen,** Groningen (NL): S. 293 (Marjo Antonissen) **Visit Zandvoort,** Zaandvoort (NL): S. 108 (Forvision/Cris Toala Olivares) **VVV Zeeland,** Domburg (NL): S. 231 M. (Rolinda Windhorst) **Wikimedia Commons:** S. 119 (CC-BY-SA-4.0/M8Scho)

Umschlagfotos: Mühle in Gouda (Titelbild); Watt bei Rottumeroog (Umschlagklappe vorn)

Kartografie
© DuMont Reiseverlag, D-73751 Ostfildern;
© KOMPASS-Karten GmbH, A-6020 Innsbruck

Autorinnen: Lucia Oiro, Susanne Völler, Anne Winterling (Amsterdam) **Redaktion/Lektorat:** Anne Winterling **Bildredaktion:** Susanne Troll, Titelbild: Carmen Brunner **Grafisches Konzept und Umschlaggestaltung:** zmyk, Oliver Griep und Jan Spading, Hamburg

Hinweis: Autorinnen und Verlag haben alle Informationen mit größtmöglicher Sorgfalt geprüft. Gleichwohl erfolgen alle Angaben ohne Gewähr. Bitte schreiben Sie uns! Über Ihre Rückmeldung und Ihre Verbesserungsvorschläge freuen wir uns: DuMont Reiseverlag, Postfach 3151, 73751 Ostfildern, info@dumontreise.de, www.dumontreise.de

1. Auflage 2023

Printed in Poland

Offene Fragen*

Wo kann ich übers Meer laufen?
Seite 135

Welche Stadt erfüllt kein Klischee??
Seite 17

Was ist an Flevoland so besonders? Ist es eine Art Legoland?
Seite 210

Wer verbarg sich beim berühmten ›Elfstedentocht‹ hinter dem Pseudonym W. A. van Buren?
Seite 171

Warum ist Schokland eine Insel auf dem Trockenen?
Seite 217

Sind ›friet‹ (Pommes) mit Erdnusssauce oder Joppiesaus leckerer?

Haben die Niederländer ein Problem mit ihrer kolonialen Vergangenheit?

Haben in den Niederlanden einst Riesen gelebt?
Seite 176

Wie viele Fahrräder gibt es in den Niederlanden?
Seite 290

Gouda – Käse oder Stadt?
Seite 54

Wieso sind so viele Besucher:innen von einer ›Skipiste ohne Schnee‹ begeistert?
Seite 106

Sind ›bitter-‹ und ›gehaktballen‹ wirklich genießbar?
Seite 272

** Fragen über Fragen – aber Ihre ist nicht dabei? Dann schreiben Sie an info@dumontreise.de. Über Anregungen für die nächste Ausgabe freuen wir uns.*